臺灣史是什麼？

吳密察

目次

第三部：異論

臺灣史家的大哉問

周樑楷
國立臺灣師範大學歷史系兼任教授

一本文集多種閱讀取徑

元旦，向來是個「除舊布新」的日子，人們少說總得應景一下。二〇二五年的第一天，我選擇開筆寫作。

大約兩年多以前，吳密察教授任職臺北故宮博物院院長時，表示有意整理一些舊作，匯集成書。我立刻贊成，理由之一是我也剛剛出版一本文集，況且又煩請他在百忙中撰寫序文。

二〇二三年十月間，吳教授造訪臺中，親手給我一本影印裝訂的文集。很客氣地說，看看這些選文是否適當，同時邀約寫序。

臺灣史並非我的本行，只能純粹以讀者的心態，按編目的次序一一展開閱讀。前三篇合稱「總論」，都在討論臺灣史的研究怎樣才能成為學術界公認的一門學問，而不是附屬在其他學門的範疇之內，形同寄人籬下。然而，這可是個「大哉問」！接著的十幾篇文章，按照歷史事件發生的先後，順著時序排列下來。從所謂的「前現代」到「當今」兩蔣及李登輝的時代，內容的主題和「總論」連貫一致。只不過這些文章注重實證研究，相對於「總論」之偏向論述，二者的性質略有差別。或許，這些另外被歸類的文章，可以說是「即事而言理」的。

首次閱讀，獲益良多，個人增添許多新知識。然而由於職業病作祟，想換個閱讀的方式，以便認識作者的學思歷程，於是按照每篇文章公開發表的年代，先後重新排序，再逐篇閱讀。結果另有一番景象，大概得知這位老友過去的三十年間為誰辛苦？為誰忙？

前幾天，也就是二〇二四年年底，吳教授突然間告知文集已經準備出版，言下之意序文應該交稿了。然而在動筆之前，必須再閱讀一遍。這回有點要狠，更深入地把他放在學術文化的脈絡中考察。結果影印版文集裡的作品，頓然間一一變成「臺灣史家吳密察」這個課題之下的史料。同時就在這短暫幾天，連他本人也增刪原有收錄的文章，重新調整目次，前後有「總論」、「分論」和「異論」三個單元。為了報備一下序文寫作的新方向，在 Line 裡我說：

你的「大作們」很像七巧板，不同的排列可生成不同意象。……太有趣了！我要讀者自己也排排看。

史學現代性 2+1

這本文集雖然有多種閱讀的取徑，但是萬變不離其宗，先後幾個版本的書名，卻不動如山，始終稱作《臺灣史是什麼？》。

書名中有個大問號，是吳教授個人的提問，按理也是許多臺灣史家共同的疑問。我想這個書名應該也可以改為「臺灣史家的大哉問？」

這本文集內含十八篇文章。類別有「總論」五篇、「分論」五篇和「異論」八篇。如果以寫作發表的時間來區分，二〇〇〇年之前的比之後的略多兩篇。不過，篇數的多寡無關緊要，作者著述立說的主旨是什麼？在什麼時機發聲？才值得我們關注。

以我個人的理解，先後在一九九四年和一九九五年發表的〈臺灣史的成立及其課題〉和〈「歷史」的出現〉（編按：即本書第一章和第三章），應該是吳教授所以「大哉問」和「立說」的核心問題和關鍵時刻。

就時機來說，一九九三年八月，臺北的中央研究院成立了「臺灣史研究所籌備處」。這應該是件難得的喜事，不過，在〈臺灣史的成立及其課題〉的「前言」裡，吳教授反而憂心忡忡，發問：

「臺灣史研究所」的成立，迫使我們必須檢討在此之前的臺灣認識是否正確？

緊接著，他再問：

……也使我們必須面對「如何有效地分析、敘述臺灣歷史」的質問。

以上兩句話都屬於「臺灣史是什麼?」或「臺灣史應該是什麼?」這個「大哉問」底下的子題。推想其中的深意,關鍵詞應該在動詞裡:「迫使……檢討」和「有效地分析敘述」。吳教授所以如此焦慮,捫心自問,說穿了不外乎在迎接這個喜事之後,中研院臺史所的研究人員以及各大學臺灣史的學者「怎樣才能成為道地的,合乎史學現代性的史家?」「怎樣才能與其他史學領域的專業學者平起平坐?」不過,正當提出這麼嚴肅的學術問題時,吳教授在「前言」裡同時直指:

籌設「臺灣史研究所」,不外是因為近年急速湧現的臺灣 nationalism 氣氛。

於是,他在這篇文章中明白地表示:

對「臺灣史研究所」成立的外在客觀因素,即由臺灣歷史累積起來的臺灣 nationalism 的成長,做一個回顧性的整理。

有些讀者可能對這段「前言」提出質疑:為什麼作者一回焦慮臺灣歷史學者是否能頂天立地、成為合格的專業史家?而另一回又提起臺灣的 nationalism,難道不避諱意識形態作祟嗎?

在此,我想替吳教授的「前言」作個註解。

就學術發展的大趨勢來說，西方史學領先世界各地，大約在十九世紀中下半葉逐漸邁向現代性（modernity）。所謂的史學現代性或現代史學，有兩項必要條件：

1 史家的養成及其學術活動以學術社群（academic community）為核心平台。

2 學術研究及其表述（representation）必須是嚴謹可信的知識（wissenschaft; science），並且合乎學群公認的知識論（epistemology）和方法論（methodology）。

合乎這兩項條件的史家，自然有別於昔日。從前書寫歷史的人士，要不是有行政公職在身的史官，就是社會上層的菁英，屬於有錢有閒的知識份子，通稱為業餘史家（amateur historian）的一批人。至於中下層社會，弱勢族群或被統治的百姓大眾，他（她）們的歷史表述幾乎都被歧視，貶稱為野史或偽史，甚至被壓抑成為沒有歷史聲音的人。

接著到了十九世紀，現代史學成立，只要合乎上述史學現代性的兩項必要條件者，一律通稱為professional historian。有趣的是，這個英文一語雙關，既可中譯為專業史家，又可稱作職業史家。還有，更值得玩味的，中譯的這兩個名詞如果當真可以分別為二，反而更能呈現專業史家和職業史家內在微妙的緊張關係。這件事從史學史及知識社會學不難舉證。

例如，當年西方國家紛紛成立大學歷史系及獨立的歷史研究機構時，無非為了培養professional historian，進而形成同仁之間的學術社群。然而，這些新養成的專業史家多半來自當時的新興中產階級。他（她）們未必人人有錢有閒，晉身為史家，總是為了糊口謀生。如果生逢經濟景氣上揚，就業容易，個個不僅學術上是專業的，而且也是有固定收入的職業史家，樂得成為professional historian。反之，經濟景氣的曲線由高下墜時，從學術機構培養出來的專業史家未必人人能名副其實，成為職業史家。

除外，專業與職業之間還有一項潛在的緊張關係。科學史家孔恩（Thomas Kuhn, 1922-1996）在《科學革命的結構》（*The Structure of Scientific Revolution*）指出，任何科學或任何學術研究在建制成立之初，往往也就是它成為常態科學（normal science）的時候。因此，孔恩也示警，「常態科學經常壓制創意」（見該書，程樹德等譯，允晨公司出版，一九九九，頁四七）。簡單的邏輯說，當某位專業學者有幸進入學術機制，為了擁有職業，步步高升，必須遵守這個機制或學術社群的種種規範，同時定期接受各種評鑑，最後有些人難免犧牲專業性的創意。這種現象從一八九〇年代到一九三〇年代，西方史學界層出不窮。日本史學界也隨之在後，吳教授在這本文集裡曾多處批判這個時期內的日本學者，其道理應該從這條線索可以迎刃而解。

歷史有鑑誡的功能，史學史其實就是史家的一面鏡子。吳教授看見了，並且也警覺到了。當一九九〇年代臺灣史的研究正式奠立之際，他立刻強調，臺灣史的專業／職業史家必須立即「迫使……檢討」和「有效地分析敘述」。

現代史學的這兩項必要條件屬於學術圈內的自我要求。同樣的，現代史家內心的緊張微妙關係，以及成為常態科學之後可能隨之而來的陷阱，也都算是史家「內部」的事務。現代史學其實還有另一項「欲拒還迎」的條件，那就是在法國大革命及拿破崙崛起之間正式登場的nationalism。打從這個時候開始一直到今日AI時代的來臨，nationalism好比一道幽靈（spectre）纏繞著現代史家。從史學史的演變歷程來看，假使沒有nationalism，沒有執政者的行政和經費奧援，可能就沒有現代史學；反之，假使沒有現代史學「合理化」政治實體的存在地位，結果政治實體的「出生證明」或「合法性」勢必少了一股重要的助力。

吳教授深知現代史學與nationalism之間的辯證關係。〈臺灣史的成立及其課題〉的「前言」第一段裡，明白地指出：中央研究院於一九二八年成立歷史語言研究所，繼而於一九五〇年代成立近代史研究所，「如今，在兩個既有的歷史相關研究所之外，另外籌設『臺灣史研究所』，不外是因為近年急速湧現的臺灣nationalism氣氛。」

吳教授此說並非個人獨具慧眼。一九九三年七月，《當代》雜誌發行〈臺灣史研究專輯〉，主編金恆煒，以他歷史系畢業加上資深媒體人的豐富閱歷，在〈編輯室手記〉中勾勒出當時臺灣的政治與學術背景：

蔣家兩代專制的政權，隨著蔣經國的逝去而崩解。臺灣進入一個全新的時期，這個時期我們可以說是臺灣自主意識由積累而發皇，由禁錮而萌蘖，從「依他」而進入「自決」。把臺灣史當學術課題，當成對「自我」的認識與肯定，當作「中心」來研究，才能擺脫過去的羈絆，而把臺灣史當成臺灣史來理解。

這一期中，含有吳教授的專文〈臺灣人的夢與二二八事件：臺灣的脫殖民地化〉（編按：即本書第十章）。結語中，他也有類似金恆煒的觀察：

直到八七年解除戒嚴，臺灣人從軍事統治中解脫出來，才使得長期以來潛伏著的臺灣主體觀點浮出表面，於是出現重新看待臺灣歷史、文化的風潮。臺灣不再是個沒有意義的地理名

詞。但是，由於長期（近一百年）受到殖民地統治的扭曲，要重新找回真正的臺灣，仍需臺灣人很多的努力。

繼上述這一期專輯，之後相隔只有一年，在《當代》第一百期裡，吳教授刊登了〈臺灣史的成立及其課題〉。這篇文章的核心問題意識除了臺灣史研究正式成立、專業／職業臺灣史家怎樣自立自強，另外還有臺灣史學的現代性和 nationalism 難分難解，相互糾纏的困擾。這是「史家大哉問」中「迫使……檢討」和「有效地分析敘述」的第二層意涵。不過，它屬於「外部」的，並非內在的必要條件。

第二次世界大戰結束後，人們深深體會 nationalism 是把雙刃劍，既可殺人不見血，又可能反挫傷己。一九五〇年代有些史家更深入史實，揭發 nationalism 本來純粹屬於「歷史的」（historical）產品，而非「本質的」（essential）、與生俱來不可改變的。到了近期，更有人主張，nationalism 是近幾百年在虛實參雜之中「被想像的」（imagined）。

吳教授是臺灣九年義務教育第一屆的國中生。通常我把一九五五至一九六五年出生的臺灣史家列為1．3世代。他（她）們考進大學時，距離中華民國「被退出聯合國」不久，尤其又相繼不斷得知，青天白日滿地紅的國旗在哪個國外大使館下降的傷心事。吳教授多年前親自對我透露，他就是在這種國際政治氛圍中，「同時之間」擇定個人認同（self-identity）（即立志從事歷史研究及教學）與國家認同（national-identity）。有別於這個世代之二合一，我個人屬於1．2世代（即一九四五至一九五五年出生），先是有了個人認同，再經數年，到了一九七〇年代初期才又重新確定國家認同。儘管這兩個世代處理這兩個認同感的節奏有別，不過，一九七〇年代初期是許多臺灣戰後嬰兒潮世代（1．2以及1．3世代）人生中非常關鍵性的年代。他們分享共同的記憶。

史學現代性的特色如果2+1合而觀之，是一把「既實又虛」的「雙刃劍」，也是讓有志於此的學者很難言簡意賅，三言兩語說明白的問題。這也難為了吳教授。在文集中所有的文章，都是針對這個課題而發的。依我個人的分辨，「總論」中的五篇「論述多於考辨」；相對地「分論」以及「異論」則「考辨多於論述」。或者換個角度說，他於一九九〇年代所寫的九篇是為了「著書立說」；二〇〇〇年之後所發表的八篇，是與時俱進之下，對原有的立說不斷反思、補充和修訂的成果。如果把焦距對準，一九九四之前及之後這幾年間的吳教授，那正是他在將近不惑之年，學術生命轉大人的時刻。這一刻之前，他先是歷經二十年的求學淬鍊，到了一九九〇年代初期大致已經成熟。如果借用藝術家的透視法來形容，此時此刻可以停格，特寫一幅肖像。從此之後，吳教授的筆耕，都是為了「臺灣歷史意識與國家意識的形成」（the making of Taiwan historical consciousness and national consciousness）。

歷史意識與國家意識的形成

吳教授的研究和寫作，可以歸類為歷史學中的「歷史意識與國家意識的形成」。這種取向同時具有雙重層次以及兩個面向。

這一波新取向主要起源自一九六〇年代，它與一九五〇年代之前的那一波現代史學有顯著不同的格局。簡要地說，先前的史家往往以菁英主義的心態，自信經過研究的成果獲得「學院的」認證，是「正典的」，可以成為「教化的」。反之，六〇年代以來的史學轉向「參與的」（participatory），在知行合一之中產出「觀點的」（observational）成果，並且鍥而不捨，不斷反思的（reflective）。這種取向的精髓，在動名詞「形成」（making）這個字眼上。因為歷史意識也好，國家意識也罷，所謂的意識都不是由「血緣出生決定的」（by birth）。它們需要人們先有發自內心的自覺，接著知行合一，實踐（practice）「參與、觀點與反思」，才能「形成」的。

歷史意識雖然源於人們與生俱有的「變與常的意識」（the sense of change and unchange），但不久立刻隨著複雜多變的現實環境日漸開展（unfolding），而與時間意識（sense of time）、文化與傳統意識（sense of culture and tradition）相互調配，進而形成歷史意識、歷史思維（historical thinking）或更高層次的史學理論（historical theory）。

至於國家意識屬於現實意識（presentism）的環節，如何簡明正確使用這個名詞是個十分棘手的問題。首先，它涉及中譯的困擾。「nation」的原意指「某一群人」或某個「族群」（ethnic group）、人民（people），而不是某個政治實體（state）。按此，「nation」引申為具有現代意義的「民族」是可行的。吳教授在文章裡通常把「nationalism」說成「民族主義」，顯然其來有自，無可厚非。不過，他有時為了避免遭人惡意曲解，不得不直接使用 nationalism。

其次，nationalism 的內涵和外延很難定義。環顧歷史以及當今現實世界，有些地方一個「nation」分布在數個「state」裡；或者一個「state」裡居住多種「nation」。所以講述歷史最佳的辦法，莫如因時地的實況，靈活運用，nationalism 可以民族主義，也可以國家主義。

可是有了原則，困擾並沒有煙消雲散。不論民族主義或國家主義，這兩個名詞在二十世紀裡一直被濫用，看在自由派人士的眼裡，形同專制、集權主義的代名詞，大家避之唯恐不及。

尤其到了二十一世紀當今，專制獨裁者不僅以血緣親情主義（nepotism）為憑，企圖打造（invent）「One Nation One State」的幻想，而且更以此操弄政治話術。

站在臺灣以及當下世界的政治現實，若情況所囿，非得二中選一，依我個人淺見，寧可採選國家主義一詞，因為當今所謂的國家，實質上包含多元的「民族」、「文化」和「傳統」。人們要是使用國家主義仍然心存顧忌，我認為改用比較溫和、沒有侵略性的「國家意識」或「國家主體意識」也無妨。

以「意識」緩衝「主義」，這種靈感來自柏林（Isaiah Berlin, 1909-1997）對「自由」的新解。一九五八年，他曾以〈兩種自由的概念〉（Two Concepts of Liberty）為題發表演說（錄於氏著*Liberty*, ed. by Hemry Hardy, Oxford University Press, 1995）。由於有感於自由主義（liberalism）這個名詞變化多端，詭異難纏，他索性快刀斬亂麻，區別「自由」有兩種：「positive」和「negative」。「positive」一般被譯為「積極的」，但是容易被誤解成「正向的」。按柏林的本意，「積極的自由」指「是什麼（what）或是誰（who）的控制和干預之下，而能決定某人能做這個而不能做那個？」舉例來說，「積極的自由」很可能過熱、過火，使得法國大革命「自由、平等、博愛」的三色旗反而釀成「白色恐怖」。柏林因此特別彰顯自由的另一面「negative」。然而這個概念中譯為「消極的自由」，也往往被誤解，成為「負面的」。其實不然，柏林本人已有簡要的說明。他說在「消極的自由」裡，自由就是「免於……的自由」（liberty in this means liberty from...）。換句話說，「消極的」並非軟弱的、一味的退縮，委屈自己。而是人人都有主體性，敢於否定（negation），懂得拒絕。他闡揚「消極的自由」，用心良苦，是為了制衡失之過火過熱的「積極的自由」。依據他的邏輯，我想：第一，國家主義應該也可以區分為「積極的」和「消極的」；第二，「消極的國家主義」不僅可以制衡「積極的國家主義」，而且可以比較放心地與現代史學連結，使之成為「有效的分析敘述」。這個回覆或許能合乎吳教授的「大哉問」？

不過，「消極的國家主義」這個名詞太學術化了，恐怕行之不遠。通常為方便溝通，我喜歡使用「國家意識」或「國民意識」。

吳教授研究臺灣史，運用「歷史意識與國家意識的形成」這種取向，分別有雙重層次。第一層次，他有意建構一套大敘述的臺灣史；用老一輩學者的說法，就是一部臺灣通史。我們如果按照文集中各篇文章所涉及的歷史時間來閱讀，不難得知其中有套臺灣史詮釋架構的雛型。

第二層次，他也探討「臺灣史的史學史」。這個課題看起來麻雀雖小，其實五臟俱全。吳教授理想中的「史學史」，所涉及的「文本」並非僅止於學院派內的著作，它還包括：外來政治勢力對臺灣史的觀點，以及臺灣本地自有南島語族以來社會大眾對自己的身世來歷的種種看法。這就是文集中〈「歷史」的出現〉（寫於一九九四年）的核心問題意識。換句話說，「臺灣史學史」不是在一九四五年戰後才起步，而是臺灣史有多久，臺灣史學史就有多久；第一層次和第二層次同步並行。

另外，吳教授探討「史學史」之所以是件大工程，在於他採用了「參與式」兼具「觀點的」和「反思的」。「臺灣歷史意識與國家意識的形成」必須有兩個面向。他一方面「回顧」過去各方人馬怎麼詮釋和表述臺灣史？臺灣人是否有或有多少的主體性歷史意識與國家意識？另一方面，他又「前瞻」當下以及未來的臺灣人應該怎樣開展這兩種意識？「回顧」與「前瞻」好比歷史的後照鏡一樣，當我們開車往前行駛時，經常要看一下後照鏡，以便瞭解車後的路況，然後再往前看，必要時踩油門，超車向前走。除外，「回顧」也是「反思」，既批判「外人」的謬誤，也反省「自己人」的偏差。如此下工夫，才能真實地「前瞻」，提出新視界、新取向。簡單地說，「回顧」與「前瞻」又好比迎接新年，必須「除舊布新」。

吳教授的每篇文章切問近思，無非為了「除舊布新」。從小至臺灣的「羅漢腳」，大到日清戰爭、日治時代的議會請願運動，戰後二二八事件等等，他都反覆徘徊在「回顧」與「前瞻」兩個面向之中，似乎永無止境，不斷地進行。他幾度表示，這項工程至今除舊布新尚未成功。閱讀之餘，有天在Line裡，我又對他說：

苦，苦，苦啊！

命，命，命啊！

除了這本文集，吳教授透露，往後還有兩本等待收集成書。我個人實在沒有資格評論這本歷史文集的內容，而只能求諸研究臺灣史的賢者。我真的很榮幸、很樂意推薦這本文集，並且期待之後的兩本！

《臺灣史是什麼》解題

許佩賢
國立臺灣師範大學臺灣史研究所教授

一九八九年，我大四，系上來了一位新老師，開了一門新課「臺灣近代史 1895-1945」。在這之前，臺大歷史系鮮少以「臺灣」為課名的課。因為從老師到課名，都充滿了新鮮感，我就選了課，聽了一學期的 Kirkwood、Revon、「既在憲法之內、又在憲法之外」、「資本主義化的基礎工程」。雖然有些似懂非懂，但大家都被老師充滿熱情的講課以及從來沒有聽過的臺灣歷史所吸引。我後來才知道，這位並不是新老師，而是剛從日本留學回來的新銳老師；也是後來才知道，在大學課堂，有「臺灣史」，而且是挑明了「臺灣近代史」——「臺灣」也可以是一個歷史敘述單位，也有自己的「斷代史」——這樣的課程本身就是臺灣史上畫時代的大事。從那以後，過了三十多年（！）。老師在課堂上、課堂外，用各種方法告訴我們「臺灣史是什麼」，所以（？）我現在被指定來寫這篇解題。

我讀這本書，一直覺得這是「臺灣民族主義」的英雄之旅的故事。這個英雄並不是典型的、什麼都很厲害的英雄，而是先天體弱、後天失調，有點懦弱、經常被欺負，有時也因害怕或被功利心驅使，「西瓜倚大邊」，也會選錯邊，也常常迷失自己、自我懷疑，進一步退兩步，但還是一步步走上自我追尋的旅程。

臺灣民族主義的形成

作為一個臺灣人，吳老師最念茲在茲的事情就是臺灣獨立。他常說，臺灣要獨立有很多事情要做，在不同的位置上有不同的事可做。因此他在文建會時期作為一位文化官員時，主導出版了《臺灣史料集成》，其後也致力於臺灣史料的數位化及公開化。因為系統性地整理臺灣過去留下的軌跡，正是形塑國民認同的重要依據。而作為一位歷史學者，他關注的始終是「作為國家史的臺灣史」應該要問什麼問題。

近代國家是一個政治共同體，其背後有共同體成員透過想像凝聚起來的一體感。臺灣人什麼時候、如何開始覺得自己是「相互連結」的一群人，也就是「臺灣民族主義」這種意識是如何萌芽、經歷了什麼樣的挫折或努力，達到了什麼樣的成果，自然是「作為國家史的臺灣史」一定要處理的課題。

臺灣人產生「相互連結意識」，很重要的一個契機是一八九五年臺灣被割讓給日本的這個歷史事件。老師特別把乙未（一八九五）鄉土保衛戰和甲午（一八九四）戰爭區別開來，提醒我們什麼是「臺灣人的臺灣史」，什麼是「中國史脈絡中的臺灣史」。一八九五年的乙未戰役中，臺灣一般的民眾經歷了「走番仔反」的共同歷史經驗，而臺灣的讀書人則是在這場歷史鉅變中，因為「棄地」、「棄民」的悲憤感，提筆留下大量描繪臺灣歷史的文字（第三章、第六章）。

臺灣民族主義形成重要的突破點，在於日本殖民時期（第四章）。日本這個外來政府，為了建立有利於收奪殖民地資源的體制，在全臺各地建立起階層性的行政系統，將國家力量滲透到末端村落。日本也在臺灣建立起近代的交通、通信體系，統一度量衡、貨幣體制；同時，透過近代式的教育體系，培植了一個可以講、聽日本話的新世代。臺灣範圍內，人的往來、物的流通、資訊的交換，都成為可能，也就是在日本統治下完成了「臺灣規模」的社會統合。另一方面，因為日本殖民統治下的民族差別政策，一般臺灣人的生活感覺中，很容易感受到日本國家或日本人的歧視、壓迫、不平等待遇，而產生「我們臺灣人」和「他們日本人」不一樣的臺灣人認同；再加上一九二〇年代，受新式教育的新世代知識人，在當時全球性民族自決思潮鼓舞下，發起一場追求西歐式民主、自由、理性為目標的文化啟蒙運動以及反殖民主義的民族自治運動，高唱「臺灣是臺灣人的臺灣」。以臺灣為單位的民族想像，也就是「臺灣民族主義」，就是在日本殖民統治下的政治、社會條件下萌芽（第一章）。

臺灣民族主義遇到大魔王

然而，日本時代因為對抗日本殖民主義而萌芽的臺灣民族主義，並沒有完全長成，便因日本戰敗離開臺灣而暫時中斷。一九四五年第二次世界大戰結束，全世界各個前殖民地紛紛自治或獨立，只有臺灣沒有走向自治或獨立，而是「（被）回歸中國」。臺灣民族主義的發展遇到一個大魔王，就是中國民族主義。

在日本時代，臺灣認同對「日本人」的界線很明確，但對「中國人」的界線並沒有很清楚，甚至為了對抗日本的官方民族主義，二〇年代部分臺灣知識分子也會高舉「漢民族二千年的文化傳統」作為武器。日本統治結束後，在短暫的猶疑後，臺灣人很快就接受自己是屬於戰勝國中國的一員，盛大歡迎蔣介石派來的接收人員，但卻沒有清楚意識到中國事實上也是一個帝國、臺灣其實變成了中國的國內殖民地這個事實。

中華帝國與一般的帝國一樣，支配廣大的異民族地區，而且有國內殖民地。維持中華帝國的是神聖的普遍王權及以儒教、漢字為中心的文化意識形態。但是這二百年來的世界史趨勢是統一帝國相繼瓦解，而從其中成立了許多近代國民國家，國民國家成為最強有力的國家形態。但是，二十世紀初，中華帝國沒有經過分裂的過程，直接由帝國轉換為國民國家。為了包攝舊帝國內部的諸民族，創出了與原先帝國相同規模的民族（中華民族），以這個被創造出來（虛構）的民族建設一個國家（中華民國）。也就是說，二十世紀的中國，事實上只是穿上國民國家外衣的帝國。（第一章，本書頁四十）

吳老師從小鎮醫師吳新榮的日記，看到跨時代臺灣知識人心中對於這種基於血統論的中國民族主義毫無防備，太輕易就接受「祖國中國」這種論述。但很快就遇到二二八事件，臺灣人才意識到自己並不真的認識「祖國」（第十章）。

一九四七年二二八事件中的虐殺和其後的清鄉，對臺灣造成極大的創傷。很多臺灣人深刻感受到原來「祖國」對待「我們（臺灣人）」比日本人還殘酷，而產生了對中國民族主義的疏離感。不過，二二八事件後的殘酷鎮壓，以及一九四九年國民黨政府遷臺後馬上接著開始長達三十八年的戒嚴體制中，臺灣民族主義潛為伏流，一直到一九九〇年代以後才在與民主化運動並行的「本土化」運動中浮現出來。雖然挑戰仍多，但被壓抑百年之久的「臺灣民族主義」好不容易有了更明確的樣貌。

另一方面，二次大戰後，全世界的主流思想界都在反省十九世紀以來民族主義、民族國家所帶來的暴力性，對於在快進到二十一世紀才在努力嘗試建立民族國家的臺灣，或許有些人會感到「違和感」。吳老師提醒我們應該要放棄基於血統論的民族主義，而採用憲政論的公民民族主義。

> 臺灣民族主義的歷史書寫應該與十九世紀的歷史書寫不同。它不是「回頭緬懷過去之榮光」，而是「展望未來彼此共榮」的民族主義歷史書寫，它應該是「功能論」的、「條件論」的，而不是「血統論」的、「本質論」的。
>
> 這樣的話，書寫臺灣歷史，不僅要關注外部因素（殖民政權及其權力來源的帝國中心），還要處理內部因素（族群、性別、階級、地域的差異）。因此，建構臺灣歷史的過程，就是一個不斷探索與對話的過程。也就是說，臺灣的民族主義歷史，反而應該是相互約定、不斷累積、綜合，或不斷相互替代的「過程」。（第二章，本書頁五七）

「臺灣民族主義」的英雄之旅還沒有結束，但我們已經可以回答「臺灣史是什麼」了。

本書構成

本書總共收錄了十八篇文章，分為三部。

第一部「總論」，收錄五篇文章，主題就是前述「臺灣民族主義」的英雄之旅。

第二部「分論」，收錄了五篇比較像「論文」的文章，主題從一八九五年改朝換代時，清廷在臺官員們的行動，以及本地臺灣人的應對（第六章），到一九〇〇年代前後，日本統治穩定的重要基礎建設——「土地調查事業」（第七章）；一九二〇年代臺灣受新教育的知識份子向帝國中央提出設置臺灣議會的要求（第八章）；一九四一年在日本內地地方文化運動脈絡中，臺灣的臺、日知識人合作發刊探索臺灣民俗的《民俗臺灣》雜誌（第九章），乃至日本統治結束後不久發生的二二八事件，從日本時代以來，因為受到近代國家統治、被政治化、主體化的臺灣人，其自治、獨立的夢受到挫折的臺灣近代史（第十章）。這一部的主題集中在日本時代，在關照臺灣內部問題的同時，也留意同時期日本內地，或是日本另一個殖民地朝鮮的政治狀況，也就是「帝國規模的政治史」的研究手法（第十八章）。

第三部「異論」，收錄八篇相對來說比較短小的文章，主要是針對臺灣史中一些常見的「俗說、通說」進行反論。例如過去習以為常的臺灣地圖，很多都是左邊大半是中國大陸，臺灣屈居右下角的構圖，這樣的地圖本身就是在彰顯以中國為中心的世界觀（第十一章）。另外，常見的通說，如「臺灣自古是中國的一部分」（第十二章）、「鄭成功是反清復明、驅逐荷蘭的民族英雄」（第十三章）、「臺灣是一個海島，到處都有良港、四通八達」（第十四章）、「臺灣的羅漢腳很多，三年一小反、五年一大亂」（第十五章）等，有許多都是過去在特定的意識形態下，有特定目的而未必基於歷史事實創造出來的一套說詞。如果讀者的腦袋記憶體中，也不小心留存這些殘像，歡迎來讀這幾篇異論小文，看看吳老師如何破除這些不知道什麼時候被偷偷植入我們大腦的怪奇臺灣史知識。

《臺灣史是什麼》不是一本通史性的書，沒有打算要告訴讀者臺灣的歷史發展過程。文集中收錄吳老師約四十年來的部分成果，內容雖有一些重複的地方，但這也表現了他在這幾十年來一貫的思想、關懷。對他來說，應該是深感革命尚未成功，所以還要孜孜不倦地一直說。

在勸說這些重要課題的同時，吳老師也對未來寄予期望。二〇二四年六月，老師在師大臺史所「殖民政策專題」課程結束前，語重心長地告訴我們：「你們做臺灣史研究要有企圖心……不要小看臺灣，在全世界來看，臺灣很有意思你知道嗎？同時有來了不走的殖民主義，而且好幾波；也有那種來了又回去的殖民主義，誒，光是有這個就跟很多地方不一樣ㄋㄟ。真的啊，好好想一想，不要小看臺灣，讓臺灣變成大家在談殖民主義、大家在談帝國主義的時候，一個非常有特色的地方。我現在又出來（上課），就是我覺得我這一輩沒有做好，接著就靠你們這一輩，看看會不會把臺灣打到世界上去。」

我想，出版這本《臺灣史是什麼》也是一樣，背後有老師自我反省的姿勢，也有對新世代的期許，希望這篇解讀，能夠稍微幫他的「念願」做一點補充。

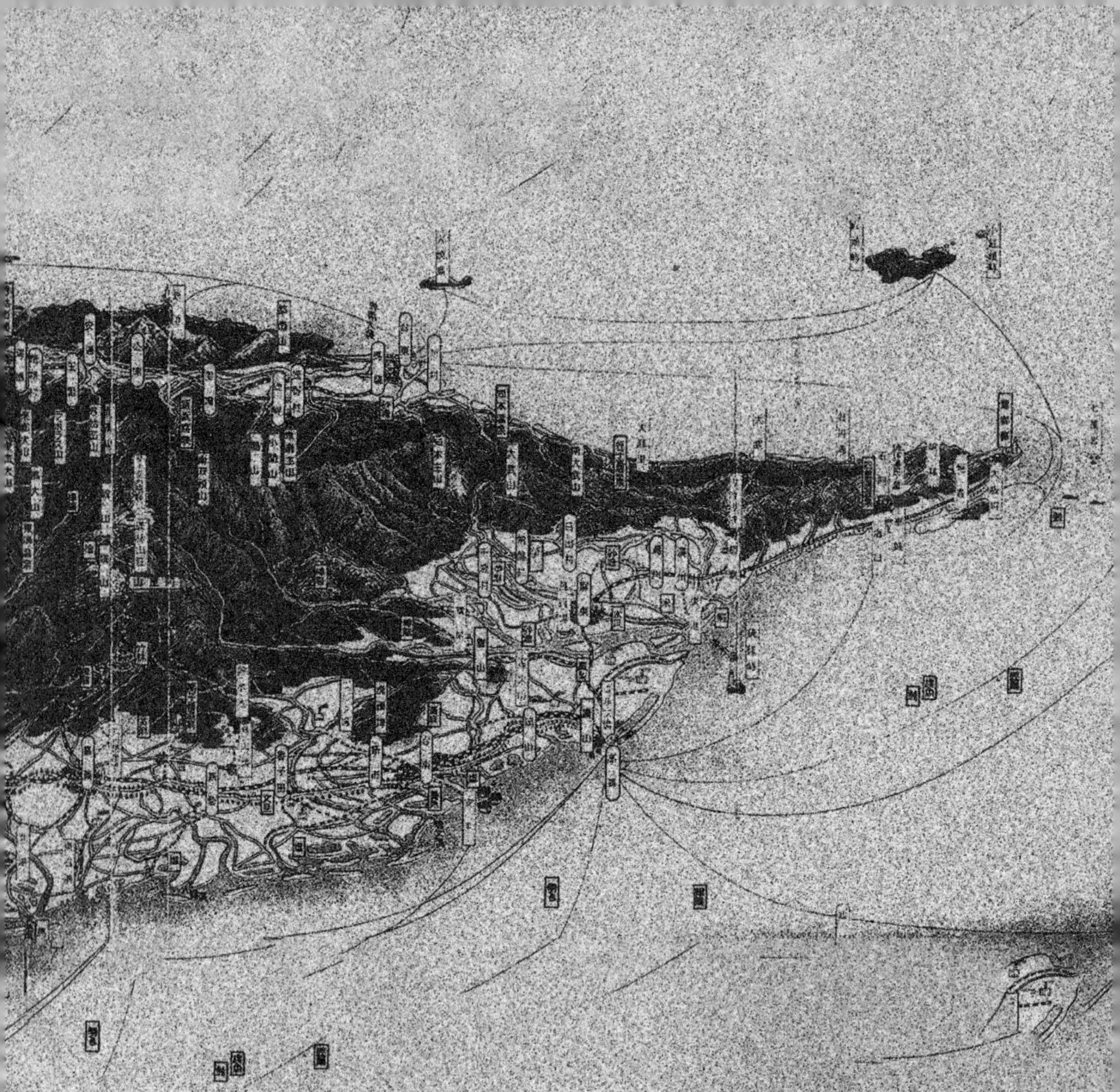

第一部

總論

臺灣史是什麼？

作者按：本書各篇文章以日文發表時，nationalism 此詞都直接以日文假名音譯表示。但以中文發表時，則會因為前後脈絡而或作「民族主義」、或作「國民主義」。此次收入本書時，則都統一作「民族主義」，蓋國內讀者大都已經習稔「民族主義」，故仍因之，不刻意改正。但請讀者注意：於不同時期、不同地域，對於此詞之諸多豐富涵義各有不同的側重。本書作者所理想的，則是尊重個體意願的公民民族主義（國民主義），此在文章的前後文論述脈絡應該也可以看出。

第1章

臺灣史的成立及其課題

為什麼需要研究臺灣史？過去用中國史的脈絡理解臺灣，會有什麼問題？獨立自主的臺灣史，又應該達到哪些標準，才能有底氣與其他歷史學門相提並論？

一九九三年八月，中央研究院設立了「臺灣史研究所籌備處」。在此之前，中央研究院已經有了一九二八年該院於南京成立時即設立的「歷史語言研究所」，和成立於一九五〇年代的「近代史研究所」。如今，在兩個既有的歷史相關研究所之外，另外籌設「臺灣史研究所」，不外是因為近年急速湧現的臺灣民族主義（nationalism）氣氛。

對於已經習慣在中國史的框架中瞭解臺灣歷史的人來說，出現「臺灣史研究所」，顯然有違和感。但是，拘泥於中國史的框架中瞭解臺灣史，果真有充分的說服力嗎？如何才能真正瞭解臺灣的歷史？「臺灣史研究所」的成立，迫使我們必須檢討在此之前的臺灣認識是否正確？同時，「臺灣史研究所」的成立，也使我們必須面對「如何有效地分析、敘述臺灣歷史」的質問，即必須回答臺灣史所以成立的學問基礎及其課題。本文將對「臺灣史研究所」成立的外在客觀因素，即由臺灣歷史累積起來的臺灣民族主義的成長，做一個回顧性的整理，並討論以往臺灣認識的偏頗，及臺灣史這門學問獲得公民權之後接踵而來的「臺灣史是什麼？」或「臺灣史應該是什麼？」這種學問上的要求。

臺灣史的成立

殖民的開端與清朝支配

臺灣這個太平洋西緣的島嶼，原本是南島語系（Austronesian）原住民的生息天地。南島語系的原住民廣泛分布於太平洋與印度洋海域，以漁獵採集和燒畑農業為傳統生業，與隔著臺灣海峽相望的中國福建地區形成對照，具有獨自的不同文化。[1]

大致與歐洲諸民族之海外殖民同時，中華帝國自十六世紀中葉起也有海外殖民浪潮，尤其是東南沿海地區的居民，因迫於生計而大批向南中國海地區尋找新天地，進行移民與殖民運動，這是眾所皆知的華僑之出現。在這樣的背景之下，十六、十七世紀之交，中華帝國東南沿海，尤其是福建地區的人，來到了臺灣這個島嶼。但這個時期來臺灣的中國人為數不多，而且多是前來與日本人從事交易，或在臺灣附近海域從事亦盜亦商行為的冒險商人。一六二四年，荷蘭東印度公司占領本島南部的大員（今臺南市安平地方）海灣，做為其從事東亞轉口貿易的據點，並向西部平原地帶的原住民傳教，以後更在臺灣發展熱帶殖民農業（monoculture），生產蔗糖輸往日本、波斯地區。荷蘭東印度公司在臺灣經營農業，生產蔗糖，於是招徠對岸中國福建地區居民為公司經營之農園的農工，這是臺灣從原住民的初級燒畑農業走向高級農業之始。荷蘭時代晚期臺灣有中國農業勞動者大約二萬人。[2]

眾所周知地，在西洋殖民勢力來到東亞時，東中國海與南中國海域上，也正是海盜與冒險商人活躍的時代。在這些成股的海盜與冒險商人當中，鄭芝龍集團是十七世紀前期聲勢龐大的國際勢力。一六四〇年代，崛起於滿洲的女真人王朝進入中國本部，不久也壓迫到根據地在中國東南沿海地區的鄭家勢力。鄭芝龍及其繼承者鄭成功，為了維護既有的勢力，對一路南下的清軍展開對抗行動。但鄭成功無法抵擋滿洲勢力，只好於一六六二年進據臺灣，隔著臺灣海峽與大陸的清帝國形成對峙之局。[3]

一六八三年，清帝國無法容忍在一海之隔的臺灣有一個對抗的勢力存在，於是發動軍事征伐，鄭家因此瓦解。由於臺灣不但位於海外，而且曾是反抗勢力的據點，因此清帝國在制服鄭家勢力後，雖在臺灣設置官府，但其施政的最重要考慮是防範臺灣再度成為反抗者結集的「逋逃之藪」，所以不但實行海禁政策限制大陸人民渡海來臺，而且在臺灣島內實行封山政策，將移民限制在西部平原地帶，不准移民進入東部山區。[4]

雖然清帝國官方以各種禁令限制福建、廣東的人民前來臺灣，但中國大陸東南沿海的人，一方面由於生計壓迫的推力，一方面因為臺灣的確是個具有豐富生產力和各種機會之新天地的拉力，仍然前仆後繼地犯禁令、冒風濤，橫越臺灣海峽偷渡臺灣。這些漢人移民來到臺灣之後，向原住民爭奪土地，從事農業墾殖，並有不

圖 1-1：漢番界碑，現立於捷運石牌站。維基百科，拍攝者：Peellden。

少人與原住民通婚混血。移民進行的墾殖不斷推進農耕前線，到了十九世紀初年大概西部平原地帶已是移植漢人的天下，平原地區的原住民則不是與移植漢人同化而消失於漢人之中，便是被移植漢人逼迫遷移至山間盆地或島嶼東部。相對於漢人移民積極拓墾挺進移民前線，清帝國卻仍然三令五申禁止移民「越界侵墾」，只有在移民的墾殖已有重大成效後，才被動消極地跟隨在移民之後設置行政官府，向開拓者徵稅。[5]

日本的殖民統治

十九世紀中葉，第二波帝國主義浪潮湧到東亞，臺灣又受到列強的覬覦，英國、法國、日本都曾經在臺灣發動軍事行動，即使美國、德國也曾經動過占領臺灣這座島嶼的念頭。一八九五年，清帝國在朝鮮半島與滿洲的軍事失敗，將臺灣這個殖民地割讓給日本。相對於清帝國這個消極的舊殖民政府，自一八九五年至一九四五年的五十年間，日本帝國這個新殖民政府在臺灣進行了積極而且有效率的殖民統治。

日本五十年的統治，為臺灣的社會、經濟，帶來了決定性的改變。日本殖民政府為了在臺灣獲取自然資源、生產物資、勞力，建立了有利於獲取的體制、有效的統治網絡，確立了命令下達和權力集中的系統。

新殖民政府建立了自行政中心直達全島各角落（平原地區）的階層式行政官廳系統。與這個系統並行的還有警察系統；殖民政府所辦的學校，也遍布全島。役場、警察派出所、小學，成為殖民官廳的末端組織。透過這個階層式的官廳系統，殖民政府的政令可以均質地快速傳達到地方末端。

除了有效的行政系統之外，日本殖民政府也在臺灣整備了交通系統，結果使臺灣可以一體化。在此之前，由於地理上東西向河川的阻隔，臺灣西部分別形成了幾個地域性的市場圈，全島南北並未聯結成一個互通有無的市場圈。

全島性市場圈的形成，最重要的關鍵是一九〇八年縱貫鐵路的完成。縱貫鐵路的出現，把過去北、中、南各自分立的三個市場圈打通了。在這個大動脈之外，還有糖廠和鹽、林產業的輕便鐵道及總督府積極建設的公路。縱貫鐵路、私營輕便鐵路與公路，在臺灣西部形成了一個縱橫密布的交通運輸網。這個運輸網的目的，當然是使臺灣任何角落都可以納入日本帝國資本主義體系當中。另外，殖民政府也將原來複雜多樣呈無政府狀態的貨幣、度量衡等流通媒介統一起來。這些都有助於打破區域性的隔絕狀態，形成一個暢通的全島流通圈。矢內原忠雄稱這些體制整備工作是日本殖民政府在臺灣所從事的「資本主義化的基礎工程」，資本主義化也同時促成臺灣規模的一體化。

日本殖民政府為了將她的政令傳達到末端而且發生效果，除了必須整備階層式的、機構的制度之外，還透過近代式的教育培植一個可以講、可以聽日本話的新世代。在清代，臺灣島內的語言並沒有統一，而且各種語言也難以直接以文字書寫，所以信息與情感溝通是有限的，僅於口耳傳達的範圍，透過文字傳達的是只有少數人才瞭解的儒家經典，一般的生活經驗卻不是透過文字溝通的。日本殖民政府的教育在臺灣創出了共同語言（日本語），這種語言還可以用文字表現，使臺灣具備了基礎條件，能出現安德森（Benedict Anderson）所說的「出版的資本主義」。於是，透過以日本語、日本文為內容的報紙、廣播，及文字資料的大量散布，使均質、迅速的資訊流通成為可能。人的來往、物的流通、資訊的交換等交通（communication）的增加，把臺灣規模的一體感、均質化給創造了出來。[7]

日本殖民政府所整備的資本主義化建設和有效率的行政統治，使臺灣產生了決定性的變

圖 1-2：臺中州「水社蕃」廣播播音。《ラヂオ年鑑》，日本放送協會編（誠文堂，1931），頁 182。

化。在諸多變化當中，在此要特別舉出來的是近代民族主義的萌芽。如前所述，日本殖民政府的各項社會基礎建設，使臺灣全域摶成一體，有助於形成臺灣規模的視野（vision）。除了這種客觀環境的整備之外，臺灣住民主觀的意識也有了重大的突破。

臺灣民族主義的形成

造成臺灣住民意識重大突破的，當然是日本這個異民族殖民支配的本身。在清代，臺灣在地理上雖然是清帝國的海外殖民地，但是由於被納入與清帝國本部類似的行政制度，而且更重要的是臺灣的移民是清帝國內部的漢族，因此，臺灣的殖民地性質乃潛存於深層結構當中。與此相較，日本的殖民統治卻是顯而易見的。首先，它是異民族的支配，民族間的差異可在日常生活中立刻察覺。這種民族間的差異本身便會逼使每個人做出認同抉擇。另外，日本的臺灣統治，在一九二〇年代以前是採取日、臺民族適用不同法律的差別主義，再加上經濟上的二元構造（臺灣人主要集中在農業部門，日本資本則集中於以糖業為主的農產加工業）和榨取機制，這些都使臺灣人比較容易產生安德森所說的「應戰式的我族認同」，為應戰式的民族主義形成，提供了重要的基礎。[8]

一九一〇年代末期，在內外的條件累積與沖擊之下，臺灣出現了民族主義的萌芽。一八九五年日本領有臺灣後出生、成長、接受日本殖民政府新式教育的青年，在一九一〇年代晚期長成為臺灣第一世代的近代知識人，是在人的方面臺灣民族主義得以出現的最重要資源。這些接受過新式教育的殖民地新世代知識人，受到當時全球性民族自決思潮的鼓舞，在大正民主時代和日本政黨政治時期的自由間隙，進行了一次廣泛以追求西歐式民主、自由、理性為目標的文化啟蒙運動和反殖民主義的民族自治運動。這些新世代的知識人高唱「臺灣是臺灣人的臺灣」。臺灣人所撰寫的第一部臺灣史《臺灣通史》也在此時（一九二〇年）出現。至此，「臺灣」、「臺灣人」、「臺灣史」成為具有文化、政治意義的新詞，臺灣不再只是一個地理名詞。[9]

一九三〇年代起，日本殖民政府為了戰爭的需要，逐步把臺灣編入戰時體制，在臺灣從事戰爭動員，甚至在一九三〇年代中期起以各種方式積極推動「皇民化政策」。戰爭動員與「皇民化政策」，使國家權力更徹底地壓到每個人的頭上，甚至心坎裡（「皇民化政策」就是在使每個人成為可以遂行「聖戰」的「天皇子民」）。戰爭動員與「皇民化政策」，使國家權力不但達到地方末端去動員資源、物質，而且達於個人，去動員人力、人心甚至人命，臺灣人於是被捲入戰爭。但是，另一方面，從結果來看，戰爭與「皇民化運動」所進行的徹底的社會動員，或許也可算是一種「逆說的國民創造」。

一九四五年，戰爭失敗的日本雖然退出臺灣，但臺灣卻未能如全世界的諸多殖民地一樣，獲得自治進而獨立。盟軍的麥克阿瑟將軍命令臺灣的日本軍向中國戰區的蔣介石投降，使臺灣由中國接收。戰後初期中國接收政府的惡政，曾逼使臺灣人於四七年蜂起反抗（二二八事件），但受到國民黨政權嚴厲的報復性虐殺，不但臺灣人自日本殖民時代以來主張「高度自治」的要求遭到徹底的挫折，國民黨政權更認為臺灣人受到日本殖民主義的毒化，而對臺灣人進行更徹底的思想洗腦。[10]四九年中國國民黨政權流亡臺灣，臺灣被捲入中國的內戰當中，甫於四年前脫離戰爭狀態的臺灣再度進入戰爭狀態。殖民時代結束前夕，由於日本的戰局吃緊，使臺灣人首次經歷徵兵制；如今徵兵制被恆常化了，甚至成為每個成年男子必須經歷的生命儀禮。就如第二次大戰期間日本殖民政府將臺灣「要塞化」一樣，戰後國民黨政府「意志集中，力量集中」、「一切力量對準敵人」這樣的政策，將臺灣「反共基地」化了。對臺灣來說，戰爭並未因第二次世界大戰的結束而結束，甚至還自四九年起被長期納入戰爭戒嚴體制之下近四十年（八七年才解除戒嚴）。

國民黨政權雖然對臺灣做極限性的掠奪式動員，但一方面卻以中國的政權自居，維持著代表中國但並不積極運作的國會，一方面以軍事武力、特務警察和經濟成長的「鞭子與糖飴」，做為統治臺灣的憑藉和正當性基礎，在臺灣從事軍事的殖民統治。一九七〇年代起，由於西方各國開始靠近中國，出現修正冷戰結構的動向，國民黨政權自我標榜的中華民國被驅逐出聯合國，又接連與世界各國斷交（以日、美為首），使得國民黨政權必須在臺灣內部尋找統治的合法性，於是打出所謂的「臺灣化」政策。但真正的飛躍性突破，則要到八〇年代晚期。八七年，解除長期的戒嚴以後，臺灣人走出軍事統治的恐怖陰影，因二二八事件的虐殺及五〇年代的白色恐怖而潛伏的臺灣民族主義，此時終於得以再度浮現。

當然，就如日本的殖民統治一樣，戰後國民黨的統治，也對形塑一個獨自的臺灣視野做出了意外的貢獻。在世界規模的冷戰對立與國民黨對共產黨的內戰相配合之下，臺灣不但被蔣介石政權的軍事獨裁體制強制地煽起對中共的敵愾心，而且與中國隔著臺灣海峽長期各自在不同的社會制度中經歷數十年歲月，使臺灣即使在國民黨的中國化教育下，也發展出與中國不同的世界認識。

八八年，強人蔣經國逝世。接著，使臺灣戰後開發獨裁體制得以長期延續的世界冷戰結構瓦解，臺灣內部的民主化呼聲高昂。九一年，臺灣終於舉行了有史以來第一次全面國會選舉，跨出脫殖民地化的真正步伐。九二年，政黨政治的雛形初具，主張臺灣獨立的在野黨在國會選舉中大躍進，獲得國會三分之一議席。九三年，臺灣朝野上下正努力尋求加入聯合國，希望成為國際社會的一員。[11]

近年來臺灣社會的變化，可以說是一個生氣蓬勃的殖民地自治運動。自大航海時代全球性殖民運動展開的同時，殖民地自治運動便已開始，二百年前美國獨立是舉世皆知的事例。其後二百餘年來，世界各地的殖民地在不同的時代，由於各種不同的機會先後獲得自治、獨立，但同是大航海時代殖民地之一的臺灣，卻到近幾年才有脫離殖民地狀態而獨立的動向。「臺灣史研究所」便是在這樣的背景下成立的。

認識臺灣的方法與臺灣史的課題

外來政權中心史觀與漢人中心史觀的克服

在這種民族主義的現實要求下成立的臺灣史，在學問的世界中如何登場呢？也就是說，在學術中，臺灣史如何證明自己是其他學問所不能替代的呢？無疑的，這是臺灣史研究者必須正視的嚴肅課題。

歷史敘述或分析本身即是將複雜的過去加以概念化的作業。這種作業是將過去諸多事項在時間序列中作有意義的組合，用以解釋或究明問題。因此可以說，歷史研究是發現新的可能性的工作，是一種尋求更能夠說明過去與現在的方法的努力。

檢討過去整理或認識臺灣歷史的方法，便會發現圖1-3的甲圖是具最支配性的典型（史觀）。這種歷史觀是將臺灣歷史解釋成臺灣島以外的人在這個島上發展的過程。島外的人在P時點（以中華民國而言是一九四九年）將其活動舞台轉移到臺灣。於是，歷史是在中國大陸經夏、商、周、秦、漢……元、明、清、民國一路發展下來，然後在一九四九年移轉到臺灣發展下去。在這種史觀中，一九四九年以前，即P時點以前的臺灣是沒有歷史的（或沒有意義的）。這種史觀使臺灣歷史的前段被剝奪掉了。其實，不只戰後的國民黨政權如此，戰前的日本殖民地主義在整理臺灣歷史時也是如此，只是如丙圖所示，該P點在一八九五年而非一九四九年罷了。如果我們將乙圖、丙圖合併起來，便會

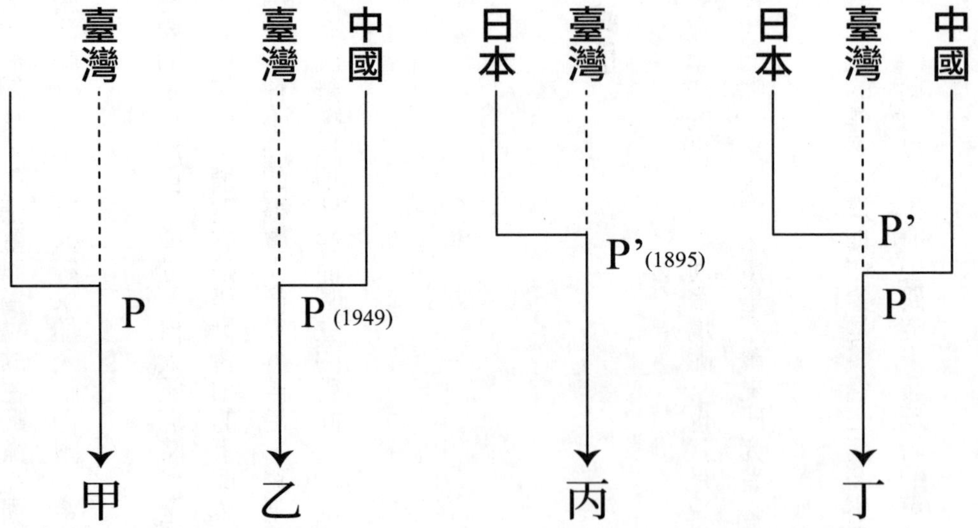

圖 1-3：認識臺灣歷史的方法。

發現臺灣歷史被二次剝奪了（丁圖），連一度曾經擁有的歷史P'（一八九五）－P（一九四九）的部分也一併失落了。

接下來檢討甲圖所代表之史觀的問題。首先，這當然是外來統治者的歷史觀。他們在加諸臺灣人統治暴力的同時，也合成「歷史」。這樣合成的「歷史」是為了說明外來統治者統治臺灣的「必然性」，並將之正當化。這種由外來統治者的史觀所描繪出來的統治擴張史與臺灣人的共同記憶無緣，臺灣人無法從這種「歷史」之中探尋自己的記憶。例如，一九二〇年代受到世界性民族自決思潮鼓舞的臺灣知識青年，或三〇年代中期以後苦於日本的戰時體制而協力戰爭的臺灣人，都不見於乙圖的「歷史」，即使不致於完全消失，也不免被扭曲、變形。[12]

從結果來看，由於現在的臺灣由中國（國民黨）所統治，而占臺灣多數的種族是漢人，因此乙圖的史觀很容易被接受。因此，對此稍做分析。如前節所述，日本殖民地統治由於是異民族支配，其殖民地性格很容易察知。但中國對臺灣的支配屬國內殖民的性質，必須在更深層的結構中才能察覺，因此往往被忽略。甚至，如果吾人從原住民的立場來思考，那麼早在十六、七世紀以來，他們就連續地被移墾殖民主義壓制著。但是長期以來，在完全不同的歷史脈絡下形成的中國民族主義卻被誤套在臺灣人頭上。

如所周知，中國近代民族主義的萌芽，是十九世紀西洋勢力來到東方之後的事，而促其成長的則是日本的侵略。如果不把中國與臺灣混為一談，則近代史中的臺灣人並未參與中國民族主義的形成，當然反之亦然。一九〇〇年代中國在形成「中華民族」時，臺灣已由清帝國脫離而為日本的殖民地。一九三〇年代以後中日對立，臺灣人更是在戰爭狀態下「協力」日本侵略戰爭的「天皇赤子」。相對於此，臺灣近代民族主義的萌芽，起源於殖民地體制下臺灣人向日本殖民統治者要求民族自決的主張。足以形成中國民族主義強烈要素之中國人的中日戰爭體驗，與促成臺灣民族主義形成的臺灣人的殖民地體驗，是完全不同，甚至對立的。正因為如此，戰後藉由如上述圖乙史觀整理歷史的國民黨官製臺灣史，便意圖抹殺或扭曲臺灣人的歷史。因此，臺灣人的殖民地記憶不見天日，深藏在臺灣人的心底。

造成對臺灣人認識的偏頗，其原因之一是來自中國認識的錯誤。一種雖然不正確，卻廣被接受的觀念，是將中國（China）誤認為我們一般所謂的國民國家（nation state）。[13] 實際上，與其說中國是一個近代國家，毋寧說它是一個帝國。中華帝國與一般的帝國一樣，支配廣大的異民族地區，而且有國內殖民地。維持中華帝國的是神聖的普遍王權及以儒教、漢字為中心的文化意識形態。但是這二百年來的世界史趨勢是統一帝國相繼瓦解，而從其中成立了許多近代國民國家，國民國家成為最強有力的國家形態。但是，二十世紀初，中華帝國沒有經過分裂的過程，直接由帝國轉換為國民國家。為了包攝舊帝國內部的諸民族，創出了與原先帝國相同規模的民族（中華民族），以這個被創造出來（虛構）的民族建設一個國家（中華民國）。也就是說，二十世紀的中國，事實上只是穿上國民國家外衣的帝國。[14]

瞭解中國是帝國，而非近代國家之後，才能真正理解中國人的帝國意識與少數民族的獨立運動等問題。如果從少數民族的動向來看，可以預測不安定的中國（帝國）應該會和西歐的經驗一樣，必然要分裂為複數的國民國家，才會終於到達穩定的狀態。同樣的，瞭解中國是帝國之後，也才可以理解中國統治的樣態，及其內部的人們如何接受統治。帝國統治的根據，在於統治者的武力與帝國臣民的帝國意識（包括共同承認皇帝權力的神聖性）。前者是統治者單方面的作用，在此不遑多論。後者當然就是被統治者如何享受、獲得帝國的榮譽。但是，如果考慮傳統社會中人們日常生活的行動範圍、識字率、資訊流通的狀況，就會發現，龐大的帝國臣民實際上並沒有深刻感覺到帝國的存在。也就是說，正如孫文所言，一般人只關心納稅的事，其他事情則認為與自己無關（「天高皇帝遠」、「帝力於我何有哉」）。能夠享受帝國榮譽的只有士大夫階層，帝國之掌握地方也是由這種士大夫階層代辦。[15]

如前節所述，臺灣是由中華帝國東南沿海地區的居民移墾的，大部分移民臺灣的人都是迫於生計、在社會底層的民眾，士大夫階級的移民極少。移民最重要的工作是克服風土，從事農耕，短期間內並沒有追求士大夫地位的餘裕。因此，整個清朝二百多年，臺灣只誕生了三十三位進士，而且幾乎都是十九世紀後半以降才產生的，臺灣的士大夫階層可謂相當薄弱。而且，傳統中國社會中，扮演帝國統治代辦者的「紳」（士大夫階層）在臺灣非常不顯著，相反地，在移墾社會中形成、擁有私人武力的「豪」，反而具有更重要的地位。[16]也就是說，雖然在清帝國統轄下，但臺灣卻沒有支持帝國體制、代理帝國支配地方的士大夫階層。因此，一八九五年日本領有臺灣時，臺灣雖也有基於中華帝國意識的反抗，但基於鄉土愛及對新統治者的不安而起的地方性反抗則較強。[17]

接著，再回到前示圖1-3的問題。圖1-3這樣的圖式理解，絕不是只存在於日本殖民主義或國民黨政權這種外來統治者之間，還以各種不同的形式出現。經常可見的一種形式，就是將臺灣史視為漢人的開拓史，而稱之為「臺灣四百年史」。在這種說法下，圖1-3的P點是在十六世紀與十七世紀之交。

大航海時代的十六、十七世紀之交，西洋的葡萄牙人、西班牙人、荷蘭人、英國人，東洋的中國人、日本人都來到或經過臺灣附近。這些東洋、西洋人「發現」臺灣，用他們自己的文字描寫臺灣，臺灣因此有了「歷史」。臺灣的「歷史」變成這些有文字的「文明人」來到臺灣，開拓「蠻荒大地」，啟蒙「野蠻民族」的過程。這種歷史觀就是「哥倫布發現新大陸」之史觀的臺灣版。

上述臺灣四百年史觀的問題點，在於拘泥於以文字來重建歷史，卻忽略了未必所有的民族都是以文字來傳達其歷史或民族的共同記憶。而且這也忽視四百年前臺灣已有原住民存在的事實。二十世紀歷史學對這種「哥倫布發現新大陸」式的十九世紀帝國主義史觀的反省，及白人到來前的非洲史或美洲印第安史的再構築，在意識上與技術上的進展，應該都對「臺灣四百年史」這種偏頗的臺灣史敘述深具啟發意義。至於漢人開拓史觀，也沒有正視以下的事實，即移民入殖者經過一定期間後，就安住當地。也就是說，如果把臺灣史簡化成漢人開拓史的話，不僅不能正確評價原住民在臺灣歷史中的定位，而且也不能說明漢人移民定居臺灣後形成地域社會及在該處的各種營為。這和我們不能以移民開拓史完全說明北美洲的歷史是一樣的道理。

經過以上的檢討，臺灣史的課題，也就是應該如何敘述臺灣歷史的要求，自然就很清楚地浮現了。例如，必須揚棄以外來政權為中心的史觀，確立以臺灣為主體的歷史敘述，以臺灣這個空間範圍往上追溯，重建臺灣歷史。此外，也必須克服漢人中心史觀，確立臺灣島內各種族平等的歷史敘述，重新構築四百年以前的臺灣（原住民）歷史。當然，這種臺灣歷史的整理、敘述本身即是臺灣民族主義的一環。臺灣史是因臺灣民族主義的高揚而成立的，因此成立後的臺灣史也必須說明臺灣民族主義的發生、成長及其內容與結構。亦即，目前對臺灣史而言，最重要的課題是有效地分析、說明臺灣民族主義。

但是，臺灣史或臺灣社會並不是在民族主義的方向上單純地直線發展。例如，前述臺灣島內有複數民族（南島語系民族、漢民族）及族群（ethnic；福佬人、客家人、外省人）同時存在，這是臺灣民族主義不能簡單地向集中化（統合）的方向前進的原因之一。[18]而且，從過去的歷史來看，臺灣在地理上是處於開放的位置，很容易被編入國際環境中。大航海時代的十六、十七世紀如此，十九世紀中期以降的新帝國主義時代亦復如此。更何況，今日國家間往來密切，關係也更加複雜化，任何地域都不可能只有對內的向心力，而沒有向國際化（脫國家化）的分散力。因此，臺灣史也不能不重視臺灣在（特別是在東亞地區的）國際上的地位。臺灣史必須扎根於臺灣內部的同時，也必須從更大的國際（廣域）脈絡來掌握。

世界史中的臺灣史

我們從空間去考察問題時，經常會在腦海中描繪出一幅地圖。如果稍加注意，就會知道從地球儀上抽取地圖，可以有各式各樣的方法，也就是說有無限多種描繪地圖的方式，而且還有更能真實反映生活者空間感覺的心理地圖（mental map）。但是，我們的空間思考卻往往受限於市面上所販售的地圖。以下，我們來看在不同的歷史時期，能夠有效說明臺灣的地域範圍各是如何。

從廣泛流通的以歐亞大陸之中央部為中心的地圖來看，臺灣位於中國大陸的邊緣，但四百年前，臺灣並不是被當作和中國同一個地域來思考的。宋、元時代，中國東南沿海的人到南洋貿易，中國人雖也到臺灣本島附近的澎湖島，但臺灣卻是在貿易路線之外。對中國人而言，臺灣「語言不通，商販不及」（《諸蕃志》）、「漢唐以來，史所不載，近代諸蕃市舶不聞至其國」（《元史》）。與此相對照，從海流、季風、植物等自然環境或從民族學的觀點來看，臺灣的自然環境及住民卻與菲律賓、印度尼西亞，甚至太平洋、印度洋諸島嶼具有類緣性。也就是說，臺灣應該放在太平洋、印度洋的廣大海域中來考察。即使十四、十五世紀，以中華帝國為中心的東亞、東南亞的朝貢貿易秩序最整備的時期，臺灣不僅不在朝貢貿易體系之內，而且也不在朝貢貿易的路線上。[19]

但是，十六、十七世紀之交，臺灣卻成為倭寇、海賊、冒險商人及西洋人（荷蘭人、英國人）集結的轉口貿易據點。發生這種變化的主要原因是由於一五六〇年代明帝國無法禁絕民間的走私貿易，被迫開放福建的月港（海澄）。月港開港提供了中國福建地區的住民合法出國的窗口，大量的（以泉州及漳州為中心）閩南人出洋貿易，甚至移民南洋。位於閩南對面的臺灣，自然而然成為東洋、西洋商人與來自福建的中國商人進行交易的最適地點。因此，東西方向的福建－臺灣－呂宋及南北方向的日本－臺灣－東南亞這兩條繁榮的貿易路線，在臺灣交叉。[20] 最初，臺灣只不過是兩條貿易路線的交叉點、轉口站。但是荷蘭東印度公司在一六二四年占領臺灣，生產蔗糖，大量捕捉野鹿，於是臺灣也開始輸出商品。接著到了鄭氏王國時代，由於鄭氏自鄭芝龍以來即為東中國海及南中國海一大貿易勢力，所以更積極地從事海外貿易。「遣商船前往各港，多價購船料，載到臺灣，興造洋艘、烏船。裝白糖鹿皮等物，上通日本，製造銅熕（大砲）、倭刀、盔甲（鎧兜），並鑄永曆錢，下販暹羅、交趾（現代越南南部）、東京（越南北部）各處，以富國」（《臺灣外記》）。如此活潑的國際貿易在清帝國領有臺灣後也沒有改變。「植蔗為糖，年產五、六十萬，商艘購之，以貿日本、呂宋諸國。又運米穀、麻、豆、鹿皮、鹿脯於四方者十餘萬」（《裨海紀遊》）。

圖 1-4：荷蘭時代的熱蘭遮城。Arnoldus Montanus, *Ambassades mémorables de la Compagnie des Indes orientales des provinces unies vers les empereurs du Japon*, 1680，頁 98-99 之間圖版。

十七世紀初葉以來，臺灣在東亞海域的國際貿易上扮演重要角色。其背景，在前期是閩南地區的海禁解除，國際貿易商人群集臺灣海域，後期則是清帝國為了遮斷由陸地給予鄭氏的援助，發布「遷界令」，徹底實施海禁政策。中國出航的商船減少，使得臺灣船從事貿易的機會反而增加。臺灣與福建閩南地區相互依存、相互競爭的關係自此時已經開始。

一七一七年，清帝國禁止南洋貿易，臺灣的海外貿易因此斷絕。二七年清帝國再開南洋貿易，但臺灣沒有被指定為貿易港，而以廈門、廣東為通商的主要港口。因此，繁榮了一個世紀的臺灣海外貿易，也不得不隨著這個政令而有所改變。以中國沿岸的港口為交易對象的郊商（地方商人）代之而起。這些郊商集中在臺南、鹿港、淡水、艋舺等港灣都市。「貨之大宗者莫如油、米，次麻、豆，次糖、菁。至樟栳、茄藤、薯榔、蓪草、藤芋之屬多出內山。茶葉、樟腦又唯內港有之。商人擇地所宜，雇船裝販。近則福州、漳、泉、廈門，遠則寧波、上海、乍浦、天津及廣東，凡可通航路，爭相貿易」（《淡水廳志》）。臺灣具有高度農業生產力，相對於此，中國、特別是福建則是糧食不足的地區。因此，臺灣成為提供福建地區軍糧、民食的「穀倉」。臺灣的米不斷輸出中國，而從中國輸入針線、布料等日常生活用品及石材、木材等建築材料，臺灣與對岸的中國福建地區形成產業分工的經濟區。[21]

十九世紀中葉以後，第二波西洋帝國主義侵襲東洋，一八六〇年代起，臺灣南北被迫開放打狗（高雄）、安平（臺南）、滬尾（淡水）、雞籠（基隆）等港口。開港後，臺灣南部平原地區的砂糖和中北部丘陵與山地的茶、樟腦成為國際市場的商品，向歐洲、北美、東南亞大量輸出，外國商人並輸入主要供作消費的鴉片，臺灣被納入世界經濟體系中。在這種背景之下，臺灣人一方面積極地進入丘陵或山地，獲取可以輸出的茶和樟腦。另一方面，經營商船，到廈門、日本、香港甚至新

圖 1-5：美國宣傳臺灣茶的廣告，約 1870-1900。波士頓公共圖書館公眾領域，編號 10_03_000520。

加坡貿易，有十七世紀的國際貿易再開之勢。但是此時有力的外國商人資本在東亞的據點是香港，他們透過香港的銀行，將資本交給廈門的代理人購買臺灣商品。臺灣的輸出入商品多迂迴經由廈門，廈門成為輸出臺灣商品的轉口港。這與十七世紀中國商品以臺灣為轉口港恰成對比。[22]

進入日本統治期後，殖民政府利用政治的手段，排除十九世紀中期以來活躍的西洋資本，在臺灣培植日本財閥資本，將臺灣納入日本帝國產業、經濟分工體系中。臺灣被定位為日本的投資殖民地，一九二〇年代以前供給日本內地所缺乏的砂糖，二〇年代以後則補充日本內地不足的糧食稻米。[23]此外，從一九〇〇年代前後，臺灣總督府以地利之便，進出華南的福建、廣東地方，在第一次世界大戰期間，趁西洋列強勢力從亞洲、太平洋地區撤退之際，積極地企圖從臺灣向荷領印度尼西亞、英領馬來等「外南洋」地區發展。三〇年代以後，日本殖民政府在臺灣發展工業，使臺灣逐漸從「工業日本，農業臺灣」的帝國規模之分工結構中脫離出來。但是三〇年代臺灣的工業化，除了以製糖業為基礎而發展的農產品加工業之外，重要項目都是以金屬、化學工業為主要內容的準軍需產業，這些工業主要是利用日本人的資本及臺灣人的勞力，結合來自南洋、華南甚至滿洲的原料而建立起來的。也就是說，如此的臺灣產業調整是日本帝國全盤政策的一環，而且，臺灣是被當成「大東亞共榮圈」的中心來思考的。[24]

從以上簡單的回顧，就可以很清楚地瞭解到世界地圖中的臺灣，是被政治因素所強力規範的。由於支配臺灣的政治勢力幾度更迭，因此在不同的歷史時期，臺灣也被納入不同的地域範圍。要瞭解臺灣史，便必須一一瞭解在不同時期對臺灣有影響的外在環境狀況。也就是說，臺灣史不能只局限在臺灣島內來思考，而必須在更廣大的地域，甚至世界規模的背景中來掌握。

這篇文章是應濱下武志教授之邀，為他參與企劃的叢書《アジアから考える》（從亞洲思考，英文名稱為 Series Asian Perspectives）所寫的，收入該叢書第三冊《周緣からの歷史》（來自周緣的歷史）（東京大學出版會，一九九四）。就如該叢書的名稱所示的，此企劃的目的是想要從亞洲（從後來叢書所收錄的文章來看，這裡所說的亞洲，其實是東亞。不過，這套叢書的企劃精神，與其說是要強調實際上的亞洲，毋寧說是要強調相對於歐洲的另一種思考）的內部，提出不同於傳統以歐洲為中心的另一種思考。當時也正值國內在中央研究院成立臺灣史研究所（籌備處）之際，因此我就以這件事為引子來寫這篇文章，它們是：①臺灣的指標性學術研究機關中央研究院終將成立臺灣史研究所的社會背景，②既然有了臺灣史的學術研究單位，那麼臺灣史研究所所要研究的臺灣史研究課題，應該是什麼。當然，前者雖然是客觀的事實，後者則是我個人的主觀期待。因此，我自己提出了一份臺灣史的概論，希望可以透過這個對於臺灣歷史的概論，一方面向日本學術界介紹臺灣歷史，一方面也從中提示出幾個臺灣史的關鍵問題，期待往後的臺灣史研究可以在這幾個關鍵問題上有所著墨。

我的這個臺灣史概論，其實是一個以國家史為架構的臺灣史概論；簡單地說，它的重點是在梳理這個自然疆界雖然相對明確的島嶼，是在如何的時間流序中逐漸形成一個與其政治共同體大致合致的社會。我的這個臺灣史概論，顯然受到留學時（一九八〇年代中後期）被介紹到日本的安德森《想像的共同體》的影響，但我卻是反用了安德森該書的本意，並不是要用它來解構，而是要用它來建構民族主義。此事也被岸本美緒教授為《アジアから考える》寫的書評特別指出來了（岸本美緒，〈アジアからの諸視角—「交錯」と「對話」〉，《歷史学研究》第六七六號，一九九五年十月）。當然，我也從日本的東南亞史專家（尤其是專研印尼近代史的土屋健治教授）得到很多啟發。

另外，這篇文章的中文版曾經發表於《當代雜誌》第一百期（一九九四年八月）；英文版則口頭發表於一九九五年四月在美國華盛頓特區舉行的美國亞洲學會（Association for Asian Studies）的年會。

註釋

1 關於臺灣的原住民，可參照《馬淵東一著作集》全四卷（社會思想社，一九七四－八八）。

2 中村孝志，〈台湾史におけるオランダ時代の意義〉（臺灣史蹟源流研究會編，《臺灣史蹟源流研究會七十八年會友年會實錄》，一九八五）。

3 石原道博，《国姓爺》（吉川弘文館，一九五九）。

4 參照伊能嘉矩，《台湾文化志》（刀江書院，一九六五年復刻），第十四篇。

5 關於官方對漢人的開墾、殖民與原住民的關係之態度，最近的研究有Shepherd, J. R., *Statecraft and Political Economy on the Taiwan, 1600-1800*, Stanford University Press, 1993.

6 參照矢內原忠雄，《帝國主義下の臺灣》（岩波書店，一九二九。收入《矢內原忠雄全集》第二卷，岩波書店），特別是第二章。

7 Deutson, Karl W., *Nationalism and Social Communication*, M.I.T. Press, 1966.

8 Benedict Anderson，《想像の共同体——ナショナリズムの起源と流行》（白石隆、白石さや譯，リブロード，一九八七）。

9 若林正丈，《台湾抗日運動史研究》（研文出版，一九八三）。

10 參照拙稿，〈台湾人の夢と二·二八事件——台湾の脱植民地化〉（《岩波講座　近代日本と植民地8アジアの冷戦と脱植民地化》（岩波書店，一九九三）。此文收入本書第十章。

11 從戰後到九〇年代初期，臺灣「國家」的樣相及其推移，參照若林正丈一系列的研究。《海峡台湾政治への視座》（研文出版，一九八五）、《台湾転換期の政治と經濟》（田畑書店，一九八七）、《転形期の台湾——「脱内戦化」の政治》（田畑書店，一九八九）、《台湾海峡の政治——民主化と「国体」の相剋》（田畑書店，一九九一），特別是參考《台湾分裂国家と民主化》（東京大學出版會，一九九二）。

12 楊聰榮，〈從民族國家的模式看戰後臺灣的中國化〉（吳密察、張炎憲等著，《建立臺灣的國民國家》，前衛出版社，一九九三）。

13 關於此點，一九二〇年代矢野仁一等支那學者的議論具有重要的啟發意義。參照矢野仁一，《近代支那論》（弘文堂，一九二三）、內藤湖南，《支那論》（創文社，一九三八）等。

14 關於中國近代 **nationalism** 的簡要分析及其脆弱性，參照岡部達味，〈東アジアにおける政治的統合と文化——「一国両制」をめぐって〉（平野健一郎、山影進、岡部達味、土屋健治，《アジアにおける国民統合》，東京大學出版會，一九八八）。

15 參照內藤湖南，註十三前揭書。

16 關於臺灣移民開墾社會中「豪」的活躍，可參照 Meskill, J.M., *A Chinese Pioneer Family: The Lins of Wu-feng, Taiwan, 1729-1895*, Princeton University Press, 1979.

17 關於日本領有初期的抗日運動，參照翁佳音，《臺灣漢人武裝抗日史研究 1895-1902》（國立臺灣大學文學院，一九八六）。

18 關於臺灣內部的族群問題，參照註十二前揭書第五章「族群關係」，及張茂桂編，《族群關係與國家認同》（國家政策研究中心，一九九二）。

19 記載十四、五世紀東亞朝貢貿易的有名史料《歷代寶案》中，關於臺灣的記述非常的少，這是很有趣的問題。

20 曹永和，〈環シナ海域交流史における台湾と日本〉（箭內健次編，《鎖国日本と国際交流》上，吉川弘文館，一九八八）。

21 參照伊能嘉矩，註四前揭書，下卷，第十二篇「商販沿革」。

22 十九世紀中期以降，臺灣以廈門為重要的轉口港。濱下武志，《中国近代経済史研究——清末海関財政と開港場市場圈》（汲古書院，一九八九），頁二三八－二四九。林滿紅，《茶糖樟腦與晚清臺灣》（臺灣銀行經濟研究室，一九七八）。

23 涂照彥，《日本帝国主義下の台湾》（東京大學出版會，一九七五）。

24 高橋龜吉編，《現代臺灣經濟論》（千倉書房，一九三七）。

第2章

臺灣民族主義的歷史書寫戰略†

隨著臺灣的民主化、自由化，長期屈於支流狀態的臺灣史研究，終於獲得了「公民權」。但是學院中的研究者，能否滿足新時代對於臺灣史的需求？

† 關於民族主義一詞，請見第一章的說明。

臺灣史研究的興起與制度瓶頸

一九八〇年代初期以來，隨著臺灣的民主化、自由化，長期處於支流狀態的臺灣史研究成為人文社會科學中醒目的熱門領域。因為臺灣的民主化、自由化也伴隨著臺灣化（「本土化」），「尋找臺灣」、「發現臺灣」、「認識臺灣」成為經常聽得到的口號。這不是要讓外國人瞭解臺灣，而是呼籲臺灣人多瞭解自己。因此最能夠全面瞭解「臺灣何以成為如今的臺灣？」的臺灣歷史研究，便自然成為熱門的領域了。換句話說，臺灣史成為臺灣人尋找自身存在意義與認同的資源。

如同前面各位參加座談的學者所提到的，歷史性的研究、分析，即使在關於臺灣之社會科學的研究中，也占有相當的重要性。過去十餘年來的臺灣研究之焦點，即使在環境保護、社區營造等與生活密切相關的議題上，但其核心仍然是歷史研究。可以說，臺灣史研究的興起本身，就是臺灣民族主義的現象。這是一個世紀以來臺灣人想要發現自我、解釋自己之經驗和記憶的一次運動；臺灣研究作為一種自我發現、自我認識的形式，將反過來建構歷史，喚回臺灣的經驗與記憶，並賦之以意義（即製作歷史），使得臺灣不再只是一個地理名詞。

回顧過去，外來政權下之臺灣史研究的發展之路，絕非順利、平坦。顯然，接下來的長遠道路也將還會有不少困難和挑戰。面對臺灣社會如此強烈地想要獲得自身之價值和意義的願望，執政者已經難以用原有之中華民國的論理來證明其統治之合理性。因此，即使是政權所支持的學術、教育體制，也必須勉力地不能在臺灣歷史研究的建設中落後。如今，不論是學術界，還是國家教育領域，臺灣史終於獲得了公民權。

但情況並不就此樂觀。社會（民間）充滿活力，出現一大批「民間學者、地方文史工作者」，展現出活躍的活力和靈活的思想，但體制卻相對地呈現被動、消極的態勢。整體而言，「民間」比學術界更有活力，社會對於臺灣歷史的「需求」也遠超過體制所能提供的「供給」，這種供需失衡的狀況似乎短期內不太可能改變。威權體制仍然殘留於學術界中的問題，也尚未清理乾淨。實現自由化、民主化後，「教授治校」的思維已初現曙光，校長、院長均由教授選舉產生。然而，為威權體制服務的御用學者仍然占據學術職位。他們不僅無法回應社會的改革訴求，還在自由化、民主化後的「學術自由」和「校園民主」之保護下，逃避社會監督和研究者之間的競爭與挑戰。這些學術界的制度瓶頸，仍然是臺灣歷史研究發展的障礙。

臺灣史的內容與敘述策略

當我們試圖以臺灣為單位來書寫歷史時，我們首先面臨的，就是臺灣歷史上不斷被納入不同帝國的事實。對此，即使是激進的民族主義者，也難以將異民族的統治（例如日本統治），視為是完全黑暗的屈辱時期，而有意識地將之「遺忘」，將其從臺灣的歷史中刪除。臺灣史敘述，必得承認臺灣曾被荷蘭、西班牙、清帝國、日本，甚至中華民國統治的事實。否則，臺灣史就只能還原到這些殖民者統治之前，臺灣原住民族為主的時代。既然承認了這些殖民統治的事實，那麼，與臺灣民族主義相輔相生的臺灣歷史敘述，就不可能採取本質主義的立場。

因此，臺灣史的內容將會包含歷史上的各個殖民政權。這些殖民政權雖然實際統治著臺灣，卻是與臺灣社會並不合致的「非適當政權」。臺灣社會與這些外來政權有著對抗、協調、合作等各種各樣的交手、周旋。而且，我們也必須注意到臺灣社會與外來政權的諸種關係中，向來並不是以對抗為最主要的選項，甚至毋寧可以說，靈活地協調，甚至合作，反而才是主要的形式。如何描述與分析這種交手、周旋的歷史事實，是臺灣史的核心問題之一。

臺灣歷史敘述今天也必須面對新時代的重要課題，那就是要適當地考慮族群、性別、階級、地理環境因素在臺灣歷史中的地位，及臺灣史的這些方面曾經如何地展開、發展。臺灣因為是一個島嶼，因而有相對明確的自然邊界，但當我們考慮到生息其上的居民之多樣性時，也會看出其間的複雜歷史樣貌。

首先，屬於南島語系的原住民族（這是臺灣原住民族自己要求的名稱，一九九四年修憲後成為正式名稱），自石器時代起就生活在臺灣島上。此後，從十六世紀中葉開始的三百年間，對岸的福建、廣東人紛紛移民到島上拓墾土地。最後一批大量移民是一九五〇年左右因為國共內戰失敗而逃到臺灣的「外省人」。原住民族與漢族移民之間有相對明確的民族界限，原住民族內部也可再因語言、文化、生息地域，分成不同的集團（族）。從中國大陸移民過來的漢族當中，也可分成福佬人、客家人這種不同的語言群體，以及近代歷史經驗不同、來自中國大陸大江南北各地的「外省人」。「本省人」經歷了一八九五年至一九四五年之五十年的日本殖民統治，「外省人」則經歷了抗日戰爭、國共內戰，彼此有不同的歷史經驗。而且，戰後初期又有二二八事件的衝突，接著又長期維持著少數支配。因此，臺灣社會內部的社會裂痕——「省籍矛盾」，仍未徹底解決。

不僅存在著族群問題，臺灣內部的地域發展落差也相當嚴重。十九世紀末的一八七〇年代，清政府才將臺灣全島都視為其領土。在那之前，清帝國主要在西部平原地帶設官治理，臺灣東部及山區被視為「管轄不及的化外之地」。臺灣也仍存在著移民過程中所形成的語言集團和出身集團的各別居住區。現在這些不同地區的人們，也積極想要瞭解他們自己的歷史和存在的意義。如上所述，臺灣歷史書寫的背景既然是民主化、自由化，也就必須充分回應這一趨勢中所表達的臺灣社會各族群、性別、階級、地區的意識和訴求。

尤其，族群議題是臺灣數百年歷史的重要部分，也是當今臺灣社會分裂的重要因素。換句話說，塑造臺灣民族（國民）之價值來源之臺灣歷史書寫，也必須具有制衡臺灣民族主義以單一族群、階級為中心統合社會之暴力的力量。因此，必須避免本質主義式的臺灣民族主義，而且看來它也沒有發展的空間。換言之，在世界邁向二十一世紀之際，作為一種不依賴宗教因素滋養的新興民族主義歷史書寫，臺灣民族主義的歷史書寫應該與十九世紀的歷史書寫不同。它不是「回頭緬懷過去之榮光」，而是「展望未來彼此共榮」的民族主義歷史書寫，它應該是「功能論」的、「條件論」的，而不是「血統論」的、「本質論」的。

這樣的話，書寫臺灣歷史，不僅要關注外部因素（殖民政權及其權力來源的帝國中心），還要處理內部因素（族群、性別、階級、地域的差異）。因此，建構臺灣歷史的過程，就是一個不斷探索與對話的過程。也就是說，臺灣的民族主義歷史，反而應該是相互約定、不斷累積、綜合，或不斷相互替代的「過程」。Ernest Renan 說：「nation（國民）的存在，取決於每日的民眾投票」。臺灣的歷史書寫，也具有類似的意義。因此，未來臺灣歷史的書寫將不會只有一個最終版本，而是基於各個族群、性別等的多種歷史書寫並存，相互對話、協調、參入。

例如，去年（一九九七）國民中學的新教科書《認識臺灣》出版後（這種教科題目本身就值得注意），立即在臺灣社會引起激烈爭論，對於教材內容有不少批評。這些批評，不僅有

「外省人」基於中國民族主義的攻擊，也有來自客家人和原住民的強烈抗議。在這樣的爭議之後，政府宣布在二年後將不再發行國定版標準教科書，一九九九年起臺灣的歷史教科書將改採政府只公布課程綱要及進行出版前審查，至於具體的教科書將改由民間出版社編寫。因此，也就有可能出現臺灣歷史的多種不同敘述。而且，未來的臺灣史教科書也將必須考慮到臺灣各種族群、各種社會階層、各種性別、各種不同國家認同者的問題。也就是說，臺灣的民主化、自由化雖然帶來臺灣歷史記述的出現，但也會帶來各種臺灣歷史記述進一步必須面對的問題，我們不應該將它視為是對歷史敘述的限制，反而應該期待它更豐富了、深化了臺灣歷史敘述。

臺灣史的史料與方法

近年來臺灣史研究的另一個變化，是對傳統文字史料的反省。現代史學中，文字史料占有絕對的地位，但在書寫臺灣史時，我們絕不能拘泥現代史學對文字史料的偏重。因為如果考慮民族、性別、階級、地理的差異，文字史料的性質、品質、數量和分布，就會出現明顯的不均衡情況。臺灣在過去一直並存著文字社會與非文字社會，如果只依賴文字史料，首先出現的問題就是如何將原住民族置於臺灣歷史之中。缺乏文字史料，不僅對原住民來說是嚴重的問題，對漢族社會也是如此。今天，如果我們根據書面的歷史文獻來重建臺灣許多村莊的歷史，我們大概只能描述行政區劃的變化，而無法真正描繪生活其中之人們的歷史。例如，我曾經研究過澎湖縣一個村莊的歷史，但在拚命尋找清代兩百多年的歷史資料後，我所能找到這個村莊的文字史料，就只是村子的名稱和幾個「節婦」的名字。民主化、自由化後要重建臺灣社會中這些村莊居民的歷史，顯然必須動員文字以外的一切歷史資料。

更具體地說，文字史料的問題在於，現存的與臺灣歷史相關的文字史料，大多是殖民統治者留下來的行政文件，以及外國旅行者、傳教士、商人等人的描述和話語，臺灣人自己留下的文字史料很少，如果是清代以前，大多也只是關於財產和宗教、禮俗的文件。因此，如何克服書面史料的質與量之限制，是臺灣歷史書寫的重要課題。破解殖民者留下的文字史料，不僅需要有豐富的學識，還需要有適量的想像力、洞察力和同理心。當然，這也是在閱讀少數臺灣人手中的書面史料時要留意的地方。需要警惕文字史料的偏頗性、局限性，不僅在於文字史料所體現的殖民主義（外部殖民者對臺灣人的殖民主義，以及臺灣人識字階層對文盲階層的殖民主義）。

只要思考一下二二八事件中外來統治者對臺灣人的屠殺，就可以充分理解有聲史料蘊含著臺灣歷史記憶的重要性。最近在二二八事件和女性史研究中使用「口述歷史」的努力，反映了對於臺灣史寫作中書面資料有限的反思。於是，大量與二二八事件相關的訪談紀錄被出版了，《阿媽的故事》、《阿母的故事》（臺北市婦女權益促進會編輯）這樣的書籍，也被出版了。有關人們生活經驗的出版物也蓬勃發展。

除了有聲史料外，器物、圖像、儀式、地形／山水、環境／生態等，也是書寫臺灣史的史料。由於這些非文字史料的歷史學累積較淺，臺灣史的書寫也必然將利用歷史學以外的學科。近年來，人類學家、地理學家、社會學家、經濟學家、法律學家在臺灣歷史研究方面，取得了優異的成果。這都為臺灣史的書寫策略，提供了新的可能性。例如，近年來最具代表性的事例，就是臺灣各地的「文史工作者」，開始編纂自己的地方史。這些新的地方史之內容，比僅僅依賴書面歷史資料的學院歷史學家的著作，更具有生命力。這些都顯示歷史在臺灣研究中的中心地位，同時也顯示臺灣史不再只是歷史學家的專屬領域了。

✧ ✧ ✧

綜觀上述臺灣史研究的進展，可以預見，未來臺灣史的描述將更靈活多元。臺灣一度納入大清帝國版圖，一八九五年起又納入大日本帝國管轄範圍。即使我們試圖用線性時間來書寫這段歷史發展，我們也不能忽視清帝國和日本帝國的殖民歷史。目前，我們臺灣歷史學界採取雙軌歷史書寫策略，試圖盡可能地將與中國歷史、日本歷史的關係，納入臺灣史的書寫當中。（參見拙稿：〈臺灣史の成立と課題〉，收入溝口雄三等編，《アジアから考える（3）周縁からの歴史》，東京大學出版會，一九九四年。本書第一章）。

但中國和日本的歷史研究者，仍然傾向於輕視與臺灣的關係。特別是日本歷史學界，似乎忘了臺灣曾經屬於日本帝國這個歷史事實。但仔細想想，就會發現一九一〇年代的日本首相在掌管國政時，不是也應該總是把臺灣、朝鮮等殖民地放在思考當中的嗎？為什麼歷史研究者不能這樣直接面對歷史事實呢？希望臺灣歷史書寫的上述變化，也能對中日歷史學界的轉變與反思有所助益。

這篇文章是應日本臺灣學會的成立大會紀念研討會「什麼是『臺灣研究』？」而寫的，並於會中宣讀（一九九八年五月三十日），後來刊載於該學會的機關誌《日本台湾学会報》創刊號（一九九九年五月）。

一九九八年五月，從事臺灣研究的學者終於匯聚起來成立了全國性的學會「日本臺灣學會」。成立大會的同時，也安排了一個紀念演講（演講者陳其南教授），也開了一個紀念研討會，主題是「什麼是『臺灣研究』？」，參加者分別有來自社會、經濟、歷史、文學領域的專家，我受邀講臺灣歷史研究。因為我已經寫過〈臺灣史的成立及其課題〉，所以我特別寫了這篇作為補充。這篇小文章雖明白指出這是「臺灣 Nationalism 的記述戰略」（這個副標題是若林正丈教授幫我取的，我覺得確得「其中三昧」），但也在向日本學術界表明作為二十一世紀的 Nationalism，臺灣 Nationalism 並不是如十九世紀、二十世紀前半那種硬質的民族主義，單方面強調內部的同質性，而毋寧是建立在強調同中有異，強調尊重每一個人、族群、階級、性別各種差異之基礎上的民族主義。

從本文一開頭的文字來看，當時還對於臺灣的政治情勢不感樂觀，壓根兒沒有想到過了不久就換黨執政了。

臺灣史是什麼?

第3章

「歷史」的出現

清代方志是臺灣史重要的史料來源，但是檢視其成書過程和著作背景，可以發現明顯的局限。臺灣人自己又是什麼時候開始撰寫歷史？背後隱藏的，是臺灣人意識如何萌芽的重要問題。

歷史始於人開始思考時間的流動。但這裡的「時間」，並不是指自然的過程（即四季的循環、人生的長短），而是人有意識地涉入其中的一連串特殊事件，而且人也能有意識地對之發生影響。布克哈特（Burckhardt）說，它是「因意識的覺醒所造成的與自然的分離」。歷史是人以其理性來瞭解和控制其環境的長期鬥爭。

——E. H. Carr, *What is History?*(1961)

一九八〇年代以來，臺灣史成為臺灣社會中明顯可見的熱門。其中原因，眾所皆知地是由於政治、社會情況的改變有以致之。解嚴前後以來，隨著民主化、自由化的發展，歷史成為人們藉以認識自己及生息之土地的重要材料。人們渴望瞭解臺灣史的需求，當然帶動了臺灣史研究及出版的熱潮。此波臺灣社會之臺灣史知識的擴大與普及，充分反映了歷史與時代、政治、社會相互呼應發展的特性。

既然對於歷史的關心，因時代、政治、社會的情況而有所起伏，那麼到底臺灣人在什麼時代，因什麼樣的政治、社會情況，以什麼樣的形式，寫出了什麼樣的歷史，便是饒富興味的問題了。顯然，這既是臺灣史學史的一頁，也是臺灣史本身的重要問題。本文即是嘗試對此問題做初步解答的一個努力。

本文用以解答上述問題的資料憑藉，是臺灣銀行經濟研究室編印出版的《臺灣文獻叢刊》。雖然《臺灣文獻叢刊》被認為是目前彙輯最完整之漢文臺灣史資料叢書，但顯然並未將臺灣歷史上的各種文字撰作資料完全蒐羅在內。至於晚近普遍受到重視，而且數量龐大的清代行政文書等檔案資料，更是不遑收錄。前賢學者、專家，諸如楊雲萍、方豪、王國璠、鄭喜夫、林文龍、黃淵泉等，積數十年歲月之努力，於《臺灣文獻叢刊》之外，另有不少發現，在增補一部更完整的「臺灣歷代著述總目」上，實有重要貢獻。而且，《臺灣文獻叢刊》所收錄者，或於版本上未可謂善本，或於編印之際加以刪改，缺漏不少。因此，以《臺灣文獻叢刊》作為分析的材料，實有因陋就簡、貪圖方便之嫌。但因自認即使如此仍無害全文論旨，故仍用以作為分析之材料，而且也可使本章兼具一種《臺灣文獻叢刊》解讀之性質。

清代的「臺灣史」寫作

檢視《臺灣文獻叢刊》三〇九種五九五冊的內容，除約占四分之一的南明史資料外，[1]又以皇帝實錄的選輯（如《清高宗實錄選輯》、《清德宗實錄選輯》等）、政書及相關法規資料（如《清會典臺灣事例》、《福建省例》、《臺灣府賦役冊》、《新竹縣制度考》等）、官員奏疏與公牘檔案（如《劉壯肅公奏議》、《靖海紀事》、《東征集》、《甲戌公牘鈔存》、《臺灣海防檔》、《臺案彙錄》、《清季外交史料選輯》等）為最多。皇帝實錄之性質固不待再做說明。政書及相關法規資料、官員奏疏、公牘、檔案，或為官員執行政務之根據，或為官員執行公務之所產，屬提供歷史研究之材料，而非歷史寫作之成果。

扣除上述之實錄、政書、法規、奏疏、公牘之後，《臺灣文獻叢刊》便所剩無幾了，其內容殆為方志、筆記、詩文集。如果檢視其中的詩文集、筆記，又會發現絕大多數都出於來臺任官之人或官員底下的幕僚人員。這些來自大陸的游宦人士，或因在任地觀風問俗而有所記載，或彙輯公文範本、治民理番議論，供為政參考，而有所編纂，或彙輯文牘以為自己之施政辯護，或為打發邊地無聊而吟誦以至成編。這從其詩文集或筆記題名《臺陽筆記》、《裨海紀遊》、《海東札記》、《臺陽見聞錄》、《使署閒情》、《治臺必告錄》、《巡臺退思錄》、《臺灣雜詠》等，便可窺知其性質。

《臺灣文獻叢刊》當中，對於重建臺灣清代社會，無疑地是以這些游宦人士的筆記最為精彩。例如，在重建清初臺灣社會時，黃叔璥纂輯的《臺海使槎錄》，便是絕對重要的材料。這些筆記有的是隨手摘記風土人情，有的則仿方志體例，作有系統的編輯，如丁紹儀《東瀛識略》、李元春《臺灣方略》、唐贊袞《臺陽見聞錄》等屬之。這種仿方志體例的筆記，甚且與正式的方志在形式上幾無差別，在內容上也難分軒輊。例如，柯培元《噶瑪蘭志略》之於陳淑均《噶瑪蘭廳志》；胡建偉《澎湖紀略》、蔣鏞《澎湖續編》之於林豪《澎湖廳志》。這些類似方志的筆記（或可謂「準方志」）與官修方志，便成為清代最全面性地描述臺灣歷史的書籍。

關於清代臺灣官修方志的編纂，已有甚多研究成果可供參考。[2]但本章擬從不同的脈絡與問題關心，提出兩個問題來討論。那便是清代的臺灣地方志編撰事業，到底是一種什麼樣的臺灣史寫作，即清代的臺灣地方志之性格為何？其次是清代的臺灣地方志提供了什麼樣的歷史像？

圖3-1是清代臺灣地方志編纂情況的示意圖。這個示意圖企圖表示地方志出現的時間（年代）和地方志所描寫的對象地域。從這個示意圖，很明顯地看到地方志的出現年代，集中於清領前期的十七世紀末葉到十八世紀中葉（即清領的前七十年間）；十八世紀中葉以迄十九世紀末葉長達一百五十年間卻鮮少地方志出現。[3]另外，這個示意圖也顯示臺灣中部以北的地域，一直到十九世紀的道光年間，才出現地方志。

上述地方志編纂情況示意圖所呈現的時間與地域的不均衡現象，可以從很多方面來檢討。首先，地方志的出現時機與清朝政府的治政開始或調整有密切的關係。

清代臺灣方志之創始為何，因僅有書目名稱留存卻未見實物，至今難窺全貌。根據方豪的考證，在清領臺灣之後立即便有貢生王喜《臺灣志》或《臺灣志稿》、諸羅知縣季麒光《臺灣郡志》未完稿、蔣毓英《臺灣府志》、施鴻《臺灣郡志》。[4]這些志書除蔣毓英《臺灣府志》已被發現，得以見其面貌外，其他三種均不知下落。

關於蔣毓英撰修《臺灣府志》的背景，參與其事的諸羅知縣季麒光很清楚的說明：

> 癸亥（康熙二十二年，一六八三）六月，大將軍施公奉命專征，……。八月，鄭克塽率其宗黨臣僚納款輸誠，……。越二年，我皇上以方輿之廣超越百王，特命史臣大修一統志書，詔天下各進其郡縣之志，以資修葺。臺灣草昧初開，無文獻之徵，郡守暨陽蔣君（蔣毓英）經始其事，鳳山楊令芳聲、諸羅季令麒光廣為搜討，閱三月而蔣君董其成。……書成上之方伯，貢之史館，猗歟休哉！[5]

也就是說，蔣毓英之撰修《臺灣府志》是大清帝國全國性修志事業的一部分；而此次修志的直接契機，則是大清帝國要宣示其已併有臺灣。參與蔣毓英《臺灣府志》纂修工作的季麒光，不但在上引的「臺灣志書前序」中提到鳳山縣令楊芳聲及他自己都參與其事，蔣毓英是「董其成」，而且在另一篇「臺灣志序」也說：「越二年，皇上簡命史臣，弘開館局，修一統之志，所以志無外之盛也。臺灣既入版圖，例得附載。但洪荒初闢，文獻無徵，太守暨陽蔣公召耆老、

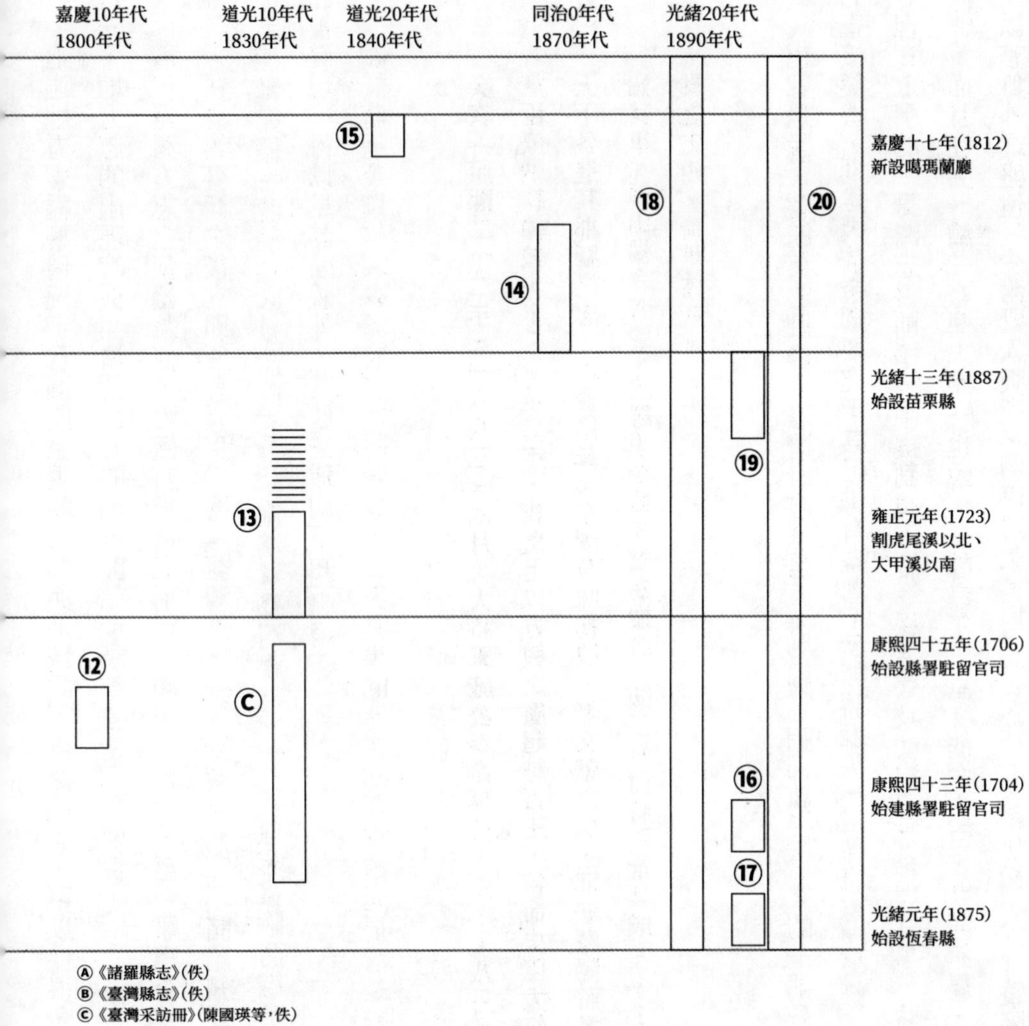

註:
1.此圖僅列出臺灣島內編纂之方志,全國性之〈一統志〉中的「臺灣府」或〈福建通志〉「臺灣府」不計。
2.本圖以實線表示該方志主要的記述區域,以橫式虛線表示記述區域的延伸方向

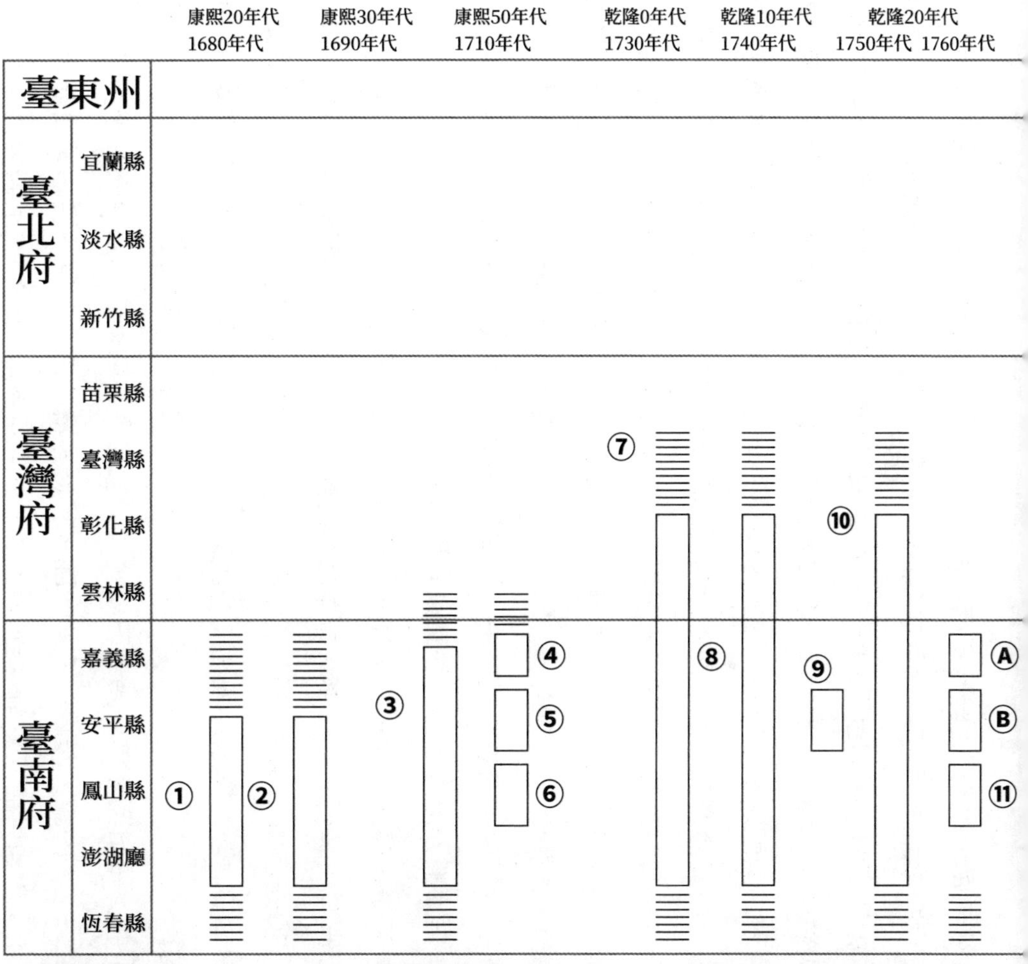

① 《臺灣府志》(蔣志)
② 《臺灣府志》(高志)
③ 《重修臺灣府志》(周志)
④ 《諸羅縣志》(周鍾瑄、陳夢林主修)
⑤ 《臺灣縣志》(王禮、陳文達主修)
⑥ 《鳳山縣志》(李丕煜主修)
⑦ 《重修福建臺灣府志》(劉志)
⑧ 《重修臺灣府志》(范志)
⑨ 《重修臺灣縣志》(王必昌、魯鼎梅主修)
⑩ 《續修臺灣府志》(余志)
⑪ 《重修鳳山縣志》(王瑛曾主修)
⑫ 《續修臺灣縣志》(薛志亮主修)
⑬ 《彰化縣志》(周璽總纂)
⑭ 《淡水廳志》(陳培桂纂修)
⑮ 《噶瑪蘭廳志》(陳淑均總纂)
《噶瑪蘭志略》(柯培元纂)
⑯ 《澎湖廳志稿》(林豪總纂,稿本)
《澎湖廳志》(蘇紹元刪訂)
⑰ 《恆春縣志》(陳文煒主修,抄本)
⑱ 《新竹縣采訪冊》、《臺灣縣采訪冊》、
《臺灣縣捒東上堡采訪冊》、《雲林縣采訪冊》、
《鳳山縣采訪冊》、《臺東州采訪修志冊》等
⑲ 《苗栗縣志》(沈茂蔭纂修,抄本)
⑳ 《臺灣通志(稿)》(通志)

圖 3-1:清代纂修臺灣方志示意圖

集儒生，自沿革分野以及草木飛潛，分條晰目，就所見聞，詳加蒐輯。」[6]可見蔣毓英修志時不但有地方官，如季麒光、楊芳聲的襄助，而且動員了耆老、儒生。

吾人得知季麒光曾經纂修《臺灣郡志》，是因為成書於康熙五十六年（一七一七）的《諸羅縣志》上有這樣的記載：「季麒光，……首創臺灣郡志，綜其山川、風物、戶口、土田、扼塞，未及終編以憂去。康熙三十五年（一六九六），副使高拱乾因其稿，纂而成之。人知臺郡志自拱乾始，而不知始於麒光也」、「季（麒光）文才富豔，首創郡志稿」。[7]至於王喜著有《臺灣志》，則是根據劉良璧《重修福建臺灣府志》卷十六「選舉」貢生項下，康熙二十七年（一六八八）王喜名下的一段註記：「府學。手輯臺志，舊志創始，多採其原本。」[8]

上述方豪指出的王喜、季麒光、施鴻的《臺灣志（稿）》或《臺灣郡志》，至今未見實物而無法確知其詳，但方豪似將上述諸人之撰述，視為個別獨立存在之著作。雖然目前只見蔣毓英《臺灣府志》，而未見王喜《臺灣志》（或《臺灣志稿》）、季麒光《臺灣郡志》、施鴻《臺灣郡志》，但從上引的幾段敘述，卻或許可以推測這幾種臺灣早期著述之間的關係如下：清朝將臺灣納入版圖之後，曾有一次全國性的修志事業。因應這個修志事業的要求，臺灣首任知府蔣毓英動員了季麒光、楊芳聲等地方官員和耆老及儒生編修《臺灣府志》（此名稱當初似未確定，如季麒光就名之為《臺灣志》），進之於史館。這部於納入版圖後不久即能迅速完成（費時三個月）的《臺灣府志》，或許有「明鄭故物」以為藍本，但一定是集眾人之力所成，而此「眾人」應包括一六八〇年代在臺灣的季麒光、王喜、施鴻等人。因此，王喜《臺灣志》（或《臺灣志稿》）、季麒光《臺灣郡志》、施鴻《臺灣郡志》，或許就是蔣毓英《臺灣府志》的異名，或分別是蔣毓英《臺灣府志》的部分草稿。而且從後來者的引述，這些早期著述或「未及終編」

（季麒光《臺灣郡志》），或即使終編亦未刊刻印行（即使蔣毓英《臺灣府志》亦未在臺立即刊印）。[9]但是，這些志書都成於一六八〇年代，也就是在清領臺灣之初（作者按：清領臺灣是在康熙二十二年，即一六八三年）。這些志書的出現，就如「臺灣新定，大吏檄修郡志」[10]所表示的，具有在清政府領有臺灣之後宣告其治政開始的意義。至於長期以來被認為是最古之臺灣方志的高拱乾《臺灣府志》（稿成於康熙三十四年（一六九五），刻成於康熙三十五年），則是在前述王喜、季麒光、蔣毓英的基礎上纂輯而成的，其撰作意圖亦是宣示治政的開始。

康熙五十年代（一七一〇年代），又是一個出現志書的年代，以周元文《重修臺灣府志》為首，大約同時出現的還有《諸羅縣志》、《鳳山縣志》、《臺灣縣志》。這次的修志，始於鳳山縣令宋永清增補高拱乾《臺灣府志》。宋永清於康熙四十三年（一七〇四）從福建武平縣調鳳山縣，到臺後即「請之郡憲（臺灣知府周元文），博採輿論，搜羅文牘，自康熙三十五年（一六九六）至四十九年（一七一〇），延鳳山教諭施君士嶽董其事，命副榜貢生陳聖彪、鳳山廩生李欽文、諸羅廩生鄭鳳庭等分校序次，以增卷帙」，宋永清自謂此次工作「匪云修也，補之云爾」。[11]周元文卻以宋永清的增補「闕焉未詳，恐不足以垂久而備採擇」，「爰於壬辰（康熙五十一年，一七一二）之春，公餘之頃，與郡邑博士弟子員搜討舊帙，諮訪新聞，……修而輯之，闕者補之」。[12]因此，周元文《重修臺灣府志》自始便是在於增補高拱乾《臺灣府志》。這從其自高拱乾《臺灣府志》撰成之翌年的康熙三十五年（一六九六）增補一事，也可以看出。

就在周元文《重修臺灣府志》增修完成之際的康熙五十三年（一七一四），周鍾瑄來臺任諸羅縣令，他鑑於「臺灣海外荒島，諸羅僻處臺之北鄙，禹貢無傳，職方不紀，向存而不論之列。今……削平鄭氏，乃撫而有之，建立郡縣，……三十四年於茲矣」，而且「前副使高公（拱乾）已創為郡志以誌之矣，獨邑乘缺焉」。[13]因此，聘修志專家陳夢林前來纂修《諸羅縣志》。《諸羅縣志》於康熙五十六年（一七一七）刊印，隨即有鳳山縣、臺灣縣跟著修志。主修《鳳山縣志》的鳳山縣令李丕煜，自述其立意修志的背景：「鳳山初入版圖，前未有志。……余自五十六年（一七一七）春調宰斯邑，目之所睹，耳之所聞，參之郡志，不無異同，因詳請各上憲開局纂輯。」[14]至於《臺灣縣志》的纂修，臺灣知府王珍說：「（康熙）五十六年（一七一七）諸羅志成，五十八年（一七一九）鳳山志又成，而臺灣邑志之修，命令有志未逮，竟以陞遷去。虞山寅兄以是秋攝邑篆，他務未遑，汲汲然以修志為急務。禮致群儒，開局纂輯。」[15]其中的命令指的是康熙五十三年（一七一四）到任的臺灣知縣俞兆岳，虞山則是指臺灣海防同知王禮（康熙五十八年〔一七一九〕兼理臺灣縣）。《臺灣縣志》的纂修，受到《諸羅縣志》、《鳳山縣志》先後出現的刺激，在王禮的序中，說得特別直接、明確：「諸志成於前，鳳志續於繼，獨臺邑之志缺焉未舉，亦海外一大憾事，志又烏可緩哉？余攝篆臺邑，搜討郡乘，延訪群儒，廣羅博採，旁集遠緝，……衷而志之。」[16]

因此，從宋永清增補高拱乾《臺灣府志》而發展成周元文《重修臺灣府志》，到周鍾瑄《諸羅縣志》、李丕煜《鳳山縣志》、王禮《臺灣縣志》，是一段持續的修志年代。這次的修志，固然是有喜好文教之地方官如宋永清之首唱，但各縣志都強調「邑乘缺焉」、「前未有志」、「缺焉未舉」，顯示這些修志者都有在「規制已定」之後為縣志創始之抱負。因此，這次的修志可以說是清領臺灣經一段時間（三十年），一府三縣格局穩定後，臺灣官方的一次全面性「修志事業」。所謂「一府三縣格局穩定」的一個重要指標，應該是康熙四十年代中期，鳳山縣、諸羅縣分別「始建縣署，駐留官司」。《諸羅縣志》、《鳳山縣志》的出現，應是諸羅縣、鳳山縣政之實際開始的一環。

一七三〇年代至一七五〇年代，又是臺灣方志大量出現的時期，在短短的二十年間共出現了三部府志（《劉志》、《范志》、《余志》）及兩部縣志（《重修臺灣縣志》、《重修鳳山縣志》）。《劉志》出現的背景，是雍正元年（一七二三）割諸羅縣虎尾溪以北增設彰化縣與淡水廳。《范志》、《余志》則明白表示是對前志的補充，可視為是《劉志》延長線上的修志事業。《重修臺灣縣志》、《重修鳳山縣志》，則可以說是這個府志編修事業風潮下的延伸。魯鼎梅《重修臺灣縣志》中的金溶序說：「府誌（范咸《重修臺灣府志》）修於丁卯年（乾隆十二年，一七四七）巡臺御史給諫六公，已極詳備；而縣誌闕略甚多。壬申（乾隆十七年，一七五二）春，邑令魯鼎梅毅然有修誌之舉。」[17]可見魯鼎梅《重修臺灣縣志》之纂修，是受《范志》的觸發。王瑛曾《重修鳳山縣志》自序，則透露了在這個時候有一次大規模的修志事業：

> 余以乾隆庚辰歲（二十五年，一七六〇）調任茲邑，即慨然有修輯志，顧事務繁劇，窮年鞅掌，未暇及之。壬午歲（二十七年，一七六二），道憲長白覺羅四公暨府憲古越余公，皆以名賢清德久蒞海東，庶政具舉。因念府、縣志所係綦重，時侯官孝廉黃君掌教海東書院，俾典其事。不數月，《臺灣府志》、《諸羅》、《彰化》二縣志，前後告成，繼復命修《鳳山志》。余深慰宿願獲償，延孝廉黃君、卓君共參校。自秋徂冬，書告成，蓋道、府二憲力也。[18]

從這篇「自序」可以知道當時任教於海東書院的黃佾，受覺羅四明、余文儀之委託，在臺灣一連編修了好幾部方志，至少有《余志》、《諸羅縣志》、《彰化縣志》，及王瑛曾《重修鳳山縣志》。可惜，此時編修的《諸羅縣志》、《彰化縣志》目前不知下落。原來，伴隨著《余志》的纂修，各縣也多同時修志。所以，也可以說，一七三〇年代至一七五〇年代之間修志事業的熱潮之所以出現，也有增置郡縣這種治政上的背景。

修志作為增置郡縣後新置郡縣治政開始之一環的情形，在十九世紀更為明顯。一八四〇年代的《噶瑪蘭廳志》為一八一〇年代噶瑪蘭納入版圖，因應新設噶瑪蘭廳情勢之產物，乃是周知的事實。即使《澎湖廳志》，也是在清末海防緊要，澎湖的建制增強後的產物。一八九〇年代出現的《恆春廳志》及《苗栗廳志》，也分別是因為新設郡縣所致（光緒元年〔一八七五〕恆春設縣，光緒十三年〔一八八七〕苗栗設縣）。當然，因新設官廳而修志的最醒目例子，便是一八九〇年代的《臺灣通志》編修事業。一八八〇年代中期臺灣建省，標誌了清朝的臺灣統治進入新階段，因應這種治政之新階段的一個重要節目，便是編修一部這個新行政區的方志。

當然，是否編修方志仍有其他決定因素，例如地方官個人的提倡與是否有修志人才。地方官之提倡修志或許由於個人對於文墨事業的重視，但更現實的考慮就如方豪教授指出的「地方官視修志一事，為留名之工具」、「其真意乃在於炫耀自己」。[19]另外，就如方豪教授所指出的，清代臺灣方志的編纂甚多藉助於「修志專家」，這些「修志專家」或許是對於修纂地方志具有熱心的地方官，每到任地便提倡修志，或許是應聘在各地修志的文筆家。參與清代臺灣方志纂修工作的「修志專家」，方豪列舉出有陳夢林、高拱乾、王珍、陳文達、魯鼎梅、王必昌、范咸、李元春、蔣師轍、張聯元、周于仁。[20]從上述的名單來看，有半數（六人。高拱乾、王珍、陳文達、魯鼎梅、王必昌、范咸）是當時臺灣的地方官。如此看來，臺灣至少有半數的地方志之所以纂修，是因為躬逢一些熱心修志的官僚。也就是說，清代臺灣地方志之所以纂修，大多不是由於地方人士的發議。

臺灣的地方志既有「修志專家」負責執筆，臺灣的讀書人、士紳在編纂方志的工作上便只會是副次的存在，例如擔任採訪的工作。方豪教授曾在另一篇文章中特別提到臺灣士人參與修志的事，便說：「由於當地人不能在當地作官的限制，再由於清初臺灣收入版圖不久，學校不很發達，不可能有科名較高的人，於是本地僅有的一些稍有功名的士人，也祇好在地方修志事業上，充當一些不受重視的角色。」[21]最廣泛動員臺灣士人、紳耆參與修志採訪工作的是一八九〇年代的《臺灣通志》編纂事業。這次修志事業雖然最後因為臺灣淪日而未及完成，但留下了不少初步的成果。這可能是臺灣士人、紳耆最大規模的一次對生於斯、長於斯的鄉土所作的調查記錄（詳後）。被動員從事修志採訪，或許是「沒有其他可以表現的機會」（方豪語）的清代臺灣士人感到興奮的榮譽，但卻也有對於這種差事大表厭惡者。例如，洪棄生便在接獲動員（被「禮聘」為纂修《臺灣通志》之採訪委員）後，上稟要求豁免脫身。他賤視這種修志工作甚至已到了極點：「忽空際霹靂符下，欲催作省志操觚人，……此一役，須以有用精神置諸無用之地，拉雜寫出，不啻如兔園夫填兔園冊子，與文人筆墨大風馬牛。蓋地志如說家常，又如番市搬雜貨、如老嫗講故事，所記不過油、鹽、柴、米、牛溲、馬渤，鄭家婢所不足為者。強文人作此豸，恰似邯鄲才人為廝養卒。弟今年學政甚忙，更不勝任。用作一稟，以求豁免。君視之以視蘇晉逃禪、宋人避雇役何如？」[22]

在幾無當地人士倡議纂修地方志的情況下，《淡水廳志》的創修，算是較為特殊的例外。《淡水廳志》之始修，為道光年間當地士紳鄭用錫（進士）之發議。鄭用錫，道光三年

（一八二三）進士，「開臺二百餘年，通籍自用錫始」，[23]主持明志書院，世代書香。可能是鄭用錫的這種身分和教養，使他主動發議纂輯地方志。但其所纂輯之《淡水廳志（稿）》並未見付梓，而成為以後陳培桂纂修《淡水廳志》之材料。

清代臺灣方志的修纂過程如上所述，那麼，由這些方志所提供的臺灣史像會是如何呢？就如示意圖所示，臺灣方志集中於清領臺灣的前七十年間出現，因此，靠著這些方志的溯往記載，我們可以比較詳細地重建十八世紀中葉以前的歷史，但是十八世紀中葉以後的歷史展開，便因甚少方志而顯得缺漏甚多。

如果檢視目前諸多臺灣史的通史著作，便會發現清代臺灣方志在時間與地域的分布不均衡所造成的臺灣史像，現在仍然沒有多少改善。一般的臺灣史之通史著作，關於清代的敘述，在清初的建制以後，便是海禁、偷渡、漢番關係等項目，而且記述的內容都係十八世紀中葉（即乾隆二十年代）以前，地域也多局限於中部以南。除此之外，便是幾次大反亂，接著是十八、十九世紀之交的噶瑪蘭開發與內附，自成單位。這樣的通史敘述，顯然與示意圖所示，清代臺灣地方志的出現不論在時間上或地域上都不均衡的現象有關。這些通史幾乎都求諸清領前期（一七五〇年以前）的方志；對於甚少方志的清領後期（一七五〇年以後），則只能敘述噶瑪蘭的開墾與內附，和幾次重大的治安事件，因為重大治安事件，另有官方公牘文書甚或官修「史書」等資料。例如林爽文事件後的《平臺紀事本末》、《欽定平定臺灣紀略》。除此之外，便改而敘述歐美勢力東來、臺灣開港、開山撫番、建省等洋務和通商事業。也就是說示意圖中左上角（北部）和右半邊（十八世紀中葉以後）的空白，在當今諸多清代臺灣史的敘述中仍然是空白。

本土史學的出現

《臺灣文獻叢刊》中，除了方志及來臺游宦人士的筆記、詩文集之外，可謂臺灣當地人[24]的著作又有哪些呢？表3-1是《臺灣文獻叢刊》所收的臺灣人著作表。

表3-1：《臺灣文獻叢刊》所收的臺灣人著作表

	撰作者、編輯者	著作名	註解
1	吳子光	《臺灣紀事》	
2	王松	《臺陽詩話》	一八九五年攜眷返福建晉江，事定後重渡臺灣，名其居為「如此江山樓」。所著《如此江山樓焚餘稿》，刪定於割臺後之翌年（一八九六），《臺陽詩話》刻於乙巳（一九〇五）
		《滄海遺民賸稿》	
3	鄭用錫	《北郭園詩鈔》	道光三年（一八二三）進士，曾刊行《北郭園全集》
4	陳肇興	《陶村詩稿》	咸豐八年（一八五八）舉於鄉
5	蔡振豐	《苑裡志》	一八九七年應日本殖民政府之邀撰輯
6	鄭鵬雲、曾逢辰	《新竹縣志初稿》	初成於一八九三年，乙未年（一八九五）散佚，一八九七年再續
7	思痛子	《臺海思慟錄》	一八九六年稿成

8	連雅堂	《臺灣通史》	一九二〇年初版
		《劍花室詩集》	作成於一八九五至一九三五年間
		《臺灣詩乘》	成於一九二一年
		《臺灣語典》	成於一九三一年
		《雅堂文集》	
9	吳德功	《讓臺記》	序於一八九七年
		《觀光日記》	一九〇〇年撰
		《彰化節孝冊》	一九一五年輯撰
		《戴案紀略》	「自序」：「是篇為修志而作」
		《施案紀略》	「自序」：「光緒十九年（一八九三）全臺修通誌，……舉功采訪」
10	洪棄生	《瀛海偕亡記》	一九二二年在北京以《臺灣戰記》出版。序於一九〇六年
		《寄鶴齋選集》	
11	蔡青筠	《戴案紀略》	一九二三年稿成
12	林百川、林學源	《樹杞林志》	一八九九年應樹杞林辨務署之託編修
13	林朝崧	《無悶草堂詩存》	收輯一八九五年以後詩作，一九三二年刊
14	王石鵬	《臺灣三字經》	書成於一九〇〇年
15	傅錫祺	《櫟社沿革誌略》	一九三一年刊印

16	蔡廷蘭	《海南雜著》	此書記其越南見聞
17	章甫	《半崧集簡編》	刊於嘉慶二十一年（一八一六）
18	林占梅	《潛園琴餘草簡編》	
19	施士洁	《後蘇龕合集》	生前未刊（一九二二卒）
20	丘逢甲	《嶺雲海日樓詩鈔》	初輯於一九一三年
21	許南英	《窺園留草》	一九三三年初版於北京
22	黃清淵	《茅港尾紀略》	撰作於日治時期
23		《臺灣霧峰林氏族譜》	
24		《數典不忘》	林朝英家譜牒資料
25		《澎湖文獻抄存十二則》	

從這個表來看，不但數量上極少，而且大部分成書於日治時期，成書於清代的只有鄭用錫《北郭園詩抄》、蔡廷蘭《海南雜著》、陳肇興《陶村詩稿》、章甫《半崧集簡編》、林占梅《潛園琴餘草簡編》。其中除《海南雜著》外，均為詩集，但非詩集的《海南雜著》卻是蔡廷蘭漂流越南的見聞錄，與臺灣可謂無關。因此，從《臺灣文獻叢刊》來看，清代幾乎沒有臺灣人曾對臺灣這個地方進行可稱之為歷史的撰作。若間有撰作，大抵不出家族譜牒或詩集的範圍，而且鮮少刊刻流布，多僅止於手稿、抄本階段。

從《臺灣文獻叢刊》這個方便的線索來看，便可以知道日本時代是臺灣產生較多文字

（Literature）的時代。但是，產生文字的背景是什麼？這些文字又表現了什麼？

日治初期也是集中出現地方志（史）的時代。表3-2是日治初期（明治時期，即一九一一年以前）修撰之地方志（史）的一覽表。

表3-2：日治初期（明治時期）修撰之地方志

地方志	修撰年
《新竹縣制度考》	一八九六
《舊雲林縣制度考》	一八九六
《新竹縣志初稿》	一八九七
《臺南縣志》	一八九七－一八九九
《苑裡志》	一八九七
《樹杞林志》	一八九八
《安平縣雜記》	一八九八
《嘉義管內打猫各堡采訪冊》	一八九八
《臺中沿革志》	一八九八
《集集堡誌略》	一九〇〇
《鳳山廳管內概況》	一九〇二
《臺灣形勢概要》	一九〇二

《南部臺灣誌》	一九〇二
《臺北廳志》	一九〇三
《桃園廳志》	一九〇六
《新竹廳志》	一九〇七
《澎湖風土記》	一九一〇

日本時代初期大量出現地方志（史）的原因，一方面固然是日本統治者初履臺灣，為瞭解臺灣的風土民情而勤於編修地方志（史），但不能忽視日本來臺前夕的一八九〇年代，為了纂修《臺灣通志》所累積的基礎。如「清代纂修臺灣方志示意圖」所示，在一八九〇年代，為了纂修《臺灣通志》，臺灣全省曾有一次全面性的修志採訪，有不少臺灣士人被動員投入採訪工作，並依通志局規定的格式撰寫採訪冊。[25]目前收入《臺灣文獻叢刊》的《新竹縣采訪冊》、《臺灣縣采訪冊》、《臺灣揀東上堡采訪冊》、《雲林縣采訪冊》、《鳳山縣采訪冊》、《臺東州采訪修志冊》，都是這個修志採訪事業的成果。這次纂修《臺灣通志》的計畫，由於乙未之變而未及完成，但採訪階段完成的初步成果，除了上述采訪冊之外，尚有部分被日本殖民政府加以增補，表3-2之《嘉義管內打猫各堡采訪冊》、《安平縣雜記》便屬此類。另外，清末已有採訪、修志經驗的臺灣士人和耆宿，便也成為日本殖民政府延聘或委託撰作地方志（史）的重要對象。這樣的例子，有蔡國琳應臺南縣之請撰修《臺南縣志》、蔡振豐應苑裡辨務署之託撰《苑裡志》、林百川和林學源應樹杞林辨務署之託撰《樹杞林志》。另外，吳德功也自述其《戴案

紀略》、《施案紀略》均是應通志局修志所撰就的文稿。因此，日本時代初期纂修的諸多地方志（史），若有臺灣人參與其間者，大多是清末纂修《臺灣通志》工作的延長。

雖然吾人未曾對有史以來臺灣人之文字述作，做全面性的搜尋分析，[26]但從收入《臺灣文獻叢刊》的情況，不難令人一葉知秋地推測得知，清代臺灣人之文字述作（包括韻文及散文）應該屈指可數，而且大多未曾刊印流傳。臺灣詩文之大量出現，應該在進入日治時期之後。造成此時期臺灣人詩文大量出現的最重要原因，應該是「割讓」這個重大的衝擊，及日本殖民政府在統治初期所提供的新環境。

割臺使臺灣讀書人普遍有被遺棄的挫折感。稍識文字之舊式文人，遭此時局轉變，遂寄情於詩文，其情況就如林幼春於「櫟社二十年間題名碑記」（一九二一）[27]所說的「世變以來山澤癯儒，計無復之，遂相率遊乎酒人，逃於蓮社」，又如洪棄生所謂的「僕之事業已無望，半生心血只在詩文，如歐冶鑄劍，以身殉此矣」。[28]一九一一年梁啟超遊臺時也觀察到「滄桑後，遺老佗傺無所適，相率以詩自晦，所至有詩社」。[29]也就是說，詩社成為懷抱挫折感之臺灣士紳的逃避場所，而至「詩社林立」。[30]

對於日治時期「林立」的詩社，有兩種完全不同的評價。一是如上述，強調這乃是臺灣讀書人遭逢割臺之變局，感懷時運之不濟，發而為吟誦，寓含對外來統治者之抵抗，或以此維繫漢文化之命脈者；一是如以後鼓吹新文學運動者所指摘的，認為這乃是毫無生命的文字遊戲。其實，日本時代前期大量出現的以漢詩為主的文字，不但不能如上述加以截然對立的區分，而且應該還有更複雜的背景。

割臺一事的確使傳統讀書人感受到莫大的挫敗，對於外來統治者也自然有「違和感」，但甚多在割臺之際走避中國大陸的士紳，在數年後又紛紛返回臺灣定居。在當時允許「選擇國籍」的狀況下，臺灣士紳離臺後卻又「選擇」回臺定居，其心境顯然不能簡單地以「抗日」、「親日」加以歸類。

關於日本時代前期（大概以一九二〇年為界，即「新文學」尚未出現之前），臺灣舊文學的研究有待以後的深化，在此僅提出一些初步的觀察。

割臺及異民族統治帶來的挫敗感和違和感，使臺灣讀書人有所感懷而發為吟誦，是極自然的道理。但是，臺灣詩社

圖 3-2：1911 年梁啟超訪臺，櫟社社員於臺中公園商品陳列館（建物現已不存）與梁氏合影。第一排左二林獻堂，左五梁啟超。開放博物館公眾領域。

勃興，蔚為時尚，卻也不能只從臺灣人方面來找尋答案，其中日本殖民政府的政策性誘導及日本漢詩人的酬唱，應該也是重要的原因。

日本殖民政府為了撫慰臺灣讀書人的挫敗感，懷柔臺灣士紳的違和感，政策性地舉辦「揚文會」、「饗老典」，甚至頒發紳章，延攬地方名望者出任名譽職的「參事」。這些為了使統治更加圓滑以達到其統治目的的作為，可能使臺灣士紳感到這個異民族的新政府比清朝舊政府更加的「掖文揚風」和優遇文人、士紳。清治時期，讀書人的現實目標也只是參加科舉，求取功名，獲得具有社會地位的頭銜，但功名之路未必是人人可得的坦途，不少人窮其一生仍然落魄潦倒。如今，只要是稍識文墨者，便可能被邀為臺灣最高權力者——總督的座上賓，地方上的士紳也可能被延攬為「參事」。若不深究殖民統治的本質，或許臺灣士紳、讀書人反而更能「欣賞」新政權。殖民政府優遇、懷柔的政策，應該也是日本時代初期臺灣讀書人、士紳活躍的重要原因。

日本漢詩人的來臺，或許有殖民政府的招徠，卻也必須從更寬廣的視野來觀察。明治維新是日本近代史上的一次「革命」。「革命」的結果，薩（摩）長（州）成為政治上的勝者，幕府、佐幕諸藩成為敗者，甚至被視為「朝敵」；西南戰爭後，西洋化成為堅強的國家政策，與德川幕府相始終的漢學遭到空前的挫敗。在以西洋化為國是的薩長藩閥政府之下，原奧羽同盟的東北諸藩和原為德川教學的漢學，幾無出頭的可能。這些明治維新的敗者，自然地將其可能性求諸於外征和新領土臺灣。因此，日清戰爭之際，東北人士表現了異常的積極態度，而且極力主張領有臺灣。臺灣成為日本的殖民地之後，也有諸多東北人士及漢學者來到臺灣。[31]日本漢學者的到來，使總督府實行「掖文揚風」政策時有了「人的資源」，同時應該也使臺灣讀書人受到了一些「鼓勵」。

當然，殖民政府的政策性優遇和日本漢學者的加入，也為這時候的文人活動帶來一些「負面」的影響。那就是由於殖民政府出面擔任「教練」的角色和日本漢學家的「陪跑」，使臺灣人這個「跑者」的方向有被「調整」的可能。也就是說，一種「野生」的文化活動（包括創造和抵抗），被「馴化」或被局限了。日治時期早期總督府掌控的報紙是漢詩的重要發表園地，而且甚至於像連雅堂這種文人都任職於日本報館為漢文編輯的事實，顯示了漢文壇勃興的現象中存在著兩義性，即它可能是具有抵抗精神的，但也可能同時存在著弱點，成為以後被以「抗議者」姿態登場，鼓吹新文學的新世代抨擊的原因。

但是，對於日本時代前期的文字和文人活動，卻不能只用鼓吹「新文學」之青壯世代的觀點，簡單地加以否定。

讀書人相互的酬唱，甚至形成詩社，使臺灣出現了約略成形的「沙龍」，臺灣的文人、士紳有了比較頻繁的文藝社交活動，規模或大或小的「文藝社會」和文人交遊網絡逐漸形成，最後不但發展出文藝雜誌《臺灣文藝叢誌》，而且這些背景、教養、家世、財富相近的臺灣士紳／文人／地主，也自然形成一個具有橫的聯繫網絡的階層。這個階層和他們所具有的網絡，與一九二〇年代以後被稱為「社會運動」及「文化運動」之旗手的新世代之間，應該不是斷絕的。例如一九二〇年代後期將文化協會推向左傾的彰化社會主義青年，便有不少可在舊文學的階層或網絡中找到痕跡，新文學集團與舊文學集團並不是截然劃分的。舊文學者也並不如新文學者所說的一無是處，這可舉一九三〇年代的臺灣話文（鄉土文學）來說明。當主張新文學的黃石輝、郭秋生等人在從事臺灣話文的摸索時，舊文人連雅堂也在編寫《臺灣語典》。[32]甚至連雅堂在《臺灣語典》「自序二」的一段話：「今之青年，負笈東土，期求學問，十載勤勞而歸來，已忘其臺語矣！」可能更指出了新派人物的痛腳。

割臺與異民族統治所代表的大變動，使臺灣讀書人被迫脫離了原來的精神安居狀態。時局變動帶來的衝擊，和在面對時局變動時所必須採取的行藏、姿態，使臺灣讀書人踏上了「自我發現之旅」。這個「自我發現之旅」，或長或短，或迂迴曲

圖 3-3：洪棄生（1867-1929），拍攝時間不明。國家文化記憶庫公眾資源。授權人：國立中正大學。

折，或單純直進，或終抵目的或顛躓徬徨。日本時代前期的文字和文人活動，可以說就是這個「自我發現之旅」的一種紀錄。

割臺以後大量出現的文字中，絕大部分為舊體詩，但仍有少數文字是以非韻文的形式出現的。就如上文所述的，截至二十世紀前夕為止，臺灣人甚少留下非韻文文字，因此此時的這些非韻文文字便顯得特別有意義。這些非韻文文字是思痛子《臺海思慟錄》（一八九六）、吳德功《讓臺記》（一八九七）、洪棄生《瀛海偕亡記》（一九〇六）、《寄鶴齋選集》。[33]其中《臺海思慟錄》、《讓臺記》的內容是一八九五年改隸之際的抗戰。《瀛海偕亡記》的記述則起於一八九五年的抗戰，終於一九〇二年臺灣人的反抗被日本政府壓服。《寄鶴齋選集》的重要內容仍然是乙未割臺及抗戰的評論。由此可知，使在此之前甚少留下非韻文文字的臺灣讀書人，提筆寫下這些文字的，是「割臺」這件歷史上的大事件。

這些因「割臺」而觸發的寫作，當然表現了臺灣被棄的心境，而且其文字比起漢詩中的哀婉怨難，多了一些憤懣。例如，洪棄生《瀛海偕亡記》「自序」：

自古國之將亡，必先棄民。棄民者民亦棄之。棄民斯棄地，雖以祖宗經營二百年疆土，煦育數百萬生靈，而不惜軏斷於一旦，以偷目前一息之安，任天下洶洶而不顧，如割臺灣是已。[34]

但是，這些文字卻不只是在發抒被遺棄的怨慰或憤懣，更重要的撰作動機是一種「必欲留下見證」的「不能自已的激動」。洪棄生《瀛海偕亡記》「自序」說：

自和約換、敵軍來，臺灣沈沈無聲，天下皆以蕞爾一島，俯首帖耳，屈服外國淫威之下矣；而烏知民主唐景崧一去，散軍、民軍血戰者六閱月；提督劉永福再去，民眾、土匪血戰者五越年。糜無盡英毅之軀於礮火刀戚之中而無名無功，此吾人所當汲汲表襮者也。[35]

思痛子《臺海思慟錄》「自序」也說：

當日者，倭釁初開，臺之文武官吏不為不多矣。其間部署之疏密，用人之得失，兵力之厚薄，餉糈之盈絀；有知難而退者，有誓同臺地存亡而置百萬生靈於不顧者，有夙負威名而一籌莫展、致樹白旂以降者；或縻帑十餘萬僅報一軍之成焉，或甫與交綏而佯敗遠遁焉，或心存規避而沿途延緩焉，或藉口割臺而私倖內渡焉。孰為勇敢殺賊而軍中威怖如許癡虎之奮不顧身？孰為自擁雄兵而劃界分疆如賀蘭進明之坐觀成敗？孰為餉援俱絕而抵死拒戰如張睢陽之困守孤城？其見敵輒靡也則如彼；其有進無退也則如此。[36]

臺灣在馬關條約中被清朝當成「代罪羔羊」割讓給日本，使臺灣讀書人、士紳有被遺棄的感覺。臺灣是「棄地」，臺灣人是「棄民」。但是更廣泛的普通臺灣人，則被捲入了一場臺灣史上空前的最大戰爭中，這場戰爭始於被清朝官員、臺灣上層士紳（如丘逢甲者流）號召出來抗戰。但是當事不可為時，這些清朝官員、臺灣士紳卻率先遁逃，留下不能走避的平常百姓奮戰保衛家鄉，多數人死於戰鬥，甚至死於屠殺，多數家屋燬於天外而來的戰火，他們被遺棄、被出賣，家毀人亡，卻無名無姓。洪棄生「糜無盡英毅之驅於礮火刀戚之中而無名無功，此吾人所當汲汲表襮者也」的一句話，實道出了彼等之所以述作的「必欲留下見證」的「不能自已的激動」。相同地，思痛子所致意的也是「孰為奮勇抗戰，孰為不戰而走？」吳德功特別為奮戰而死的吳彭年立傳，立意也仍然相同。

洪棄生《瀛海偕亡記》以記事的形式，記述了日治時期初期臺灣人的抗戰，另外在《寄鶴齋選集》中，則收有對這些史事的感懷和評論。例如，乙未九月初即有「臺灣哀詞」，大嘆：「臺灣孤懸海嶠，遠際天涯；叩帝閽而無路，呼嵩嶽以奚聞」[37]，又有「叩閽辭」哭喊「海外之民同戴天，覆盆在頂天懸懸，天所覆載無頗偏，何為此地民顛連」，對於臺灣人無所逃難，卻又呼籲無門的情況，他說：「避地欲到天門難，仰空呼籲天閶闔」。[38]

相對於《瀛海偕亡記》之以記事為主，收錄於《寄鶴齋選集》的文字，則表現了洪棄生對於乙未之戰的評論。對於唐景崧的行為，洪棄生的評論是：

唐撫於法、越一役，著有勞績，自來臺灣坐享虛名，因循了事。割臺議起，陽立「民主」之國，陰將輜重、眷屬內渡，……迨李經芳偕敵船臨海，部軍嘩變。彼若坐鎮不動，軍可立定；即不然，調義勇亦可彈壓；抑或退至新竹，亦可與臺南聲勢聯絡。乃計不出此，闖夜雇英船以走，所以壞事也。[39]

丘逢甲，原為洪棄生詩友，洪棄生對其詩才有很高的評價：「吾郡邱進士仙根，詩才出群，駢體亦工麗」，但對其在乙未之役的表現，卻有批評：「昨年（一八九五）時事破碎，聞唐撫棄臺西遯，己遂棄義軍倉皇渡海，軍饟不發，家屋盡為部下所焚，徒向外間報紙張皇民主國虛情，以此為人口實」，[40]文字當中雖有體貼口吻，仍直指其非：棄義軍倉皇渡海、不發軍餉、徒向外間張皇民主國虛情。

相較於對丘逢甲有體貼之情，洪棄生對於林朝棟不戰而走的指責便不假辭色了：

林朝棟棄臺西遯，較邱進士尤難掩眾論。蓋仙根（逢甲）書生，未嫻戎務，出領義軍，係唐景崧選舉。蔭堂（朝棟）則承父林文察餘蔭，早經劉銘傳保舉，從軍有年，有兵有餉，又素經戰事，乃不見敵而走，致景崧倉皇無措，其視徐驤、姜紹祖、吳湯興諸君以書生撐拒半載，至以身殉，有天淵之別矣。故其少君子佩相逢索詩，余贈句有「負負將軍復何門，避秦今已失雲山」之語。[41]

對於劉永福的批評則是：

唐撫去後，臺北非常紊亂，而敵軍在雞籠數日不敢進，有奸民往導之，始來。彼時劉帥若有布置，全臺尚可為我有也，乃株守臺南毫無計畫，任各處義民及散軍與敵兵混亂至三閱月之久，始分數百兵來援苗栗，則敵人已派大兵海陸並進，無機可圖矣。然中路各處尚出奮戰，而劉帥乃僱英船以遁。前此戰法之聲威，一旦掃地。[42]

割臺這個大變局，觸發臺灣讀書人的歷史寫作，而且為臺灣本土的歷史寫作賦予了特徵。上述思痛子、洪棄生之重要寫作主題的「孰為奮勇抗戰，孰為不戰而走」，即使在二十年後的連雅堂《臺灣通史》中，亦明顯可見。《臺灣通史》除了在本紀中特別以「獨立紀」來敘述臺灣民主國之外，並在列傳中分別為丘逢甲、吳湯興、徐驤、姜紹祖、林崑岡、吳彭年、唐景崧、劉永福立傳。《臺灣通史》在列傳的形式上，便表現了連雅堂的「史筆」。例如，參與臺灣民主國的倡建，號召臺灣人抵抗，但卻不戰而走的丘逢甲獨立為傳；率領鄉民抗戰，終而殉死的地方頭人吳湯興、徐驤、姜紹祖、林崑岡四人合傳；黑旗軍將領、奮戰死於八卦山的吳彭年單獨成傳；清朝官員守將、號稱將與臺共存亡、卻棄民而走的唐景崧、劉永福合傳。不僅如此，《臺灣通史》更以「連橫曰」的形式，於傳後對諸人加以評論，這是連橫在《臺灣通史》中最露骨的表述其品騭人物。

丘逢甲：

> 逢甲既去，居於嘉應，自號倉海君，慨然有報秦之志。觀其為詩，辭多激越，似不忍以書生老也。成敗論人，吾所不喜，獨惜其為吳湯興、徐驤所笑爾。[43]

吳徐姜林：

> 乙未之役，蒼頭特起，執戈制梃，受命疆場，不知其幾何人，而姓氏無聞，談者傷之。……是篇所載，特存其事。死者有知，亦可無憾。[44]

吳彭年：

……夫彭年一書生爾。唐劉之輩，苟能如其所為，則彭年死可無憾，而彭年乃獨死也。……[45]

唐、劉：

……夫以景崧之文、永福之武，並肩而立，若萃一身，乃不能協守臺灣，人多訾之。……蒼葛雖呼，魯陽莫返，空拳隻手，義憤填膺，終亦無可如何而已。[46]

從《臺灣通史》對於乙未之役的描寫及評論，可知對於連雅堂來說，乙未之役「孰奮勇抗戰，孰不戰而走」仍然是重要的問題。

一八九五年的割讓和抗戰，使臺灣讀書人意識到了「歷史」。這是由於割讓和抗戰這個「事件」太過醒目，也衝擊太大了。臺灣讀書人此時候所意識到的「歷史」，就是割讓和抗戰的本身，也就是時間長流中的一幕。由於這一幕使目擊的讀書人動容，而必欲留下見證，也就是黑格爾所說的，「要將它寫入記憶女神的殿堂」。這樣的歷史家（思痛子、洪棄生），是在記錄現在，使之成為未來的記憶。[47]思痛子、洪棄生的文字，透露出激憤和焦慮，一方面固然由於目擊的一幕令人印象深刻，更因為唯恐未來「遺忘」了這一幕，或竟「顛倒黑白」地記憶這一幕。百年過去了，到底我們是不是如思痛子、洪棄生所憂慮的「遺忘」了，或竟「顛倒黑白」地記憶了令他們動容的那一幕呢？

這篇文章是一九九五年十二月參加中央研究院臺灣史研究所籌備處與臺灣大學歷史系合辦之「臺灣史研究回顧與專題研討會」所提出的會議論文，後來收入黃富三、古偉瀛、蔡采秀主編，《臺灣史研究一百年回顧與研究》（臺北市：中央研究院臺灣史研究所，一九九七年十二月）。

這篇文章由兩部分併合而成，前面的部分是在說明二十世紀之前（即清代）臺灣人幾乎沒有意識到要撰史、修史。清代可以說得上撰史、修史的，就是類似傳統中國的地方志修纂工作。這些地方志除了《淡水廳志（稿）》是鄭用錫以私人之力修纂之外，都是官府聘請專人或以學官（教諭、訓導）修纂的，本地人充其量只是分擔一些採訪的工作。官府發意撰修方志的時機則經常是在分割轄區、另設官府時，所以編製行政手冊的成分遠大於修史。如果考慮方志的成書年代、內容涵蓋的空間範圍，那麼要利用這些方志來重建臺灣歷史便會有明顯的輕重不均現象。

後面的部分則在說明臺灣人之所以有意識地提筆寫史，是因為一八九五年臺灣被清帝國割讓給日本，臺灣讀書人深感臺灣為朝廷之「棄地」、臺民為皇帝之「棄民」；而且，清帝國官員潛逃離臺之後，臺灣人必須自己面對日本前來接收的軍隊，展開一場保衛鄉土的戰爭，而「必欲將它記述下來」。

另外，本文也被翻譯成英文 *The Emergence of "History", A Survey of the History of Taiwanese Historiography* 刊載於 *Chinese Studies in History* 的第四十二卷第四號（二〇〇九年夏季號），

王晴佳、古偉瀛主編的 *History and Identity in Taiwan* 專輯。此文刊出後由於研究的進展，以前一向被視為可能是臺灣本地人的「思痛子」，已可確認應為一八九五年乙未之役時在臺灣中部籌防戰守的清朝官員臺灣知府黎景嵩。特此註明訂正。

註釋

1 此所謂的南明史資料，包括不少關於鄭芝龍、鄭成功的史料與撰述。將鄭芝龍父子的相關資料歸入南明史資料，是因這些資料大多關於一六六二年鄭成功入臺之前史事，一六六二年鄭成功入臺以後的史料極為缺乏。關於鄭氏三代之中文文獻的簡單介紹，可以參閱吳密察，〈鄭氏研究關係文獻〉，收於陳三井等編，《鄭成功全傳》（臺北：臺灣史蹟源流研究會，一九七九），頁四三五－四八七。

2 其中尤以方豪、楊雲萍、高志彬、謝浩諸人的研究，為重要的參考文獻，最近則有陳捷先，《清代臺灣方志研究》（臺北：學生書局，一九九六）。

3 清代臺灣官修地方志在時間上集中蜂擁出現的現象，方豪曾以不同的方式指出過，參閱方豪，〈清代前期臺灣方志的編纂工作〉，《臺灣人文》二（一九七八年一月），頁五－十六；方豪，〈清代中期臺灣方志的編纂工作〉，《臺灣人文》三（一九七八年四月），頁四－十六。

4 方豪，〈清代前期臺灣方志的編纂工作〉，《臺灣人文》二（一九七八年一月），頁五－八。

5 季麒光（代周又文憲副），「臺灣志書前序」，收於蔣毓英撰，陳碧笙校註，《臺灣府志校注》（廈門：廈門大學出版社，一九八五），頁一二〇。

6 同上註，頁一二三－一二四。

7 周鍾瑄、陳夢林，《諸羅縣志》（臺北：臺灣銀行經濟研究室，一九六二，《臺灣文獻叢刊》第一四一種），頁五二－五三。

8 劉良璧，《重修福建臺灣府志》（臺北：臺灣銀行經濟研究室，一九六一，《臺灣文獻叢刊》第七十四種），頁四三五。

9 陳捷先教授認為蔣毓英《臺灣府志》的刊行應在康熙四十六年（一七〇七）以後。陳捷先，《清代臺灣方志研究》，頁二八。

10 《福建通志臺灣府》（臺北：臺灣銀行經濟研究室，一九六〇，《臺灣文獻叢刊》第八十四種），頁八二五。

11 周元文，《重修臺灣府志》（臺北：臺灣銀行經濟研究室，一九六〇，《臺灣文獻叢刊》第六十六種），宋（永清）序。

12 同上註，自序。

13 周鍾瑄、陳夢林，《諸羅縣志》，自序。

14 陳文達，《鳳山縣志》（臺北：臺灣銀行經濟研究室，一九六一，《臺灣文獻叢刊》第一百二十四種），李（丕煜）序。

15 陳文達，《臺灣縣志》（臺北：臺灣銀行經濟研究室，一九六一，《臺灣文獻叢刊》第一〇三種），王（珍）序。

16 陳文達，《臺灣縣志》，王（達）序。

17 魯鼎梅，《重修臺灣縣志》（臺北：臺灣銀行經濟研究室，一九六一，《臺灣文獻叢刊》第一一三種），金（溶）序。

18 王瑛曾，《重修鳳山縣志》（臺北：臺灣銀行經濟研究室，一九六二，《臺灣文獻叢刊》第一四六種），自序。

19 方豪，〈清代前期臺灣方志的編纂工作〉，頁九－十；方豪，〈清初臺灣士人與地方志〉，收於《方豪六十自定稿》（上）（自印，一九六九），頁六二一－六四六。

20 方豪，〈修志專家與臺灣方志的纂修〉，收於《方豪六十自定稿》（上），頁六五六－六五八。其實，如以方教授對「修志專家」之定義，先後編修《金門志》、《澎湖廳志》、《淡水廳志》的林豪，應也列名為「修志專家」。

21 方豪，〈清初臺灣士人與地方志〉，頁六二二。

22 洪棄生，〈辭通志□□局與友人李雅歆君書〉，收於洪棄生，《寄鶴齋選集》（臺北：臺灣銀行經濟研究室，一九七二，《臺灣文獻叢刊》第三〇四種），頁一七六。

23 陳培桂，《淡水廳志》（臺北：臺灣銀行經濟研究室，一九六三，《臺灣文獻叢刊》第一七二種），頁二七〇。

24 清代的「臺灣當地人」如何認定，存在著重大困難，此處採取極為寬鬆的認定標準，非上文所述之游宦者均屬之。

25 關於此次修志的相關文獻，在盧嘉興《鳳山縣采訪冊》中蒐羅最多。另，晚近發現配合此次編修通志，澎湖廳也新修了廳志，目前可見的版本是《光緒甲午新修臺灣澎湖志》，收入《中國地方志集成》。

26 目前為止，蒐羅最多的應是黃淵泉纂修，《重修臺灣省通志・藝文志》。至於連雅堂《臺灣詩乘》所收的清代作品則多為游宦人士的詩作。

27 碑立於霧峰萊園。

28 洪棄生，〈與林幼春書〉，收於洪棄生，《寄鶴齋選集》，頁一九二。

29 梁任公，〈海桑吟〉，收於連橫編，《臺灣詩薈（下）》（南投：臺灣省文獻委員會，一九九二），頁三五七。

30 關於詩社的研究，可參閱鍾美芳，〈日據時代櫟社之研究（上）〉，《臺北文獻》七十八（一九八六年十二月）（臺北：臺北市立文獻館），頁二〇七－三〇一。鍾美芳，〈日據時代櫟社之研究（下）〉，《臺北文獻》七十九（一九八七年三月），頁十九－一二七。

31 臺灣殖民地領有與維新敗者之間的聯繫，有待進一步的研究，此處僅提出初步的觀察。

32 連雅堂謂：「比年以來，我臺人士輒唱鄉土文學，且有臺灣語改造之議，此余平素之計劃也。……夫欲提倡鄉土文學，必先整理鄉土語言。……故自歸里以後撰述《臺灣語典》，……此書苟成，傳之世上，不特可以保存臺灣語，而於鄉土文學亦不無少補也」，見連橫，《雅言》（臺北：臺灣銀行經濟研究室，一九六三，《臺灣文獻叢刊》第一六六種），頁一。

33 「成書年代」均依撰序年代標定，而且各書當時均未刊印。《寄鶴齋選集》是洪棄生各種文字的選集，撰作年代皆在割臺前後。又，根據晚近的研究進展，以前一向被視為可能是臺灣本地人的「思痛子」，已可確認應為一八九五年乙未之役時在臺灣中部籌防戰守的清朝官員臺灣知府黎景嵩。

34 洪棄生，《瀛海偕亡記》（臺北：臺灣銀行經濟研究室，一九五九，《臺灣文獻叢刊》第五十九種），自序。

35 同上註。

36 思痛子，《臺海思慟錄》（臺北：臺灣銀行經濟研究室，一九五九，《臺灣文獻叢刊》第四十種），自序。

37 洪棄生，〈臺灣哀詞〉，收於洪棄生，《寄鶴齋選集》，頁一一四－一一八。

38 洪棄生，〈叩閽辭〉，收於洪棄生，《寄鶴齋選集》，頁二七七－二七八。

39 洪棄生，〈臺灣哀詞〉，《寄鶴齋選集》，頁二一七。

40 同上註，頁二〇七。

41 同上註，頁二〇八－二〇九。

42 洪棄生，《寄鶴齋選集》，頁二一七。

43 連橫，《臺灣通史》（臺北：臺灣銀行經濟研究室，一九六二，《臺灣文獻叢刊》第一二八種），頁一〇三五。

44 同上註，頁一〇三九。

45 同上註，頁一〇四二。

46 連橫，《臺灣通史》，頁一〇四八。

47 連雅堂之作為歷史家，便與思痛子、洪棄生不同。「歷史家連雅堂」非本章主題範圍，故省略不提。但思痛子、洪棄生所關心的一八九五年之時「孰奮勇抗戰，孰不戰而走」，如上文所述，仍是連雅堂重視的問題。

第4章

日本殖民時代在臺灣史上的意義

日本時代是臺灣發展為今日樣貌的重要環節。殖民者究竟做了哪些事？出於如何的動機？造成什麼影響？臺灣人又是如何應對？「我是臺灣人」的意識，又是如何在此時期萌芽？

臺灣史上的「日本殖民時代」，只有短短的五十年。到底這五十年在長久的臺灣史當中具有什麼樣的意義？這個問題的本身，應該是預設了「這五十年間的確是重要的」或「這五十年間的確是具有特色的」這種將這五十年視為「特別」的前提。不錯，大家應該都不會否定日本統治臺灣的五十年是臺灣史上「特別的時期」。但是對於這五十年間到底「特別」在哪裡？卻可能會有各種不同的看法。對於這五十年間裡的「特別」，也將可能會有完全不一樣的評價。

當然，大家對於這樣的問題不會沒有討論過，更不會沒有看法。甚至可以說，對於每一個關心臺灣史的人來說，這幾乎是不可避免的課題。因此，這也是我自己本身的課題。

今天，承蒙成功大學法鼓山講座的邀請，得以借此機會將本人對於此問題的一些不成熟的初步看法在此披露，感到莫大的榮幸，也希望我的一番野人獻曝，可以得到各位的指教。

社會基礎建設與「殖產興業」

雖然有人高度評價十九世紀八十年代劉銘傳在臺灣所推動的各種興革，包括洋務建設，[1]但是，我認為這種評價太過單純樂觀了。劉銘傳在臺期間即使銳意進行各項興革、建設，但實際上為時甚短（劉銘傳在任只有六年），而且由於財政的關係，在他離任之後各項工作也就多隨即停止了。而且，劉銘傳時期所修築的基隆到新竹之間的鐵路、興建的砲台、興辦的郵政、開採的煤礦、經營臺灣與香港和廈門之間的航線、架設橫越臺灣海峽的電報線、進行地籍調查，都未能發揮預期的效果。[2]而且，這些「建設」多不能為此後的臺灣所用。

如果就社會基礎建設來看，日本來臺之前臺灣的成就非常有限。[3]我們從日本領臺前後的一些相關描述，便可以想像當時臺灣社會基礎建設貧乏之一斑：

日人到臺之前，交通手段極有限。南部有幾條大路通於蔗田之間可走牛車，但是這道路是為種蔗人而築的，不能說是公路。島上的其他部分，除了一、二例外，事實上並無道路存在。[4]

所以可以說：日本來到臺灣的時候，臺灣有的是勤勉而逐利心旺盛的人民和適於農業生產的自然條件，至於具有公共財性質的基礎設施，則幾乎付之闕如。因此，日本為了使臺灣成為日本的投資殖民地，首先必須在臺灣進行社會基礎建設。日本在領臺初期所進行的社會基礎建設，最重要的便是被矢內原忠雄稱為「資本主義化之基礎工程」的一系列建設，包括鐵路（包括輕便車道）、道路交通系統，開築港口，統一度量衡與貨幣，進行土地調查，確立地籍與土地所有權。[5]

這些建設當中，縱貫鐵路特別值得一提。清代臺灣最重要的西部生產地帶，原來被幾條東西流向的河川分割成幾個以西部海邊港口為吞吐港，跨越臺灣海峽與中國福建地區對渡的市場圈。[6]也就是說，臺灣並沒有形成一個全島（或說整體西部主要生產地帶）的市場圈。但是一九〇八年縱貫鐵路通車後，原來東西流向之溪流分割的情形被打破了。縱貫鐵路加上逐漸建立起來的全島統一之度量衡，[7]與流通媒介貨幣，[8]使全島（更正確地說，西部平原地帶）規模的市場圈得以成立。同時，日本殖民者也得以利用這個「從地方的輕便鐵路，連接縱貫鐵路，再接上從基隆港出發的臺日定期航線」的交通輸送管道，將臺灣島內（西部平原的）任何地方的物資運回日本。

自一八九八年起總督府進行土地調查。這個土地調查最直接的目的，是為了增加土地稅收。因此，直接的課題在於確認將要列入為徵收土地稅之土地的地籍與地目、等則（級）。，但日本殖民政府在進行土地調查的同時，也導入了近代的土地所有權，認定傳統所稱的小租主為唯一的土地所有權人，解決了中國傳統得以由多人對相同的土地主張權利的「一田多主」情況；然後，規定土地的所有權移轉採登記原則，因而此後政府便能掌控土地所有權的轉移動向，也使土地的所有權移轉，都得到政府的保障。因此，矢內原忠雄認為土地所有權的確立，開啟了日本資本得以在臺灣從事土地累積的可能性。[10]

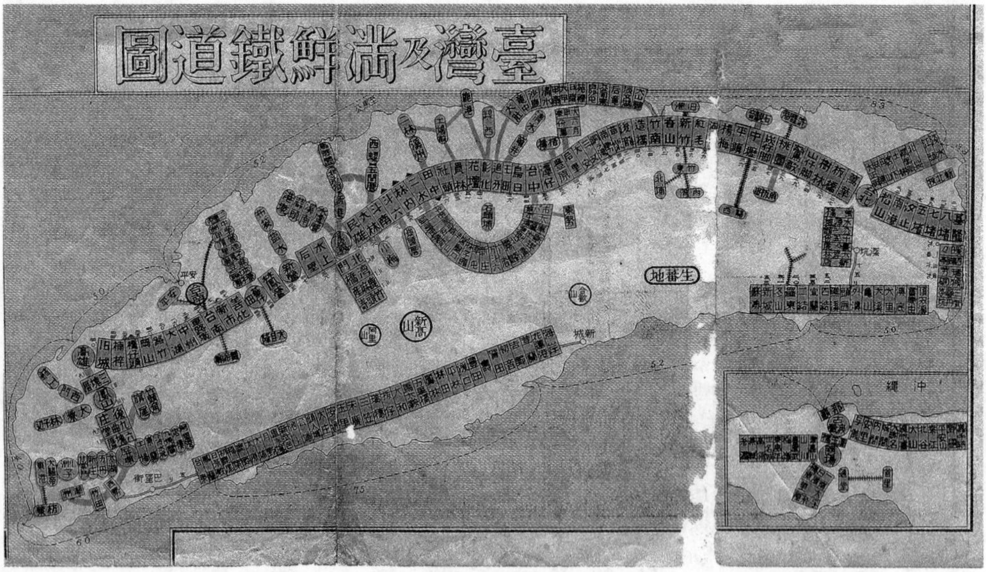

圖 4-1：〈臺灣及滿鮮鐵道圖〉，臺灣部分，1927。臺史博政府資料開放授權，登錄號 2012.045.0380。

戰後，一部分的歷史學者曾經將殖民政府所進行的這次土地調查，視為一次大規模的「土地掠奪」。[11]這是因為土地調查後，總督府獲得了大量的土地，成為臺灣最大的地主。殖民政府之所以能夠獲得大量土地，是因為將無人主張（或不具備條件可以主張）權利的土地，認定為「無主地」而收歸國有。殖民政府擁有大量土地之後，便可以在推動政策時有更多的政策性資源。例如，釋出土地給新式製糖廠，就是殖民政府培植新式製糖產業的重要手段之一。[12]

在此，需要說明殖民政府的土地調查既然「掠奪」了大量的土地，為何沒有引起臺灣人的普遍反抗呢？其實，在土地調查時，總督府對於臺灣人根據規定提出權利主張的土地，一般採取寬鬆原則來認定該人為土地的所有權人。因此，土地調查可以說是使原來（從政府的管制來說）私自耕種的「隱田」，從此之後以必須納稅為條件，由政府承認其所有權。這對於原來的土地利用者來說，並不是一定必須反對的政策。像這樣付出納稅的代價取得土地權利的情形，在清代就曾經有過類似的例子，就是偷墾者經過報稅陞科而取得政府追認其耕作事實。只是這次日本殖民政府承認的，不只是耕作權而且更是所有權。何況，還有不少在清末「開山撫番」時期的淺山新墾地，在清末未及確認其穩定的權利關係，此時臺灣人也樂意由殖民政府出面承認其所有權。[13]

雖然說臺灣人大致並不抗拒土地調查，[14]但還是有例外，那就是「緣故地」問題。所謂「緣故地」問題，是指雖然個人無法根據殖民政府的規定主張對於該土地的權利，使得該土地成為無主地而被納為國有，但因為該個人實際上必須從該土地獲取收益，因而該個人會抗拒總督府依照土地所有權排除個人在該土地上的權利。總督府面對這種抗爭，採取了妥協的因應作法，即承認這些人為該土地（山林、河灘）的「緣故者」，得以繼續於該土地上獲取利益。透過這樣的妥協，這些緣故者雖然仍可以有限度的在該土地上獲取利益，但是因為沒有土地的所有權，因此如果這些土地被政府釋出成為私人所有時，緣故者的利益便可能受到影響。日本殖民地時代長達幾十年、有名的農民抗爭「竹林事件」，便是這種緣故地的紛爭。[15]

如果充分考慮清末臺灣的情況，便會發現日本殖民時代初期的這些社會基礎建設所帶來的變化，深具革命性意義。但是這個問題顯然沒有受到足夠的重視，這應該是以後研究者必須正視的課題。

當然，對於殖民者來說，這些社會基本建設的目的，是使臺灣成為一個更具有生產力的殖民地。一般來說，研究者都承認日本統治時期，臺灣的經濟總體產出呈現持續的成長，這種持續的成長有賴於日本資本的投入與技術的改進。五十年間，臺灣人的每人名目所得大致呈現上升趨勢。在生產要素的分配上，日本人的資本較多，臺灣人的資本要素比較貧弱，但是卻以勞動要素彌補資本要素的相對弱勢。殖民時代的初期，臺灣島內的資本相對缺乏，殖民政府引進日本資本提升了臺灣島內的產出。研究者指出，這些增加的產出固然是日本資本家的資本所得，但也同時提升了臺灣人的勞動所得。[16]

如所周知的，日本在臺灣所極力推動的殖民地產業是在一九〇〇年代快速成長的新式製糖業，和一九二〇年代為了補充日本國內米糧不足而推動的蓬萊米種植。

關於日本資本如何在臺灣發展製糖業，已經有矢內原忠雄的經典性研究成果《帝國主義下の臺灣》，在此不再重複贅述，只補充近年比較重要的研究成果。根據近年的研究，新式大規模的製糖業是由殖民政府以各種優惠政策，刻意培植日本資本家所形成的獨占性產業。這個殖民地產業同時符合日本帝國、日本資本家的利益，也讓臺灣農民分享了利潤。獲得殖民政府各種優惠政策扶植的日本製糖資本家，透過收購臺灣農民種植之甘蔗，取得低價而且來源穩定的原料，又得以壟斷日本國內之砂糖消費市場，當然輕易便可獲取龐大利潤。臺灣農民則與新式製糖場形成分工關係，即臺灣農民種植甘蔗，提供給日本資本家所經營的大規模新式製糖場作為製糖原料，而分享製糖業的一部分利潤。對於當時缺乏資本與加工技術，又沒有實力經營國際砂糖市場的臺灣農民來說，安居於農業部門、專門致力於種植製糖原料甘蔗提供給日本資本家經營的製糖會社，毋寧是最為安穩便利的獲利方式。對於日本的整體國家收支來說，日本原本必須從東南亞進口砂糖，自從在臺灣培植製糖業以後，雖然以關稅保護生產成本較高的臺灣糖，使得日本的消費者必須要有較高的負擔，但是得以避免外匯流出。

從最重要的殖民地產業製糖業來看，日本殖民者的確精心設計了一個剩餘榨取機制。但是這種榨取並沒有引起臺灣農民的激烈反抗，因為製糖產業的分工關係正好彌補了當時臺灣農民缺乏資本以進行農產加工，及無力經營海外產品市場的弱點。於是，臺灣農民甘願依附在日本帝國與資本家所設計的產業分工機制。製糖產業不但順應了當時臺灣農業經濟的條件，同時殖民者與日本資本家所設計的這套產業分工體系，也沒有積極地透過強勢的資本來集中臺灣人的土地，製糖場並沒有積極收購臺灣農家的土地，[17]臺灣農民也透過自我剝削，拒絕屈從於薪資勞動的生產方式，因而得以免於無產化。[18]但是到了一九二〇年代，臺灣農民已經意識到日本製糖業之基礎乃是建立在低價收購臺灣農民種植的甘蔗，因此必須向資本家要求更合理的利潤分配，其策略就是提高甘蔗的收購價格。因此，一九二〇年代農民運動的主要內容是要求取消綁死甘蔗收購價格的「原料採收區域制」，及要求蔗農得以與製糖會社協議蔗價。[19]

一九一〇年代末期，日本國內因為工商發達的結果出現了糧食生產不足的現象（一九一八年的「米騷動」為其象徵性的事件），為了彌補糧食生產的缺口，日本帝國在殖民地推動「產米增殖計畫」。臺灣總督府積極開發蓬萊米栽培，以輸出日本為目的。一九二〇年代以後的蓬萊米生產與出口的擴張，使臺灣農民收入明顯地提升了。同時，因為這時候以蓬萊米為主的米作，已具有與蔗作競爭土地、勞力的實力，也就危及原來建立在米作部門低收入水準的甘蔗定價機制，使原來被刻意壓低的甘蔗價格得以上升。臺灣農民即使還是必須種植甘蔗，卻也將因此而提高獲利。由於殖民者需要臺灣農業提供質量俱優的農產品，因此必須對於臺灣農業進行近代化的改良，包括：作物品種改良、農田水利開發、土力增進改良、精耕與肥料補充等。這些範圍廣泛的農業改革，被歐美研究者稱為「綠色革命（green revolution）」。[20]

進入一九三〇年代之後，日本帝國已將其視野擴大至進出華南與南洋地區。因此，原來以臺灣和內地為範圍的「農業臺灣，工業日本」之帝國內分工，也必須相應地調整。於是，臺灣被賦予「工業化」的任務。這個工業化的構想是：結合日本的資本與技術、臺灣的廉價電力與優質的勞力、南洋的原料，在臺灣從事初步的工業原料加工。因此，自一九三一年起首先致力於開發電力，一九三四年日月潭水力發電的第一期工程完工，臺灣的總發電量從一億零七百度驟增至三億四千度，發電力則從四萬八千瓩增至十四萬九千瓩。因此，三〇年代後半葉，臺灣得以快速發展耗電的製鋁、合金、肥料、製鹼等工業，以及以製糖業為基礎的蔗渣利用工業、無水酒精工業，並於一九三八年使工業產值（包括製糖業）超過了農業的產值。但是這些工業當然存在著致命的弱點，那就是原料高度仰賴外來，因此當戰爭激烈化，海上運輸安全無法確保之後，便被迫幾乎停頓了。[21]

行政建置、教育、醫療與社會監控

在上一節，我們對於殖民者的基礎建設作了一些說明，但是基本上只局限於硬體的基礎建設，此節則希望將重點放在軟體建設之上。

清末臺灣不但社會有形的基礎建設相當貧乏，近代政府的諸般行政制度也還未建立起來（即使在中國，近代政府之各種制度被逐漸建立起來，也是在日清戰爭之後才開始的）。殖民者為了進行統治，在臺灣建立了一個可以說是相當有效率的近代政府。這裡所說的「相當有效率」，固然是相較於清代而言，但是從它此後實際上對於臺灣社會的強制力道來說，也應該可以當之無愧。清代臺灣雖然也有官府衙門作為治民機關，但是它並不是我們目前所熟悉的「政府」。作為治民機關，傳統中華帝國之官府衙門，其數量與內容都與日本殖民者在臺灣建立的政府機關極為不同。清代中國的地方衙門，雖然在名義上幾乎必須處理社會中的所有事務，[22] 但是從其經費、人力來看，這只是中國皇朝的理想，實際的情況應該是地方衙門只維持名義上的統治與提供榮典（例如科舉等名位），其餘諸般事務還是委由社會自理。從施政的行政成本來說，中華帝國採取這樣的策略，毋寧說是具有合理性的。但是，日本殖民者來到臺灣之後，便在臺灣建置了積極要將其權力貫徹到社會末端的近代政府（modern state）。我們可以說：日本殖民者在原來的臺灣社會之上進行了一個近代政府建構工程（project of state-building）。

日本在臺灣建立起來的近代政府之頂點是總督府，然後以縣或廳作為地方政府，更下級則是郡與街庄，街庄之下則活用臺灣傳統的保甲制度。透過這個政府的行政系統，再以警察系統與之配合，政令可以快速而均質地傳達到社會的末端。尤其，自從總督府進行戶口普查，確立戶口登記制度之後，政府權力已經可以對每一個個人進行個別的掌握。

就像一般的近代政府建立之過程一樣，日本殖民者在臺灣建立近代政府時，也必須對臺灣社會進行一次規模龐大的奪權與肅清。清帝國對社會的掌控原本相對地寬鬆，即使是治安比較容易掌握的平原地帶，也大多依賴各村莊內部守望相助、連坐互保的保甲，來防備盜賊、維持治安。由於經常有分類械鬥，社會中也多有各種類型的攻守同盟、自衛互保的聯莊或結盟。這些保甲、聯莊、結盟，經常具有或多或少的武裝。尤其，在接近山區的地方更是由一些必須同時防止原住民「出草」的武裝集團進行開墾。[23]相對於社會的武勇、活力充沛，官府衙門卻未必可以有效掌控社會的治安。丘陵地帶固然經常是由一些擁有武力的土豪型人物掌控，即使平原地帶，官府也必須獲得地方頭人的協助才能勉強掌控。[24]對於這樣的社會，近代政府必定要進行一番綏靖的工作。一八九六－一九〇二年之間總督府發動的「土匪」討伐，就是近代政府成立之初解除社會武裝的大工程。[25]

關於這一段期間日本殖民政府所進行的社會綏靖，戰後中國民族主義歷史學都將它們視為日本外來統治者對中國民族抵抗的屠殺，因此也就將日本殖民者史料中的「土匪」直接改換寫為「抗日英雄」，卻無法有效地說明這些「抗日英雄」卻總同時有土匪行為的事實。一九八〇年代之後臺灣大學歷史學研究所一連串的研究，已經對這個主題做出了不同的解釋。[26]在此，限於篇幅無法詳細的說明，只提示一件史料為例來思考這個問題，那就是一八九八年中部雲林地方的「大匪首」柯鐵對應總督府的招降政策所提出來的和議條件：[27]

第一條　雲林、斗六及其附近，另設一治民局，由臺灣人主理，用一日本官監理。有關盜

劫案，聽民家向該局告訴，或由民家自捕盜賊解送該局；由主理官查察實情治罪，後由監理官申詳督憲，庶免誤殺良民。

第二條　前清國無兵防守，今歸日本，設兵防守之所，一概將兵退歸大營，將大坪頂山還於柯鐵，以為住所。

第三條　柯鐵、張呂赤、賴福來、黃才等，聽准條理自己兵事，保護人民。如日本官吏要交談事情，只用文字相見，不得面決。

第四條　柯鐵前所有定收九一稅金，仍准抽收，給發兵費。

第五條　柯鐵所有軍兵，目的在保國。恐有軍兵與日本軍兵途中相遇，不得挾怨生端，致失和氣。

第六條　柯鐵等議和之後，調兵在山保民，誓不為非。恐有挾前怨捏辭向日本官告訴，務要訴狀繳交治民局，由主理官查實，不得陰遣軍兵圍擄，再生不測之事。

第七條　雲林界內，民家准用軍械，以自防夜間盜賊。

第八條　雲林界內，恐有頑愚之人不聽勸化，准柯鐵等聯莊革除，庶免有匪徒橫行，干累柯鐵等之名，庶地方可得盡平。

第九條　前有犯罪之人，從今議和投誠之後，恐依案再訴前非，均歸治民局主理設法，不得由日本怨恨毒打，以成招認，而致多殺生靈。

第十條　議和之後，柯鐵等沾大皇帝之至仁至德，能保護雲林界內久得地方安靜。三年滿，再議規條。

上引的資料，雖是柯鐵向總督府提出的和議條件，但卻足以讓我們從中窺知日本還沒來到臺灣之前雲林地區武裝化土豪勢力的猖獗情況。[28]但是，近代政府顯然無法容忍其管轄範圍之內存在這種擁有軍事武力、得以在一定範圍內徵稅（「土匪稅」）、治民，稱得上是「國中之國」的割據勢力。因此，即使暫時必須妥協接受其和議條件，最後也必將之殲滅，而總督府的確也在一九〇二年達成了這個任務。如果比較對岸的中國來說，這是相當具有效率的。中國社會的武裝化土豪問題，一直要到二十世紀中葉才得到解決。[29]

總督府得以解決中華帝國長期以來無法根絕的土豪割據情況，當然是因為擁有武力精良的近代軍隊，得以發動殲滅性的攻擊。但是，從此以後這種割據性武裝化勢力無法復現的原因，則是因為殖民者在臺灣社會所展開的社會監控系統可以發揮功能所致。這個社會監控系統，最重要的是殖民者在臺灣社會布展了綿密的警察網和龐大的警察人力。自從一八九五年領有臺灣之後，總

圖 4-2：林火旺歸順儀式，礁溪，1898 年 7 月 28 日。右方：以民政長官後藤新平為首的日方軍、政官員。中間站立三人為林火旺、林朝俊和林少花。左側是「歸順匪徒」，背後有穿白衣的警察戒護。《臺灣總督府警察沿革誌　第二編》上卷（1938），書前照片。

督府便在臺灣建立警察制度。在臺灣建立各種統治之基礎的後藤新平，於一八九八年履任前夕執筆的「臺灣統治救急策」便指出「徵之臺灣現況，其最主要者為確立警察制度」，而且還強調臺灣殖民地所應該設立的警察，「不是今日的警察，而是十八世紀以前的警察，即廣義的警察組織」。[30]因此，殖民者所設計的臺灣警察制度不但讓警察擁有廣泛的權限，舉凡治安、衛生、裁判、理蕃、殖產興業，莫不在它的管轄之下，而且同時與行政機關相表裡，又有保甲制度作為輔助。[31]一九二〇年以前，地方政府的一般行政事務與警察事務並沒有明確的區分，而且在支廳的層級以警部為支廳長，分掌廳的事務，職員全為警察官，警察官把握了全部行政。由於與人民直接接觸的第一線行政機關的支廳長，是由警部兼任，其下級吏員又多是警察，所以竹越與三郎說：「系統上表面是『總督－各廳各課－人民』，而實際上是總督通過警察與人民接觸，由巡查擔任稅務、衛生、農政及其他諸般政事。人民耳所聞、目所見的官吏，只有警察而已」。[32]一九二〇年雖然更改地方制度，將一般行政與警察事務分開，但是郡守仍由警察官擔任，也就是可以指揮並監督街庄的郡守，還是兼有警察權。這個龐大綿密的警察網，透過總督府所頒訂的、遠較內地更為嚴厲，而且授權廣泛的法令，例如「犯罪即決例」（一九〇四年律令第四號）、「臺灣浮浪者取締規則」（一九〇六年律令第二號）、「臺灣違警例」（一九一八年府令第四十三號），將臺灣納入監控之中。竹越與三郎說：「臺灣的警察，實為臺灣殖民政策的重心。臺灣的警察，除其本身固有的事務之外，而且幾乎輔助執行其他所有的行政。過去有所謂『警察國家』的理想，這一理想在臺灣已經成為事實了」。[33]

當我們談殖民者如何在臺灣建立有效的近代政府，及進行各種被矢內原忠雄稱為「資本主義化的基礎工程」的時候，其實也應該同時強調日本殖民者在臺灣以軍事、警察、行政的各種組織性暴力，對臺灣進行了規訓與監控；而且，說它越有效率，就表示這種規訓與監控的力道越大。[34]戶口登記制便是顯著的例證，殖民政府由此能把規訓和監控的力道滲透到每一個人的層級。[35]

教育

教育的普及與醫療衛生的改善，經常是殖民統治者所津津樂道的「善政」，也經常被認為是殖民地統治的正面貢獻。但是最近關於殖民地教育與醫療的研究，其重點毋寧是在暴露殖民者推動這兩項施政時所存在的權力壓制與對殖民地原有文化脈絡的扭曲。

在教育方面，日本殖民政府導入了西洋式的大眾教育體系。殖民地教育與清代以應科舉考試為主要目的，以儒家經典為內容，以家塾、小型書院、孔廟（學校）為形式的傳統教育。這個殖民地教育體系，目的當然在於向臺灣人灌輸得以配合其殖民統治的內容，因此以國語教育和實業教育為主。教育的領域裡，雖然終其統治的五十年間，在小學階段的初等教育中，都採取日、臺兒童分離實行的政策，但卻堅持以國（日）語進行教育，這是除了教育內容的殖民主義之外，在執行層次上也採取殖民主義。臺灣的近代教育開始時，便被設計成以對臺灣人來說的外國語進行教育，這即使到了現在都還被持續著，是個仍然還活著的「殖民地遺制」。

初等教育以上的階段，殖民政府提供的則是實業教育。其實，如果細究初等教育裡的教科內容，也會發現存在著比當時日本內地小學更多份量用來教導臺灣兒童成為一個具有科學知識（例如育種、施肥等農業技術）之農夫的實用課程。我們可以說，在臺灣培養更多具有更高生產能力的殖民地人，是殖民地教育最重要的目的，也是殖民地教育最重要的內容。這樣的殖民地教育設計，也正好符合具有功利主義傾向、充滿逐利心之臺灣人的想望。[36]

殖民者為了使其殖民地統治可以更圓滑進行、殖民地經營更有效益，而在殖民地投資殖民地教育，毋寧是當然的事。教育作為殖民統治與經營工具之側面，一直是殖民地教育研究的主要課題，已有不少研究成果。[37]在此，卻要特別介紹近年一些不同角度的研究成果。最近的研究顯示，殖民政府在臺灣建立近代教育的過程，並不是總督府單方面地將近代式的學校普設到全島的各個角落，不少地方的學校是地方人士主動出錢、出力捐輸並向總督府爭取設立的。殖民政府也充分利用臺灣社會這種積極參與教育投資的傾向，順勢動員臺灣的社會資源投入近代教育的設施整備。因此，近代學校才可能在極短期間內達到相當數量。在此，我們看到殖民者與被殖民者之間「合作」的一種型態。[38]

殖民教育，是臺灣人通往近代知識的重要管道，甚至有一些人因此而得以

圖 4-3：臺灣角板山蕃童教育所（今桃園市復興區介壽國小），可見懸掛的日本大地圖。生蕃屋商店發行，約 1920 年代。臺史博公眾領域，典藏號 2001.008.1041。

身擁一些科學技術，尤其在醫學教育、農林教育、工業教育與商業教育上更是如此。[39]這些在殖民地時代所培育出來的技術人才，應該是戰後幾十年間支撐臺灣經濟發展的重要資源。但是關於這方面的研究，顯然還是相當不夠。

領臺之初，殖民者便必須面對臺灣的公共衛生問題。這一方面是來臺的日本人多數罹患風土病，[40]一方面是一八九六－一九〇七年間東亞地區正好流行鼠疫，[41]因此日本殖民者在領臺後不久，就在日本人居住的集中地區（例如臺北、淡水、臺南）建設自來水與下水道，在臺北設立臺北病院，並逐步發展出公共衛生施政與近代醫療。[42]建立臺灣殖民地基礎的後藤新平是醫生出身，也使日本在臺灣推動公共衛生與醫療，有可能因此顯得比較積極。何況後藤新平認為日本沒有西方經營殖民地的利器：宗教，因此更應該推動醫療事業，使它可以在臺灣殖民地發揮類似西方宗教的功能。[43]

從戶口行政、警察網到教育、醫療，殖民者對殖民地的每個人展開了新型態的塑造與監控，這種新型態的統治對臺灣人造成的影響，顯然是多方面的，還有待更深入的探討。

「民族主義」

雖然不是當時殖民者的預期，但是殖民地統治經常會為殖民地在後殖民時期的國族形成（nation building）做出準備。這包括：殖民地在後殖民時期，將可能繼承一個可以有效運作的政府架構和法令；還有，殖民地時期為了增加殖民地生產力，而進行的社會基礎建設與技術、教育投資。殖民者的這些近代化建設，對於殖民地的影響，可能比預期的深遠而且廣泛。例如，縱貫鐵路的開通，不但打通了臺灣在此之前的區域阻隔，讓臺灣得以形成一個全島性（西部）的市場圈，而且帶動物流、人流之流量與流速的擴大，也有助於臺灣人一體意識的形成。具有大眾教育（mass education）性質的初級教育，則創造出了臺灣此前未有的一個可以通曉日本語文的識字階層。尤其在一九二〇年代以後強調內地延長主義，加速教育的普及，而且從小接受日本教育的新世代已經長成，在社會上的影響力增強，一個全島性的「識（日本）字階層」漸漸出現，臺灣社會中出現一個幅員相當遼闊的共通語言領域。這種情況，對於原來彼此語言不通，而且沒有文字的原住民社會更是意義重大。

印刷資本主義，透過學校教科書、報紙、雜誌、廣告、政府出版品，構成在臺灣島內傳輸信息、知識、政令的資訊流，由新興的識字階層所共享。[44]一九三〇年代中期以後，臺北應該已經是一個日語（文）具有優勢的都會。這個資訊流在戰爭期間加入廣播之後，更是流量大增。當然，這些資訊絕大部分應該是來自殖民者，接收、利用這些資訊的臺灣人到底有多少，仍然需要更精緻的計算。[45]

自從一八九五年的「走番仔反」以來，臺灣島內存在著的殖民者，為被殖民者提供了一個「無法不意識到的他者」，使相對於「他者」的一方也成為「無法不意識到的我等」。而且，這個「我等」同時具有種族的、身分的、社會的處境之內容。也就是說，出現了「（在臺灣的）漢民族」＝「本島人（臺灣人）」＝「被殖民者」。而且，經過日本殖民政府所進行的臺灣社會均質化諸工程之後，這個相對於「他者」的「我等（臺灣人）」有趨近於「臺灣等身大」之勢。[46]

另外，在殖民者與被殖民者互為他者的結構下，彼此之間的相互對照便輕易地可以用來定義自己和對方。日本殖民者以風土論為基礎，發現、定義了各種臺灣「特色」。例如，殖民地教育者石川欽一郎，指導臺灣人應該以寫生的方式將臺灣的山川、風景描繪出來，而且透過與日本的對比，強調溫暖、色彩豐富、鮮豔是臺灣的「地方特色（local color）」。從日本的他者之眼來看，原住民是臺灣的特色，「熱帶」是臺灣的特色（因為日本是「溫帶」或「寒帶」）、色彩繽紛的廟宇是臺灣的特色（因為日本的寺廟多是素色）、甚至水牛也是臺灣的特色（因為日本有馬無牛）、椰子樹是臺灣的特色（因為日本沒有熱帶的椰子樹）。相同的道理，鳳梨、香蕉、甘蔗是臺灣的「特產」。西川滿、立石鐵臣這些在臺灣的日本人文學家、畫家，以及由日本人與臺灣人合作的《民俗臺灣》，都為我們發現、定義了臺灣。

殖民者的他者之眼所發現、定義的「臺灣」，透過教育、媒體，不但普及於一般日本人之間，而且被臺灣人接受下來，甚至不斷地深化、再生產，成為被殖民者自己的認同標誌。以下的例子可能是最極端的。臺北帝國大學，日本人視之為帝國在南方熱帶唯一的大學，因此特別設計了兩側植有南洋椰子樹的大道，如今這樣的景觀已經成為普遍被接受，而且戰後仍堅持的臺灣大學象徵性標誌，即使臺大校園大道上的椰子樹本來不是臺灣常見的樹木。這些殖民者所發現、定義的「臺灣特色」，幾乎都已經成為臺灣的文化符號或象徵。就這個意義來看，日本殖民者可以說是為臺灣的「民族主義」做出了相當的貢獻。

圖 4-4：臺灣總督府每年出版的《臺灣事情》，設計使用水牛圖像。

結語

向來的研究者對於臺灣歷史，總是依統治政權的改變將歷史分成清代、日本殖民時代、戰後，各別地進行討論，因此無法明白地看出前後時代之間的繼承與斷裂，從而也就難以對前後時代進行比較而做出評價。如果未將日本殖民時代與清國時代進行比較，便無法明確地認識到日本殖民政府所導入的「近代的統治」對臺灣社會來說是多麼地具有革命性。當然，如果未將日本殖民時代納入視野，也將無法瞭解戰後的國民黨時代是多麼地受益於日本的「殖民遺產」。

日本殖民政府所進行的近代統治，除了有一般「近代統治」共通的諸般性質之外，也當然有其「日本的」性質。依我來看，日本殖民統治者在臺灣的統治，有一些明顯的特色：重視統治成本的現實主義、在不危及統治體制的前提下從事「法治」與「公民」訓練、強烈的官府主導性格。這樣的統治特色，其實也表現在日本本國的近代史當中。因此，同時對殖民地與本國進行比較，也將是以後的課題。

經濟問題上，傳統的看法傾向於兩極化，即一方視之為是帝國對殖民地的開發與建設，一方視之為帝國對殖民地的掠奪與剝削。殖民者為殖民地帶來的投資、技術，及其為殖民地提供的帝國市場，當然也為殖民地帶來利益。只是，這些在殖民地所產出的利益被如何地分配，才應該是值得深入探討的問題。

由於近代歷史過程的關係，在東亞地區，對於「殖民地」、「近代」這兩個詞彙懷抱著豐富的感情性好惡。因此，「殖民地時期之近代化」這種問題的本身，便是個可能被感情性對應之提問。但是，近幾年來似乎有了轉機，這種轉機之一，似乎表現在揚棄了不知在何時已經被暗默地賦予正面意義的「近代化」，而改用「近代性」這樣的詞彙。其實，以我來看，以「近代性」這個詞彙來替換「近代化」，並沒有根本性地改變了什麼。我認為：「近代」就是具有「近代性」這種思想、態度、精神內涵和相應的物質、制度基礎的時代；「近代化」就是走向（不一定是直線地一路前進，可能是迂迴或前前後後地困頓而行）「近代」的過程。因此，「近代」、「近代性」、「近代化」三個詞之間，只是詞性的不同而已，它們所指涉的核心問題並沒有什麼不同。如果有什麼不同，那也是東亞地區在導入（或翻譯）這些語詞的歷史過程中，給了它們一些附加上去的意義。[47]對於「近代」、「近代化」、「近代性」加上程度不等的正面形象的情況，在東亞之所以有所改變，顯然要到批判、揚棄、超克（一言以蔽之，「不滿」）「近代」之「後近代」論調蔚然成風之後，才得以成立。「後近代」成了暴露「近代」之陰暗面及其不足的照妖鏡。但是，我的討論並不是從「後近代」而來，毋寧說還是從「近代」而來的——如果要被貼標籤的話，我應該還是一個「近代主義者」，[48]只是我沒有天真到相信「近代」是個完美的時代。

日本殖民時代雖然只有五十年，但一定是臺灣史上極為重要的一段時期，因為它使臺灣社會進行了一場「近代轉型」。日本帝國為了統治臺灣，並將臺灣建設成一個可以投資獲利的殖民地，它必須有一個可以有效運作的行政體系、法治規則，並進行諸多社會基礎建設，甚至投資發達產業。這些都與清廷的帝國統治，在性質上、在規模上都不同。它不但如其他近代政府一樣，從軟的、硬的打破社會的分立情況，相當程度達成社會的均質化，而且盡力解除社會割據勢力，將其權力貫徹至社會末端，對於臺灣全島摶成一個整合的社會，貢獻甚大。當然，它的殖民主義性質也激起來自社會的反制，這就為臺灣民族主義的萌芽製造了環境。也就是說，從社會、政治兩面，殖民地統治都為後殖民時代的國家形成做了準備。

作為一個研究日本殖民時代臺灣史的研究者，「日本殖民時代在臺灣史上的意義」這樣的問題，自然是如何都繞不過去的課題。一九八九年留學回國後九月開始的新學期，就在臺大歷史系開了一門「臺灣近代史，1895-1945」的演講課。由於必須備課的關係，幾年下來也大致將五十年的歷史脈絡疏理出來了（這個講課的大要，後來整理被收入濱下武志等人主編《世界歷史大系 中国史 5 清末－現在》，東京：山川出版社，二〇〇二）。二〇〇六年日本天理臺灣學會創立十週年之際，特別選在臺灣舉行年度大會，我應邀在大會中做「日本殖民時代在臺灣史上的意義」的專題報告，這是我第一次正面就這個主題做演講（演講紀錄在沒有修改、補充的情況下，被該學會登載於《天理台湾学報》第十五號，二〇〇六）。接著，二〇〇八年六月我應成大法鼓人文講座之邀做報告，我也就將在天理臺灣學會的演講做了修整、補充後應命，這就是本次收入書中的文章，也就是說這是本篇文章首次以文字面世。

註釋

1 例如，戴國煇，〈清末台湾の一考察〉，收入仁井田陞博士追悼論文集編輯委員會編，《仁井田陞博士追悼論文集 第三卷 日本法とアジア》（東京：勁草書房，一九四〇）、劉進慶，〈序論臺灣近代化問題：晚清洋務近代化與日據殖民近代化之評比〉，收入夏潮聯合會、臺灣大學東亞文明研究中心合編，《臺灣殖民地史學術研討會論文集》（臺北：海峽學術出版社，二〇〇四）。另外，以郭廷以《臺灣史事概說》（臺北：正中書局，一九五四）為首的諸多將臺灣此時的興革視為中國清末自強運動（洋務運動）之一環的討論，也大都持這種看法。

2 一八九二－一九五年間來臺灣的浙江人史久龍，在其〈憶臺雜記〉中為我們留下來對這些洋務建設的評估，是很重要的史料，可惜這份史料卻很少人注意。史久龍，〈憶臺雜記〉，刊載於《臺灣文獻》第二十六卷第四期／第二十七卷第一期合刊（一九七六）。

3 關於日本領臺前夕清朝在臺灣的各種洋務建設之成果，可以參照日本領臺時正好在臺灣的兩個人：浙江人史久龍與美國人達飛聲的觀察。參照：前揭，〈憶臺雜記〉；James W. Davidson, *The Island of Formosa*, Past and Present, Chapter 17。

4 Davidson 前揭書。

5 矢內原忠雄，《帝國主義下の臺灣》（東京，岩波書店，一九二九），第二章「臺灣的資本主義化」。

6 關於臺灣河川阻隔，交通的情形，清代地方志中的紀錄很多。一八九二－一九五年間正好在臺灣的史久龍描寫他自己的渡溪經驗，令人印象深刻，可以參考。參照：前揭，史久龍，〈憶臺雜記〉。

7 臺灣原來之度量衡之多樣，可以參照《臺灣私法》。

8 清末臺灣貨幣之混亂，可以參考《臺灣私法》。日本在臺灣整理貨幣的經緯，可以參考：矢內原忠雄，

前揭書、北山富久二郎，〈臺灣に於ける秤量貨幣制と我が幣制政策：銀地金を流通せしむる金本位制〉，《臺北帝國大學文政學部政學科研究年報》第二輯（一九三五）。

9 關於土地調查之過程的一般性研究，可以參考：江丙坤，《臺灣田賦改革事業之研究》（臺北：臺灣銀行經濟研究室，一九七二）。

10 矢內原忠雄，前揭書。

11 以這種觀點評價土地調查的代表性學者為淺田喬二，其代表性的著作為：淺田喬二，《日本帝国主義と旧植民地地主制增補版》（東京：龍溪書舍，一九八九）。

12 關於殖民政府培植新式製糖產業的概括性分析，參照矢內原忠雄，前揭書，特別是第二篇「臺灣糖業帝國主義」。矢內原忠雄即使指出殖民政府利用包括釋出土地在內的各種方法，刻意扶持日本資本在臺灣發展新式製糖業，但他也同時強調新式製糖場所掌握的自營土地比例還不是很高（大約20%），其製糖原料最重要的來源還是臺灣農民所種植的甘蔗。因此，即使日本在臺灣的殖民經濟也是具有單作（monoculture）性質的製糖業，但卻沒有其他殖民國家所進行之極端的土地掠奪。

13 關於清末「開山撫番」時期在淺山地區的開發，與這些新開發地區的地權如何在日本殖民初期確立，可參考李文良的一連串研究。

14 臺灣社會即使到現在，都還流傳著如下的傳說：當時臺灣人認為土地調查就是在清查隱田並加以課稅，因此為了逃避課稅而將自己耕種的土地說成他人之土地。或許傳說中的這種規避課稅之作法，也可以視為是臺灣人抗拒土地調查的一種表現。總之，與世界其他各地的情況相比，總督府的土地調查可以說是在平穩的情況下進行的。

15 關於竹林事件，可以參照：矢內原忠雄，前揭書。

16 關於日本時代臺灣經濟史的研究，要特別推薦臺灣大學經濟系吳聰敏、葉淑貞等人的一連串優秀研究成果。另外，日本殖民時代的經濟成果之族群分配，則可以參考：顏怡真，《日治時期臺灣族群間所得之分配》（國立臺灣大學經濟學研究所碩士論文，一九九七）。

17 當然，這是比較性的說法，這是將臺灣的殖民地狀況與其他殖民地比較之下的評斷。根據研究，在臺灣的製糖會社的自營農場所提供的製糖原料甘蔗，一般不超過20%，與美洲地區的製糖公司動輒超過50%，不可同日而語。這也證明前述矢內原忠雄認為「日本並沒有在臺灣從事激烈的土地掠奪」之說法。應該就是日本殖民者「溫存」了臺灣人的農業部門，其殖民經濟才得以順遂地發展開來。

18 參照柯志明的一連串研究，尤其是Ka, Chih-ming, *Japanese Colonialism in Taiwan: Land Tenure, Development, and Dependency, 1895-1945*. Boulder, Colorado: Westview Press, 1995. 與《米糖相剋：日本殖民主義下臺灣的發展與從屬》（臺北：群學出版有限公司，二〇〇三）。

19 關於一九二〇年代的農民運動，參照臺灣總督府警務局編，《臺灣總督府警察沿革誌 第二篇 領臺以後の治安狀況（中卷）臺灣社會運動史》（臺北：臺灣總督府警務局，一九三九），第六章「農民運動」。

20 馬若孟著，陳其南、陳秋坤譯，《臺灣農村社會經濟發展》（臺北：牧童出版社，一九七九）。

21 張宗漢，《光復前臺灣之工業化》（臺北：聯經出版公司，一九八〇）。

22 關於中華帝國時期的地方政府，可以參考瞿同祖，《清代地方政府》（北京：法律出版社，二〇〇三）。

23 這種被政府承認以集團武裝形式在淺山丘陵地帶進行的開墾，稱為「隘墾」。

24 關於清代臺灣社會的集體暴力問題，可以參照許達然近年的一連串研究：〈械鬥和清朝臺灣社會〉，《臺灣社會研究季刊》第二十三期（一九九六）；〈清朝臺灣民變探討〉，收入臺灣歷史學會編《史學與國民意識論文集》（臺北：稻鄉出版社，一九九九）。

25 關於這期間日本對於臺灣土匪的討伐，日本殖民者方面的記述可以參照：臺灣憲兵隊編《臺灣憲兵隊史》（臺北：臺灣憲兵隊，一九三四），及《臺灣總督府警察沿革誌 第二編 領臺以後の治安狀況（中卷）》（臺北：臺灣總督府警務局，一九三八），特別是其第四章「本島治匪始末」。

26 參照：翁佳音，《臺灣武裝抗日史研究》（國立臺灣大學歷史學研究所碩士論文，一九八五）、鄭天凱，《政權交替下的地方社會：雲林事件的探討》（國立臺灣大學歷史學研究所碩士論文，一九九五）、楊永彬，《臺灣紳商與早期日本殖民政權的關係：一八九五－一九〇五年》（國立臺灣大學歷史學研究所碩士論文，一九九六）、李文良，《中心與周緣：臺北盆地東南緣淺山地區的社會經濟變遷》（臺北：臺北縣立文化中心，一九九九）、陳怡宏，《忠誠與反逆之間：一八九五－一九〇一年間臺北、宜蘭地區「土匪」集團研究》（國立臺灣大學歷史學研究所碩士論文，二〇〇一年）。尤其前揭李文良的研究針對臺北盆地東南地區追蹤從一八六〇年代至一九二〇年代的變遷，是一項具有典範性意義的研究。

27 《臺灣省通志》，頁二四－二五。

28 南部「大匪首」林少貓所提出來的和議條件，其內容也與此類似。

29 關於二十世紀中國社會的武裝化與土匪問題，最近有相當不少的研究問世。隨手拈來，就有貝飛思，《民國時期的土匪》（上海，上海人民出版社，一九九六）、蔡少卿編，《民國時期的土匪》（北京：中國人民大學出版社，一九九六）、彭先國，《民國湖南土匪》（長沙：岳麓書社，二〇〇二）。

30 鶴見祐輔，《後藤新平》第二卷。

31 鹽見俊二，〈日據時代的警察〉，收入《臺灣經濟史初集》（臺北：臺灣銀行經濟研究室，一九六三）。

32 竹越與三郎，《臺灣統治史》（東京：博文館，一九〇五年）。

33 竹越與三郎，前揭書。

34 最近對於日本殖民地政府的這種「科學」殖民知識與治理性（governmentality）的討論，見姚人多，〈認識臺灣：知識、權力與日本在臺之治理性〉，《臺灣社會研究季刊》第四十二期（二〇〇一）。關於對臺灣之土地的掌握，可以參考施添福，〈《臺灣堡圖》：日本治臺的基本圖〉，收入《臺灣堡圖》（臺北：遠流出版公司，一九九六）、〈蘭陽平原傳統基層社會空間的形成及其演變〉，收入氏著《蘭陽平原的傳統聚落：理論架構與基本資料》（宜蘭：宜蘭縣立文化中心，一九九六）。

35 林聖欽，〈日據時期戶籍資料的內容及其史料價值〉，《國立臺灣師範大學地理研究報告》第二十三號

（一九九五）、蔡慧玉，〈日治時代臺灣的保甲戶籍行政〉，《臺灣風物》第四十四卷第三期（一九九四）。

36 戰後有一種說法強調日本殖民者恐怕引發臺灣人的抗議意識，因而刻意不鼓勵，甚至禁止臺灣人就讀文、法學科。但是如果從當時臺灣人申請臺北帝大入學時的選科傾向來看，應該說臺灣人本身就以實用性為就學的主要考量。

37 可以參照李承機的研究。

38 參照：許佩賢，《殖民地臺灣的近代學校》，特別是「第一部　學校與地方社會」。

39 許佩賢，《殖民地臺灣的近代學校》（臺北：遠流出版公司，二〇〇五）。

40 一八九五年的乙未之役，日本人有七百餘人死於戰鬥，卻有七千餘人死於疫病。

41 關於一八九六－九七年間東亞地區的鼠疫，可以參照：飯島涉，《ペストと近代中国》（東京：研文出版，二〇〇〇）。

42 關於這方面，近年有范燕秋、劉士永等人的研究成果。

43 鶴見祐輔，《後藤新平》第二卷，頁三六八。

44 關於此問題，可以參考李承機的研究。

45 殖民政府所發布的就學率、國語解者數，都讓人懷疑是否偏高。報刊的購讀數、發行量，似也偏高。

46 但是，這時候的「臺灣人」應該沒有包括被分類為「蕃人（高砂族）」的原住民族。也就是說，這裡的「臺灣人」，一方面是相對於「大和（やまと）」＝「內地人（日本人）」＝殖民者」的概念，一方面也具有血統主義的意義。

47 對這些語詞附加上好惡意義，也應該就是東亞地區「近代化」的一部分。

48 因此，我也可能被後殖民主義者批評為仍然沒有充分揚棄殖民主義的幽靈。因為，殖民主義與菁英民族主義，在他們來看，不乏「共謀」。

「臺灣文化」的歷史建構：一個初步的試論

第5章

「臺灣文化」是什麼？回顧歷史，可知臺灣文化並非「自古就有」，而是逐步被創造出來的。「臺灣文化」的內容，也不是確定的實體，而是具有流動性的人為建構。

「臺灣文化」是歷史建構的結果

「文化」這個詞，經常被輕易地隨口使用，似乎大家都可以輕易地理解它的含意，而且不同人之間似乎也存在著共同的理解，但當我們比較計較地想要為「文化」下個精確的定義時，卻往往又難以下筆，甚至不同人之間可能會有甚大的歧異。也就是說，「文化」其實是我們經常脫口而出地使用，但涵義與內容卻甚為混沌、籠統的一個詞。「文化」這個詞，也經常在其前面加上一個限定、形容它的詞而成為「〇〇文化」。例如「運動文化」、「飲食文化」、「企業文化」、「美國文化」……。「臺灣文化」一詞，就是在似乎大家都知道，卻不見得有共識的「文化」這個詞之前，加上「臺灣」這個相對明確的地理空間限定（或相對不明確的形容詞）後，所形成的一個仍然也不一定具有共識、看似明白，卻也具有相當含糊性的詞。例如，所謂「臺灣文化」指的是「臺灣這個空間範圍裡的（各種）文化」，還是一個整合性的集合名詞，也並不是非常明確。

「文化」或是「臺灣文化」這種詞彙的意義及其所指涉的內容，顯然在不同年代也不見得相同。也就是說它所指涉的內容也隨著時代的不同而不斷地變化、游移。這種變化、游移的情況，應該是來自時代與社會的狀況不同，及人們的價值觀不同所致。本文認為所謂「臺灣文化」，並不是具有確定內容的實體，而是具有流動性的人為建構，不斷由於時代與社會狀況的不同而改變，甚至可以說它是一個「過程」。以下試圖疏理近代之初，「臺灣文化」是在如何的情境下、如何在歷史中逐步被建構出來。

「臺灣」空間的出現

「臺灣文化」這樣的一個詞，顯示指的是「臺灣」空間裡的「文化」（不論它是多種文化，還是一種文化）。那麼，「臺灣」這個空間又是什麼呢？

「臺灣」一詞，首先是地名。這個地名到底源於自稱，還是他稱？到底指的是如何的範圍呢？至今的研究也未成定論。[1]但是到了一六八三年清帝國設置「臺灣府」之後，它所指稱的範圍就相對地明確化了。這裡所謂的明確化，是指它明確地指稱清帝國跨海存在的一個邊疆墾拓殖民地行政區。清帝國在此設官治理，將之納入版圖。雖然目前還是有一些教科書將臺灣說成是中國「自古以來固有的領土」，但是證諸清朝皇帝及官員不斷地宣稱「臺灣自古不通中國，自聖祖高皇帝（康熙）始納入版圖」，可知這些說法乃是當今的政治性表述，而非歷史事實（作者按：關於此問題可以參考本書第十二章）。

但是，為何筆者要說清朝時只是「相對地」明確化呢？清帝國雖然設置了「臺灣府」，但這個府的領域範圍到底確實如何，卻還並不一定。例如臺灣東北角的宜蘭地方，顯然並沒有在一六八三年就已經是清帝國的「版圖」了。所有的官書都明確地記載：「噶瑪蘭，……**自嘉慶年間列入版圖**」（《噶瑪蘭志略》序）、「夫噶瑪蘭之在臺灣，……迨至我朝，涵濡煦育百六十年，**始隸版圖**」（《噶瑪蘭廳志》跋）。也就是說，在一六八三年臺灣納入清帝國版圖的一百六十年之後，宜蘭地方才納入清帝國版圖。其地名的讀音雖然不變，但納入版圖同時，使用的文字由「蛤瑪蘭」改為「噶瑪蘭」。這種對於地名的確定也算是清帝國之所謂「納入版圖」的一種政治宣示。

不但類似宜蘭這種「後山」地方，一直要到十九世紀初葉才被清帝國視為版圖，即使是「前山」地區，清帝國也從南至北劃有一條「界」，而以「界外（界以東）」為「政教不及」之地。[2]那麼，清帝國的「版圖」是否也及於「界外」呢？對此，十九世紀七十年代美國駐廈門領事李仙得（C. W. Le Gender）就認為清帝國的統治並不及於「界外」，而慫恿

圖 5-1：〈噶瑪蘭廳地輿全圖〉，《噶瑪蘭廳志》（1852）。修志和繪製地圖皆有宣示納入版圖之意。

日本政府於一八七四年出兵征討「不在清帝國版圖之內」的原住民（即牡丹事件）。[3]因此，一八七五年清帝國撤廢了「番界」，改採「開山撫番」政策。直至此時，臺灣全島才都納入為清帝國的版圖。一八八〇年代後期，清帝國在臺灣設省，置臺灣巡撫，臺灣島在形式上才整體地成為一個政治空間。

但是在清末終於形成的「臺灣」政治空間，其內部還是相當的不均質。不但「前山」、「後山」之間有相當差異，官府對於原住民居住的山岳地區更可說只是形式上宣示「支配」，並未實質掌握。

一八九五年臺灣島、澎湖群島被清帝國割讓給日本帝國之後，日本政府在此新領地設置了臺灣總督府，是一個管轄明確領域的綜合行政官廳，[4]並以此為中心建置了從中央到地方、層層節制的行政官廳，藉此展開可以把統治權力貫徹到社會各角落的殖民統治。這應該是臺灣島這個自然地理範圍與政治空間合一的開始。這個被明確締造出來的空間範圍「臺灣」，才是得以承載「臺灣文化」的容器。

但是即使日本殖民政府為「臺灣」創造了一個明確的政治與行政空間，它卻不是因此就是一個社會空間、經濟空間或文化空間的「臺灣」。當然，這個政治與行政空間成立之後，將有助於「**臺灣等身大**（**臺灣規模**）」地進行社會、經濟、文化的整合。臺灣島內原來就有地形阻隔、河川切割，如果沒有相當的技術能力與社會經濟發展便無法克服這些自然的切割。一八九五年以前，臺灣的寬大溪流上幾乎都沒有橋樑可以越渡，[5]因此，南北之間，不論是人之往來，或是貨物之運輸，並不通暢。而且臺灣島內的度量衡、貨幣等交易媒介，都相當複雜混亂，並未統一。[6]也就是說，臺灣形成全島範圍之廣域市場圈的條件並不成熟，臺灣基本上是以東西向的幾條大河之流域形成區域性的市場圈，清末的三府（臺北府、臺灣府、臺南府）格局，應該大致顯示了當時的實際情況。

一九〇四年起總督府所進行的度量衡制度改革與統一、貨幣整理，一九〇八年縱貫鐵路全線通車，都有助於臺灣西部平原主要生產地帶逐漸形成一個可以讓人、貨交流的市場圈。

他者發現的「臺灣風景」

一八九五年臺灣被清帝國割讓給日本帝國這件事，一方面讓臺灣居民普遍有被清帝國遺棄的感覺，並且從此以後必須面對異族殖民統治的處境，另一方面從此也必須日常性地面對一個明確存在的他者，而且這是以「臺灣等身大（規模）」的全體為單位的。因此，不論是為了區隔、對照，或是為了抵制、對抗，都容易被逼出「非殖民者」、「非統治者」、「非大和（やまと）」、「非內地人」的「被殖民者」、「被統治者」、「本島人」、「漢族」的「臺灣人」來。[7]不但在被殖民者這方，即使在殖民者那方也在為「何謂臺灣？」這個問題，做出創造性的工作。

首先，日本統治者在將臺灣新領地整合進日本帝國的同時，也必須區隔出本身（當時稱為「內地」）與此新領地（當時稱為「本島」，或與「內地」對比而稱為「外地」）之間的不同。日本統治之初，有關臺灣新領地如何在帝國法制體制中定位的「六三法」爭議，[8]如實地說明了要把臺灣新領地整合進入日本帝國，絕非是輕易的事。

殖民地之成立，本來就建立在其與「母國」之差異的基礎上。尤其，日本殖民者在統治初期採行「舊慣溫存」的政策，在法律上承認臺灣既有的風俗習慣，就使「風俗」不只是「如風而動的民俗」，而被視之為是可以被指認、被定義、相對穩定的規範。總督府為了降低摩擦成本而順利進行殖民地統治，甚至企圖以「舊慣」立法而進行全面性的臺灣舊慣調查，不但將民間或許習而不察的「舊慣」凸顯了出來，而且也以近代的語言、法律概念對之做出了詮釋。這也可以說是殖民者在「臺灣」這個容器裡，對於其「文化（風俗習慣）」的一種創造性發明。只是，殖民者的「舊慣調查」大致止於有關財產、親屬、繼承、買賣等，直接應該轉換成法律性規範的範疇。[9]

不但風俗、人情不同，對於來自北方溫帶的日本人來說，南方熱帶的臺灣之景物、色彩，也讓人印象深刻。透過互為他者的相互對照、比較，對方的特色彼此都認識到了，甚至還被更加地凸顯出來。開創臺灣近代西洋繪畫，而且影響深遠的臺北師範學校教師石川欽一郎，透過與日本的比較發現「臺灣風景」之特色的看法，就是一個很好的例子。

石川於一九〇七年首次來臺時，即對於臺灣的色彩有相當強烈的看法：

> 拿臺北與日本（京都）相比較，……兩地大體的山容水色相當近似，臺北的色彩看起來還更加地美。紅簷黃壁搭配青綠竹林效果十分強烈，相思樹的綠呈現日本內地所未曾見的沉著莊嚴感，在湛藍青空搭配下更為美妙。空氣中的水分恰如薄絹般包圍山野，趣味極其溫雅。其他雲彩、陽光都是本島特有的美，內地怎麼也無法相比。……本島風景實在是自然創造的傑作，規模雄大、色彩壯麗，變化的巧妙真令人驚嘆。[10]

一九二四年，石川欽一郎再度來臺擔任師範學校的美術教師後，他又再度以與日本對照的方式對「臺灣風景」做出了評斷：

> 此地南方風景獨特的美，絕非日本內地或居住在北方的人所能想像的。偶然有幸能到此觀賞的人們，他們的感受是驚喜交加，無上地欣喜。……鑑賞臺灣地區的風景時，首先一定要對照著從

圖 5-2：1929 年 7 月 1 日，石川欽一郎和學生組成的臺灣繪畫研究所聚會於臺北蓬萊閣餐廳（今南京西路 163 號，原建物已不存）。前排右至左：藍蔭鼎、陳植棋、石川欽一郎、倪蔣懷、洪瑞麟、陳德旺，後排中間為陳英聲。國家文化記憶庫開放資源。

日本的風景角度來考慮。……從緯度較南的地方逐漸向北移動時，顏色和光線都會漸漸減弱。……此位居南方的臺灣，不知何故到處可看得到紅色的花，而日本內地的東海道則感覺多桃色的花，若是更往北則多黃色的花。……只要曾經到過臺灣接觸其風景的人，都可以體會到臺灣是全日本當中色彩最鮮豔而多變化的地方。……到嘉義以南，落日餘暉，天地俱沈醉在紅色的彩霞中，除了本島以外在日本任何地方都看不到。華麗的程度與有名的印度洋落日景觀相同。看慣了這樣的美景，特別感覺日本的夕陽瘦弱，色彩貧乏。[11]

石川欽一郎以與日本對照的方式所發現的「臺灣色彩」、「臺灣風景」，此後就成為他水彩筆下最重要的主題。由於石川欽一郎是師範學校的美術教師，臺灣第一代的西洋畫家幾乎都是他的學生，因此他對臺灣風景的定義影響臺灣的風景寫生畫甚鉅。

「臺灣文壇」的出現

清代臺灣即使也有讀書仕進之士，但數量上似乎尚難以形成具有規模的本地文人集團。創作詩文者，大多是清帝國來臺宦游者，臺灣當地人而能詩文者不多，而且其創作大多未刊刻印刷，多僅止於小範圍的傳抄流傳，難以廣泛流通。一八九〇年前後，唐景崧來臺任官，先後在臺南、臺北任所「**輒邀僚屬為文酒之會**」，「**臺人士之能詩者悉禮致之**」（《臺灣通史》「藝文志」），雖號稱文風頗盛，但也應該只是地方性的，而難以說是一個全島性的臺灣文壇。即使如下文所述，日本統治初期的一九〇〇年代臺灣全島「林立」的詩社，也都是地域性的集合。

進入日本時代之後，臺灣迎來了一個前所未有的「印刷時代」。[12] 日本來到臺灣之後，隨即出現日刊報紙，[13] 這些報紙不少都還附有相當篇幅的「漢文版」。由於報紙的出現，使臺灣社會的識字階層於日常生活中就可以面對空前未曾有過的「文字之海」，而且也由於這些報紙的「漢文版」提供了臺灣識字階層前所未有的作品發表園地，因此對於形成全島規模的文字交流圈有重大的促進作用。

日本統治初期臺灣「湧現文字」，也有來自政治的原因。這一方面是來自總督府的刻意提倡，一方面則來自臺灣識字階層「感懷家國身世」的抒發需要。所謂總督府的刻意提倡，是總督府初來甫到之後就立刻注意到，為了順利地進行統治必須攏絡在地的社會上層菁英。因此，一八九八年起

圖 5-3：「第一回揚文會員小照於臺北淡水館後園」。攝於 1900 年 3 月 15 日。淡水館即登瀛書院，舊址位於今長沙路一段，建物已不存。《臺灣揚文會策議》（臺灣總督府，1901）書前照。

就多次由總督、民政長官與各級官員出面邀集地方仕紳、耆老、文人，舉辦「揚文會」、「饗老典」，打出利用共有的「漢字資源」之文化戰略。[14]另一方面，臺灣在日清戰爭之後被清帝國當成「代罪羔羊」割讓這個衝擊，也使臺灣識字階層普遍有被朝廷遺棄的心理創傷，因此不免也有藉詩文抒發胸臆、相互慰藉的需要。因此，以吟詠為事的詩社紛紛成立。[15]其中，社員數量最大而且最有活動力的詩社是分別成立於一九〇一年的「櫟社」（臺中）、一九〇六年的「南社」（臺南）、一九〇九年的「瀛社」（臺北）。

但是，以韻文（律詩）所呈現的創作大部分仍然是「感時傷春」式的傳統文人抒情作品和「交遊官憲」的應酬文字。因此也逐漸有臺灣識字階層以為韻文（律詩）無法達成發揮議論、縷陳利害的功能，而不以詩社為滿足，於是在一九一〇年代晚期陸續出現與「詩社」對照的「文社」。例如，一九一八年彰化成立「崇文社」，一九一九年中部士紳倡議成立「臺灣文社」，一九二二年嘉義成立「高山文社」。其中，尤以「臺灣文社」最為重要。

倡議成立「臺灣文社」的識字士紳，認為雖「**改隸後新學諸少年，受三部新報所鼓吹，喜學韻語、近體詩，都能口占而成，遂至全島吟社林立，遐陬僻壤多聞古吟聲也**」[16]，但詩社所為「類皆韻語」，而「**文章能事，竊意非止於斯**」。也就是說，臺灣識字士紳認識到韻文（律詩）無法充分「講道論德、救弊補偏、匡時濟世」，而必須以散文體的文章才能承載論理性的內容，所以倡議設立文社。這些倡議設立「臺灣文社」的識字士紳，也已經意識到以往的詩社都有地域的局限性，因此倡議之初即希望將全島同志「**鯤洋一網，殆盡珊瑚**」，於是「**發東廣邀南北同志，共相贊成**」，而全島的識字士紳也「**一時四方同好，如響應聲**」。「臺灣文社」在設立一週年後舉辦成立大會時，就已網羅「**北自基隆，南自阿緱**」的會員近五百人，號稱「**文**

人集會，未有盛於今日者」。[17]從「臺灣文社」的具名會員來看，它的確已經不再是區域性的文人聚會，而幾乎網羅了當時全臺的識字士紳。顯示在一九一〇年代晚期，已經出現了一個全島性的「臺灣文壇」，而這個文壇的具體平台除了日本人所發行的報刊之外，還有「臺灣文社」的刊物《臺灣文藝叢誌》。[18]

製作「臺灣歷史」

與《臺灣文藝叢誌》大約同時出現，另一個標誌著「臺灣文化」之建構進程的是連雅堂的《臺灣通史》。《臺灣通史》寫作於一九一〇年代，出版於一九二〇年。此時離臺灣淪為日本殖民地，已有二十餘年。這二十餘年間，也是臺灣面對內外激烈變動的二十餘年。臺灣割讓給日本的大衝擊，讓臺灣本地人出現了「著史」衝動，有意識地要將此衝擊與感悟筆諸於書。[19]此時的「著史」所措意的是被割讓、被遺棄的那個「歷史事件」及其衝擊，但是連雅堂的撰作則是企圖以「臺灣」為敘述單位建構出臺灣的通史。他仿照中國傳統王朝的紀傳體正史，以「紀」的體例將臺灣的歷史依年代先後排列整合，形成了貫時性的通史，[20]在「志」、「表」則以明確的「臺灣等身大」空間為單位，彙編制度與數據。這種歷史所敘述的，既不只是零碎的掌故，也不只是個別的「事件」（事件與人物，則以「傳」來處理），而是企圖以臺灣全體為範圍來創作涵蓋全臺灣的集體記憶。[21]這種具有明確的敘述單位，又有貫通的詮釋脈絡，將空間範圍的過往經歷歷史化的作業，結果將使社會菁英得以共享一個被營造出來的集體記憶及其意義。[22]經過這種營為之後，臺灣就已經不再只是一個地理名詞了。

《臺灣通史》如上所述，當然存在著通史敘述所具備的線性史觀，但其更重要的意識形態則是中國傳統史學經常特有的漢族文化沙文主義和王朝正統論。連雅堂在其著作中不斷強調其家世對明朝的忠誠，[23]而以排滿興漢為其敘史立場。雖然鄭氏政權治臺時間不長，但《臺灣通史》記述的篇幅卻相當不少，而且特別措意於寧靖王、南明諸臣、扈從諸老。連雅堂在記述南明史事時，也多加上思古感慨，並自謂「**懼隕先人之懿德，兢兢業業**」。《臺灣通史》的內容充滿類似「**發揚種性**」、「**覃斯文史，以葆揚國光，亦唯種性之昏庸是儆，緬懷高蹈，淑慎其身，以無慚於君子焉**」的自我期許。這種強烈的漢族中心主義，應該與清末的排滿時代風潮有關，甚至到了辛亥革命之後，當中國的排滿思想已經轉而強調「五族共和」，連雅堂似乎還深深地沈溺在排滿種族主義而不能自拔。這種意識形態一方面使連雅堂的臺灣史敘述大大地凸出了鄭氏三代的份量，並且還以鄭氏王朝的子民自居；另一方面則完全無視臺灣歷史舞台中的原住民，或者甚至將原住民當成臺灣漢族移民拓墾過程中的阻礙。因此，連雅堂的臺灣歷史就成了漢族在此「海上荒島」臺灣，「篳路藍縷，以啟山林」的拓荒史了。[24]

連雅堂撰作《臺灣通史》，使臺灣終於「有史」。一九二〇年代以後，連雅堂成為為數甚少的臺灣歷史代言人，[25]他所製作出來的臺灣歷史，成為形諸文字的臺灣人共享之集體記憶。即使到了今日，臺灣歷史研究已經有了長足的進步，成果已經超出連雅堂的時代甚多，但是連氏所論述的臺灣史仍然可以說是臺灣社會中最通俗的臺灣史詮釋之一。

連雅堂不但創造了臺灣歷史，他也是將臺灣語言、文學民族化的重要人物。《臺灣詩乘》是連雅堂繼《臺灣通史》之後，編輯臺灣三百年來之詩作，企圖以詩繫史的著作。連雅堂引用春秋的典故，自謂「**詩則史也，史則詩也。余撰此編，亦本斯意**」（《臺灣詩乘》「自序」）。

也就是說，對於連雅堂來說，散文、韻文都是史料，他以散文為底撰作《臺灣通史》，另外則依時序聯屬韻文為《臺灣詩乘》，仍然是在寫史。

三百年來之臺灣文學史，連雅堂以一篇不及千字之《臺灣通史》「藝文志序」大致勾勒了大要。此序開頭一句「臺灣三百年間以文學鳴海上者，代不數睹」，可謂將臺灣的創作講盡了。甚至，他在《臺灣詩乘》之自序中明確地說：「夫臺灣固無史也，又無詩也」。相對於自古以來臺灣「無史」、「無詩」之慨嘆，連雅堂對於臺灣語言的情況，則又有另一番感慨：

> **今之學童，七歲受書；天真未漓，咿唔初誦，而鄉校已禁其臺語矣。今之青年，負笈東土，期求學問；十載勤勞，而歸來已忘其臺語矣。今之搢紳上士乃至里胥小吏，遨遊官府，附勢趨權，趾高氣揚，自命時彥，而交際之間已不屑復語臺語矣」**（《臺灣語典》「自序（二）」）。

甚至他自己也說：「**余臺灣人也，能操臺灣之語而不能書臺語之字，且不能明臺語之義。余深自愧**」（《臺灣語典》「自序（一）」）。面對如此的困難處境，他於是致力「研究」臺語，編寫《臺灣語典》，並接著陸續在《三六九小報》撰寫《雅言》專欄，發表自己的臺語研究。

連雅堂面對日本的異族統治，以孤臣孽子的心情，痛感「臺灣無史」、「臺灣無詩」、「臺語無文」，而致力為臺灣寫史、為臺灣寫詩、為臺語寫字，可謂對於建立臺灣文化民族主義具有無比熱誠，又確實貢獻甚多。但是，我們也看到了連雅堂在建構「臺灣文化」之核心的歷史、文學、語言上的困難及局限性。從上文吾人已經看到連雅堂即使為臺灣寫史，卻因為其漢族種族文化主義而排除了臺灣的原住民，而且甚至將原住民視為臺灣歷史的阻礙。《臺灣詩乘》雖收有作者約三百人，但十之八九都是短期來臺任官的人士，而讓他興「**臺為海上荒土，我先民入而拓之以長育子姓，艱難締造之功多，而優遊歌舞之事少；我臺灣之無詩者，時也，亦勢也**」（《臺灣語典》「自序」）之嘆。但是他碰到的最大難題，應該是為臺語寫字的挑戰。

連雅堂自謂原來「**能操臺灣之語而不能書臺語之字，且不能明臺語之義**」，甚至還曾因此懷疑臺語「**豈真南蠻鴃舌之音而不可以調宮商也哉**」。但他「細為研究」後，「**乃知臺灣之語高尚優雅，有非庸俗之所能知；且有出於周秦之際，又非今日儒者之所能明**」。原來，連雅堂將臺語之源頭求諸於中國古代經典文獻，於是展開了在中國古代經典中求索書寫臺語之解決方案的大工程。[26]這項工程不但極為困難而且龐大，也可以預見是終將碰壁的研究方法。即使他個人以這樣的方法得以書寫臺語，一般臺灣人應該也很難看得懂他這種高度個人化的高深臺灣話文吧。

連雅堂建構「臺灣文化」的努力，雖然在多方面都有創始之功，但因為他所能動用的都是個人所擁有的傳統中國之文化資本，所以各種努力也都將因為走到中國傳統的迴路上，而被中國文化的黑洞吞噬，因此可以說是錯誤的策略，也是開時代倒車的作法。

新的「臺灣文化」

一八九五年臺灣淪為日本的殖民地之後到一九一〇年代的二十餘年間，臺灣不但在內部面臨日本的殖民統治，即使在東亞地區的外部環境也都經歷了劇烈的變動。一八九八年清帝國有一場失敗的變法運動，一九〇〇年有八國聯軍的庚子事變，一九〇五年有日俄戰爭、朝鮮成為日本的保護國、中國廢除科舉，並展開一連串的政治改革，一九一〇年朝鮮與日本「併合」，一九一二年清帝國倒臺、中國結束二千年來的帝制，一九一四年爆發空前的世界大戰，一九一九年中國有五四運動。這些內外的重大變動，自然會衝擊臺灣的識字階層。

相對於成長於清末的「跨乙未世代」利用其漢文及中國古典詩文素養，透過「詩社」、「文社」、《臺灣文藝叢誌》、《臺灣通史》等結社活動、發行刊物、撰述著作，來呈現臺灣的文化內涵。到了一九二〇年代之初，也出現了「後乙未世代」為主的新動向。[27]

之所以出現新動向，當然也有內外的諸多因素。首先，經過日本的殖民統治二十餘年，臺灣已經出現了受過日本導入之近代式教育的「（日清）戰後世代」，這個新世代透過日文接受到了近代西洋式的教育，相反地，他們所受的傳統中國士大夫式教養較少。而且，如上所述，一八九五－一九二〇年間東亞地區不但政治的舊秩序在瓦解，文化價值觀也在改變。不但中國正有反傳統的「新文化運動」，即使在日本也正在流行具有都市化意義的「文化」這個詞。

就在這樣的內外背景之下，臺灣的青年於一九二一年起而組織了「臺灣文化協會」。[28]如所周知的，「臺灣文化協會」是從反省當時臺灣之文化狀況出發的，它認為當時臺灣的文化狀況是貧瘠、落後的，最具有代表性的論調可舉蔣渭水「臨床講義」對臺灣這個病人的診斷和處方。也就是說，文化協會這些新派青年以他們所認為的西洋近代為標尺，來衡量文化的高低、良窳，因此主張必須揚棄已經不合時宜的本土傳統「舊文化」，積極引進以西洋近代為榜樣的「新文化」。

當時臺灣文化協會的「文化啟蒙」運動與臺灣議會設置請願的政治運動是協同共鬥關係，

參與者也都有重複。這些新派人物當時要面對的是兩方面的作戰：一方面要批判、揚棄「舊文化」、引入西洋、近代的「新文化」；另一方面卻也要對抗殖民統治。這兩方面的作戰，顯然存在著矛盾。日本的殖民地主義雖然是臺灣新派青年亟須要批判、抵抗的對象，但相對於傳統的中國統治及落伍的「封建」觀念，[29]它卻也同時具有新派青年所「憧憬」之近代性的一面。因此，在民族座標上，新舊派可以形成共鬥陣線（例如新派青年與連雅堂）；在近代座標上，殖民者卻又也是一種同志（例如總督府的官僚肯定文化協會所鼓吹的一些主張），反而新舊派在此卻成了對立之勢。[30]

一九二〇年代前期，新派青年最重要的運動，是一方面批判舊傳統文化為落伍，鼓吹西洋式的「新文明」、「新思想」，一方面在日本大正民主時代管制較為鬆緩的空隙，以「循法鬥爭」的方式，向日本殖民者要求改善殖民地的處遇。尤其是以「臺灣的特殊性」為根據，推出與「內地延長主義」相對抗的「臺灣議會設置請願運動」。因此，從思想上必須充實「臺灣特殊性」的內容，從行動上必須進行宣傳與動員。於是即使起於政治運動，卻也終將發展到文化運動來。此時新派青年展開的最重要的一場文化論爭，應該就是「新舊文學論爭」。新派青年批判老派文人不論在思想上、文字工具上都是落伍的，必須改而面對新時代，以新文體（白話文）傳播新思想。這種具有現實工具主義傾向的觀念，使得「新舊文學論爭」以後，建設「臺灣話文」、鼓吹「鄉土文學」等動向，終將提上臺灣文化建構的日程上來了。

創造「臺灣話文」

新派青年雖然在一九二〇年代前期發動了一場自己稱為「啟蒙」，同時兼具破壞、揚棄與導入、宣揚的「文化運動」，但真正深刻地面對「臺灣文化」之建構問題，還是要到一九三〇年代之初的「臺灣話文」、「鄉土文學」討論。「臺灣話文」、「鄉土文學」之討論，既然關係的表達之工具與表達之內容，本來就應該是一九二〇年代「新舊文學論戰」的必然發展結果，只是它在新派青年忙於政治運動的一九二〇年代前期被延緩了下來，一直要到一九二〇年代後期出現「左右傾辯」，甚至總督府極力壓制政治運動，也就是政治運動「八面碰壁」後（葉榮鐘在《南音》雜誌發刊詞的形容），才又被提上檯面。

臺灣話文，就是將臺灣口語加以文字化。新舊文學論爭期間，新派人物就已經主張應該「以我手寫我口」、「言文一致」，而提倡中國的白話文。但是，這顯然只是簡單地照搬當時中國「白話文運動」的主張。其實，對於臺灣人來說，中國白話文畢竟還不是真能「以我手寫我口」，即使用中國白話文也並不真是「言文一致」。因此，終究要面臨如何真正書寫臺灣語言的問題。而且，如果要書寫臺灣的現實，便必須要知道什麼是臺灣的現實。上述連雅堂企圖在中國古代典籍尋找書寫臺灣口語的研究，或是蔡培火從西洋字母拼音書寫的《聖經》獲得啟發而提倡的臺灣白話字，都是此時創造臺灣話文的努力，卻也都存在著極大的局限，只能在一部分菁英的範圍內通行。

一九三〇年代初期的「臺灣話文」、「鄉土文學」討論與實踐，以黃石輝、郭秋生最值得介紹。[31]

一九三〇年九月，黃石輝的〈怎樣不提倡鄉土文學〉，開啟了「臺灣話文」、「鄉土文學」的論爭。這篇文章中，黃石輝不但指出了「臺灣文學」應該表達的內容就是「鄉土文學」，也主張「臺灣文學」應該使用的書寫工具就是「臺灣話文」：

你是臺灣人，你頭戴臺灣天，腳踏臺灣地，眼睛所看到的是臺灣的狀況，耳孔所聽見的是臺灣的消息，時間所歷的亦是臺灣的經驗，嘴裡所說的亦是臺灣的語言。所以你的那枝如椽的健筆，生花的彩筆，亦應去寫臺灣的文學了。臺灣的文學怎樣寫呢？便是用臺灣話做文，用臺灣話做詩，用臺灣話做小說，用臺灣話做歌曲，描寫臺灣的事物，卻不是什麼奇怪的一件事。[32]

郭秋生的主張則是：

臺灣話的文字化，若徒止在現在的臺灣話成立文字，自然是無從發現臺灣話文的理想，其實也沒有配稱「建設」兩字的價值。……打建（基礎）的地點的確要找文盲層這所素地啦。……成就一個看得來、寫得去的人，這才算得是理想的啦！然而這種理想，在哪一處可見嗎？歌謠啦！尤其是現在所流行的歌謠啦！……當面的工作，先要把歌謠及民歌照吾輩鎖定的原則整理整理，而後再歸還「環境不惠」的大多數的弟兄。……臺灣語的現在，既不是純然一族系的固有言語，可是一種混化著的臺灣語，將來也是要再混化攝取的臺灣語啦！[33]

這樣的思考已經脫離菁英創作的想法，而將語言、文學求諸於「廣大的無名大眾」，而且承認它將會是混雜的、流動的。如果我們看一九三〇年代中期後，臺灣文學團體陸續出現後的主張及其作品，可以發現皆有強調「臺灣」這個具體確定空間而寬容因應不同臺灣現實認識的態度，這樣的態度可以在郭秋生找到源頭。[34]

圖 5-4：郭秋生。《臺灣人士鑑》（臺灣新民社，1937），頁 493。

常民的文化：「臺灣民俗」

當承認「廣大的無名大眾」是文化的創造者、保有者之後，「民俗」就自然可以登堂入室了。[35]

一九四一年，在日本即將突入太平洋戰爭的前夕，臺灣終於出現了《民俗臺灣》雜誌。《民俗臺灣》是由臺北帝國大學教授、喜愛臺灣鄉土民俗的在臺日本人，結合臺灣知識人所發行的一份同仁雜誌，目的是採集、記錄臺灣民俗。一般認為《民俗臺灣》之出現，是因為喜愛臺灣民俗的日本人憂心皇民化運動的結果將造成臺灣民俗快速消失，因而積極起身採集、記錄臺灣民俗，甚至認為《民俗臺灣》的發刊具有批判當時日本帝國政策的意味。但晚近的研究毋寧強調了《民俗臺灣》之發刊仍然存在日本帝國政策的影子，它也在「大東亞共榮圈」的政策口號下扮演了相當的角色。[36]

《民俗臺灣》創刊後，使自從領臺以來一直存在著的、在臺日本人之「他者之眼」所見的臺灣，可以與臺灣本地的知識人有一個共同的「文化創造之場」。前者，可以從前述的舊慣調查會、石川欽一郎、臺北帝大的臺灣（歷史、語言、民族學）研究、西川滿之歷史民俗文學等，視為一個系列，後者則延續自一九三〇年代初期的「鄉土文學論」以降的發展。所以《民俗臺灣》的同仁可以說是日臺兩股潮流的發展性匯合，[37]而它的出現卻是因為戰爭時局推進的結果，此時日本的殖民地統治也即將接近尾聲了。

民俗作為廣大無名大眾長期創作、累積的成果，原本就是浪漫主義所認為的民族文化之活水源頭，但是因為非西方社會的菁英知識分子過度以近代西方意識形態為尚，民俗反而經常被簡單地當成「落伍的民族遺產」而棄置了。如今卻一方面在強調「廣大的無名大眾」之脈絡下，一方面在日本帝國的意識形態之政治力學作用下，臺灣民俗終於獲得了一個得以被承認的位置。

《民俗臺灣》同時受到日本國內柳田國男民俗學、柳宗悅民藝運動的影響。就如柳田民俗學被喻為日本的「新國學」、柳宗悅之民藝運動被認為是在發現日本的「民族之美」一樣，《民俗臺灣》所展開的臺灣民俗學也將成為臺灣的「國學」、也將發現臺灣多數人（「常民」）的固有美和造型。透過民俗學的揀選，臺灣一般大眾的風俗、習慣、信仰、儀式、節慶、傳說，甚至生活器物，就成了顯示臺灣人集體世界觀、價值觀、美意識、國民性、民族靈魂的具體載體。即使到了二十一世紀的現在，《民俗臺灣》所標舉的臺灣民俗及其中多數出於立石鐵臣之手的「臺灣民俗圖繪」，仍然是會觸動臺灣人心靈深處的「傳統文化」。

從各種方面來說，《民俗臺灣》的出現，都可以說是二十世紀前半葉臺灣文化建構的總匯合。經過了大約五十年（這五十年也就是日本殖民統治的五十年）的努力（這些努力來自日本殖民者和被殖民的臺灣人），製作了獨自的歷史、發現了自己特色的風景、確認了自己的造型等等「臺灣的」表徵和內容，而這都在《民俗臺灣》這個雜誌中呈現出來了，這個雜誌也為戰後的臺灣儲備了建構文化的人力與能量。[38]

圖 5-5：「臺南名所臺南運河」明信片（推測年代 1926-1945）。右上方蓋有臺南市安平紀念章，紀念章本身由熱蘭遮城、竹筏和海浪構成，也顯示了時人眼中的「臺南風情」為何。臺史博公眾領域，登錄號 2001.008.0713。

餘論：變幻流動的臺灣文化

文化，難以定義。定義臺灣文化，也不見得容易。本文從臺灣這個空間裡的風景、歷史、語言、文學、民俗，如何被發現、認識、詮釋來疏理一八九五年之後的大約半個世紀中，「臺灣文化」如何被歷史性地建構出來。

建構「臺灣文化」的過程中，日本這個殖民主義的他者之存在，扮演了重要的角色。它不但提供臺灣本地一個一直存在著的對照項，它也透過他者之眼發現了臺灣本地習而不察或不以為意的臺灣。也就是，他者與自我在相互的對照、關係中互相定義了。

另外，本文也強調不論是他者日本或是本地自己，在發現、認識、詮釋「文化」及「臺灣文化」時，也是隨著包括時代與社會之情境而流動的。不同的時期，不同的人，可能對「文化」及「臺灣文化」做出不同的定義，而且這些定義都是變幻流動的，也都不斷地同時進行篩汰與混雜，吾人無法將它固定下來。我們以前也是，以後也將是，不斷地因應不同的時代，不同的需要，用不同的方式建構它、解構它，再建構它、解構它。

本文原收錄於施正鋒主編，《臺灣文化》（臺北：社團法人李登輝民主協會，二〇一四年七月）。

註釋

1 日本學者川越泰博指出，目前所知「臺灣」一詞首見於（唐）房千里《投荒雜錄》（收錄於《說郛》）。參照川越泰博，〈『隋書』流求国伝の問題によせて〉，收入氏著《中国典籍研究》（東京：國書刊行會，一九七八）。

2 關於番界的研究，可以參考王慧芬，《清代臺灣的番界政策》（臺大歷史研究所碩士論文，一九九九）。

3 參照：費德廉、蘇約翰編著，《李仙得臺灣紀行》（臺南：國立臺灣歷史博物館，二〇一三），頁二八六－二八七。

4 馬關條約明確地載明割讓領土範圍的經緯度，而且日本帝國在獲得臺灣、澎湖新領土之後，接著與西班牙簽訂條約劃定巴士海峽上的境界線，並向全世界宣告准許船隻航行臺灣海峽。這都是將支配領域明確化的作為。

5 福建巡撫岑毓英曾於一八八一年動用官民經費、人力築造大甲溪橋，但是翌年經過一場大洪水也就被沖毀了。參見：林文龍，〈清末大甲溪架橋築堤考略〉，《臺灣風物》第三十四卷第一期（一九八四）。一八九五年時，跨越臺灣之大河上的橋樑，應該只有讓基隆至新竹的鐵路通過，跨越淡水河的臺北橋。

6 日本來到臺灣之後，便立刻調查臺灣之度量衡與貨幣，甚至在一八九八年展開土地調查之後也伴隨著度量衡調查。關於臺灣之度量衡與貨幣之複雜情形，可以參閱：臺灣總督府民政部殖產課，《臺灣度量衡調查書》（臺北：該課，一八九九）、臨時土地調查局編著，《臺灣土地慣行一斑》（臺北：臨時土地調查局，一九〇五年）第三編第三章「授受物件ノ價值及數量ノ標準」。另，也可參考吳密察，〈從國立臺灣博物館的度量衡器收藏談起〉，《臺灣博物季刊》第三十九卷第四期（二〇二〇年十二月）。

7 「臺灣人」這個詞出現於何時，仍待更精緻地考證。但應不出現於清代，蓋清代臺灣居民大致以福建、廣東之祖籍（例如：漳州、泉州、潮州等）自稱及他稱為「泉州人」、「漳州人」、「潮州人」等，或以臺灣島內之居住地（例如：臺北、彰化、府城等）自稱及他稱為「臺北人」、「彰化人」、「府城人」等。至於臺灣島內居民之整體，或有為區隔於內地之福建人等而稱為「臺人」，卻似未見有「臺灣人」之稱呼。「臺灣人」一詞，應該是在日本殖民時代才在區隔日本人的脈絡下出現的。

8 所謂「六三法」，是指明治二十九年（一八九六）法律第六十三號「關於施行於臺灣之法令的法律」。此法律規定了臺灣所施行之法令（法律與命令）的產生程序。根據此法律，臺灣總督得以發布在其管轄範圍內（臺灣）具有法律效力的命令；施行於日本之法令，並不自然施行於臺灣，即使法令之內容相同，日本內地之法令也必須以專門的形式（敕令）發布施行於臺灣。因此，臺灣實質上就與日本內地分別形成了不同的「法域」。針對此「六三法」所關涉的法理原則或其實際效果，日本人之間就有相當不同的看法，長期形成爭議。關於「六三法」所引發的爭議，可參考：吳密察，〈明治國家體制與臺灣：六三法之政治的展開〉，《臺大歷史學報》第三十七期（二〇〇六）。

9 臺灣總督府於「舊慣調查」之後，以近代法學概念對臺灣這些「舊慣」做了詮釋（《臺灣私法》），而且曾經以此為基礎草擬了各種臺灣法令，只是後來因為臺灣統治的基本原則改採「內地延長主義」而使這個「舊慣立法」計畫未竟全功。

10 石川欽一郎，〈水彩畫與臺灣風光〉，顏娟英譯著，《風景心境——臺灣近代美術文獻導讀》（上），頁三〇－三一。（原刊《臺灣日日新報》一九〇八年一月二十三日第四版）。

11 石川欽一郎，〈臺灣地區的風景鑑賞〉，顏娟英譯著，《風景心境——臺灣近代美術文獻導讀》（上），頁三二－三三。（原刊《臺灣時報》一九二六年三月號）。

12 一八八五年，基督教會就引入印刷機，發行《臺灣府城教會報》，但其發行數量與範圍都相當有限，因此清代一般臺灣人接觸印刷文字的機會並不多。

13 進入日本時代之後，一八九六年創刊《臺灣新報》、一八九七年創刊《臺灣日報》。一八九八年上述兩報合併成為《臺灣日日新報》，持續穩定發行，成為臺灣發行量最大的報紙。除此之外，還有其他多種存續期間各異、發行量不等的報紙。關於日本統治初期臺灣報紙的發行狀況，可以參考：李承機，〈植民地統治初期における台湾総督府メディア政策の確立－植民地政権と母国民間人の葛藤〉，《日本台湾学会報》第四号（二〇〇二）。

14 關於臺灣總督府利用「漢文」、「漢詩」來與臺灣社會上層菁英交遊，可以參考楊永彬，〈日本領臺初期日臺官紳詩文唱和〉，收入若林正丈、吳密察主編，《臺灣重層近代化論文集》（臺北：播種者文化公司，二〇〇〇）。

15 有謂日本時代的詩社之數曾達三百七十以上者。參考：黃美娥，《古典臺灣：文學史、詩社、作家論》（臺北：國立編譯館，二〇〇七），尤其是其中〈日治時代臺灣詩社林立的社會考察〉一篇。

16 心水（陳懷澄），〈臺灣文藝叢誌發刊序〉，《臺灣文藝叢誌》第一年第二號。

17 一社員，〈臺灣文社正式成立大會記〉，《臺灣文藝叢誌》第一年第十一號（一九一九）。

18 對於此具有承先啟後意義的《臺灣文藝叢誌》，至今的研究成果似還不多。目前可參考：施懿琳，〈臺灣文社初探：以一九一九－一九二三的《臺灣文藝叢誌》為對象〉，發表於「櫟社成立一百週年學術研討會」（二〇〇一）。

19 關於因受到一八九五年改隸與其後抗戰的衝擊，而使臺灣人出現「著史」之衝動，可以參考：吳密察，〈「歷史」之出現〉，收入黃富三、古偉瀛、蔡采秀主編，《臺灣史研究一百年 回顧與研究》（臺北：中央研究院臺灣史研究所籌備處，一九九七）。本書第三章。

20 《臺灣通史》「自序」中就以簡短的一段文字「臺灣固無史也。荷人啟之，鄭氏作之，清代營之，開物成務，以立我丕基，至於今三百有餘年矣。」寫出臺灣的歷史如何地依著時間向前移動（發展）。

21 連雅堂《臺灣通史》「自序」云：「臺灣固無史也，荷人啟之」，但是這裡必須特別指出，終日本殖民時代，所謂的「臺灣通史」、「臺灣全體」、「臺灣等身大」都不能說在內容上已經明確地包含了原住民、在空間上已經包含了山區。

22 《臺灣通史》「自序」的一段文字精要地概括了臺灣歷史的意義：「洪維我祖宗渡大海，入荒陬，以拓殖斯土，為子孫萬年之業者，其功偉矣。追懷先德，眷顧前途，若涉深淵，彌自儆惕」。

23 連雅堂於《臺灣通史》卷二十九「諸老列傳」自謂其家風云：「我始祖興位公，生於永曆三十有五年。越二載，而明朔亡矣。少遭憫凶，長懷隱遯，遂去龍溪，遠移鯤海，處於鄭氏故壘，迨余已七世矣。守璞報貞，代有潛德。稽古讀書，不應科舉。蓋由有左衽之痛也」。另，《雅言》一六六云：「我家居此二百數十年矣。自我始祖興位公以至我祖、我父，皆遺命以明服殮。堂中畫像，方巾寬衣，威儀穆棣。故國之思，悠然遠矣」。連雅堂對其家世與行世出處的記述，不能據信以為真。例如，渠雖云連家歷代「稽古讀書，不應科舉」，但連雅堂卻即使在臺灣割讓給日本之後，還是在一八九八、一九〇二年兩度渡海赴福州應科舉考試。

24 連雅堂這種強烈的漢人沙文主義應該不是特例，霧峰林資修為《臺灣通史》所撰寫的序文主要也在強調臺灣原住民坐擁臺灣自然之利卻不知積極耕作，「不耕而飽，不織而溫，以花開草長驗歲時，以日入月出辨晝夜，巖居谷飲，禽視獸息，無人事之煩，而有生理之樂」，但同時也在強調漢人移居臺灣拓墾的艱辛，「吾族適此之先，嘗傭耕於諸番，為之誅荊榛、立阡陌，終歲勤動，不遑寧處，所贏者即節衣縮食之餘也」，甚至評論彼此易勢之所必然：「彼坐收十五之稅，而常苦不足，終且貨其產於我；則我勞而彼逸，我儉而彼奢也。故觀夫草衣木食之時，天之福諸番不可謂不厚矣。使其閉關自守，無競於人，雖至今嘯傲滄洲可也。一旦他人入室，乘瑕蹈隙，月進而歲不同；乃彼昏不知，猶懵焉無改。夫因陋就簡之習，則其得於天而失於人也固宜」。這種漢人「篳路藍縷，開啟山林」、「前仆後繼，慘淡經營」，終將「雕題鑿齒，不知不識」、「優遊林間、不事生理」的原住民取而代之的征服者史觀，至今仍然是未跟上時代新思潮之一般漢人的臺灣歷史認識。

25 一九二〇年代，臺灣文化協會從事文化「啟蒙」運動時，連雅堂的臺灣歷史成為重要的內容。例如，臺灣文化協會的「夏季學校」、「文化講座」中經常有連雅堂講授的臺灣歷史課程。即使到了一九三〇年代，連雅堂還是被認為是極少數的臺灣歷史學者之一。一九三〇年，日本殖民政府在臺南舉辦「臺灣文化三百年」紀念活動時，連雅堂就是應邀進行臺灣歷史演講的唯一臺灣人，而且他的講題訂為「鄭氏時代之文化」，也顯示連雅堂之臺灣歷史觀性質之一斑。

26 連雅堂自謂他「研究」臺語之始是在考究表示「男子」之臺語「查甫」如何寫法。以下引述他的考究方法，以證明其繁瑣之一斑：

查甫 男子曰查甫。甫呼晡。《說文》：甫為男子之美稱。《儀禮・士冠禮》：伯某甫、仲、叔、季惟其所當。錢大昕《恆言錄》：謂古無輕唇音，讀甫為圃。《詩・車攻》：東有甫草。鄭箋：甫草，甫田也；則圃田。章太炎《新方言》謂：《說文》誧，大言也，讀若逋；今為鋪。而福建之莆田縣，呼莆為逋；廣東之十八甫，呼甫為鋪：是甫之為圃、圃之為晡，一音之轉耳。「查」為「這」之近音；這，此也。「這個」則「此個」，「查甫」二字猶言「此男子」也。按經傳從甫之字多讀若逋、若鋪。

27 這裡所謂的「跨乙未世代」指的是在成長於一八九五年（乙未）割臺之前，讀寫都以漢文為主的世代。「後乙未世代」指的是成長於一八九五年（乙未）」割臺之後，具有日文之讀寫能力的世代。

28 「臺灣文化協會」雖然沒有特意分別其組織名稱到底是「臺灣」的「文化協會」，還是「臺灣文化」的「協會」，但是從其所存在期間的活動來說，它應該是「臺灣」的「文化協會」，但是企圖創造理想的、新的「臺灣文化」。

29 封建，原來是中國上古時代的政治制度。中國古代天子依爵位高低將領土分封與宗室或功臣做為食邑的制度；在此制度下，大地主或領主能強行索取土地收入，並且能在其領地上行使政府職權。近代日本以「封建」這個詞來翻譯西洋歷史上中央集權國家出現之前的 **feudalism**。但中日兩國在近代初期，都以社會進化論的方式來理解歷史，傾向於以「封建」來形容守舊陳腐的思想意識。這也表現了與西洋邂逅之後的中國、日本、臺灣這種非西洋社會之知識人當時的價值取向。

30 例如，臺灣總督府為了抵制臺灣文化協會、臺灣議會設置請願運動，慫恿御用紳士與舊派人物組織「公益會」。「公益會」曾發表「臺灣的思想問題」，批判年輕人稍讀幾年書就滿口「德莫克拉希」，殊不知東洋政治乃是「王道主義的民本政治」。而且，大正末年（一九二〇年代前期），總督府、御用紳士、舊派人物積極推動孔教，新建臺北孔廟、招聘中國舊派人物（例如，辜鴻蜈）來臺訪問，營造舊派聲勢。

另外，連雅堂批評「今之青年，負笈東土，期求學問；十載勤勞，而歸來已忘其臺語矣」，也可看出唯西洋文化是尚的年輕新派人物與舊派人物之間的矛盾。

31 關於「臺灣話文」、「鄉土文學」論戰，可以參考：松永正義，〈鄉土文学論争（一九三〇―三二）について〉，《一橋論叢》第一〇一卷第三號（一九八九）、陳淑容，《一九三〇年代鄉土文學／臺灣話文論爭及其餘波》（臺南：臺南市圖書館，二〇〇四）。關於此論戰的最完整資料集，則是中島利郎編，《一九三〇年代臺灣鄉土文學論戰資料彙編》（高雄：春暉出版社，二〇〇三）。

32 黃石輝，〈怎樣不提倡鄉土文學（一）〉，《伍人報》第九號（一九三〇年八月十六日）。轉引自上揭中島利郎編資料彙編。

33 郭秋生，〈建設「臺灣話文」一提案〉，《臺灣民報》第三七九號（一九三一年八月二十九日）。

34 此後不論是《南音》上葉榮鐘的「第三文學論」，或是被認為是「臺灣文學」的出發宣言的《フォルモサ》創刊辭，其提倡的文學都與黃石輝的「鄉土文學」論，大致相同。

35 在上述「鄉土文學」、「臺灣話文」論戰之後，為了具體進行「建設」臺灣話文、鄉土文學的實踐上，開始出現採集民間傳說、掌故的動向，最為顯著的成果就是李獻璋，《臺灣民間文學集》（臺北：臺灣新文學社，一九三六）。

36 《民俗臺灣》的出現時機，與日本「大東亞共榮圈」意識形態有相生的辯證關係。這可以參照：吳密察，〈《民俗臺灣》發刊的時代背景及其性質〉，收入石婉舜、柳書琴、許佩賢編《帝國裡的「地方文化」：皇民化時期臺灣文化狀況》（臺北：播種者文化公司，二〇〇八），收入為本書第九章。

37 《民俗臺灣》創刊之初，臺灣人楊雲萍曾經對於在臺日本人之記錄臺灣民俗是否是基於異國情調的高蹈優越感，提出質疑。但是，後來的發展似乎日臺雙方對此並未深究，而且順利地共事合作了。

38 戰後明顯地承續《民俗臺灣》之內容與人才的，可舉戰後初期《公論報》的「臺灣風土」副刊（一九四八―一九五五）和一九五一年創刊發行迄今的《臺灣風物》。

第二部

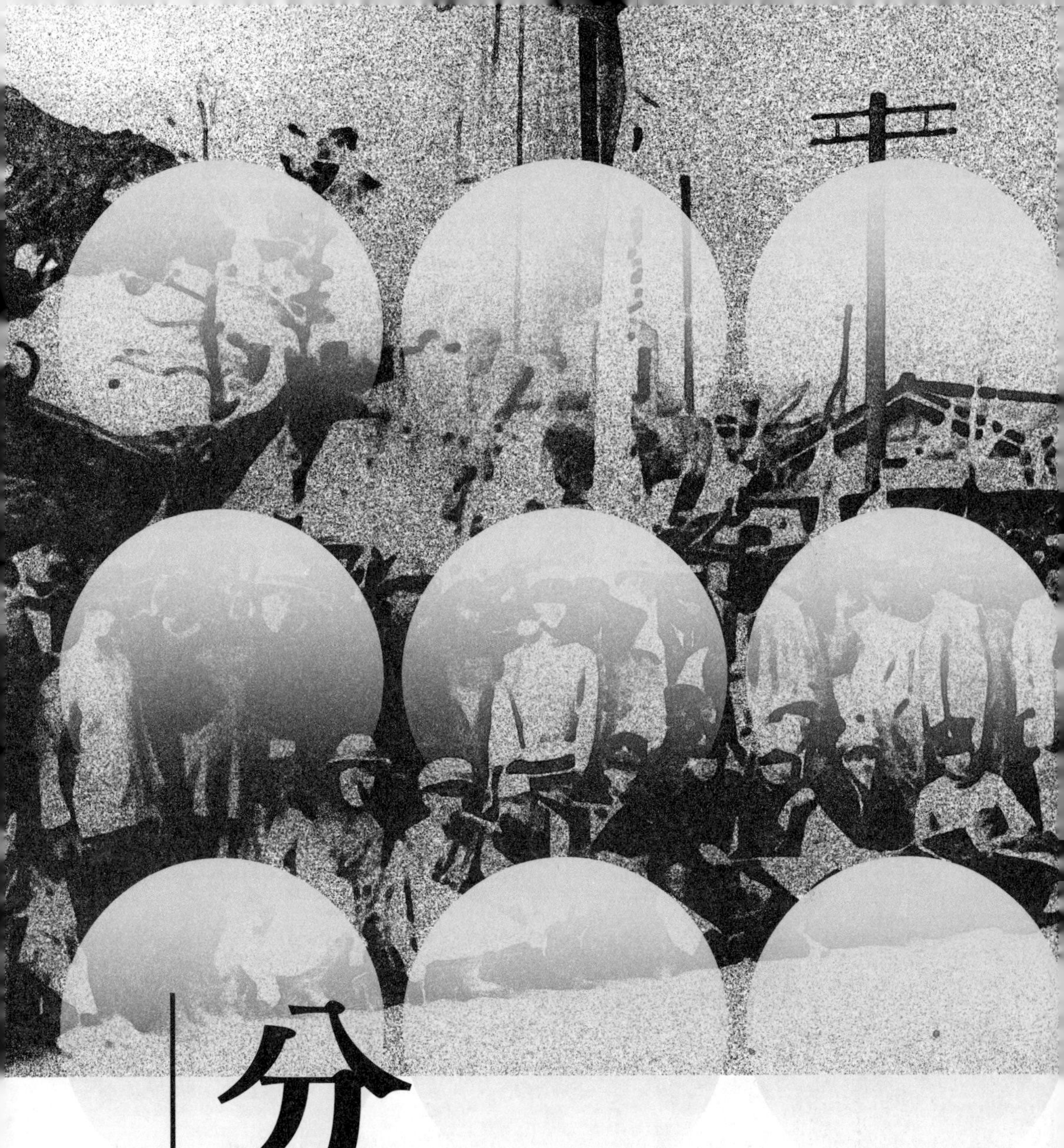

分論

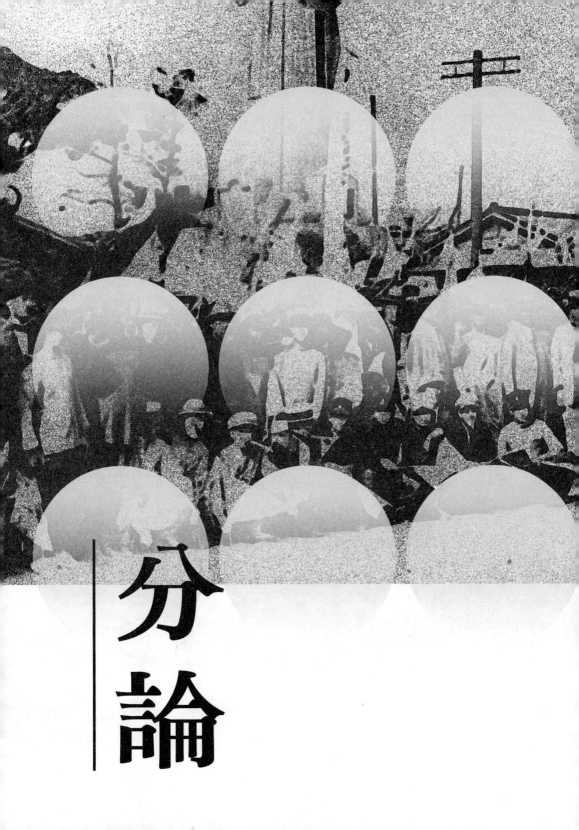

臺灣史是什麼？

第6章

日清戰爭與臺灣：從民主國到乙未保臺之役

臺灣民主國是怎麼來的？它是臺灣人追求獨立自主的先聲嗎？為什麼民主國總統逃亡之後，日軍遭遇更強烈的抵抗？是誰在抗日，他們又為何而戰？

日清戰爭是清國與日本由於朝鮮半島的爭執而引發的戰爭，結果卻是清國在講和條約中將臺灣、澎湖割讓給了日本。因此，對於臺灣人來說，一場與臺灣無關的北方戰爭竟然發展到南方之臺灣被當成「代罪羔羊」割給日本，勿寧是最重要的關心所在。

本文的目的在於分析一八九五年面對臺灣改隸的兩種抵抗形態，並試圖從臺灣史的文脈中來加以解釋。

臺灣民主國

臺灣民主國一向被日本的教科書舉出來當做臺灣人反抗日本領有臺灣的歷史事件。但是，臺灣民主國的確該被如此認識嗎？如果我們將結論說在前頭的話，那便是：臺灣民主國應該被認識為「三國干涉還遼」的延長，也就是清帝國相關人士用以翻毀馬關條約的一種設計，而不是臺灣人抗日歷史的一部分。

一八九四年底戰事有收束的情況時，國際上便風聞日本有意拿取臺灣。此時起，清國南洋大臣張之洞，對於日本的這種意圖，便保持高度的警戒。十一月十四日，他便曾向當時負責清朝外交大政的李鴻章表示：「竊謂臺灣萬不可棄，從此為倭傅翼，北自遼，南至粵，永無安枕，鄙意與其失地、賠款求於倭，不如設法乞援於英俄，餌以商務利益。」[1]到了一八九五年二月更提出「遠交近攻」的「權宜救急」策略，企圖抵擋日本拿取臺灣。

可與英公使、外部商之，即向英借款二、三千萬，以臺灣作保，臺灣既以保借款，英必不肯

任倭人盜踞，英自必以兵輪保衛臺灣，臺防可紓。……如照此辦法，英尚不肯為我保臺灣，則更有一策，除借巨款外，並許英在臺灣開礦一、二十年。此乃於英國家有大益之事，必肯保臺矣。[2]

也就是說，張之洞的意見是透過以臺灣作為抵押，向列強借款或將臺灣之利權許給列強，將臺灣問題國際化，使日本不能輕易地片面地從中國取得臺灣。

張之洞這種將臺灣問題國際化的策略，在三月間曾經被積極地考慮過。清廷不但透過總理衙門探詢總稅務司赫德（Robert Hart）這種辦法的可行性，而且詢問張之洞「有無確實辦法」？張之洞因此致電駐英公使及駐俄公使，請他們與各國商議，「或用臺灣作押以保一臺，或許以內地他項利益以維大局。」[3]張之洞希望以臺灣作為抵押向外國借款，或以利權讓予列強、使臺灣問題國際化的努力，並未得到列強積極回應。當然，張之洞的這些構想與努力，都有轉知臺灣巡撫唐景崧。也就是說，唐景崧知悉張之洞等人的保臺構想與努力，甚至挫折。

圖 6-1：著力不讓日本得到臺灣的張之洞，當時署理兩江總督兼南洋大臣。Ėsper Ėsperovič Uchtomskij, *Orientreise seiner majestat des Kaisers von Russland Nikolaus II.1890-1891*, vol. 1(F. A. Brockhaus, 1899), p. 320.

四月十七日，馬關條約簽訂。四月十九日，總理衙門致電唐景崧，說明割臺的理由：「割臺係萬不得已之舉，臺灣雖重，比之京師則臺灣為輕，久終不能據守。」並要求唐氏在「交割時，須極力保護〔交割使節〕，並諭百姓勿滋生事端」。[4]接到這封電報的唐景崧回電總理衙門，表示割臺的消息會使臺灣社會陷入大亂，同時再度提出結援英俄以保臺灣的辦法：「泣求皇上於無可如何之中，飭挽各國從公剖斷，與其徑割與倭，不如與英俄密商，許以重利，或可從容辦理。」[5]

馬關條約既已於四月十七日簽訂，自四月十九日起的一段時間內，便有各種企圖阻擋條約內容實現的努力。四月十九、二十日，唐景崧兩度會見英國駐淡水的代理領事，委請交涉在臺英商，希望英商買下政府的不動產。[6]四月二十三日，淡水海關稅務司馬士（H. B. Morse）在給總稅務司赫德的信中，也說到臺灣的紳商們有意以類似的條件將臺灣交給英國：「一個由臺中和臺北紳士的負責人士所組成的代表團，表示願把臺灣交給英國，中國保留主權和地稅，英國取得行政權和各種捐稅。」[7]

除了上述這種用利權引誘列強介入的努力之外，另一種努力也在展開，企圖利用國際公法及國際政治均衡勢力來搶救臺灣不被日本領有。四月二十日，唐景崧給張之洞的電文中表示：「臺本未失，今民又不服倭，皆公法所可爭者。」希望張之洞聯合各地督撫電告駐外公使「轉商各國政府從公剖斷」。[8]二十一日，唐景崧也向總理衙門表示：「公法有均勢一條，又眾民不服者，其約可廢。」[9]二十二日，唐景崧電奏：「查浙之舟山、朝鮮之巨文島，英與各國均有約；大致保全中國之權，不致大傷中國體面……臺灣能倣此辦法，不獨臺民之幸，亦中外大勢所關。」[10]綜合這些電報可以發現，比起用利益來引誘外國介入，如今援引用來搶救臺灣的辦法已有相當重要的突破。這些突破包括：（一）強調戰爭中臺灣並未被日本占領；（二）應該利用國際政治上的均勢原則；更重要的是（三）援引「公法」，強調「眾民不服，其約可廢」。

清帝國既已在講和條約上答應割讓臺灣，除非有不惜再度開戰而撕毀和約的決心，否則已無立場收回臺灣。此時，「眾民不服，其約可廢」的說法，的確是搶救臺灣的神來之筆。到底，這個突破性的想法從何而來呢？目前可以用來回答此問題的有效史料是四月二十日張之洞的一封電報，在發給總理衙門的電文中，張之洞引述一段駐歐使臣王之春的來電：

西人公論，以普法之戰普索法之阿勒撒士〔Alsace〕及樂阿來那〔Lorraine〕二省，法不得不應。唯引西例，凡勒占鄰土，必視百姓從違，普不能駁，至今二省德、法兩籍相參，財產皆民自立，華可援近案商倭。[11]

王之春的電文，也曾直接發給軍機處，軍機處並曾引述轉給李鴻章。[12]雖然張之洞並未說明上述王之春的電文何時來到，但總在四月二十日以前。而且，從王之春曾經直接致電唐景崧來看，王之春也應該在此同時將這樣的「救臺辦法」通知唐景崧。這樣似可以推定：在臺灣的唐景崧能夠於四月二十日提出以人民不服的理由來抗拒日本，應該是來自王之春的提示。四月二十一日，張之洞將王之春的「救臺辦法」轉告唐景崧，但措辭稍異：「西人言普法議和，普索法兩省地，法以兩省人不願屬普，普不能駁，中國可援例，聽臺灣民自便。」[13]也就是說，在四月二十日前後，清帝國的中央、張之洞、唐景崧都從王之春處得知了可以援用「割地須視百姓從違」的原則，採行「聽臺灣民自便」來搶救臺灣的辦法。

「割地須視百姓從違」，固然為搶救臺灣提供了重要的理論根據，但對保臺人士更重要的鼓舞，則是國際政治的變化也提供了期待，那就是以俄國為主的干涉還遼動向。四月二十二日，有一封署名「植」（按：應為沈曾植）的京電，由張之洞轉給唐景崧：

> 德法俄並阻批准（和）約，英尤惜臺，有質臺之議，樞不受也。詔合肥有「畫押之後，臺即屬倭，臺或不從，於中無涉」之語。然則臺能自保，不累中矣。

LA PAIX SINO-JAPONAISE
BOYD
Position intéressante.... Les intéressés.

圖 6-2：法國期刊中描繪日清戰後議定合約時，列強紛紛關切的漫畫，每人手裡都牽著一串軍艦。*Le Rire*，1895 年 5 月 11 日，頁 2。

庇英自立以保民為詞，守口聘英將巡海乞英船，土匪自緝，事當有濟，不必驟怒倭襲澎。慎舉，勝可無守。[14]

這封來自北京的電報至少提供了幾個信息：（一）俄德法將出面阻止條約就此成立，（二）英國有意插手臺灣問題（但清廷對此態度消極），（三）皇帝給李鴻章的指示是：臺灣在條約成立之後便屬日本所有，臺灣人民如抵拒日本，與中國無關，（四）發電文者（沈曾植）建議臺灣可與英國共治臺灣。這些信息，一方面透露了清朝中央對臺灣問題的立場，一方面也對臺灣暗示了一些可能的作法。那便是清朝中央政府已接受條約中割讓臺灣的事實，無意為臺灣翻毀和約，但目前西方列強有干涉條約就此成立的動向，臺灣或許可以借此時機，以不關涉中國的方式，尋求西方列強的支持，抵拒日本領有臺灣。

四月二十三日，俄、德、法三國正式出面干涉日本割取遼東，這個消息使中國方面民心大為振奮，以為國際上的應援已到，主張撕毀和約再行開戰的聲浪也隨即升高。例如，《清光緒朝中日交涉史料》中共有一百零三件反對條約的奏章，而除了張之洞、唐景崧及山東巡撫李秉衡的奏章之外，其餘都是在四月二十三日以後才紛紛上陳的。臺灣方面，也認為三國出面干涉是個大好轉機。四月二十四日唐景崧的電文說「忽聞有各國公論，歡聲雷動，安堵如恆（民心安定）」。[15]四月二十五日，唐景崧甚至趁此時機，向清廷提案：以臺灣為各國租界，允許各國在臺灣各認地段開礦，「如此一來，各國商本萃集，自必互禁侵擾。」[16]

關於三國干涉還遼所撩起的樂觀期待，當時的淡水海關稅務司馬士在其回憶錄性質的文章中有如下的描述：

四月二十二日以後的一個月時光，花費於講究對策。他們（唐景崧及一部分臺灣士紳）把被交付日本的想法而引起的人心震盪，用不斷的公開保證、布告和適宜地透露最機密的電報，使其鎮靜下來——所有這些均得到一種效果，那便是臺灣會被救回中國；至於外國，必有這個或那個，或者數國聯合起來加以干涉，阻止割讓。俄國、法國與德國出面干涉而強迫交還遼東之舉，巧妙地被混成似乎也包括臺灣在內。此外，首先向歐洲的一國，之後又向另一國，實際上也提過以臺灣作為其殖民地或保護地的安排，條件類似土耳其宗主權下的塞浦路斯。雖然看不出西方國家的政府願意從火中拾取臺灣這顆栗子，臺灣的民眾卻一直抱持這種情懷而加強了抵抗統治者更替之決心。[17]

四月三十日，張之洞兩度致電唐景崧，一方面要唐氏與臺灣巨紳如林朝棟（霧峰林家）、林維源（板橋林家）等商定辦法，因為「臺民既有主腦，方不致亂」，一方面再提王之春所提示的以民變為理由向各國請求援助的辦法。顯然，張之洞是希望唐景崧能夠整飭臺灣內部，以臺灣士紳的影響力來安定民心，並且以臺灣士紳做為臺灣「民意」的代表，以這些士紳的名義發表「不願臣倭」的民意，來打動西方國家出面干涉。但是，張之洞這時候也很清楚自己的角色，他自己「只能結援以翻全約，不能為臺求各國保護」。也就是說，做為清帝國的官僚，張之洞所能出面爭的是全面地翻毀和約，但不能既承認和約又要爭回臺灣。電報中張之洞表示自己面臨進退維谷的處境：自己無翻毀和約的能力，卻又不甘心臺灣就此淪入日本之手。此時可以用來保護臺灣不淪入日本的辦法，是以臺灣人民的「意願、從違」來打動西方列強，但「此語祇可出自臺民」；另一方面，「若朝廷竟恝然棄臺，臺為自主，與中國無涉」，則中方又不好提供武器、軍費援助臺灣防禦，因此「只可屆時相機辦法」。更重要的是張之洞也認識到了：「若各國護臺，則臺仍非中國有矣！」[18]這封電報，顯示張之洞所能努力的空間也不是很大了。

五月一日起，事態變得更加緊迫。三國干涉並沒有改變條約中的割臺條款，而且五月八日就是兩國批准和約的期限。五月一日，朝廷有一道旨令，由張之洞轉給王之春，命其與法國外交部「切實商辦」保臺辦法。五月二日，王之春覆電表示，法國已限日調兵輪至滬尾、基隆。[19]這個消息替唐景崧帶來了重要的

圖 6-3：上海沈文雅繪製的臺灣民主國成立想像圖。左側為丘逢甲和林維源向唐景崧敬禮。右上角為劉永福和「臺南紳董」。大英博物館公眾資源：16126.d.2(11)。

鼓舞，五月八日時唐景崧已想到獨立的作法。[20]終於在五月十五日，唐景崧和臺灣紳民發布了一篇布告，表示有「自主」意願，呼籲各國干涉，另外通電總理衙門、北洋大臣、南洋大臣、閩浙總督、福建藩台及全省官憲，表明「據為島國」的決定與用心。[21]並於五月二十五日有一個正式的儀式。

臺灣島內如此作法，唐景崧對朝廷提出的說明是：

臺民知法（國）不可恃，願死守危區，為南洋屏蔽。……至臺灣能守與否，亦惟盡人力以待轉機。此臺民不服屬倭，權能自主，其拒倭，與中國無涉。[22]

也就是強調：臺灣宣布獨立是臺灣人民於無可如何之下的自主行為，與中國無關。但是，當時在臺灣的馬士卻明白地指出臺灣宣告獨立是總理衙門的指示，[23]《北華捷報》（*The North China Hearld*）的記者達飛聲（J. W. Davidson）也說：臺灣改建民主國的計劃實在是北京生產的，其主要的贊助者是華中的督撫等大官。[24]

到底臺灣民主國的倡議者是誰？這可能是個永遠無法解答的問題，或許也不必真正明白地指認某個人才是此意見的發起人。但從上述的敘述來看，最後會出現臺灣民主國，是在清帝國既已於和約上簽字將臺灣割讓後，只好由在臺灣的唐景崧以臺灣不願歸日本管轄的「民意」，企圖打動西洋各國插手的一個設計。與其說是抗日政府，倒不如說是三國干涉還遼運動的尾閭。

從以上的經緯來看，臺灣民主國是清帝國在戰場失利又連帶在講和條約中受到割地賠款挫折後，於一部分強硬派官僚（尤其是南洋大臣張之洞）的努力下，趁著三國干涉還遼、列強介入中日問題時，企圖引來西方列強支援的一項設計。

建立臺灣民主國的思考方式是：清帝國已在和約中割讓臺灣，除非不惜再開戰爭而撕毀和約，否則已無可能救回臺灣。但北洋艦隊已覆滅，陸戰又節節敗退，清廷已無力量或意願重啟戰端。因此搶救臺灣免於淪日的辦法，是引來西方列強的干涉，而引誘西方列強干涉的作法，一是將利權開放給列強，使臺灣問題國際化，一是以臺灣民意（表示與中國無關）呼籲國際援助。於是，便必須有一個「代表」臺灣民意，而且與中國無關的設計。臺灣民主國便在這樣的要求下，在三國干涉還遼運動的展開中迅速出現。因此，臺灣民主國並不是一個具有實質內涵的國家，而只是一個虛有其名的外交設計。

雖然這樣的臺灣民主國成立了，但各國仍然無意出面干涉，所以日本前來接收的大軍來到後，便很快落幕，唐景崧等核心的清朝官員也便迅速走避中國了。

不過，由於臺灣民主國這個設計必須有「民意」的名目，對列強才具有說服力——這也是為什麼這個政府必須使用當時還相當新奇的「民主國」（Republic）一詞的原因，因此不能只由清帝國的官僚來演出，必須有臺灣的「民意代表」參與其中。於是，丘逢甲（工部主事，進士）、林朝棟（候補道）、陳儒林（內閣中書教諭）等臺灣高級紳士[25]及臺北之頭人陳雲林、洪文光、白其祥等人便成為臺灣民意的代表了。如今，已無法確切地指出這些臺灣「代表」對於「獨立」有多麼積極，但臺灣民主國需要有一些臺灣「民意代表」則是確定的。

至於臺灣一般人對於臺灣民主國的出現，顯然是冷漠的。達飛聲便很傳神地把當時的情景寫了出來：

這件事情，不論是由唐景崧及其僚屬或大陸上的官吏所發起，人民實在毫無所知，始終是由官吏包辦的。唐巡撫打到大陸去的許多電文中所謂「百姓無依，惟有死守，據為島國，遙戴皇靈」、「民主總統由民公舉」等話，顯然是要藉以博同情和支持而捏造的誑言。人民有時看官吏貼出的布告，或許能略知時局的變化；官吏卻從未與人民商議什麼，也不許他們晉見以表示其願望。官吏雖然鼓勵人民抵抗日本人，人民則無意贊助他們的任何措施。島內是否有一千人知道「民主」這個名稱的意義，是很可疑的。[26]

臺灣人的抗日戰爭

臺灣民主國崩潰之後，日軍也未必就能讓臺灣屈服。雖然日軍在六月七日即進入臺北城，但六月中旬以後，在淡水河以南之攻擊行動中遭遇重大打擊，七月時更必須向本國要求大軍增援，最後到十月二十一日才終於進入臺南，算是將臺灣真正納入手中。

從淡水河以南一直到八卦山之役（八月二十八日），到底是哪些人在抵抗日軍呢？根據日軍參謀本部編《明治二十七八年日清戰史》，臺灣人方面有幾種抗戰勢力。[27]首先，是唐景崧離臺之後，自北部南下的敗殘清兵。這些軍隊在主帥走避之後，紛紛散成小股，並且由於已無人能管束號令，多有轉成暴徒者，早在臺北城內便已搶劫財富，毫無軍紀可言。待日軍控制北部後，除內渡中國大陸之外，這些散兵便只有向桃園、新竹地區逃竄蔓延。因此，桃園、新竹的居民，和臺北人一樣，在未嚐到「倭奴」的苦頭之前，便先遭到敗殘的清軍肆虐，有些地區甚至演成白刃相向。[28]但也有部分敗殘清軍被義民軍吸收，成為這個地區的抗日武力。

第二種抗日武力就是義民軍，也就是唐景崧在辦防時期所招募組成的義軍。一八九五年初唐景崧以丘逢甲為「全臺義軍統領」，由丘逢甲號召鄉間子弟組成保衛家鄉的義民軍。這些義民軍的數目到底有多少？有各種不同的記載。據陳昌基《臺島劫灰》記載是仁字義勇五營、禮字義勇五營、智字義勇五營、信字義勇五營，即共有二十營。[29]「營」為清代常見軍隊編制，具體人數隨時地各異。若以一營五百人估算，丘逢甲旗下之義軍人數達一萬人之譜。但從一八九五年四月間丘逢甲給唐景崧等人的書信來看，上述二十營似乎只是名目上的編制，實際的兵員數目仍然大有疑問。[30]所以丘逢甲在受領餉銀後，組織義軍的成效究竟如何，頗受質疑。例如，思痛子《臺海思慟錄》便語帶責備地說：

> 奏派在籍兵部主事丘逢甲廣募民兵，以輔官兵不逮，稱為義勇統領，體制在諸將上，與撫軍往來文牒悉用照會。營制與淮、湘諸軍異，與土勇亦相徑庭。營官不領薪水，逢甲月支公費數百金，兵則食數軍之半餉。器皆取給於官，或聽民自捐。不立營壘，無事安居，有事候徵調。數月之間，逢甲領去官餉銀十餘萬兩，僅有報成軍之一稟而已。[31]

洪棄生《瀛海偕亡記》也說：

> 丘逢甲者，臺灣粵籍進士也。未第時，受知巡道唐景崧。唐為巡撫，思保舉之，奏章稱其領義勇百二十營，實不滿十營。[32]

丘逢甲招募的義勇軍，當時主要駐防於南崁、後龍、中港一帶。但丘逢甲並沒有率領他的義民勇軍抗日，而是在臺北情勢緊急、唐景崧電請支援時，與林朝棟一樣沒有回應，「赴梧棲港舟先遁（退走）」。[33]對於丘逢甲募勇籌防卻又不戰而走，連雅堂《臺灣通史》也有記載：「逢甲任團練使，總其事，率所部駐臺北，號稱二萬，月給餉糈十萬兩。十三日（六月五日），日軍迫獅球嶺，景崧未戰而走，文武多逃，逢甲亦挾款以去，或言近十萬云。」[34]

圖 6-4：丘逢甲。維基百科。

連雅堂對於丘逢甲，有一段極為委婉的批評：「成敗論人，吾所不喜，獨惜其為吳湯興、徐驤所笑爾」。[35]連雅堂謂丘逢甲將為吳湯興、徐驤所笑，應該是因為丘逢甲「糜帑十餘萬，僅報一軍之成」（《臺海思慟錄》），而且他以「統領全臺義軍」的身分卻不戰而走，獨留吳湯興、徐驤這些原奉他為馬首的義軍首領們浴血抗戰，終至殉死。

林朝棟、丘逢甲逃走後，其部下的傅德生、謝天德、邱國霖、吳湯興等仍繼續領導義軍抗日。日軍押收的文件當中有幾份與吳湯興有關的資料。這些資料提供了我們瞭解當時抗日勢力的線索，彌足珍貴：

統領臺灣義民各軍五品銜生員吳。竊生員所招之義民先鋒辨勇二千名，編為五營。除衛隊中營一營，隨身差遣外，其餘徐驤一營，扼紮北埔，會同傅德生，姜詔（紹）祖防守枋寮沿山一帶。邱國霖一營，扼守尖筆山沿一帶。張兆麟一營，分守三環水流東。陳超亮一營，駐防深井。黃景嶽一營，仍守苗栗，俱係扼要隘口。至憲臺撥來之新楚勁勇等營，均由楊統領分撥南隘，頭份各處。其陳澄波一營，係固守中港。此外別無成營之勇，可以調遣。雖義民尚有數萬，然草野農夫，散則為民，聚則為兵，只可應敵，未能調防。現查大湖口，闞子河，後壠，通霄，香山各處，尚多咽喉重地，無營駐守，未免空虛，應請憲臺再撥精勇二，三營，星夜拔隊前來，以資守禦。當此軍情喫緊，瞬息千變，務乞俯准派撥，庶免疎虞。又陳澄波一營所守中港一帶，更為扼要三隘。該營早既成軍，其按月應領之薪朴，係由臺灣分局答應籌撥，並請諭飭該局，速籌解用，源源接濟。仍飭多備一營餉糧，俾陳澄波添募數百名，厚其兵力，壯其聲威，禦侮折衝，斯無將寡兵微之虞。該處委係通衢要道，非仗雄兵鎮守，難期有備無虞。除飭陳澄波認真防守，聽候調撥外，理合具文稟請。如此具稟，伏乞憲臺察核，恩准施行。須至呈者。

右呈

臺灣府正堂兼中路營務處　黎

光緒廿一年閏五月二十日（西曆七月十二日）[36]

資料中的傳德生是林朝棟舊部，邱國霖是丘逢甲誠字營長官。姜詔（紹）祖則是北埔土豪（金廣福墾號姜秀鑾後人），徐驤也是頭份土豪，兩人當時都在家鄉組織義軍民團。從這個資料可以看出，吳湯興在此時大致整合了林朝棟、丘逢甲的殘部及新竹、苗栗一帶的義民軍。

另一種抗日勢力，是大嵙崁溪流域及桃園地區的江國輝、呂建邦、蘇力、蘇俊、王振輝、蔡國樑、黃細霧、簡玉和、黃尖頭、劉大用、黃藐二、王阿火、陳小埤、陳戇番、簡生才、胡嘉猷、李蓄發、詹清地、夏阿賢、鍾統等人所領導的小股集團或鄉民。《日清戰史》中說，這些地方性的「賊徒首腦」「到處蔓延，不遑一一列舉」，其兵力多在一千至二千人之間，甚至有多則三、三百人，少則數十人者。[37] 在清代，官府的治安警察能力

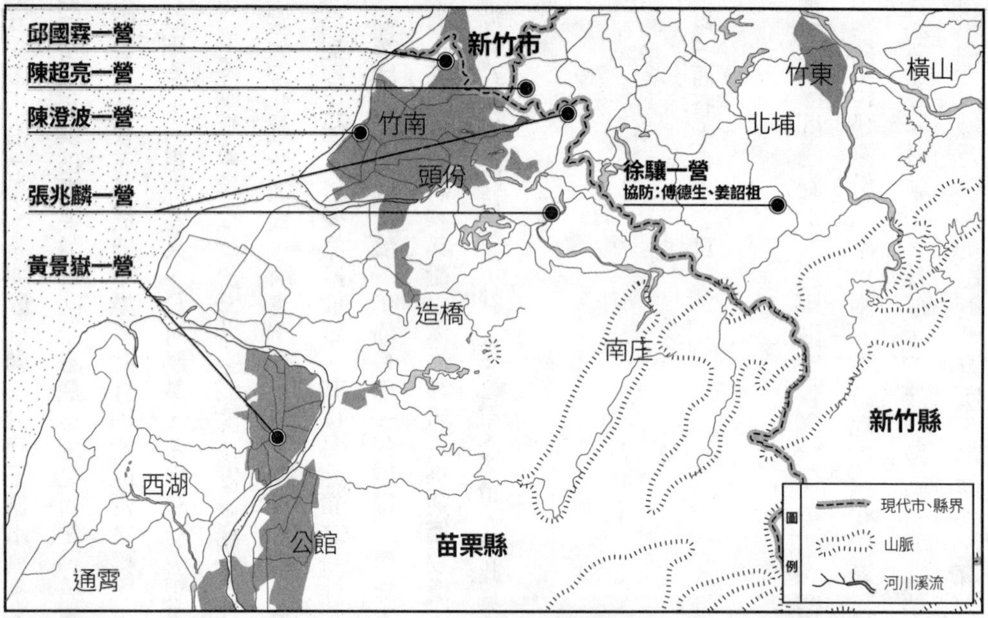

吳湯興五營
※ 衛隊中營：跟隨吳湯興
徐驤一營：駐北埔。協防：傅德生、姜韶祖
邱國霖一營：駐尖筆山
張兆麟一營：分守三環、水流東
陳超亮一營：駐深井
黃景嶽一營：駐苗栗

支援之新楚軍
由楊統領（楊載雲）分撥南隘、頭份
陳澄波一營，係固守中港

義民數萬
草野農夫，只可應敵，未能調防

圖 6-5：由吳湯興致黎景崧公文可見之竹苗地區布防情勢。受限於史料，圖中圓點之位置僅為大略。繪製：吳郁嫻。

不足，這些人經常便是地方上的頭人，既是土豪也是地方治安的維持者。

吳湯興、徐驤、姜紹祖等人率領的義民軍，尚稍具組織，因此還可能與日軍正面衝突戰或打攻防戰，但就如吳湯興在上引文件中所說的，「然草野農夫，散則為民，聚則為兵，只可應敵，未能調防」，其與日軍正面對陣的實力畢竟有限。至於由土豪、鄉紳所率領的抗日勢力，不論就組織或裝備來說，便更不足以與日軍對決了。但是，這些勢力可以利用地理條件，對日軍進行游擊性的攻擊。甚至經常在日軍大隊到來時，舉白旗表示歡迎，但遭遇零星日軍時便加以襲擊。這種游擊性的抗戰方式，使日軍無法確實分辨對方的順逆態度，而且杯弓蛇影，疲於奔命。對於臺灣人靈活的抗戰模式以及日軍對應上的窘態與苦惱，《日清戰史》雖未有詳細的敘述，但隨軍記者的報導卻描寫得很生動。例如：

> 新竹以北，大湖口以東之地，人民皆土兵，其數不知凡幾，破壞鐵路，切斷電線，皆是這些土兵的傑作。他們只要一看到我軍人少可欺，經常就會發動攻擊，若我軍人數占優勢，他們就逃到森林山間。[38]
>
> 盤據安平鎮（今桃園平鎮）的敵兵約有二百名，他們盤據的房屋是以耐火磚瓦建成，周圍有濃密的竹叢，牆壁四周皆有被遮蔽起來的銃眼，甚至設二段或三段，然而牆壁最上邊的敵火最具威力，可以越過外部圍牆頂點向外俯射，使我軍無法靠近圍牆。此外，他們的第一道防禦線就是竹林，約一米高的竹子縱橫交錯，互相糾結，在其後方堆有同樣高度的耐火磚瓦，或直徑一公尺左右的土包，作為堡壘。敵兵的防備如此牢固，加上他們有防範蕃人的習慣，視死如歸，敵兵可據此孤壘支持數日。[39]

當時《北華捷報》的記者達飛聲對於這些土著、鄉民的戰鬥，也有很生動的描寫和分析：

> 日軍在臺灣所遭遇的最大障礙是笑面孔的村民，他們站在懸掛白旗的門口看軍隊走過去。對這些住民，日軍起初親切的講話，給以笑臉。可是，若是他覺得日軍兵力少可保安全時，日軍還沒走失之前，由同一個門口向這一批不幸的軍隊，槍彈就飛過來了。軍隊轉過來時只看見四肢不全的同伴倒在街中；而在附近的房屋的門及窗門，還是同樣露出牙齒在笑的魔鬼及象徵和平的白旗迎風飄揚於被判為有罪的人們

圖 6-6：小林清親，《臺灣太〔應為大〕姑陷草賊抵抗之圖》，1895。甲午、乙未期間，日本國內許多藝術家以戰事為主題創作，但根據的消息不一定正確、完整，描繪出的樣貌和實情有落差之餘，也往往帶有強烈的宣傳意味。普林斯頓大學藝術博物館公眾領域，典藏號 2008-118 a-c。

頭頂上。……，由抗日總督所作之文告四方傳播，稱所有的人都要向日軍捐獻，不但豬、犬、貓、鵝或雞難免於稅；華人必須對日人開著門戶，使征服者取所欲取，作所欲作，就是婦女也要讓日本兵士任意所為。這文告毫無遲疑的為眾所相信，驅使民眾急速的響應，於是，連日軍平常守住的占領地，都經常發生攻擊日軍的情事，也不算稀奇古怪了。

……臺灣的村落常常用差不多無法衝破的竹林環繞著，而很厚的竹籬與圍繞著房屋的無數的有刺樹木交織。在竹籬後面緊接著有土屋差不多為竹籬隱蔽著；平常以泥土及稻草築成，這小屋又有無數小孔，隨時可作為小型堡壘，非用砲火不易攻取。龍潭坡村亦同樣的被保護著，而抗日華民預期日軍將來侵，有充分的時間來加強防務，設障礙物於所有進口通路而占用最合適的房屋。[40]

這些描述使我們得以深刻地瞭解當時抗日者的組織型態、行動模式、心態、戰鬥方式，甚至當時候之社會狀況和地理景觀。

就如上面所說的，土豪、鄉民原來只是地方性的存在，日本人之前來占領臺灣，對這些地方性的人物來說，就是「外來者」的侵入。對於「外來者」侵入所抱持的不安，應該是使他們行動的最大原因。一八九四年日清戰爭爆發後臺灣辦防以來，官府所做的以日本人之橫暴為內容的抗日宣傳，應也造成相當效果。但是，由於土豪、鄉民的組織鬆散，抗戰意志分歧（最大的原動力是不安），更談不上有整齊的軍械。因此，其戰鬥方式，便只能是利用地形、地物的游擊戰或巷戰。桃園、新竹地區係十九世紀才大規模開發的新墾地區，在開墾丘陵、淺山地區時，為了防範原住民的攻擊而形成的自衛武力及具有防禦功能之家屋、村落形式，都在這次的

圖 6-7：日軍工兵嘗試以炸藥包突破竹林。《風俗畫報》103 號（東陽堂，1896 年 11 月 26 日），內頁彩圖。

抗日戰爭中發揮了作用。

桃園、新竹地區這種草木皆兵、敵友難分，而且以游擊作戰為主要方式的抗日，使日軍窮於應付。總督府終於認識到按照國際條約應該已得手的臺灣，實際上必須再以一場戰爭才能將之納入版圖。於是，樺山資紀總督向本國要求增派軍隊來臺投入戰爭，日本政府也決定暫緩在臺灣實施民政，將臺灣總督府改組為軍事官衙，臺灣總督府的官員視同外征人員。

七月中、下旬，日軍在大嵙崁流域進行了

圖 6-8：桃竹苗戰役期間，日軍和臺灣民軍交戰的場景。《風俗畫報》101 號（東陽堂，1896 年 10 月 28 日），內頁彩圖。

兩次無差別的「掃蕩」。[41]這兩次掃蕩，日軍不但對臺灣抗日者展開槍擊戰，而且動員砲兵，「砲轟各聚落，放火燒屋」、「沿途放火焚燒聚落」。《臺灣總督府警察沿革誌》裡記載其中第一次掃蕩：

> 此大掃蕩延續四日，沿途之村落悉被彼我之銃聲、砲煙所籠罩，各村落喊聲不絕，三角湧附近數里不復人影。[42]

苗栗一帶至彰化地

區的抗戰勢力主要是吳湯興等從新竹、苗栗之交退敗下來的義民軍，和由臺灣府知府黎景嵩籌防組成的新楚軍。

唐景崧辦防時期，臺灣的防戍部置，大致是北、中、南三區分防的態勢。唐景崧親自督率臺北的軍隊，南部則由黑旗軍名將劉永福負責，中部原由林朝棟、丘逢甲主持，但林朝棟、丘逢甲，甚至臺灣府知府孫傳袞，在六月初便離臺返回中國，中部的防務乃由接任的知府黎景嵩主持。

此時中部地區的防務動態是：臺中（灣）縣葉意深已無心在臺而內渡；彰化知縣丁燮雖在此之前曾以彰人紳士吳德功、吳景韓、周紹祖主持保甲局，招募練勇，巡捕盜賊，但也在六月底內渡，改由防軍營管帶羅樹勳接任；[43]雲林縣知縣呂兆璜也引退，由羅樹勳之子羅汝澤代之；苗栗縣知縣則為李烇。其中，李烇為廣東人，與縣民頗相得，在日軍越過淡水河南下之際，曾召集吳湯興、徐驤、舉人謝維岳、富戶黃南球商議籌防事宜，並且將該縣錢糧發放供作勇餉。六月底，黎景嵩受大嵙崁、桃園一帶抗戰之激勵，頗思有所作為，甚至還想反攻臺北。因此在臺中地區設籌防局，招募軍隊備戰，其態度甚至比地方紳士還積極。[44]

黎景嵩所編組的新楚軍，是收編林朝棟渡清後所留下的棟軍散勇，再就地招募士勇，組成十四營的軍隊，由楊載雲統領，多次被派往新竹地區與吳湯興所率的義民軍配合作戰。六月底與七月初，義軍與新楚軍在新竹、後龍一帶與日軍的戰鬥，互有勝負，使黎景嵩的信心大增，甚至過度自大。此時，北、中、南分區守備，劃地自守，不相支援的情況也趨於嚴重。原來與吳湯興義氣相投的苗栗知縣李烇，也不再支應吳湯興軍餉，抗日陣營中的矛盾逐漸表面化。[45]

當抗日陣營無法和衷共濟，連成一氣時，日軍卻已南下至中部地方。八月十三日，日軍攻陷苗栗，李烇內渡福州。八月二十八日，日軍與抗日陣營在八卦山激戰，吳湯興、吳彭年都死在此役，中部的防禦完全崩潰。

八卦山以南至臺南一帶的抗戰主力，是劉永福麾下的各地駐軍和各地應募的土勇、義民。在這些義民、土勇當中，較大勢力為雲林、嘉義一帶的簡義和臺南縣的林崑岡。簡義原為土豪，其所率領之隊伍有不少「土匪」，林崑岡所率領的則多為聯庄庄民。至於下淡水溪一帶的抵抗勢力的資料較少，為這幾個地方性的抵抗集團，留下最多記載的應該要算是《日清戰史》了。

不論是土豪簡義所率的「土匪」，或林崑岡所率的聯庄庄民，或南部客家的六堆組織，都是清代臺灣社會的產物。清朝政府在臺灣的警察力量有限，治安必須靠民間自己維持，因此發展出數個村莊聯合守禦的「聯庄」辦法，或如南部客家的六堆組織；即使土豪也擁有私兵，或像林崑岡者流，亦有警衛和維持地方安靖的機能。這些平日在地方上發揮警察、自衛機能的組織，到了一八九五年便自然轉而成為抗日的組織了。

臺灣攻防戰中的劉永福

相對於唐景崧早在六月六日即潛逃回大陸，劉永福則一直滯留到日軍進入臺南府城的前夕，於十月十九日才離臺，而被視為是抗戰到最後。但實際上劉永福的「抗戰」是如何呢？

一八九四年七月，北方的情勢緊張之後，清廷便命令劉永福（廣東南澳鎮總兵）、楊岐珍（福建水師提督）率兵渡臺灣，幫同當時巡撫邵友濂辦理臺灣防務。[46] 九月初旬，劉永福統率的六營精兵來到臺灣，駐紮於臺南。邵友濂離任後，唐景崧代理臺灣巡撫兼任軍務。唐景崧對於兵力的部署相當專斷，據說劉永福曾北上與唐景崧商議防務部署，但唐景崧不但不採劉永福的意見，而且明言要劉永福專防臺南，毋庸置喙全臺防務。[47]

唐景崧基於十九世紀中葉以來，尤其是清法戰爭之際，法軍曾經展開基隆與淡水登陸作戰、封鎖澎湖群島等經驗，將主要兵力投入基隆、淡水及澎湖群島。後來，又鑑於一八七四年牡丹事件時，日軍曾經登陸琅嶠，因此又命劉永福、萬國本等分兵駐防恆春與東港一帶。至於臺北後背之地的南崁、新竹、後龍一帶，則交付給丘逢甲募兵填補。唐景崧這種排斥同僚、大權獨攬的作風，造成南北防務各行其是、不相呼應的狀況。

一八九五年五月末，「臺灣民主國」成立，但唐景崧並未積極招引劉永福參與，劉永福也不熱衷，似作壁上觀。[48]

唐景崧傾注全力防備的澎湖島、臺北，於三月、五月臨戰時卻全無抗戰意志，迅速潰散了。即使在南崁、新竹、後龍，丘逢甲、林朝棟，也不戰而走。七、八月間在桃園、新竹、苗栗的抗戰，靠的是吳湯興、徐驤率領的義民軍與地方土豪的武力所展開的。另外，此時接掌臺灣府的黎景嵩，以棟軍殘部及苗栗、雲林等縣募勇組成新楚軍，也適時發揮了一些作用。[49]這個在唐景崧離臺後才倉促形成的中部抗戰體制，反而對日軍造成了重大的打擊，也拉長了臺灣抗戰的時間與空間縱深。這是劉永福能夠在臺南「堅持」到十月下旬的最重要原因。

吳湯興、徐驤所率領的義民軍及地方土豪的兵力，配合新楚軍在新竹一帶取得的戰果，使臺灣府知府黎景嵩有過度的自信，甚至「恃勝而驕」，認為可在中部地方另創新局，於是也不願劉永福介入其抗戰陣營，瓜分他的勢力與軍功。但是當日軍壓迫新竹南下，軍需緊急之際，黎景嵩才向劉永福求援，但此時劉永福也遲遲不應，一直到七月下旬才派吳彭年、李惟義率四營北上。可謂是劉永福之回憶錄的《劉永福歷史草》謂當時擁有「百數十營」，雖不免誇大，但編有營號者就有三十二營，此外還有「民團二十餘處，分駐各要塞地方」，[50]因此劉永福事實上可說是貫徹「畫地自守」的原則。《臺海思慟錄》批評此時劉永福的態度就是「坐擁厚兵重餉，恃中路之戰勝而安享承平……坐觀臺中之成敗，漠不相顧」！[51]

　唐景崧潛逃之初，臺南地方士紳曾籲請

THE "BLACK FLAGS" IN FORMOSA: CONSTRUCTING A BAMBOO BRIDGE ACROSS THE LAGOON, BY WHICH TO RETREAT WHEN THE JAPANESE ATTACK THE FORTS.

Sketch by Lieutenant A. W. Wylde, H.M.S. "Leander."

圖 6-9：黑旗軍在臺南搭建竹橋。1895 年 6 月 1 日的 *The Illustrated London News,* Vol. 106 (No. 2929), p. 715. 根據皇家海軍 Leander 號 A. W. Wylde 中尉的草圖。

劉永福出來領導，但劉永福並不積極。不過當他於六月二十一日接到如下一封「密函」之後，態度便轉趨積極了。

駐廈辦理臺灣轉運局務，前委臺灣府知府蔡嘉穀為遵電轉呈事。現奉上海轉運局賴道鶴年轉奉江督憲張轉准駐俄許公使電開，「俄國已認臺自主，問黑旗尚在否？究竟能支持兩月否？」似此外援已結，速宜將此事遍諭軍民。死守勿去，不日救兵即至。仰即派人將此電告知劉幫辦並中路林、邱、吳三統領遵照等因。奉此，合即鈔電轉呈。為此備具綢文，密縫衣內，派差弁五品軍功林延燀齎送前來，申乞憲臺察奪！並乞將五月十二日以後至近日全臺軍情戰狀詳賜覆文，以憑轉電南洋大臣酌奪。望切！盼切！須至申者。[52]

仔細閱讀這封密函便會發現，信中對於時局的掌握並不正確，例如並不知林朝棟、丘逢甲當時都已離臺內渡了。但此密函對劉永福，卻另有意義。劉永福似乎相當看重信中「外援已結」、「不日救兵即至」等字眼，所以六月二十九日劉永福在臺南白龍庵與臺南士紳歃血同盟，誓言「萬死不辭」、「縱使片土之剩，一線之延，亦應保全，不令倭得」。[53]也就是說，劉永福相信將會有西洋諸國之救援，因而堅定了他「固守」的意志。當時，參加白龍庵盟約典禮的易順鼎說：「劉（永福）見俄國認臺自主，湘帥（張之洞）又許發救兵，志氣益壯」。[54]《劉永福歷史草》也說：

時雖奉旨將全臺割與日本，但接兩江總督張（之洞）密函，囑請仍相機扼守，餉項後定匯接濟，幸勿為慮，並密得兩廣總督譚〔鐘麟〕函屬，與張〔之洞〕函大致相同。公〔劉永福〕見有此兩處援應，亦可扼守，在臺一日，惟有竭盡一日之心，其他事之成敗利純，有所不計也。[55]

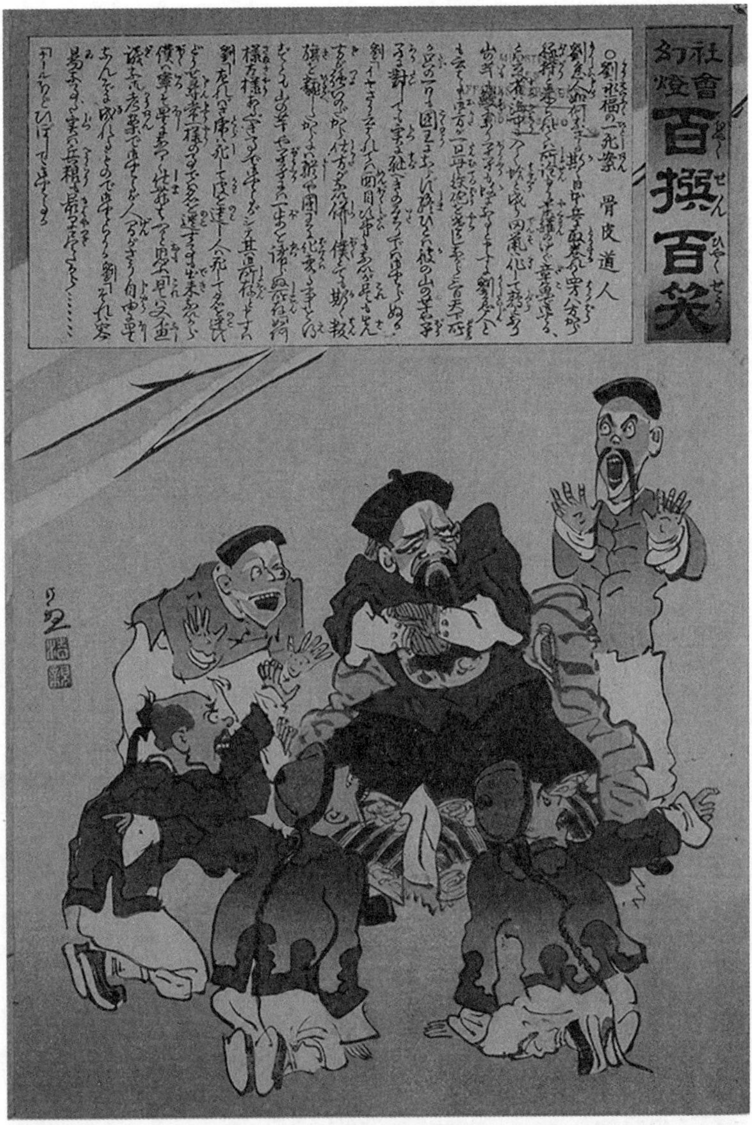

圖 6-10：日方繪製的諷刺漫畫，描繪劉永福於戰守去走之間拿捏不定。小林清親，〈劉永福の一死案〉，百撰百笑系列，1895。法國國家圖書館公眾領域，https://gallica.bnf.fr/ark:/12148/btv1b10105050q。

看來，「堅守待援」才真是劉永福的心情。

劉永福在臺南堅守待援時期，臺南出現了臺灣民主國的南部版。短期間內，「設議院於府學，以舉人許獻琛為議長，廩生謝鵬翀、陳鳳昌等為議員，郎中陳鳴鏘為籌防局長」。而且，劉永福為了籌集資金，也發行官銀票及郵票。[56]

劉永福此時最苦惱的是籌集軍需，因此六月初旬受命來臺激勵臺灣抗日軍的易順鼎，抵臺後立即銜劉永福之命回清國內地奔走求援。易順鼎留下來的《魂南記》及《盾墨拾遺》，是此時期最重要的史料。[57]根據此二冊日記風格的記錄，易順鼎於七月回到華中各地請求援助時，情況已遠遠不是劉永福所預期的樂觀了，甚至可說已經完全絕望了。

此時，清國政府唯恐臺灣的抗戰將破壞已經締和的清日關係，因此下令禁止各地高官支援臺灣。張之洞也向易順鼎表達不能介入臺灣之事的態度：

此時實無救臺法；劉〔永福〕當奮力自為，不必拘文牽義。臺灣已非中國地，劉若能割據此土為中國作屏藩，勝於倭人萬倍。至餉械垂盡，則唯有用「草船借箭」之法，果能得手，敵之餉械皆我之餉械也。劉固為奇男子，成則為鄭延平，不成則為田橫耳。[58]

張之洞的說詞，事實上就意味著完全放棄臺灣與劉永福，甚至可以說還揶揄了劉永福。那麼，在臺南「堅守待援」的劉永福是否還有抗戰意志呢？易順鼎的觀察是：

嗟乎！余在臺南與共處十餘日，豈尚不知劉之為人何如哉？……劉本非能死之人，其富貴功名之願已逐，室家妻子之戀難忘，則先有不欲死之心；臺灣為奉旨交割之地，幫辦〔劉永福〕為奉旨內渡之員，則又處不必死之地，余窺見隱衷久矣。[59]

易順鼎所觀察的劉永福是「實無鄭成功之才，亦無田橫之志」，因此他斷言：「倭不攻臺南則已，一攻臺南，劉必不肯死戰。」[60]

日軍在八卦山之役後，暫時安頓休養，然後在十月初編組成南進軍，企圖分三路壓迫臺南。面對這種情勢，此時的劉永福的確不出易順鼎之預料，已無抗戰意志。劉永福之黑旗軍展開比較激烈的抗戰，是十月九日開始的嘉義之役。[61]但在此之前，劉永福已於十月八日與日軍交涉投降事宜了。[62]《劉永福歷史草》也說劉永福與駐防南部打狗的兒子劉成良，此時已經私下計畫要潛逃內渡了。[63]因此，劉永福的抗戰也不滿十日，與唐景崧之臺灣民主國不滿十日，可說並無不同。

圖 6-11：易順鼎。葉衍蘭、葉恭綽，《清代學者象傳》第二集，1953。

結語

一八九五年，臺灣被清國割讓給日本這件事，對於臺灣士紳的衝擊太大了。他們普遍有被清國遺棄的感覺，相信臺灣是朝廷的「棄地」，臺灣人是皇帝的「棄民」。對於一般民眾來說，日清戰爭則是臺灣有史以來最大的戰爭。他們初期被清國官僚及臺灣上層士紳煽動，後期則必須拿起簡單的武器，為了保護自己的鄉里投入戰爭。多數人死於戰爭，甚至死於屠殺，多數家屋燬於戰火。但在此狀況下而死的人，就這樣無名無功地被埋沒於歷史之中嗎？

一八九五年的事件，對於臺灣人的確是太大的大事件了。臺灣知識人在此之前甚少（幾乎屈指可數）描述自己生息之地的歷史，現在終於在不能自已的激動中，提筆為這個重大的歷史事件，留下血淚的紀錄。臺灣知識人的悲痛心境，可從洪棄生以下的敘述窺知一二。

自古國之將亡，必先棄民。棄民者民亦棄之。棄民斯棄地，雖以祖宗經營二百年疆土，煦育數百萬生靈，而不惜刓斷於一旦，以偷目前一息之安，任天下洶洶而不顧，如割臺灣是已。當鄭氏之開拓臺灣也，北不踰諸羅，南不踰鳳山，其地不及今五之一，兵二、三十萬，其眾不及今十之一，而西驅荷蘭，東敵倭人，南控呂宋，北犯大清而有餘。而今負之以大清之大，重之以本島之庶，而不能有為，反舉而畀之島國；天下孰有痛於此者乎！[64]

割臺以後臺灣人之立場及抵抗，洪棄生在《瀛海偕亡記》有如下的描述：

自和約換，敵軍來，臺灣沈沈無聲，天下皆以蕞爾一島，俯首帖耳，屈服外國淫威之下矣。而烏知民主唐景崧一去，散軍、民軍血戰者六閱月，提督劉永福再去，民眾、土匪血戰者五越年，靡無盡英毅之驅於礮火刀戚之中而無名無功。此吾人所當汲汲表襮者也。[65]

充分表白了洪棄生所汲汲於將「歷史」寫下來的心情。洪棄生的心情充滿了悔恨與不平，因此「孰戰，孰不戰而走」就成了他「必欲表襮」的主題。這樣的動機，也見於思痛子。思痛子《臺海思慟錄》在自序中云：

當日者，倭釁初開，臺之文武官吏不為不多矣。其間部署之疏密，用人之得失，兵力之厚薄，餉糈之盈絀，有知難而退者，有誓同臺地存亡而置百萬生靈於不顧者，有夙負威名而一籌莫展、致樹白旂以降者，或縻帑十餘萬僅報一軍之成焉，或甫與交綏而佯敗遠遁焉，或心存規避而沿途延緩焉，或藉口割臺而私倖內渡焉。孰為勇敢殺賊而軍中威怖如許癡虎之奮不顧身？孰為自擁雄兵而劃界分疆如賀蘭進明之坐觀成敗？孰為餉援俱絕而抵死拒戰如張睢陽之困守孤城？其見敵輒靡也則如彼，其有進無退也則如此。

二十年後，連橫《臺灣通史》的列傳特別為丘逢甲、吳湯興、徐驤、姜紹祖、林崑岡、吳彭年、唐景崧、劉永福立傳，但以「連橫曰」的形式，對這些人進行評論。除先前引述對丘逢甲的評論之外，連橫對以下人物也各有論贊：

〈吳徐姜林列傳〉：

乙未之役，蒼頭特起，執戈制梃，受命疆埸，不知其幾何人，而姓氏無聞，談者傷之。……夫史者，天下之公器，筆削之權，雖操自我，而褒貶之者，必本於公。是篇所載，特存其事，死者有知，亦可無憾，後之君子，可以觀焉。

〈吳彭年列傳〉：

……夫彭年一書生爾。唐、劉之輩，苟能如其所為，則彭年死可無憾，而彭年乃獨死也

〈唐劉列傳〉：

……夫以景崧之文，永福之武，並肩而立，若萃一身，乃不能協守臺灣，人多訾之。……蒼葛雖呼，魯陽莫返，空拳隻手，義憤填膺，終亦無可如何而已……。

終究，「孰戰，孰不戰」還是臺灣歷史家最大的關心事。

一九九四－九五年正好是日清戰爭的一百週年之期，因此當年捲入此戰爭的東亞幾個國家都有相關的學術研究活動。我所參加的首先是一九九四年六月二十四－二十六日於國立臺灣師範大學歷史系舉辦的「日清戰爭一百週年紀念學術研討會」，其次是一九九五年六月十七－十八日在東京召開的「日清戰爭與東亞世界的變容」國際研討會。我在這兩次研討會中，特

別刻意突出在這場日本與清國之間關於朝鮮半島的爭端而引起的戰爭中，臺灣是被天外飛來之橫禍所波及的「代罪羔羊」。我們臺灣之學者所關心的主題，不是一八九四年的日清衝突與戰爭，而是一八九五年的馬關條約與臺灣割讓。即使一八九五年，我也特別將「臺灣民主國」與民主國崩潰、唐景崧等人潛逃落跑之後臺灣人的抵抗，清楚地區隔開來。依我來看，「臺灣民主國」只是清國已經在國際條約上將臺灣割讓出去之後，一些清國官僚想要引進列強介入干涉的一種投機性作為。而且當西洋列強無意插手，日本接收的軍隊又已經來到之後，這些清國官僚就丟下臺灣走了。接下來的，就只能靠不能一走了之的在地臺灣人，用自己的辦法面對了（我特別持續地用「乙未之役」這個詞，來指稱這個臺灣人的保衛鄉土戰爭）。另外，相對於唐景崧的早早潛逃，劉永福被認為抗戰到最後。所以，我也特立一節檢視到底劉永福是否真的是堅持抵抗。

我這種照理來說應該是合乎情理、不難理解的歷史詮釋，後來卻成了中國歷史學者所必欲撻伐的歷史詮釋，因為從中國學者來看，我的歷史詮釋完全不符合中國學術界的「政治正確」：（1）「臺灣民主國」怎麼會是投機性的外交設計呢？（2）清國官僚怎麼沒有真正要與臺灣共存亡呢？（3）怎麼將臺灣人民的浴血抵抗與中國明顯地區隔開來呢？關於我們臺灣學術界與中國學者對於一八九五年「臺灣民主國」與「乙未之役」詮釋的不同，我曾在二〇一四年十月李登輝基金會舉辦的「日清戰爭・馬關條約與臺灣變局研討會」做過報告：「日清戰爭、乙未之役研究的回顧與展望」（後來文章收錄於李登輝基金會出版的《日清戰爭・馬關條約與臺灣變局研討會論文集》，二〇一五年二月）。

目前收入此文集的就是參加一九九五年六月日本召開日清戰爭一百週年紀念研討會的版本

（會後收入東アジア近代史學會編，《日清戰爭と東アジア世界の變容》上卷，東京：ゆまに書房，一九九七年十月）。

當年，國內關於日清戰爭、乙未之役的研究，所能利用的日文史料相當有限，我這篇文章所使用的日文史料也止於《明治二十七八年日清戰史》、《風俗畫報》、《日清戰爭實記》的程度（後來我參與一個出版企劃，將前二者翻譯成中文出版）。但近年日本政府將明治時期以來的總理府、外務省、軍部檔案數位化上網（亞洲歷史資料中心 https://www.jacar.go.jp/chinese/index.html），目前可透過網路簡單地使用數量龐大的檔案史料。國立臺灣歷史博物館也陸續收集當年日本之報刊史料出版。因此，研究的史料環境已經大幅改善，也陸續出現不少優秀的研究成果。例如，李文良、陳瑢真、戴心儀，《籠城之戰：1895年南臺灣六堆客家火燒庄戰役》（二〇二二）、林本炫、黃鼎松、廖綺貞，《1895苗栗保臺戰役》（二〇二三）、蔡金鼎，《抗與順的抉擇：乙未中彰保衛戰》（二〇二三）、戴心儀，《1895六堆加苳腳保臺戰役》（二〇二三）。

註釋

1 王樹枏編，《張文襄公全集》卷一三九（電牘一八）「致天津李中堂」（光緒二十年十月十七日申刻發）。

2 前揭《張文襄公全集》卷七七（電奏五）「致總署」（光緒二十一年二月初四日亥刻發）。

3 王彥威編，《清季外交史料》卷一〇七「署江督張之洞奏插款保臺如以為可當遵旨再電龔許兩使電」（二月十三日）。前揭《張文襄公全集》卷一四三（電牘二二）「致倫墩龔欽差」（二月十一日卯刻發）、「致俄京許欽差」（二月十二日辰刻發）。

4 俞明震，〈臺灣八日記〉（收入臺灣銀行經濟研究室編《割臺三記》，同研究室，一九五九），頁二〇－二一。

5 俞明震，〈臺灣八日記〉附「臺灣唐維卿中丞電奏稿」（前揭《割臺三記》收錄），頁一九－二〇。

6 H.B. Morse, *Lester-boos*, MS. pp. 130-135. Report to Robert〔Hart〕.

7 中國近代經濟史資料叢刊編輯委員會編，《中國海關與中日戰爭》第六章〈一八九五年二月至六月淡水關稅務司馬士關於臺灣情形的報告〉中所收的一八九五年四月二十日函第七十九號。關於此事亦見〈臺灣唐維卿中丞電奏稿〉，頁二二。

8 〈唐撫台來電〉（三月二十六日申刻到），《張文襄公全集》卷一四四（電牘二十三）。

9 〈臺撫唐景崧致軍務處請廢約再戰並商各使公斷速罷前議電〉（三月二十七日），《清季外交史料》卷一〇九。

10 〈臺灣唐維卿中丞電奏稿〉，頁二二。

11 〈致總署〉（三月二十六日亥刻發），《張文襄公全集》卷七七（電奏五）。

12 《清光緒朝中日交涉史料》二九三八〈軍機處擬寄李鴻章電信〉（三月二十七日洋務檔）。

13 〈致臺北唐撫台〉（三月二十七日辰刻發），《張文襄公全集》卷一四四（電牘二十三）。

14 〈致臺北唐撫台〉（三月二十八日巳刻發），《張文襄公全集》卷一四四（電牘二十三）。

15 〈臺撫唐景崧致總署臺民聞三國阻約人心稍定電〉（四月初六日），《清季外交史料》卷一一〇。《清光緒朝中日交涉史料》三〇一〇〈署臺灣巡撫唐景崧來電〉（四月初二日到電報檔）。

16〈臺灣唐維卿中丞電奏稿〉，頁二三。〈臺撫唐景崧致總署擬將全臺畀各國為租界電〉（四月初三日到電報檔），《清季外交史料》卷一一〇。
17 H.B. Morse, A Short Lived Republic, *The New China Review*, Vol. I, No.1., 1919, pp. 26-27.
18〈致臺北唐撫台〉（四月初六日申刻發），《張文襄公全集》卷一四五（電牘二十四）。
19〈致總署〉（四月初九日申刻發），《張文襄公全集》卷一四五（電牘二十四）。
20《中國海關與中日戰爭》第六章〈一八九五年二月至六月淡水關稅務司馬士關於臺灣情形的報告〉（10）一八九五年五月十日函第八十三號。
21〈臺灣自主文牘〉，收於蔡爾康、林樂知等編，《中東戰紀本末》上篇，卷四。
22〈臺灣唐維卿電奏稿〉，頁二七。
23 同註20，（13）一八九五年五月二十七日呈文第一二九八號。
24 J. W. Davidson, *The island of Formosa, Past and Present, 1903*, pp.277-278.
25 吳德功，〈讓臺記〉（收入前揭《割臺三記》），頁三五。
26 J. W. Davidson, *op. cit.*, p. 278.
27 參照參謀本部編，《明治二十七八年日清戰史》第七卷第十篇第四十二章〈臺灣賊徒の行動〉。
28 參照黃榮洛，〈初探「殺河南兵事件」〉（中華民國史蹟研究中心編印，《臺灣史研究暨史料發掘研討會論文集》，一九八七）。
29 參照《臺島劫灰》（東洋文庫藏。手抄本）。這份史料詳細地記載了一八九四年中期以後臺灣的防備狀況。作者應該是當時臺灣省軍械局委員陳昌基。
30 這些書信共二十一封，被收錄在丘琳輯，〈丘逢甲信稿〉，《近代史資料》第二〇輯（一九五八）。
31 思痛子，《臺海思慟錄》，臺灣銀行經濟研究室，一九五九，頁三一四。

32 洪棄生，《瀛海偕亡記》，臺灣銀行經濟研究室，一九五九，頁四。
33 同上。
34 連橫，《臺灣通史》，臺灣銀行經濟研究室，一九六二，頁一〇三四。
35 同上。
36 《日清戰爭實記》第三九編，頁一三－一四。
37 前揭《明治二十七八年日清戰史》第七卷，頁三八〇。
38 《風俗畫報》第九八號（臺灣征討圖繪第一編），頁二〇。
39 同上。頁二二－二三。
40 J. W. Davidson, *op. cit.*, p.323-324, 328.
41 前揭《明治二十七八年日清戰史》第七卷，頁八四－一三七。
42 臺灣總督府警務局編，《臺灣總督府警察沿革誌（二）領臺以後の治安狀況》，同局，一九三八，頁九二－九三。
43 前揭，吳德功，〈讓臺記〉（收入臺灣銀行經濟研究室編《割臺三記》，同研究室，一九五九），頁四一－四二。
44 同上，頁四六－四七。
45 同上，頁五一－五二。
46 張本政編，《清實錄臺灣史資料專輯》，福建人民出版社，一九九三，頁一一九一。
47 羅香林輯校，《劉永福歷史草》，正中書局，一九五七，頁二三九。
48 同上，頁二四〇。

49 前揭《臺海思慟錄》，頁一二。
50 前揭《劉永福歷史草》，頁二四六。
51 前揭《臺海思慟錄》，頁一三。
52 易順鼎，《魂南記》，臺灣銀行經濟研究室，一九六五，頁八。
53 此盟約被收錄於《日清戰爭實記》第四六編。
54 易順鼎，《魂南記》頁九。
55 前揭《劉永福歷史草》，頁二四七。
56 前揭《臺灣通史》，頁九七、二一三。
57 《盾墨拾遺》的臺灣抗日戰爭部分，已收入《中日戰爭文獻彙編》第六冊（鼎文書局，一九七三）。
58 前揭《魂南記》，頁一二。
59 同上，頁一二－一三。
60 同上，頁一三。
61 關於此戰役，參照前揭《明治二十七八年日清戰史》第七卷，頁二四〇－二四九。
62 劉永福與日本往來的書簡，參照前揭《明治二十七八年日清戰史》。
63 劉永福逃出臺灣的畫策，在前揭《劉永福歷史草》有詳細記載。
64 前揭《瀛海偕亡記》「自序」。
65 同上。

第7章

臺灣總督府「土地調查事業」的展開及其意義

殖民政府的土地調查，是掠奪土地的陰謀嗎？原本處於前近代社會的臺灣，是如何應對殖民政府推動的、近代式的、個人主義式的土地所有制？

康熙二十二年（一六八三），臺灣被納入清帝國版圖之後，以清帝國福建省南部（閩南）與廣東省東部（粵東）為主的人民，不斷渡過海峽前來拓墾臺灣。這些來自中國的移民，在臺灣耕種的土地雖然不斷擴大，但官府能夠掌握課稅的土地極為有限，大概只有那些曾經向官府正式申請開墾、獲得官府給予墾照允許開墾的土地，和陸續由官員開墾或由官府充公沒收、購置後，自行管理的土地（這種土地之名目甚多，一般通稱「官莊」、「官田」）。由於清帝國規定臺灣所要上繳的稅額並不是很多，官府也並不需要積極清丈土地、建立藉以課徵田賦的地籍，因此並沒有充分地掌握土地的實際狀況。

光緒十一年（一八八五），將臺灣獨立建制為一個行省的行政改革提上政治日程之後，首任巡撫劉銘傳一方面必須陸續整備行省規模的行政建置，一方面也想要積極進行洋務建設，因此開拓財源成為必須面對的當務之急。從光緒十二年（一八八六）起，他展開了臺灣歷史上首次的全面性田園清丈。[1]劉銘傳的清丈在光緒十八年（一八九二）告一段落，清理出了不少以前官府沒有掌握而沒有納稅的土地（「隱田」），同時也建立了土地的圖冊，並發給地主丈單，臺灣的平原農耕地帶終於有了相較完備的地籍。但是這次清丈所製作的地籍仍然是相當粗糙的，其地籍圖也還是示意性質的魚鱗圖。[2]

明治二十八年（一八九五），日本帝國領有臺灣之後，一方面為了要增加土地稅的收入，一方面為了掌握土地這種基本生產資源，從明治三十一年（一八九八）到明治三十八年（一九〇五）間，在臺灣展開了土地調查事業，可以稱為明治初年「地租改正」[3]之臺灣版。本文就是在說明外來的日本殖民政府，如何在臺灣逐步掌握土地狀況、建立地籍，並同時改革土地制

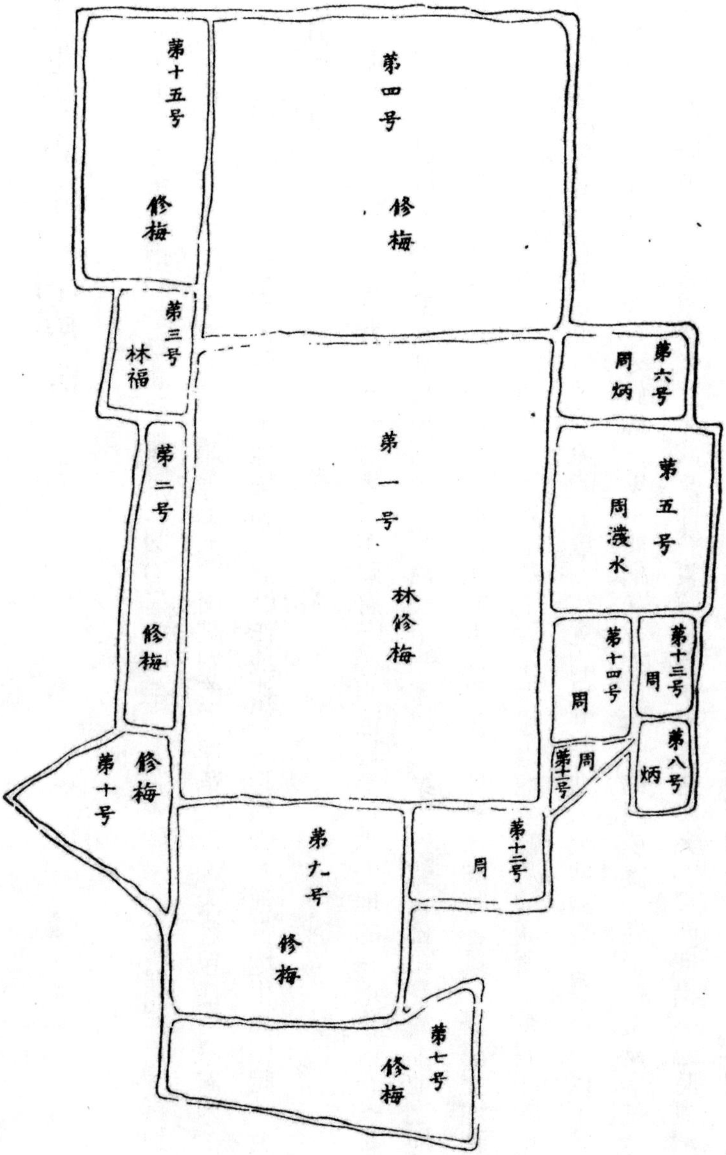

圖 7-1：《清賦一班》（臨時臺灣土地調查局，1900）收錄的魚鱗圖，頁 139 後。

度與土地稅制度的過程。臺灣社會如何面對這個在土地制度史上具有革命性意義之變革，自然也是本文要處理的問題。[4]

土地調查事業的展開

土地調查事業指的是臺灣總督府從明治三十一年（一八九八）年起展開，一直到明治三十八年（一九〇五）才結束的一連串土地、田賦制度之興革工作，內容包括對臺灣西部平原地帶之土地進行地形調查、確立土地權利，並製作地籍、繪製地圖、進行地租（田賦）改革、消滅大租權。

明治三十一年（一八九八）七月，日本政府準據明治初年日本內地的「地租改正」經驗及已經建立的制度，以「臺灣地籍規則」（明治三十一年律令第十三號）公布臺灣土地之地目分類，並規定地方官廳應該準備登錄有土地資訊的土地臺帳及地圖。同時，以「臺灣土地調查規則」（明治三十一年律令第十四號），規定為了製作上述土地臺帳及地圖所必須展開的土地調查之大綱（包括：業主的申告、地坪的丈量、丈置的尺度、地方土地調查委員會（以下簡稱地方委員會）及高等土地調查委員會（以下簡稱高等委員會）的組成）。在上述這兩項法令的基礎上，總督府進一步於該年九月，成立即將實際執行土地調查事業的專門機構「臨時臺灣土地調查局」（以下簡稱調查局），並立刻在臺北縣開始進行實驗性調查，接著在翌年明治三十三年（一九〇〇）展開宜蘭廳、明治三十四年（一九〇一）進行臺中、臺南兩縣的調查。

土地調查事業的具體工作展開，第一階段是先由包含本地人在內的地方委員會委員[5]之協

圖 7-2：土地調查期間調查的情形。《臨時臺灣土地調查局事業報告　第 1 回》，頁 139-141 之間〈外業實景〉照片。

助下，驗定村落土地範圍、製作村落草圖，並填入該村落中每筆土地的境界、地目、業主、典主等資訊，作為接下來將要從事實地調查的基礎。然後，由人民自行填具土地申告書，向土地調查局的地方派出所申告其土地。土地申告書是一張已經印刷上欄目的表格，人民提出申告時必須填註的基本欄目有：（1）土地座落、（2）附著在該土地的負擔（例如，大租、水租、地基租、官大租、官小租）、（3）業主、（4）面積、（5）地目、（6）等則、（7）地租，必要時也可以在「事故」欄中對該筆土地做描述性說明。提出土地申告書時，也被要求檢附該筆土地的丈單、契約、鬮書、墾批等證據文件。未能檢具上述證據文件者，則可以夾送主張權利的「理由書」。這樣的土地申告手續，一方面是申告者向政府主張其對該筆土地的權利，也是政府向申告者收集該筆土地之基本資訊的方法。[6]

第二階段，則是在戶外進行該筆土地的實地測量。此時，申告者必須先在其土地之四至插上寫著地目、地號及業主姓名的標柱。測量工作，由委員陪同調查局的測量員進行，必要時得要求申告者攜帶相關文件到場作證。經過這樣的申告、測量之後，該土地將由地方委員會查定其土地的各項資訊及其業主和該土地所附帶的權利、義務。若申告者不服地方委員會之查定，得於規定期限內檢具證據文件，向高等委員會提出申請，要求另行裁定。[7]經過地方委員會之查定與高等委員會之裁定，就確定了該筆土地的歸屬（確認業主姓名）、地目（土地的性質分類）與座落、面積。即使原申告者對此裁定不服，也不能向司法機關提出訴訟。也就是說，高等委員會的裁定，實質上等同於司法機關的判決。「查定」與「裁定」，分別指地方委員會與高等委員會所為之決議。

申告者提出的上述土地申告書，在經過測量、查定等一連串的作業之後，便成為準地籍資料，上面登載的土地資訊多數已經過確認。因此，調查局便將每一個村落的土地申告書中的各種資訊，分別彙整成為以村落為單位的各種集計帳（例如土地臺帳、土地臺帳集計簿、聯名簿、地租名寄帳、官租名寄帳、大租名寄帳）。[8]明治三十八年（一九〇五）土地調查事業結束時，調查局共製作了土地臺帳九千六百一十冊、地租名寄帳三千兩百五十三冊、大租名寄帳兩千三百七十一冊。這些就是殖民政府所掌握的各種形式之土地帳冊。

土地調查事業總計測量了臺灣島內兩萬四千一百六十八平方公里的地形與地籍，查定之田園土地一百六十四萬七千三百七十四筆、面積共

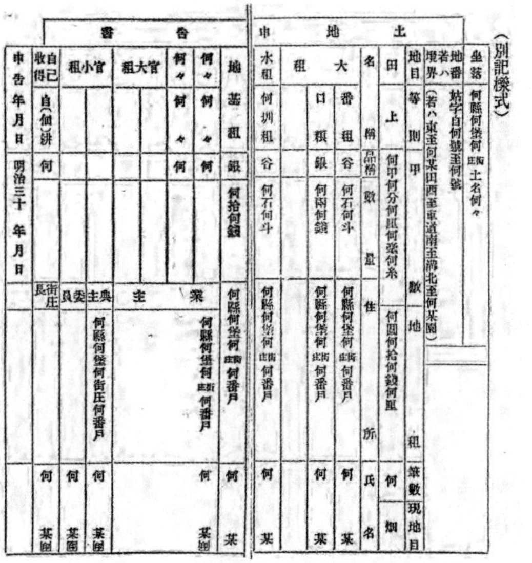
（別記樣式）
土地申告書

圖 7-3：《官報》上公布的土地申告書格式。1900 年 4 月 21 日，頁 289-290。

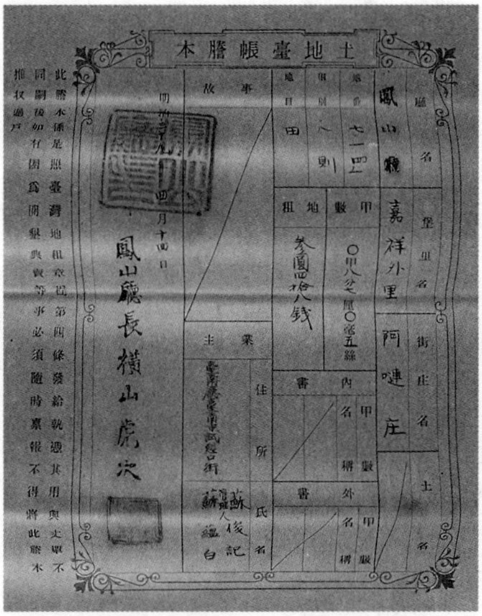
土地臺帳謄本
鳳山廳長横山虎次

圖 7-4：土地臺帳謄本。臺史博公眾領域，登錄號：2011.011.0408。

七十七萬七千八百五十甲，較諸劉銘傳清丈時所掌握的課稅土地三十六萬一千四百四十六餘甲，此時臺灣總督府掌握的課稅土地增加了四十一萬六千四百〇三甲。[9]

土地調查事業的目的，除了製作地籍資料之外，另一個目的是對臺灣進行大地測量，以便掌握臺灣的地形、製作臺灣地形圖。土地調查事業展開之後的實地測量，結果製作了以村落為單位，包括村落範圍內每一筆土地的地圖。尤其自從明治三十三年（一九〇〇）導入三角測量之後，更在臺灣各地設置了作為測量基準的三角點一千一百六十三點、圖根點兩千八百〇四點，從而可以更精緻地測量，完成了農村聚落的村落圖（一比一二〇〇）、市街圖（一比六〇〇）。然後以這些地圖拼接成三萬七千八百六十九幅庄圖。庄圖上除了描繪出堡界、庄界之外，每筆土地都編上地號、地目及重要地物。後來，以這些庄圖為基礎，還製作了以堡為單位的四百六十六幅堡圖（一比兩萬）。[10]

確認土地權利：民業

土地調查事業的目的之一，是要確認土地的權利，包括每一筆土地到底是官有，還是民有？若是民有地，則其「業主」為誰？每一筆土地是否帶著什麼負擔（例如，必須繳納大租、小租、水租、地基租，或是有抵押、胎典等）及其權利、義務的主體。

由於改隸之際日本政府並未能與清國官府進行實質的行政、財務交接，因此臺灣總督府來到臺灣之後，即使是原來清朝官府在臺灣到底擁有哪些官有財產和應有之收益，都必須重新調查。不過，總督府於明治二十八年（一八九五）九月編輯作為施政參考的《臺灣制度考》，便理解到臺灣之田地有官田、民田之分，而且即使是官田，也未必意味所有權屬於官府，官田指的或許只是官府對之收取「官租」（大租或小租）的土地。[11]殖民政府非常積極地想要掌握這些官田及官租。因此，殖民政府雖然為了安撫臺灣民心，而於來到臺灣之後不久的明治二十八年（一八九五）七月宣示蠲免該年人民之「地租（田賦）」，[12]但仍在九月底發出諭告要求人民繳納官租（官廳收取的佃租）。[13]當殖民政府在臺灣全面地展開行政之後，各地方政府也不斷地透過地方之有力者調查官田與官租。[14]但是這樣的調查法當然效果有限，應該會有很多的隱匿和遺漏。確認到底在何處有多少官田、官租的作業，還是要等到明治三十一年（一八九八）土地調查事業展開之後才可能真正完成，而且它是以排除民間之權利主張後才成立的（後述）。以下，就先來談民間之土地權利，是如何被確認下來的。

如上所述，土地調查事業取得各筆土地資訊的方式，是由民間業主各別具體地填具土地申告書，主張自身對該筆土地之權利。因此，殖民政府作為接受申告的一方，只需要被動地逐一確認申告者提出的資訊無誤、權利主張無誤且無人反對。因為在查定之際還是有些無法立即判斷的事例，例如舊政府徵用民地築成道路而後又再度廢棄的道路，如何認定處理？道路兩側之建築物的騎樓是否算為業主權的範圍等，[15]所以調查過程也常需要同時進行舊慣調查，以便處理難以遽下判斷的案例。[16]但從實際的土地業主查定原則來看，土地調查事業全面地承認了民間業主所持有的、幾年前劉銘傳清賦時之文件（主要是丈單）的證據力。如此承認舊政府確定下來的清賦結果，當然有助於土地調查事業順利進行，有效地減少查定業主時發生爭議的可能性。而且，為了減少爭議，在查定土地業主時，也政策性地刻意採取寬鬆認定的方針。雖然規定申告土地時必須檢附證據書類，但在調查之初便允許可以用抄本，不一定非要原件才能視為證據書類，後來又承認「具有如下證跡者，應視為業主」。[17]

1 劉銘傳清丈之際為該土地之業主，而登錄於魚鱗冊或其他官簿，或領有丈單者。

2 劉銘傳清丈後為該土地之業主，而被課租賦，目前尚繳納地租（土地稅）者。

3 經審判確定為該土地之業主者。

調查展開後，殖民政府也不斷放寬認定土地業主之條件。例如，明治三十三年（一九〇〇）通令：只要是非關國土保安或有關公益之土地，「如投下自己的勞力資本所開墾的田園、山林或建築基地等，在不侵害他人權利之前提下，公認其永久之業主權」。[18]明治三十四年（一九〇一）又增加規定：「無證據書類，但有足以認定業主之占有或其他事實者」，也可承認其為土地業主。[19]明治三十五年（一九〇二）又規定：「依據上手契（該筆土地先前的交易契約）及官簿則可明瞭業主權者」，不必提出理由書便可逕行認定為業主。[20]也就是說，殖民政府承認民間申告者之業主權的條件，從要求必須有舊政府發行之丈單、向官府繳稅之文書證據、當初購買土地之契卷等文件，放寬到只要是投入勞力、資本進行開墾耕種，甚至是僅具有占有之事實者，都可以被承認為該筆土地的業主。這樣的土地調查，有助於避免人民感到原有權利被剝奪並起而抵抗。

由於土地調查事業是由主張土地權利的人提出申告，而且地方委員會在查定業主時採取寬鬆的認定標準，因此出現爭議的機會不多。只有在該筆土地出現不只一個人同時主張相同權利，或權利內容有矛盾時，才會申請高等委員會仲裁審定。地方調查委員會查定的一百六十四萬七千三百七十四筆土地當中，因不服而向高等委員會提出申訴者有一千四百七十四件（一萬一千八百一十八筆）。高等委員會接到這些申請之後，多以調解方式解決，結果其中的

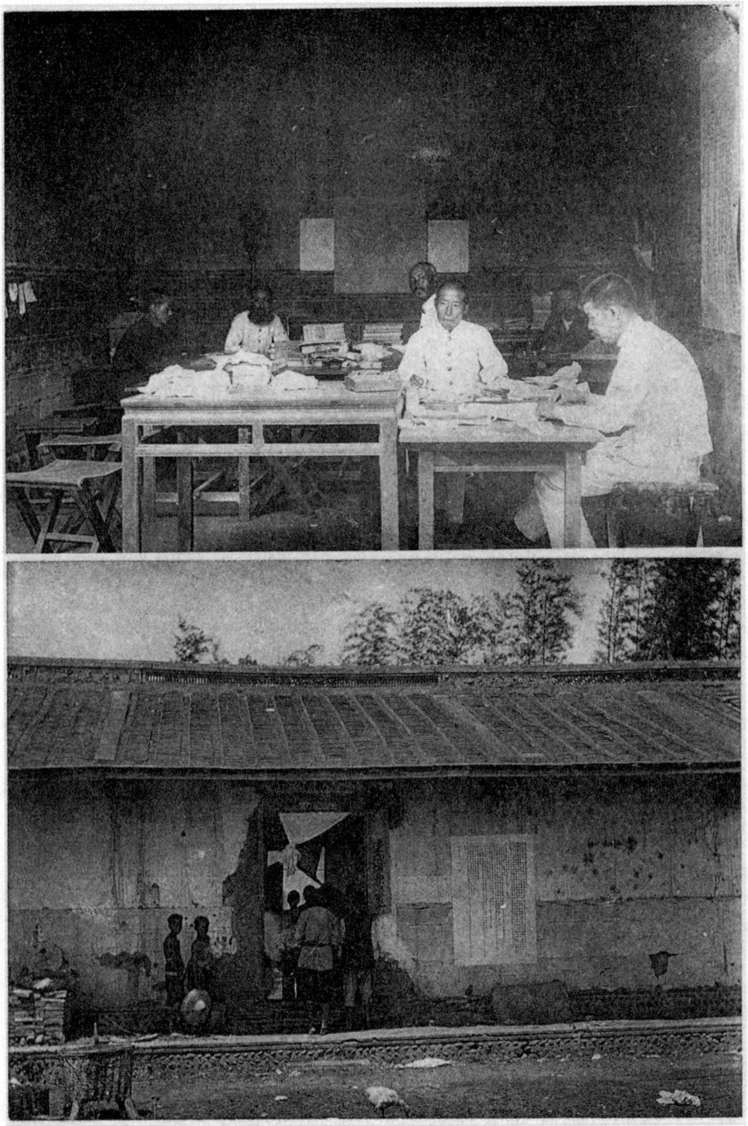

圖 7-5：土地調查期間各地的派出所借用民宅辦公（上）、臺灣人到派出所提出申告的情形（下）。《臨時臺灣土地調查局事業報告　第 1 回》，頁 139-141 之間〈外業實景〉照片。

九百四十七件（七千四百二十九筆）由申請人撤回，六十八件（三百六十五筆）以條件不完備的理由駁回，[21]真正進入審定程序的只有四百五十九件（四千〇二十四筆），占總查定筆數的〇．三四%，比率並不高。這些真正進入審定程序的案件當中，被判定地方委員會之查定為適當者（即仍維持原來之查定結果）一百五十六件、駁回者兩百一十三件、取消原來之查定而重新審定業主者八十八件、裁決再審者兩件。顯然即使有人不服地方委員會的查定結果，而交由高等委員會審定，最後也大多維持原來的查定。其原因應該是，對於業主的申告，只要沒有其他人提出異議，便採取寬鬆的原則承認其為業主，而且地方委員會中已經納入了熟悉地方情況的在地人參與，而發揮了作用。

如上所述，殖民政府在確認民有地之業主時，由於盡可能承認申告者的權利主張，因此免去了不少爭議。但也不是這樣就可以完全解決所有民有地的問題。例如，臺灣的田園土地原來並未確定以個人為業主的原則，因此也可能存在著家族裡未鬮分（鬮音糾，鬮分指析分家產）或以合夥形式經營的共有財產（「共業」），[22]而且臺灣社會本來也存在著以祭祀神明、祖先，甚至以撫卹社會、興辦學堂等為目的之集體公有的財產（「公業」）。[23]對此，殖民政府於土地調查事業展開之初，便基於「舊慣溫存」之原則，[24]規定土地申告時：「公業和團體之土地，應記入其公業、團體名稱，及管理人之住所、姓名」、「業主四人以上之土地，應記入某人外幾人，並添附記入座落地號之業主姓名的聯名書」、[25]「有二人以上之業主的土地而不得各自分割者，應使聯名申告」、「街庄社和其他團體及公業地，以其團體名或公業名為業主，但應有管理人之署名蓋章」。[26]這些以「公業」、「共業」申告而業主權獲得承認的土地，以後在業主權移轉、繼承、分割上經常發生爭議，成為臺灣土地制度史上必須特別面對的問題，甚至目前還是臺灣土地制度上尚未完全解決的難題。[27]

除了上述以族產等為首的「共業」和「公業」之外，還有以「寺廟財產」之名義存在的「公業」。明治三十三年（一九〇〇）年四月，殖民政府依照財產及經營型態，將臺灣之寺廟分成官廟、公共廟、私廟三種。官廟，是官方所設（例如社稷壇、先農壇、城隍廟、節孝祠等），其建造及保養經費或有一部分由官府負擔，但實際上也多有由人民捐獻錢財、土地者。官府雖定期舉行祭祀，但實際上卻也經常在官府監督下由民間管理。私廟，是由民間個人建造經營的廟。公共廟，是由多數人或幾個村莊醵金（醵音巨，醵金指集資）興建，由董事或代理人管理。總督府將私廟視為私人財產，規定由保有者申告，並查定為其個人財產。對於官廟、公共廟及其擁有的土地，則規定這些廟產可以以廟或祭祀之神明為業主提出申告，但必須同時登記一個自然人為其管理人。[28]

確認土地權利：官產

除了以上在舊政府時代被歸為「民田」的土地之外，臺灣的田地還有原來被統稱為「官田」的土地。「官田」，就字面的意義來看，似乎指的是「官有的田地」。但是，就如總督府甫來不久便出版的《臺灣制度考》所認識到的，「官田」所指涉的，固然有一些是官府掌握的官有土地，但大部分是指現實上官府只從其上收取「官租（大租或小租）」的土地，甚或是名義上為土地租金（大租或小租）但實際上已經與土地脫離的收益。總督府在各地建立起地方官廳之後，便積極地想要掌握這些官有土地和官府的土地租金收益，但似乎難以體系性而且全面性地掌握。[29]土地調查事業展開之後，才終於大致釐清了舊政府時代統稱為「官田」的官有土地及土地租金收益。

殖民政府得以清釐出「官田」的原因，是因為她一方面規定「官田」由現耕佃戶提出申告（但在「業主」欄自己登記為佃戶），[30]佃戶若未提出申告，則視同拋棄對該土地的佃戶權利；[31]一方面透過與土地調查事業同時進行的舊慣調查，在全島進行了全面性的調查。透過前者，佃戶為了確保自身得以繼續佃耕該筆土地而積極提出申告，殖民政府就可以較少遺漏地掌握官田的數量和座落；後者則使殖民政府可以瞭解官田設置的沿革及其性質。

明治三十七年（一九〇四），土地調查事業接近尾聲時，調查局終於得以對臺灣田園之大租做出了總體的疏理，而將大租分成「民大租」、「官大租」、「地方財團大租」三類。「官大租」依其形成緣由及收益用途，有各種不同名目。例如官莊租、隆恩租、抄封租、封收租、屯租、地基租、百甲館租、五豐館租、施侯租、八房租、海埔租、亢五租等，其中比較重要的有以下幾項：

（一）官莊租

或由官府出面開墾，或原為官員私自圈地開墾但後來被官府沒收充公之田園，經官府放給民間之佃戶耕種，官府所收取的地租。官莊租有一部分被歸入必須上繳的正供，一部分則留存於地方官府，成為可由地方官府支配之款項。

（二）隆恩租

乾隆皇帝曾經恩賜專款讓士兵將領滋息，以貼補軍人福利。後來軍隊以這筆恩賜專款購置田產，放給佃戶耕種收取佃租，甚或直接買收私人之大租權為經常性收益。這種以皇帝恩賜款項購置，稱為「隆恩」田園的租金收益及大租收益，一般多由地方官府或營伍管收，充作公費或賞恤之用。

（三）抄封租

官府於平定亂事之後沒收亂黨之土地、財產，或沒收位於土牛界外所偷墾之土地，由官府指定佃首掌理，或直接放給佃人耕種收取之租金。抄封租之一部分雖也納入正供，但繳納正供後之剩餘款項，亦留存地方供作地方官府、軍隊之用。

（四）屯租

一七八〇年代林爽文之亂後，設立番屯制度，以熟番壯丁為屯丁，並給與「養贍埔地」六百二十餘甲及界外溢墾的田園三千七百三十餘甲以為津貼。這些土地多由佃人開墾，官府收取租谷（米）後分給屯丁。一八八〇年代晚期劉銘傳清丈後，除臺中地區部分仍由官收之外，其他大多已經消滅。[32]

至於被歸類為「地方財團大租」的「官大租」，也有各種不同的名義：學租、育嬰租、留養租、恤嫠局租、普濟堂租、義倉租、城工租、義渡租、義塚租。這些都是官府或官員倡議，民間響應捐款購置田園，以其收益來從事各項社會公益事業。這種田園雖然可能由官府或官員經理，但大都由官府監督民間推舉地方頭人經理，其收入則用來作為符合各類別名義之公共設施、社會事業的開銷專款。[33]

從上面的說明來看，雖然設置之初官田可以說是官府的土地，但是都放租給民間耕種或使用，因此官府與實際的耕種、使用者之關係，猶如地主與佃戶、租戶的關係。如果承租官田的佃農、租戶再將土地放租出去，他們就成了收取小租的小租主，而原來繳交給官府的地租就成為大租。因此，總督府多將這些官田的地租稱為官大租。而且，這些可以收取租金的各種官田，其名目不同、當初的設置目的不同，而且設置後放租的形式也不同、其租金的收益用途及得以分享之主體也不同。甚至，時日一久，地租收益有可能被當成買賣的標的而易手，因此實際的田地與租金收益之間也可能分離，演變成實際的土地一再轉手，而且附著在該土地上的收益也一再轉手，使得土地及其收益兩者各自「分離單飛」了。

殖民政府雖然甫到臺灣之後即想要掌握官田，對於官租也全視之為政府應得之收益，但現實情形既然如此複雜，不久之後就瞭解到必須有所退讓。殖民政府採取的辦法，便是依賴官田的佃戶（小租主），由其申告官田的所在、面積，甚至為了避免爭議，進而承認這些官田的佃戶（小租主）為業主。也就是說，經過土地調查事業之後，官田大部分轉成了民業。其次，總督府認識到官田當中也有原是地方士紳為了公益而捐獻成立的財產，這種官田及其收益（官租）的經理也多有士紳參與其中，不能逕行理解為純粹官府的財產，[34]因此做了一些轉圜妥協。例如，「學田」及其收益就另外成立了法人性質的「學租財團」。[35]因此，如果說土地調查事業確立了一般土地之個人的業主權，一部分的官田則在此時轉換成為法人財產。

如此說來，總督府將清代的民田，以寬鬆原則承認民間的所有權；對於清代的官田，也將原來的佃耕者（或許是小租戶，甚至是現耕佃戶）視為業主，或者轉型為公益法人的財產。那麼，殖民政府是否還擁有土地呢？有的，而且面積非常龐大。因為即使殖民政府不再如皇朝中國有所謂「普天之下，莫非王土」的觀念，卻也已經在土地調查事業展開之際，便規定：「未申告之土地的業主權，屬於國庫」。[36]因此，只要不是經過申告並被承認為民有的土地，就自然成為殖民政府所擁有的國有地了。

大租權補償與地租（土地稅）改正

明治三十六年（一九〇三）底，土地之官有、民有查定與地籍編製工作接近尾聲，土地調查事業終於邁入了最後階段，即大租權處分和地租改正。大租權處分，是土地調查計畫展開之初即已設定的目標。因此，當明治三十一年（一八九八）底總督府提出臺灣事業公債法案時，即已編列經費買收臺灣田園上的大租權。至於重訂臺灣土地稅制度以便增加稅收，更是殖民政府發動土地調查事業的初衷。江丙坤的《台湾地租改正の研究》是戰後正面研究土地調查事業的專著，[37]書中不斷強調殖民政府在進行土地調查事業的過程中隱瞞徵稅之意圖，而以此來論斷此事業的欺瞞性與掠奪性。但實際上殖民政府在此事業立案之初，就已經明言其目的是增加土地稅收，也編列收買大租權之預算了。

明治三十六年（一九〇三）十二月，殖民政府發布整理大租權的律令，規定臺灣改隸（一八九五年五月八日）之後沒有行使權力的大租權視同已經消滅，而且此後也不得再設定大租權。[38]也就是說，殖民政府不但不承認新生的大租權，而且順勢否定了晚近沒有積極主張權利的大租權。

殖民政府接著便以業主在土地申告書上所填報，並經查定確認的大租相關資訊為基礎，彙整製作地區性的大租名寄帳，其中記載了大租權之名稱、種類、數量及大租權人。這些大租名寄帳公告開放閱覽，相關當事人若有異議可於期限內提出更正要求。大租權雖然可能在土地開發之初曾經存在，但經過相當年月之後，有些不免逐漸被遺忘了。扣除殖民政府主動放棄的官有地大租權、[39]改隸後沒有行使權利而視同消滅的大租權之後，彙整登錄在大租名寄帳上的大租權人共有三萬九千七百九十九名，相關之業主有三十萬零一百三十五名。[40]公告閱覽後提出申請更正者有四萬三千一百四十五件，殖民政府一方面透過大租權調查委員會審理這些爭議案件，一方面透過調解，甚至由法院的司法判決來解決這些紛爭。[41]

確定大租權之後，殖民政府終於出手「整理」大租權。明治三十七年（一九〇四）五月，公布「大租權確定ニ關スル件」（明治三十七年律令第六號），決定透過由政府發給補償金的方式來消滅大租權，而補償金則由根據「臺灣事業公債法」發行的公債證書來支付。

利用補償金買收大租權之先，必須計算出各別大租權應有的補償金額。明治三十七年（一九〇四）六月，殖民政府公布大租權補償金算定率，並製作大租權補償金臺帳。[42]大租實際的抽收數量、方式、內容向來就非常多樣，有的是從收穫量中抽取一定比率（「抽的租」），有的是不問收穫量多少都抽收固定數額（「鐵租」）；收取方式有的是大租戶主動到佃戶家中收租，有的是佃戶必須將大租運送到大租戶處繳納；有的是繳納實物，有的則是折算轉而繳納銀兩。而且，不同地區之間也有差異。因此，殖民政府先以大甲溪、濁水溪為界，將臺灣分成北、中、南三區，分別計算各區之大租權補償金。計算大租權補償金時，採取以下三項數據的平均：（1）大租買賣之實例的價格，（2）調查局派出所的預估價格，[43]（3）五年來小租買賣平均價格之半。[44]

殖民政府計算出大租權補償金額後，公布大租權補償金臺帳，規定大租權人於六個月內提出申請。[45]結果，明治三十八年（一九〇五）三月底以前，殖民政府以三百七十七萬九千四百七十九・一六圓（其中，臺灣事業公債證券三百六十七萬兩千四百三十六・五圓，現金十萬零七千零四十二．六六圓）收購了大租。[46]當時臺灣田園每年之大租權金額約為一百〇七萬六千四百三十六圓，[47]因此可以說，殖民政府以大約三年份的大租額，將臺灣土地制度中的大租完全消滅了。臺灣數百年來的大租，從此走入歷史。

殖民政府雖然花費了大約三百八十萬圓購買臺灣土地上的大租，但是她一方面誘引這些大租權補償公債轉而成立金融機構，讓這些公債轉化為工商業可以利用的金融資本（彰化銀行即為顯例），一方面則因為消除了原來小租戶要負擔的大租，而可以讓已經擁有業主權的小租戶負擔比較高的土地稅。也就是說，殖民政府還是將她購買大租權的負擔，轉嫁給了應該繳納土地稅的原小租戶（如今的業主），而且這是每年都可以徵收的持續性收入。所以說，殖民政府實際上做了樁一本萬利的生意。

經過地籍調查、大租權補償之後，殖民政府接著進行地租（土地稅）改正。地租改正的兩大原則，一是將土地稅完全依照地目、等則，即根據土地的收穫能力，算出每年固定的稅額；一是完全徵收金錢，不再徵收實物。具體展開時的規定是：（1）賦課土地稅的對象為地目中的田、園、養魚池。[48]（2）根據土地之優劣分別訂出每種地目之等則，然後依土地面積課徵土地稅。（3）土地之優劣（等則），以收穫為基礎，斟酌地力之豐瘠、水利及運輸交通方便與否、蟲害旱害風害之有無、勞力之充裕或不足、耕作之難易及原來的小租額決定。（4）土地稅率，參酌利息及土地買賣價格、相應土地之等則，以其收益定之。[49]

地租改正時據以計算土地稅的各種數據，則在地籍調查期間就已經同時收集了，例如（1）土地之良否，（2）收穫之多寡，（3）小租之多寡，（4）農作物之價格，（5）量衡器之容量及斤量，（6）貨幣之種類及價格，（7）小租戶及佃戶之收益比率，（8）米穀換算比率，（9）春秋兩季收穫比率，（10）土地買賣價格，（11）借貸利息。[50]

臺灣的耕地絕大部分都存在著租佃關係，因此要使業主負擔田賦，便必須調查業主與佃戶之間如何分配土地收益。所以收穫調查，也就同時是調查業主、佃戶之間對於收穫的分配比率。總督府以農田米作的收入作為主要調查項目。調查結果，一甲土地之最高收穫，田是兩百四十圓以下，園是兩百圓以下，養魚池是一百七十圓以下。[51]總督府參酌原來的田園等則劃分及大租權已經消滅的新情勢，將田、園都分為十等則，養魚池分為七等則，然後分別訂定土地稅率。結果，土地稅率占收穫之比率分別為：田七．〇五%，園五．三五%，養魚池七．四七%。[52]如果與同時期的日本內地比較，臺灣之土地稅負擔約為內地的一半。地租改正後的業主（原小租主）之負擔，由於已經不必繳交大租，因此除了十等則中最高級的「上則」田之土地稅負擔，比清末時期稍微增加之外，其他等則的田、園都降低了，而且等則越低者（即被認為收穫越低者）降幅越大。[53]但是，由於課稅土地的面積大幅增加，殖民政府在接下來的明治三十八年（一九〇五）度，根據這種新的土地稅制所課徵的土地稅竟達兩百九十八萬九千兩百八十七圓，為土地調查事業前之一八九六年度（七十五萬兩千六百九十八圓）的三．九七倍。[54]

明治三十一年（一八九八）啟動的土地調查事業，經過七年的歲月，於明治三十八年（一九〇五）三月底關閉專責調查機構「臨時臺灣土地調查局」，達成了殖民政府當初所預期的目標。但是，經過土地調查事業所建立起來的土地制度，還是必須確保可以延續，獲得的土地資訊也必須持續不斷隨時更新。因此，殖民政府於明治三十七年（一九〇四）初，便著手研議能持續管理土地資訊的土地登記制度。之後於明治三十八年（一九〇五）五月推出的土地登記制度是：業主應以政府根據土地調查事業查定的土地資訊所製作的土地臺帳之謄本，向法院或其出張所登記該土地之業主權、典權、胎權、贌耕權。而且，以後該土地之上述權利的設定、移轉、變更、處分限制、消滅，除了係因繼承或遺囑的原因之外，若未依此規則提出登記者，不產生效力。[55]這樣的規定，一方面是宣示將透過登記手續，由政府保證上述各種土地權利的變更，另一方面則是讓政府可以持續掌握土地的最新資訊。

臺灣社會的反應

如上所述，明治三十一年（一八九八）以來經過七年的時間，日本殖民政府在臺灣進行了臺灣歷史上規模空前的土地調查，透過實際的大地測量理解了臺灣之地形、建立了精確的地籍，確認了土地的官有、民有之區分，並趁此機會導入近代式土地所有權，大幅增加經常性的土地稅收入。這對於殖民政府之殖民地統治，當然具有重要的意義，但是如果從臺灣土地制度史發展的面向來理解土地調查事業，則更有特別的革命性意義。[56]臺灣社會到底如何接受這種具有革命性意義的變革呢？以下，將以二個例子來初步回答這個問題。

明治三十七年（一九〇四）四月，曾經在明治二十八年（一八九五）六月日本殖民政府前來接收臺灣時，挺身而出積極表態歡迎的商人辜顯榮，向殖民政府申請以兩年開墾成功為條件，要求彰化廳「豫約賣渡」馬芝堡牛埔厝八十三．四三甲的官有原野。[57]所謂「豫約賣渡」是政府釋出官有財產賣給民間的一種制度，民間可以承諾以一定期間為開墾成功之條件，向政府申請無償租借土地，期約屆滿而且被認為達到當初之承諾時，政府則將官有土地賣出給民間申請者。此案的結果是在明治四十年（一九〇七）總督府認為當初辜顯榮承諾之條件已經達成，而以一百一十八．八圓（每甲一．四六七圓）的代價，將開墾成功的八十．九八四二甲土地賣給辜顯榮。[58]

圖 7-6：1903 時的辜顯榮。《辜顯榮翁傳》書前照片（辜顯榮翁傳記編纂會，1939）。

這種御用紳士申請官府釋出廣大官有地的制度，與清帝國發行墾照的制度其實沒有太大差異。清帝國時代，與官府關係良好的有力者「但呈一稟（只要提出一份申請書）」便能從官府拿到墾照（開墾許可證）」，經過數年土地「墾熟」之後，該土地雖然必須陞科繳納田賦，但申請者也就成為該土地的業主。如今辜顯榮向殖民政府申請「豫約賣渡」官有地，從結果來說，也與清代申請墾照一樣，都因此獲得官府給予開墾土地的權利。只是如今申請者（辜顯榮）從日本殖民政府獲得的，不再如清代一樣只是能在該土地上開墾耕種，而是還包括了該土地的所有權。這樣說來，殖民政府是在土地上創造了一種以前沒有的「所有權」，而且將此新創的「所有權」也給了申請者（辜顯榮）。

辜顯榮的案例另外還值得吾人注意的是，被申請開墾的土地座落於向來被視為臺灣穀倉的彰化平原，而且約定「墾熟」的期間只有短短的兩年。彰化平原在清代便是臺灣重要的農業生產地帶，按理來說土地應該已經開墾殆盡，但為何在二十世紀初還有土地等著辜顯榮來請墾呢？而且，如果這是一片未經開墾的荒地，辜顯榮為何敢向殖民政府承諾只要兩年的工夫便可以將土地墾熟呢？原來，這片土地是明治三十一年（一八九八）暴風雨之際，因濁水溪支流氾濫淹沒而被拋荒的土地。這種在清代文獻中被稱為遭受「水沖沙壓」的土地，原來的耕種者都會暫時拋荒，如果是官府列冊課稅的田園，一般也會被蠲免稅課。也就是說，一般人重視的是使用土地（耕種）以獲取收益，政府則是向土地使用者分得其使用（耕種）結果的部分收益為田賦。因此，既然土地被水沖沙壓無法耕種，農民便將其拋荒，政府也不再對之課稅。這種被拋荒的土地，在土地調查事業過程中，農民不會積極提出申告，因而也就被查定為官有地。這些在法律形式上視為「無主」而查定為官有地的「荒地」，在明治三十七年（一九〇四）卻由「敏於時勢」的辜顯榮，向殖民政府申請開墾。說不定，辜顯榮「請墾」獲得官府給墾這片「官有荒地」後，招集來「開墾（耕種）」的佃農，還都是原來的耕種者呢！如此一來，土地原來的耕種者還是繼續耕種，對於他們來說，似乎沒有什麼大不了的改變，只是在自己上面有了一個申請到墾照的辜顯榮，他們還是與以前一樣，只要繳出該土地的部分耕種收益。只是，以前繳出的耕種收益名目是「田賦」或是「佃租」，現在則確認為「佃租」。這些耕種者或許不是很清楚向他們收取「佃租」的辜顯榮，身分已經不再是舊時代的墾戶，而是新時代裡這些土地的所有權人了。

如果上面所舉的是殖民政府將土地釋出給御用紳士等大人物的案例，那麼，另外一個案例則恰恰相反，是殖民政府與小老百姓之間的交手。

大正八年（一九一九）三月十三日嘉義廳打猫南堡好收庄的林尚墻，以將要進行開墾為名義，向嘉義廳申請「豫約賣渡」打猫東下堡潭底庄的一片官有原野。但他申請開墾的土地面積只有〇．二一四七甲，而且約定的開墾成功期間竟然是大正八年（一九一九）十月一日至十一月三十日，僅僅兩個月。申請開墾土地面積之小、約定開墾成功期限之短，都不合一般情理。結果，林尚墻還是依照原訂契約從嘉義廳獲得了這一小片土地的業主權（代價是每甲一百圓，[59]也就是二十一．四七圓。當然，還要加上兩個月開墾期間的租金每年每甲五圓，○．二一四七甲即○．一七八九二圓。因此，總價共是二十一．六四八九二圓）。[60]對於這樣的官有地放領個案，可以如何理解呢？

嘉義廳對於林尚墻申請案之土地狀況，有簡單的評估，為我們提供了一些線索：「本申請地為溪流之浮復地，雜草繁茂，地盤高而無虞水害，而且無其他何等障害」。也就是說，這片土地是河流沖積出來的官有土地，即使將其釋出讓人耕種也沒有什麼不當。但是一片溪流的浮復地，如何可能在兩個月內「開墾成功」呢？或許，將這個申請案當成只是個形式上之手續，用來承認申請人林尚墻對於這片土地的既有耕種或占有事實，應該不是很勉強的事吧！或許這樣理解，才可能解釋為何我們可以在總督府檔案中找到為數甚多的「豫約賣渡」相關檔案，[61]因而且又有為數甚多的零碎小額土地放領給名不見經傳的小人物。這當中應該有很多情形是，因為未符合土地調查事業的各項規定，無法查定為民有地，但殖民政府卻也無法漠視它不能逕行查定為官有地的現實狀況，因此必須透過放領手續來向現實妥協。

另外，明治三十八年（一九○五）啟動的土地登記，如何被當時的臺灣社會接受，也必須稍作說明。殖民政府雖然透過土地調查事業掌握了土地的資訊、建立了地籍，但並不能說這樣就確立了土地所有權，毋寧說只是掌握了每一筆土地的納稅人名單。明治三十八年（一九○五）公布的「臺灣土地登記規則」才真正在法律上承認土地的四種權利：業主權、[62]典權、胎權、贌耕權，並且規定這些權利必須經過登記手續之後才具有法律效力。但是，當時的臺灣社會除非進行土地交易，否則並不急著需要獲得殖民政府引進的土地所有權。因為即使沒有這個新的土地所有權，原來的土地耕種者仍然可以繼續耕種他的土地。尤其，對於當時臺灣社會最經常發生土地權利變動的「繼承」，「臺灣土地登記規則」並沒有採取強制登記原則，也就是不需要登記就有法律效力，加上土地登記時必須繳納手續費，因此只有極少數的臺灣人願意主動向法院提出土地登記。[63]顯然，殖民政府的政策和其引進的觀念，還沒有被臺灣社會普遍接受，或暫時還不是一般臺灣社會所需要的，臺灣社會仍然在原來的「舊慣」中運作。

另外一項與土地制度變革相關的是個人所有制的問題。政府推動土地制度變革的重要理想之一，是確立個人的土地所有制。因此，如上文所述，祭祀公業、神明會、廟產等，殖民政府視之為不得已必須容忍的例外，而容許以集體「共有」的形態存在（但還是必須登記一人為「管理人」）。但臺灣社會對於財產的舊有習慣，包含土地，並未確立個人所有制，而毋寧是以「家」為持有單位。因此，即使析分財產（稱為「分家」），也只是將原來的「家」之財產析分成由幾個「家」持有，而分得財產的各個「家」還是包含著多人的集體，而非個人。這樣來看，即使殖民政府在土地調查事業中將一筆土地登記在一個人名下，但對臺灣人來說，這筆土地可能仍然是「家」的共同財產（「共業」），只是由該個人出具名義登記下來。土地以「共業」的形式存在，當然不利於權利的移轉、變更，甚至還會產生共享權利者之間的紛爭。殖民政府當然不樂見多數土地屬於「共業」的形式，而積極想要促進土地為個人所有。[64]但是，殖民政府顯然無法在短期內改變臺灣社會共同所有的「舊慣」。因此，以後這種「共業」的整理，就不斷地是日本殖民政府，[65]不，也是一九四五年以後之中華民國政府所要努力的「未竟之業」了。[66]

如何理解土地調查事業？

一九二〇年代，矢內原忠雄對於臺灣總督府的土地調查事業，曾經有如下的評價：

> 土地調查的效果，其一是明瞭了地理、地形而得到治安上的便利，其二是整理隱田，增加土地甲數，而且消滅大租權增加土地收益，因此得以改正增徵土地稅而增加財政上的收入，其三是明確了土地權利關係，使其買賣安全，而得到經濟上的利益。這個經濟上的利益，主要是誘引資本，給予我（日本）資本家在臺灣進行投資土地、設立企業的安全。就如當時執筆的竹越氏所說的，「內則使田制安全，外則使資本家放心投資於田園，其效果可謂永遠無限」。[67]如此，土地調查就是臺灣資本主義化、我（日本）資本征服臺灣的必要前提、基礎工程。[68]

土地調查事業的結果，確認了土地這種重要的生產材料的座落、面積、所有權人，並使其權利關係明確化，的確有助於日本之資本在臺灣進行土地交易與投資，為臺灣成為日本之投資殖民地做好制度上的準備。矢內原關心的問題是日本資本如何在殖民地臺灣達成壟斷性的局面，以及總督府在此過程中扮演了如何的角色（他曾經說殖民政府是日本資本在臺灣達成壟斷的「產婆」），[69]因此他在評價總督府的土地調查事業時，自然會特別強調在確立土地產權移轉之制度性保障上的意義。

但本文所關心的則是：為何總督府的土地調查事業可以相對順利地展開，並在少有臺灣本地人激烈抵抗下順利完成？詳細檢視調查事業的展開過程後，我們可以發現日本殖民政府的土地調查事業，不論是調查地域或調查手法，一方面已經有日本內地在明治初年「地租改正」的經驗，一方面則是建立在大約十年前劉銘傳的「清賦」基礎上，而且完全承認「清賦」所認定的民田業主權利，即使碰到業主認定的證據不是很充分之情況，也採取寬鬆的認定標準，承認臺灣人的權利主張，因此可避免挑起臺灣人的抵抗。但是，殖民政府片面地決定以公債完全買斷土地上的大租權這件事，為何可以順利進行，少有引起臺灣大租權人的抵抗，卻還是有待研究的課題。

從臺灣土地制度史的脈絡來理解土地調查事業的意義，也是本文的目的。從臺灣土地制度史來說，土地調查事業消滅了臺灣土地上的大租，並導入個人主義的近代式土地所有權。雖然面對這種具有革命性的制度變革時，臺灣社會仍然不免以自己的方式來理解、對應殖民政府的新制度，而殖民政府也不得不因應臺灣社會的固有習慣，妥協地承認諸如「公業」、「共業」等集體所有形式。但即使如此，明治三十一年（一八九八）啟動的土地調查事業，已經讓臺灣百餘年來的土地制度革命，站上了起跑點，而且完成了最初重要的一段路。也就是說，雖然「革命尚未成功」，但是「列車已經開動」了。

本文是二〇一三年應香港中文大學歷史系之邀，參加該系 Colonial Land Law and Local Communities in Asia 工作坊所寫的中文稿，後來該工作坊之英文摘要題為'Launching the Land Revolution: Taiwan Land Survey in the Early Twentieth Century'，收錄於 Sui-Wai Cheung ed., *Colonial Administration and Land Reform in East Asia* (Abingdon, Oxon; New York, NY: Routledge, 2017), pp.142-152. 在該工作坊，我介紹了一八九八－一九〇五年間臺灣總督府所進行的臺灣土地制度改革（近代化），及其意義。

目前收錄於本文集的，是增修、補充上述工作坊之中文稿而成，刊載於《師大臺灣史學報》第十期（二〇一七年十二月）。

註釋

✧本文對於專有名詞、歷史性的用詞，大多照寫日文漢字，只在必要時於腳註中加以說明。日文中之「事業」一詞的意思猶如英文之 Project（專案。中文有時也作「專案計畫」），因此本文之「土地調查事業」指的是：「土地調查」此一 Project（專案）。

1 在此之前，清朝官府並非沒有進行過土地清丈，每當增置郡縣（例如，雍正元年從諸羅縣析置彰化縣，嘉慶年間新設噶瑪蘭廳）時，為了確定該州縣稅額，也曾進行過土地清丈，但這些都是局部性的，只有這次劉銘傳才在全臺三府（臺北府、臺灣府、臺南府）一律進行清丈。

2 關於此次劉銘傳的土地清丈，可以參閱：臨時臺灣土地調查局編，《清賦一斑》（臺北：臨時臺灣土地調查局，一九〇〇）。

3 日本明治初期的「地租改正」，是一連串關於土地制度、土地稅制的改革。此「地租改正」對於總督府的土地調查事業，影響頗大。本文以加上引號的「地租改正」，表示明治初年日本國內的一連串土地制度、土地稅制改革。對於總督府之土地調查事業中的土地稅（日文為「地租」）改革，則直接使用當時的用詞地租改正，或於地租之後加上（土地稅）或（田賦）字樣而不加引號。

4 這裡所說的土地，並不是指臺灣島內的所有土地，而只局限於主要是平原地區進行農業耕種的土地（即傳統中文文獻所稱的「田」、「園」，但也包括養魚池），和一部分城鎮或聚落中的建築用地。由於土地的種類區分，涉及到日本殖民政府的土地行政，因此本文如有需要會在行文中有所分別。又，臺灣社會非常頑強地使用的地積單位為「甲」，不但是清朝或日本殖民政府，甚至戰後的中華民國政府都未能更改。因此，本文的地積單位，除非特別的情況，否則都換算成「甲」來表示。一甲≒9699.17平方公尺≒0.9699公頃≒2934坪≒2.4英畝。

5 地方委員會以一個街庄或數個街庄為單位組成，由日本殖民政府的地方官選擇若干瞭解地方情況的人士和名望家參與其中，各地方政府也得以依情況給予委員酬勞。地方委員會有權查定每一筆土地之業主，因此哪些人被納入為委員，顯然是值得分析的問題。但截至目前為止，到底實際是哪些人被選為地方的委員，還是有待深究的課題。

6 土地申告書在日本時代曾被保存下來，並由戰後的中華民國政府接收。但大部分卻在一九七〇年代被當時的皮藏機關廢棄了，只留下桃園、新竹部分地區的一部分。土地申告書的格式，曾有莊英章、李宜洵做過一般性的介紹。參閱：莊英章，〈日據時期『土地申告書』檔案資料評介〉，《臺灣風物》三五：一（一九八五年三月），頁九一－一〇四。李宜洵，〈『土地申告書』內容要項介紹〉，《臺灣風物》三八：一（一九八八年三月），頁一一三－一一九。

7 高等委員會以總督為主席，由總督府高官、法院法官及二名由總督聘請的臺灣士紳組成。從委員會的議事錄來看，這些獲聘為委員的臺灣士紳在委員會中似乎只是形式上的存在。

8 「名寄帳」原是日本中世、近世史上的地畝冊，這種地畝冊記載了村落中各所有者的田園畝數等資訊。

9 臺灣總督府文書課，《臨時臺灣土地調查局第五回事業報告》（臺北：臺灣總督府文書課，一九〇五），頁九七。

10 臨時臺灣土地調查局編，《臺灣土地調查事業概要》（臺北：臨時臺灣土地調查局，一九〇五），頁三－九九〇。

11 澤村繁太郎，《臺灣制度考》（臺北：臺灣總督府民政局，一八九五），頁七－十六。澤村此書中的相關知識，應該來自臺北一帶之原清國官府之幕友及耆宿。

12 日文之「地租」為中文之「土地稅」的意思，亦即「田賦」，並非「佃農繳交給地主的土地租金（佃租）」。據說當總督府公告蠲免「地租」後，曾被臺灣人理解成不必向地主繳納佃租，而引起一些困擾。

13 〈官租徵收ニ關スル諭告〉，《臺灣總督府公文類纂》，第八冊第二〇件；〈官租收納取扱心得〉，《臺灣總督府公文類纂》，第八冊第二一件；〈官租收納取扱心得〉，《臺灣總督府公文類纂》，第九六七一冊第五件。不過，在臺灣仍有過半以上的地區尚未實際掌握之際，總督府靠著一紙諭告到底能夠徵收到多少官租，不無疑問。另，「取扱」一詞為日文，中文意思有如「處理、處分」；「心得」一詞為日文，中文意思有如「注意事項、須知」。

14 殖民政府在統治初期的官田、官租調查，尤其是在南部地區的調查，可參考：栗原純，〈日本統治初期における台湾総督府の地方行政——台湾南部の鳳山地方を中心として〉，收於國史館臺灣文獻館整理組編，《第五回　臺灣總督府檔案學術研討會論文集》（南投：國史館臺灣文獻館，二〇〇八），頁八三－一二四。栗原純，〈統治初期における台湾総督府の旧慣調査と土地政策：南部地方を中心として〉，收於李玉瑾編，《臺灣學研究國際學術研討會：殖民與近代化論文集》（臺北：國立中央圖書館臺灣分館，二〇〇九），頁四一－一〇七。

15 《土地調查提要》及《臺灣土地調查法規全書》收錄了一些這種調查過程中無法遽下判斷的事例。臨時

16　臺灣土地調查局編，《土地調查提要》（臺北：臨時臺灣土地調查局，一九〇〇）。臨時臺灣土地調查局編，《臺灣土地調查法規全書》（臺北：臨時臺灣土地調查局，一九〇二）。調查局展開土地調查事業之後，隨即理解到一八八八年劉銘傳的土地清丈事業應該是值得借鑑的前例，因此很快地研究劉銘傳的清丈事業，而於一九〇〇年出版《清賦一斑》供相關人員參考。

17　〈土地調查員心得（明治三十二年四月一日訓令第七號）〉，臨時臺灣土地調查局編，《土地調查提要》，頁七七，其中第十八條。

18　アジア経済研究所藏，《臺灣土地調查始末稿本》，第一篇第十六卷，頁五五－五九。

19　〈土地調查規程（訓令十一號）〉第二四條，《臺灣總督府公文類纂》，第四二三九冊第三件。

20　アジア経済研究所藏，《臺灣土地調查始末稿本》，第一篇第十九卷，頁一六九。

21　臺灣總督府文書課，《臨時臺灣土地調查局第五回事業報告》，頁一七一－一七三。

22　「共業」這個詞不能確定是否為臺灣社會原有之詞彙，但殖民政府使用這個詞的文意是：此「業（財物）」係多數人共同擁有者。

23　這種為了集體之共同目的所設置的「公業」，種類繁多，但不一定都使用「公業」一詞。殖民政府以其「業（財物）」具有公共性，而均稱之為「公業」。

24　「舊慣溫存」為日本統治初期一個重要的統治政策口號。「溫存」一詞之意思是原應廢棄但仍暫時存留，如用中文表現，或可翻譯為「暫且保留」。

25　〈臺灣土地調查規則施行細則（明治三十一年九月九日　府令第九十一號）〉，臨時臺灣土地調查局編，《臺灣土地調查法規全書》，頁三七四－三七八。

26　〈土地調查員心得（明治三十二年四月一日訓令第七號）〉，臨時臺灣土地調查局編，《土地調查提要》，頁七五，其中第三條。

27 司法官姉齒松平從司法實務的立場，對於這類爭議做出了不少相關的研究，例如：〈家產相續觀念及び家號名義查定〉，《臺法月報》十七：三（一九二三年三月），頁三二－四〇；〈土地調查に於て死者名義に查定を受けたる僅民法施行後に及びたる土地の民法上の地位と明治四十四年律令第三號相續未定地整理規則及民法第二五五條後段との關係に就て〉，《臺法月報》二一：七（一九二七年七月），頁十一－二三；〈土地調查に於て公號某名義屋號某名義又は單純公業名義に查定を受けたる土地にして其の實質祭祀公業に屬するもの又は辨事育才其の他祭祀公業以外の公業及祠廟に屬するものの民法施行後に於ける法律上の地位に就いて〉，《臺法月報》二一：九（一九二七年九月），頁四七－五二；〈代表申告に就て〉，《臺法月報》二五：二（一九三一年二月），頁四六－六三等。姉齒松平這類的研究文章，後來集結成為《祭祀公業並び臺灣に於ける特殊法律の研究》（臺北：臺法月報發行所，一九三四）。

28 〈官廟敷地保管ニ關シ總督ヘ伺〉，《臺灣總督府公文類纂》，第四二三五冊第六七件；〈官廟敷地申告方ニ付臺北縣ヘ指令〉，《臺灣總督府公文類纂》，第五三七冊第一件；〈臺北城內外廟宇敷地ハ臺北縣ヨリ申告スヘキ旨土地調查局長及臺北縣知事ヘ通達〉，《臺灣總督府公文類纂》，第五三七冊第一件。

29 日本領臺之後的官有地調查，可參照前揭栗原純的研究。

30 〈臺灣土地調查規則施行細則〉，《府報》，第三六八號。

31 〈臺灣土地調查規則施行細則中改正〉，《府報》，第七二一號。

32 關於清末官莊租、抄封租、隆恩租、屯租最簡要的說明，可參考一八九二年起擔任臺灣道的唐贊袞《臺陽見聞錄（第一冊）》（臺北：臺灣銀行經濟研究室，臺灣文獻叢刊第三〇種，一九五八），頁五五－五八、六三－六四。

33 臨時臺灣土地調查局，《大租取調書》（臺北：臨時臺灣土地調查局，一九〇四），頁五〇－六七。另，土地調查局也將調查所得的大租相關文獻編輯出版成《大租取調書附屬參考書》三冊，（臺北：臨時臺灣土地調查局，一九〇四）。

34 一九一〇年出版的《臺灣私法》根據這些官租的財產形成與使用目的，將它們當成「特別主體」所擁有的不動產。參考《臨時臺灣舊慣調查會第一部調查第三回報告書 臺灣私法 第一卷下》（臺北：臨時臺灣舊慣調查會，一九一〇），頁二七八—三四二、三六三—三九二。

35 總督府對於學田的處理，可以參考許佩賢，〈日治前期的學租整理與法制化過程〉，《師大臺灣史學報》三（二〇一〇年三月），頁一二三—一四四，及 Peihsien Hsu, 'Institutionalizing public-service land holdingin early Japanese colonial Taiwan: The transformation of school land', in Sui-wai cheung ed., *Colonial administration and land reform in east Asia*, pp. 51-63.

36 〈臺灣土地調查規則中改正（律令第九號）〉，《臺灣總督府公文類纂》，第五三七冊第三件，其中第七條。

37 江丙坤，《台湾地租改正の研究：日本領有初期土地調查事業の本質》（東京：東京大學出版會，一九七四）。

38 〈大租權確定ニ關スル件〉，《府報》，第一四三九號、〈明治三十六年律令第九號施行期日ノ件〉，《府報》，第一四三九號、〈明治三十六年律令第九號施行規則〉，《府報》，第一四三九號。

39 〈政府ニ於テ既ニ業主權ヲ取得シタル土地ニ關スル件〉，《府報》，第一四四三號。殖民政府於一九〇三年底宣示：「政府已經取得業主權之土地，不論以何等名稱都不得主張大租權」（明治三十六年律令第十一號）。也就是說，殖民政府放棄大租權，也不承認官有地的大租。

40 臺灣總督府文書課，《臨時臺灣土地調查局第五回事業報告》，頁一〇九—一一五。

41 大租權調查委員會由總督、總督府高級官僚、法院法官組成。

42 〈明治三十七年律令第六號施行規則〉，《府報》，第一四三九號。

43 土地調查局派出所的預估價格，是以最近五年平均之小租買賣價格折半為大租權價格。

44 臺灣總督府文書課，《臨時臺灣土地調查局第五回事業報告》，頁一二七—一三五。

45 如果大租權屬於公業、原住民部落、祠廟或其他社團、財團，則由管理人申請。但交付補償金時必須有關係人的見證。

46 臺灣總督府文書課，《臨時臺灣土地調查局第五回事業報告》，頁一三八－一三九。

47 臺灣總督府文書課，《臨時臺灣土地調查局第五回事業報告》，頁九九。

48 鹽田已納入食鹽專賣規則之下，不再課賦土地稅。山林原野，幾乎就如荒蕪地，無收益可言。池沼則類似提供耕地灌溉之池塘，也不具課稅性質。因此，殖民政府只以田、園、養魚池三種地目為課徵土地稅之標的。

49 臺灣總督府文書課，《臨時臺灣土地調查局第五回事業報告》，頁一四二－一四三。

50 臺灣總督府文書課，《臨時臺灣土地調查局第五回事業報告》，頁一四三－一四四。

51 臺灣總督府文書課，《臨時臺灣土地調查局第五回事業報告》，頁一四九。

52 臺灣總督府文書課，《臨時臺灣土地調查局第五回事業報告》，頁一五〇－一五一。

53 地租（土地稅）改正後，各等則田、園之土地稅與原來負擔的比較，可以參考臺灣總督府文書課，《臨時臺灣土地調查局第五回事業報告》，第一六七頁之後所附的第十九號表「田畑地租率新舊比較」。

54 臨時臺灣土地調查局編，《臺灣土地調查事業概要》，頁九三－九九。

55 〈臺灣土地登記規則〉，《府報》，第一七五五號、〈臺灣土地登記規則施行規則〉，《府報》，第一七七四號號外。

56 將殖民政府在東亞殖民地進行的土地制度變革視為一種「革命」的，據我所知有陳奕麟關於英國政府於香港新界所展開的土地行政。參閱：陳奕麟，〈香港新界在二十世紀的土地革命〉，《中央研究院民族學研究所集刊》六一（一九八七年六月），頁一－四〇。英國政府於一九〇〇－一九〇三年，在香港新界進行的土地行政與臺灣總督府於一八九八－一九〇五年間在臺灣所進行的土地調查事業，不但在時代上相近，在內容上也類似，值得進行相互比較。

57 〈辜顯榮官有原野豫約開墾地業主權附與ノ件〉，《臺灣總督府公文類纂》，第一三三五冊第一件。

58 〈辜顯榮官有原野豫約開墾地業主權附與ノ件〉，《臺灣總督府公文類纂》，第一三三五冊第一件。

59 一九〇七年辜顯榮從政府買入土地的價格是一・四六七圓／甲，一九一九年林尚墻買入的價格是一〇〇圓／甲，兩者相差極大。兩者之間如此不同的土地購入價格，如何解釋，也是饒有興趣的問題。

60 〈豫約開墾地成功賣渡報告（林尚墻）〉，《臺灣總督府公文類纂》，第三〇三五冊第一件。

61 目前以「豫約賣渡」為關鍵詞檢索上線公開的臺灣總督府檔案目錄，竟然可以得到高達七六八三筆的結果。

62 業主權，從其性質來看有如土地所有權，但是總督府謹慎地避免率爾使用可能帶來新困擾的外來新概念「所有權」這個詞彙，因此以尊重舊慣為名，在「業主」這個原有的本地詞彙之基礎上，創造出了「業主權」這個新詞彙。

63 土地登記制度於一九〇五年七月一日啟動，但截至該年底為止，非因買賣等原因所進行的土地登記是四二六〇六筆，只占當時臺灣土地總筆數一六四七三七四的二・五％。宮畑加奈子，〈日治前期臺灣不動產登記制度之研究——以臺灣土地登記規則為主軸——〉（臺北：國立臺灣大學法律學研究所碩士論文，一九九七），頁六〇。

64 關於臺灣的家產土地如何往個人所有權變更的研究，可以參考曾文亮，〈日治時期臺灣土地調查事業中的「家產」問題及其解決〉，收於林玉茹編，《比較視野下的臺灣商業傳統》（臺北：中央研究院臺灣史研究所，二〇一二），頁三四九－三八四。

65 臺灣社會對於因繼承而產生之土地權利變更並不積極出面向法院登記，一直是臺灣總督府的頭疼問題。即使到了一九〇八年，進行土地登記的比率也只有五〇％（八六六五六二筆／一七一八七八六筆），一九一一年也只增加到六〇％。一九一一年八月，殖民政府只好進一步公布〈相續未定地整理規則〉，《府報》，第三三〇九號，規定：「業主死亡後六個月內，應為因繼承或遺囑的業主權之取得或保存登記，或經親族協議為管理人之登記」，才有比較明顯的效果。臺灣社會即使繼承土地之後都未必出面向官府登記業主權移轉，那就更遑論將土地析分開來（此在殖民地時代的法律用詞是「分割」。「分割」後即使還是在同一個地號之下，每個個人所分割得到、可以單獨行使權利的部分稱為「持分」）個別登記。

66 中華民國政府鑑於年代久遠之後，祭祀公業之「派下」（享有祭祀公業權益之成員）人數眾多，無法促進土地利用，而於二〇〇七年十二月立法通過「祭祀公業條例」，企圖以降低派下共識決議條件的方式，來活化祭祀公業的處分，但效果還是有限。

67 這裡引述的是竹越與三郎，《臺灣統治志》（東京：博文館，一九〇五），頁二一四的論斷。

68 矢內原忠雄，《帝國主義下の臺灣》（東京：岩波書店，一九二九），頁十八。

69 關於矢內原忠雄《帝國主義下の臺灣》的性質，可以參考吳密察，〈矢內原忠雄『帝國主義下の臺灣』的一些檢討〉，收於國立臺灣大學歷史學系主編，《民國以來國史研究的回顧與展望研討會論文集（下冊）》（臺北：國立臺灣大學歷史系，一九九〇），頁一三三七－一三五四。此文又收於吳密察，《臺灣近代史研究》（臺北：稻鄉出版社，一九九一），頁一八五－二一八。另，也可以參考吳密察，〈經典導讀：矢內原忠雄《帝國主義下的臺灣》〉，《師大臺灣史學報》第十五期（二〇二二年十二月）。又，矢內原使用的日文原文是「助產士」，其字面上的意思也就是「協助生產的人」。矢內原的原意是在強調總督府對於日本資本之在臺灣達成壟斷，起到了「協助、促進」的作用。

第8章

再思臺灣議會設置請願運動：中央政治與同時期的朝鮮

臺灣議會設置請願運動，常被稱為抗日運動。但如果是抗日運動，為何能公然舉行，還連續舉行十五回？檢視同時期日本中央政治的變化，並且和朝鮮的議會請願運動比較，將揭示更完整的故事。

從一九二一年至一九三四年，前後十四年間持續進行的臺灣議會設置請願運動，一直被認為是日本殖民地時代臺灣人所推動最具代表性的「非武裝抗日運動」。但是將臺灣議會設置請願運動，先驗地定性為「抗日」運動，應該是戰後從脫殖民地主義的後設觀點所做的評價，它在戰前的殖民地情境下應該不是直接以「抗日」的形式展開的。當時的殖民地政府，應該不能容許殖民地出現「抗日」運動，「抗日」都會視為「叛亂」性質的事件而嚴厲取締，甚至動用軍隊鎮壓。因此殖民地統治下的臺灣人，即使要「抗日」，也多迂迴地以合法的形式來進行。如果從比較嚴格的定義來檢視臺灣議會設置請願運動，不論其所採取的行動策略、所提出的目標訴求，或者將之與同時代日本帝國之其他殖民地相互比較，這種議會遊說、請願運動，即使可以從中找到殖民地人民的「抵抗」意蘊，卻也可以看到其中具有承認殖民體制而在此前提下與殖民政府「協商」的性質。[1]因此，美國學者葛超智（George Kerr）將日本殖民統治下臺灣人的這類運動說成是「合法革命（licensed revolution）」和「自治運動（home rule movement）」。[2]這種將日本殖民地下臺灣人的努力，定位為殖民地的被統治者向殖民統治者展開的合法政治運動，即被殖民者與殖民者之間所展開的拮抗交手與協商妥協，應該是將這些事蹟放回其時空脈絡進行討論的起點。

本文便是基於以上的認識，試圖將臺灣議會設置請願運動放在一九二〇年代初期日本帝國的政治、法制環境中來觀察。尤其此運動的請願對象既然是帝國議會，那麼理解當時日本帝國議會的政治生態，便是必不可遺漏的重要環節。當然，既然這關係到以日本帝國為規模的整體「外地」統治政策，那麼便也需要將當時也是日本帝國之殖民地的朝鮮納入視野。也就是說，臺灣議會設置請願運動的遊說、請願對象既然是日本的帝國議會，便必須回到帝國的殖民地統治政策和帝國議會的法制環境、政治脈絡中來考察此運動。

限於篇幅，本文將只考察原敬內閣時期（一九一八年九月至一九二一年十一月），也就是殖民地發動議會設置請願運動的初期，在臺灣方面則只展開了第一次（一九二一年一月）請願行動，[3]重點放在說明當時議會請願運動之所以得以展開，與日本帝國之中央政治背景、法制設計及其與殖民地統治情勢的關係，並兼及此請願運動提出的論述與性質。

殖民地自治的潮流

一八九五年日本以馬關條約獲得臺灣，並將之當成殖民地來統治、經營，因而搭上了歐美殖民帝國的晚班車。日本領有臺灣之後，雖然取法西洋國家統治異民族時採用的辦法，在統治法制上將臺灣設計為實質上法域與本國不同之殖民地，[4]但此時西洋國家的殖民地統治卻已經在轉型當中。十九世紀最大的殖民帝國英國，在十九世紀後半葉，雖然國勢如日中天，甚至被譽為「日不落帝國」，但也同時不斷調整其廣域帝國的制度架構，甚至有人（例如，以後影響列寧之帝國主義論，也對矢內原忠雄具有重要影響的經濟學者霍布生〔John A. Hobson〕）質疑維持如此龐大的海外領土是否明智，而主張「小英國主義」。英國政府在十九世紀後半葉以後，也陸續讓幾個重要殖民地，如紐西蘭（一八五二）、加拿大（一八九七）、澳大利亞（一九〇一）、南非殖民地（一九一〇）、愛爾蘭（一九二二）成立自治政府。也就是說，大英帝國陸續地將其殖民地（colony）轉換成自治領（dominion）。一九一八年結束的第一次世界大戰，則更造成奧匈帝國、鄂圖曼土耳其帝國解體，原帝國內的各民族陸續獨立成為民族國家。因此，日本領有臺灣的同時，也正是傳統的殖民帝國正在重新編組、轉型的時代。

大英帝國的殖民地陸續成為自治領、第一次世界大戰後的民族獨立風潮，當然對於明治維新之後積極取法西洋的日本有所影響。例如，取範於英國之《經濟學人》（*Economist*）雜誌的《東洋經濟新報（週刊）》（一八九五年創刊），於一九一〇年代在植松考昭、三浦銕太郎、石橋湛山的主導下，也開始批評日本政府的臺灣、朝鮮殖民地統治政策，甚至提倡「小日本主義」，主張應該放棄殖民地。[5]

《東洋經濟新報》這種輿論界之殖民地放棄論，固然是一九一〇年代相對激進的主張，但大正年間，原本也就有比較開放的時代氣氛，故被稱為「大正民主時代」。即使在學院裡的殖民學學門，學者也大都認為日本政府之殖民地統治政策已經落伍於時代潮流，而多有批判者。例如，當時在學院中講授殖民學的山本美越乃（京都大學）、永井柳太郎（早稻田大學）、泉哲（明治大學）等人，都認為新時代之殖民地統治應該採取自治主義。[6]而且，後來臺灣人展開自治運動時，這些殖民學者也都成為支持者。當然，這些相對「開明」的殖民學者當中與臺灣人之運動關係最深的，還應該有一九二三年從歐洲留學回國的東京大學新銳教授矢內原忠雄。[7]

改變中的日本帝國：「大正民主」與政黨內閣的出現

大正時代（一九一二—二六）被認為是日本近代史上相對自由、「民主」的時代。從政治史來說，大正時代以護憲運動拉開序幕，以通過普通選舉法為開花結果。

所謂護憲運動，是指隨著政黨成長起來的青壯政治家，反對明治維新的元勛、貴族長期壟斷政治所形成的傳統「藩閥政治」，而倡議回歸理想的政黨政治（當時稱為「憲政之常道」）之運動。

一九一三年，護憲運動以群眾運動為後援，逼使桂太郎內閣下臺（「大正政變」）。繼任的山本權兵衛內閣，雖然仍出身薩摩藩閥，但也不得不羅致部分政黨（立憲政友會）人士入閣，顯示政黨力量的實質抬頭。但山本內閣存續不足一年，便在一九一四年因收賄事件而下台，改由已經長久被藩閥疏遠的大隈重信組閣。大隈首相以早稻田校友及立憲同志會為後援，在一九一五年總選舉中大勝，更使藩閥內閣進一步走入歷史。後來，大隈內閣卻因閣員賄賂事件被迫必須改組，而漸失國民之支持。一九一六年，具軍人身分的朝鮮總督寺內正毅繼任總理組閣，原來支持大隈重信之政團改而聯合創立憲政會，對寺內內閣提出不信任案，寺內首相只得解散議會進行總選舉，結果政友會獲得勝利。一九一八年八月爆發「米騷動」，由於米價暴漲，人民起而抗議甚至暴動，並迅速波及全國，寺內內閣引咎辭職，國會最大政黨政友會總裁原敬受命組閣。

原敬並非明治維新的元勛，甚至他還出身明治維新

圖8-1：1921年的原敬。前田蓮山，《原敬傳》上卷，書前照片。

之際的「朝敵」（朝廷之敵）：東北地方的盛岡藩。他也不是軍人，而是一個從報人、基層官僚、政黨人逐步「出世」的內閣總理，因此被稱為「平民首相」，受到民眾的期待。原敬奉命組閣後，也趁勢安排多位政友會的黨員進入內閣，成為名實相副的政黨內閣。此後，由國會多數黨組閣的「憲政之常道」終於成為慣例（但後來有短暫的例外，因此還有所謂的「第二次護憲運動」）。一直到一九三二年（有謂一九三四年），慣例由政黨透過選舉掌握國會多數進而組閣，因此被稱為日本近代史上的政黨政治時期。

透過以上的簡單介紹可知，在今日日本幾乎已成為制度的國會多數黨組閣，是相當晚近才形成的「慣例」。明治憲法成立之後的初期，內閣是由推動明治維新之薩摩、長州等「雄藩」所主導，因此被稱為「藩閥」，後來則加上類似西園寺公望這種華族元老，成為實際上主導內閣的勢力。因此一九一八年由既非出身薩摩、長州，又非元老的政黨人原敬組閣，是日本政治進入新時代的重要里程碑。

殖民地新政策：「內地延長主義」與「文化政治」

一九一九年三月，朝鮮爆發了「獨立萬歲運動」。這是朝鮮之基督教、天道教、佛教的三十三位領導人，趁著將於三月三日舉辦大韓帝國高宗皇帝（李太王）喪禮的時機，公開在首爾的公園宣讀「獨立宣言」。三十三位領導人雖被逮捕，但隨即引出廣大的學生、市民上街遊行高喊「獨立萬歲」，這種街頭運動並立刻擴展到朝鮮半島各地。據統計，從三月到五月間，共出現一千五百四十二次街頭示威，參加人數高達兩百零五萬人。

朝鮮全民族爆發如此大規模的政治抗議事件，當然對於日本統治者衝擊甚大。日本內地也立刻出現檢討事件原因的輿論，尤其是吉野作造、石橋湛山等自由派人士更將批評的矛頭指向總督府向來的惡政，主張應該改善朝鮮人的待遇，廢除武官總督制。政府方面則必須儘早弭平動亂恢復治安，同時也必須檢討動亂的原因，並收拾善後。[8]

發生如此重大的抗日運動，朝鮮總督

Demonstration for independence in the Park. The Koreans are seen shouting "Mansei" with their hands up in the air. Not a single man is armed.

圖 8-2：紅十字會拍攝的三一運動照片，記錄人民舉手高喊萬歲的時刻。相片說明文字強調「沒有人有武器」。維基百科。

府的高層當然必須引咎請辭，而且檢討朝鮮的統治政策和績效。這給了原敬總理在朝鮮總督府的人事安排和朝鮮統治事務的更張上有了發揮的機會。

首先來談朝鮮總督府的人事。朝鮮殖民地的初期人事，可以說是明治維新元勛，也是軍部元老之山縣有朋系統的禁臠。日本政府決定併合韓國之後，便將統監改由陸軍大臣寺內正毅兼任，並任命山縣有朋的養嗣子山縣伊三郎為副統監。一九一〇年十月日韓併合後，設置朝鮮總督府，寺內正毅、長谷川好道先後擔任朝鮮總督，山縣伊三郎則一直擔任政務總監，可說是實質上的副總督。因此朝鮮統治的初期，總督府的高層人事完全被山縣有朋系統的軍人、官僚獨占。[9]如今爆發三一獨立運動，長谷川好道總督因而引咎辭職，必須選任新的朝鮮總督。

關於「外地」之總督，原敬總理向來就傾向由文官來擔任。[10]三一運動之後，原敬有意趁此機會改派文官擔任朝鮮總督，而原政務總監山縣伊三郎也有意爭取更上層樓擔任朝鮮總督，但這個人事安排還是需要尊重山縣有朋等軍部重量級人物的意見。結果經過一番折衝，最後決定由原敬之鄉親（與後藤新平同樣是原南部藩水澤出身）、當時為海軍預備役的齋藤實大將（時任海軍大臣）出任。[11]政治地位有如副總督的政務總監，則由原敬在內務大臣時代就已經熟識的山縣系官僚水野鍊太郎就任。這次人事安排不但兼顧了軍部、陸軍的意見，同時也落實了原敬總理自己的意志。於是，朝鮮總督府就在原敬總理所任命的齋藤實、水野鍊太郎之時代，引入了大量原敬系統的內務、警察官僚，讓朝鮮殖民地統治的主力不再清一色是陸軍的人馬，政黨的意志終於也打進了殖民地。[12]

齋藤實確定將繼任朝鮮總督之後，便不斷與原敬商量三一運動後朝鮮統治之具體施政將如何更張。八月八日，原敬向齋藤實提示了他所構想的「外地」統治原則，此即為有名的「朝鮮統治私見」。這可以說是原敬關於外地統治的最高綱領，不但決定了往後朝鮮的統治原則和施政重點，當然也對日本的臺灣統治有重大影響，因此雖然篇幅較長，但值得加以引述。「朝鮮統治私見」分成總論與分論兩部分，其中總論可以說是統治原則，分論則具體地列出應該興革的項目。其中的總論部分為：

朝鮮，最初以獨立國交際之，以後以保護國統治之，最後於明治四十三年（一九一〇）八月併合歸我版圖。保護國時代，姑暫不論。併合後，對朝鮮之制度，大體模仿臺灣。而其所模仿之臺灣制度，（明治）二十七八年日清戰役之結果始成為我領土，因當時無統治新領土之經驗，乃參酌歐美諸國對殖民地諸制度而決定者。當時余曾參畫臺灣事務局（詳下），大致瞭解其事。由於上述緣由，討論朝鮮制度之得失時，必須追溯地論究其模仿的臺灣制度。然臺灣制度，就如上述，是因無統治新領土之經驗而不得已參酌歐美諸國之殖民地制度者，不能視為我帝國對新領土之根本制度，不妨說是試驗中的制度。因此對臺灣也好，對朝鮮也好，以現行制度為永久不變者，乃自始便是誤解。臺灣歸我新領土以來已二十幾年，雖尚有需大刷新者，不能與朝鮮一概而論，因此暫擱不論。但對於朝鮮，依照併合後約十年之經驗，卻可斷言現行制度是根本性的錯誤。那是因為其模仿的歐美諸國之殖民地，與我帝國之朝鮮，性質完全不同。歐美諸國之殖民地，其人種異、宗教異、歷史異，不獨言語、風俗異。有如此根本性差異，因此不得不師法特殊之制度。然觀我帝國與新領土朝鮮之關係，雖言語、風俗有多少差異，但溯其根本殆屬同一系統，人種固無異同，歷史如溯其上古殆可謂同一。統治此關係如此密切的領土，卻模仿歐美之統治距離本國遙遠而且各種全然特殊之領土的制度，當然是錯誤而不能得見成績。此次之騷擾，若以如此見地觀之，便不足怪矣。故余之所見，相信朝鮮也應實施與內地完全相同之制度。即行政上、司法上、軍事上，及經濟、財政各點，教育、指導各點，也都應該相同。確信，將之同一才能得到相同之結果。觀察現在朝鮮人之狀態，似喜歡同化於內地人，但不能不說，有不得同化之根本性質。故統治朝鮮之原則，在於制定根本政策時必須根據與統治內地人民完全相同之主義、方針。必須只在文明之程度、生活之狀態等，不能遽為同一者，始暫定以漸進之方針。

然世間有為不許朝鮮自治之論者，如我府縣制、町村制之自制，固然無妨。希望達其自制，而施行歐美諸國新領土之自治的論調，其主義根本上雖是錯誤，但依上述論旨也應該諒解。又有因朝鮮動輒企圖獨立，而樹立對鮮政策時抱著疑懼者。此正使彼等經常產生反抗我而興獨立之念，甚是愚策。任何國家都一樣，失去獨立的人民懷念獨立的舊時代這種事，即使經過數個世紀也難以完全消滅。但是只要目前在統治下得到幸福、安寧，向上發展，則即使彼等懷念舊時，但大體應該未有為此即企圖叛逆者。固然一二不逞之徒煽動國民，雖或有多少附和雷同者，但不但不會有為此而紊亂大局之懸念，即使朝鮮發生抗爭、叛亂，以我兵力、富力加以鎮壓，相信也是容易之事。

因此，應該去除對彼等企圖獨立之疑懼心，而且排除向來模仿外國制度之誤謬。結果，以同化朝鮮於內地的方針，刷新諸般制度，乃是今日最適切的處置，於是也才可達到併合之目的。[13]

分論指出：「朝鮮統治之終局目的，在於使成為與內地同樣。唯現在之狀態不能採與內地相同之統治法而已。但舉出之如下幾項，則是達到此終局目的之途徑，在情況容許之下應是必

須儘速施行之要點」。原敬具體臚列出應該儘速施行之要點，共有以下數端：[14]

（一）改成即使是文官也可以擔任總督之制度。
（二）採取朝鮮盡量施行內地之法律、命令的方針。
（三）朝鮮之各種制度，應改成與內地相同之制度。
（四）應儘速創立類似內地町村制的地方制度。
（五）遭國內外批評之憲兵制度應該更改為警察制度。
（六）從根本上改革教育方針使與內地相同。
（七）應該承認內韓雜居、通婚。
（八）登用朝鮮人為官吏。
（九）日本人之土地開發，朝鮮人多有怨言，應使內地人、朝鮮人均霑其惠。
（十）改革文官、教師、法官之制服，比照內地不佩刀。
（十一）對於朝鮮之名家、舊家，開授爵之恩典（開放授予日本帝國的爵位）。
（十二）刑法盡量使用內地刑法，廢除笞刑。
（十三）應該加強與基督教會之意見疏通。
（十四）應該注意基督教關於宗教與教育之區別，勿造成誤解。
（十五）特別會計可以暫時保留。

齋藤總督、水野鍊太郎履任之後，幾乎就照著原敬總理開列的上述項目逐一付諸執行了。

其實，如果細究內容，原敬交付給齋藤總督、水野政務統監在朝鮮執行的項目，也幾乎與田健治郎總督不久之後將在臺灣所執行的改革項目完全相同（田健治郎總督在臺灣的制度改革，詳後）。

朝鮮的「文化政治」[15]

齋藤總督的任期相當長，從一九一九年八月開始，至一九三一年六月，只在中途插入了宇垣一成暫時代理（一九二七年四月至十二月）和山梨半造（一九二七年十二月至一九二九年八月）總共大約三年，可謂整個一九二〇年代都是齋藤實執政時期。齋藤實進行的制度改革與施政，相較於以前較為柔轉，因此稱為「文化政治」；相較之下，之前強硬的施政則被稱為「武斷政治」。齋藤實總督在任期間，也正好就是日本近代史上的政黨政治時期，政黨政治也影響了殖民地統治。首次有效將政黨政治的影響力伸進原本由軍部壟斷之殖民地的關鍵人物，可以說就是原敬。

原敬對殖民地統治問題的參與，可以追溯到日本領有臺灣的一八九五年。為了調查、制定臺灣新領土的統治制度，也為了讓臺灣總督府在中央政府有監督機關、對應窗口，日本政府召集內閣相關部會、軍部代表組成了臺灣事務局。原敬當時為外務省通商局長，就以外務省代表之身分參與了臺灣事務局。[16]臺灣事務局決定了兩項對臺灣統治政策影響深遠的重大制度：（一）臺灣總督由武官擔任，也就是採行總督武官制；（二）制定將臺灣設計成與內地實質上成為異法域的「六三法」。對於這兩項重要的制度性設計，原敬在臺灣事務局內部的討論立案過程中都持反對意見。也就是說，原敬主張總督應該由文官擔任；而臺灣即使不能立刻施行與內地相同的制度，也應該採取「內地延長主義」，將內地的制度延伸地施行於新領土。[17]對於從一八九五年以來即主張外地總督應該由文官擔任、外地統治應該與內地採用相同制度的原敬來說，自己如今既然已經當上內閣總理，而且又必須面對朝鮮三一運動後的統治政策調整，此時正好是可以趁機實現其一貫主張的大好機會。

關於殖民地文官總督制，就如上述，原敬即使必須面對軍部元老山縣有朋、陸軍的反對，但他還是有所斬獲。首先，他在稍做了妥協的情況下（即，仍然任命軍人），卻得以任命非陸軍系統之海軍而且是預備役的齋藤實大將為新任朝鮮總督。其次，他修改「朝鮮總督府官制」、「臺灣總督府官制」，分別調整了其中規定的總督任命條件及兵權委任條項。[18]也就是說，不論是朝鮮或臺灣，新的總督府官制不再規定總督由「陸海軍大將或中將」擔任，這為文官得以擔任總督提供了法制上的準備。但是，由於朝鮮半島在日本帝國向亞洲大陸擴張上，具備地緣政治上的軍事重要性，所以一直到一九四五年戰敗為止，朝鮮總督還都是由陸軍系統的武官出任，實際上沒有出現文官總督。[19]不過，臺灣殖民地則在一九一九年就出現一個可以讓文官總督登場的機會了（後述）。另外，原敬也在公布新的朝鮮總督府官制同時，安排天皇發布了一份「關於朝鮮總督府官制改革之詔書」（通稱「一視同仁」詔書），以天皇的名義宣示朝鮮統治的基本精神乃是「一視同仁」。[20]這為以後日本之朝鮮統治、臺灣統治，提供了基本論述框架。

臺灣版「文化政治」：田健治郎總督之改革

日本獲得臺灣殖民地是因為日清戰爭的結果，而且日本領臺初期有賴軍隊鎮壓臺灣本地人的反抗，因此一八九五年臺灣事務局委員川上操六等陸軍代表堅持採取武官總督制，[21]而且長期以來擔任臺灣總督的都是山縣有朋派系的將領，除了第一任樺山資紀是薩摩出身的海軍大將之外，[22]接下來依序是山縣有朋直系的陸軍中將桂太郎、陸軍中將乃木希典、兒玉源太郎、陸軍大將佐久間佐馬太，都是長州出身的軍人。接下來的安東貞美、明石元二郎，雖不是山縣有朋的直系，但也是山縣之後繼者寺內正毅的人馬。[23]

如上述，原敬趁著三一運動之後為了收拾朝鮮民心的機會，修改朝鮮及臺灣的總督府官制，在法制上打開了文官擔任總督的可能性，往政軍分離的方向推進了一大步。但臺灣並不像朝鮮正好有機會可以即時更換總督，當時擔任臺灣總督的仍然是具有軍人身分的明石元二郎。[24]因此，原敬在修改「臺灣總督府官制」時，不再硬性規定臺灣總督必須由軍人擔任時，仍然不得不放入了「總督是陸軍武官時」（第四條）的保留性文字，並且實際上由明石元二郎以武官臺灣總督兼任臺灣軍司令官。此時，原敬應該也還沒有預期到，再過不久之後他就可以有機會在臺灣實現其文官總督的夙望吧。

一九一九年十月二十四日，明石元二郎總督病逝於任上（十月二十六日發喪）。這給了原敬一個絕佳的機會，可以在臺灣實現他所主張的文官總督制及「內地延長主義」，接著並在臺灣展開「文化政治」。

首先，為了向內外宣示日本對於外地臺灣的「一視同仁」，日本安排了一次可以大大地用來宣傳臺灣統治政策改變的政治劇「臺灣總督府府喪」，明石總督也刻意地決定葬於臺灣（臺北市三板橋日本人墓地，今林森公園），政治性地表現臺灣之「內地化」。[25]其次，日本政府任命了一八九五年也曾經是臺灣事務局委員的遞信官僚田健治郎為臺灣總督，成為第一任文官總督。[26]

田總督於一九一九年十一月十一日抵臺履任，翌日（十二日）便召集總督府內高級官僚宣示統治方針的大綱：

> 臺灣乃帝國領土之一部分，當然是從屬於帝國憲法統治的版圖。與英法諸國唯以本國為政治之策源地，又只以經濟之利源地的殖民地，不可等同視之。因此其統治之方針，均應以此大精神為出發點，而為諸般之設施經營。必須使本島民眾成為純然帝國臣民，忠誠於我朝廷，教導善化涵養對國家之義務觀。[27]

圖8-3：在殖民政府精心安排下，明石元二郎的靈柩行列經過臺北街道。《臺灣總督明石元二郎葬儀寫真帖》。

這個宣示已經表明了臺灣統治的「內地延長主義」原則，但還未舉出具體的施政內容。接著，田總督隨即順著西部鐵路，巡視沿線的南北各廳，然後於十一月二十二日召集各廳長詳述具體的興革項目。[28]十二月五日，田總督又指示下村宏民政長官就下列事項進行調查、擬具草案：（一）廢除笞刑的準備；（二）增加鐵路車輛；（三）各級學校的共學；（四）創設醫、農、文科大學的準備；（五）制定戶籍令及臺灣人家族歸化入籍的調查；（六）確立地方制度的準備；（七）設定商業會議所等項目。一九二〇年三月，田總督趁著返回東京出席帝國議會之便，與原敬總理確定了包括以下的施政改革項目：（一）為了確立臺灣地方制度的基礎，即將發布縣廳郡市的官制；（二）為了確立地方公共團體的基礎，將都施行市街庄的自治制；（三）將民政與警察分離，分擔教育、土木、衛生等工作；（四）制定承認內地人與臺灣人相互婚嫁的戶籍令；（五）制定適當的臺灣職員之大禮服、代用服及簡易職服。還與中央政府的法制局、拓殖局會商，希望儘速會同審查地方制度法案。[29]

圖 8-4：田健治郎。杉山靖憲，《臺灣歷代總督の治績》（帝國地方行政學會，1922），頁 244-245 之間照片。

田總督於蒞臺履任之初，便宣示將在臺灣設立大學。臺灣學校教育體系之基本法令「臺灣教育令」於一九一九年二月才好不容易公布，但所設計的學校體系，最高層級卻只到專門學校階段而沒有大學。而且這個「臺灣教育令」之基本精神是採日、臺分流，正好與「內地延長主義」的精神相反。因此，田總督也必須全面翻新臺灣學校教育的基本精神、制度設計，而制定符合「內地延長主義」原則的新「臺灣教育令」，這就是大正十一年勅令第二〇號的新「臺灣教育令」（或稱「第二次臺灣教育令」），而於一九二二年四月設立臺北高等學校，為以後設立大學做出了制度與實質的基礎。[30]

一九二〇年七月發布改訂的「地方官官制」（大正九年勅令第二一八號），提高地方官的地位，擴大其權限，並廢除原來主要由警察官兼掌的支廳，改設郡市，由一般文官擔任普通行政。於是將臺灣西部的十廳改成五州，以州為公共團體，州下設郡為行政官廳，但賦予郡之長官（郡守）警察權，普通行政事務由普通行政官吏掌理，警察專管警察之本務。州市、街庄都設協議會，以官選協議員應地方官之諮詢。也就是說，順應著「外地」統治改採「內地延長主義」原則，不但臺灣總督府人事出現了明顯的變化，臺灣原有的諸多制度與法制也隨之陸續進行了更革。[31]

接著，便是面對向來將臺灣設計成特殊統治的「三一法」。「三一法」乃是承襲一八九六年將臺灣設計成異法域的「六三法」而來，效期將在一九二一年底屆滿。因此，為了落實「內地延長主義」原則，便必須翻轉這種將臺灣特殊化而且規範臺灣法令體系的法律。於是，原敬內閣向帝國議會提出新版「關於施行於臺灣之法令的法律案」（即為通過後的「法三號」），以在臺灣施行內地之法律為原則。並且根據「法三號」的規定，將於一九二二年將日本內地的民法、商法，除了不適合原樣施行的特例（親屬、繼承相關條文）之外，都施行於臺灣。

一八九六年的「六三法」規定，為了審議總督發布的律令，設有臺灣總督府評議會，但此評議會的委員由總督的僚屬所組成，因此評議會無異是總督所主持的小型行政會議，幾乎不具審議功能。根據「法三號」，臺灣總督府評議會重新組織，雖然仍由總督擔任會長，一部分評議員也仍是總督府內的高等官，但又加入了由總督任命的「居住於臺灣的學識經驗者」，以應總督之諮詢（大正十年勅令第二四一號）。

這些制度與法制的更革，在一九二二年已階段性完成，也就是說在法制上面已經將臺灣設計成是「內地的延長」，因此一九二三年日本政府安排了當時的天皇職務代行者（東宮太子攝政）來臺「行啟（皇太子的國內地方視察）」。[32]

殖民地的議會設置請願運動

朝鮮的議會請願運動

一九一九年韓國三一獨立運動之後，基於原敬提出的「內地延長主義」所推動的諸多外地統治政策，使朝鮮出現了議會請願運動。

關於朝鮮議會請願的研究，在戰後並不多見，原因是它被視為日本殖民者所鼓勵，用以分化朝鮮獨立呼聲的親日運動。戰後首次利用龐大的「齋藤實文書」研究齋藤實總督時代之「文化政治」的先驅者，是韓國的留日學者姜東鎮。他的著作《日本の朝鮮支配政策史研究：一九二〇年代を中心として》指出，為了安撫朝鮮人心，即使在總督府內部也有人主張應該適度給予朝鮮人參政權（改革地方制度，釋出更多的權力給朝鮮人官吏，也可以視為給予朝鮮人參政權的一種形式），甚至也有人主張可以鼓勵朝鮮人推動「議會開設運動」以吸納民心。[33]

朝鮮的議會請願運動以閔元植所領導的「國民協會」為中心，自一九二〇年起，持續於每年日本帝國議會開議之際提出請願。此運動的目的是在向日本要求參政權。因此，從表面上來看，與臺灣議會設置請願運動極為類似。以下就比較深入地來看這個朝鮮的議會請願運動。

朝鮮議會請願運動的領導人是閔元植。閔元植，一八八六年生於一個下級貴族家庭，年少時期曾輾轉於中國、朝鮮各地，一八九八年以後赴日生活八年，據說曾進出伊藤博文、井上馨等日本政要顯貴的家門，似與政界要人有一些關係。一九〇六年返回朝鮮後曾任大韓帝國之官吏，但不久就辭官辦報，也曾創立實業團體。一九一〇年三月，組織了政治結社政友會，政治態度與當時的大韓帝國內閣之親日路線相近。一九一〇年八月「日韓併合」之後，閔元植被任用為地方官僚，先後擔任京畿道陽智郡守、利川郡守、高陽郡守。擔任郡守的閔元植施政重視普及教育、土地改良與開發、農作物品種改良，曾經赴日本內地觀摩地方改良運動與報德社運動。一九一九年三一運動之後，閔元植積極在報刊上發表文章，認為三一運動是基督教徒、天道教徒誤解民族自決的盲動，但也承認朝鮮人對於日本的統治素有不滿，因此主張改善統治政策，強調應該賦予朝鮮人參政權。閔元植這種論調與當時日本國內民本主義者等開明人士的言論相去不遠，或許也不無受到彼等的影響。尤其在一九一九年八月日本政府公布新「朝鮮總督府官制」的同時，天皇也發布「一視同仁」的詔書，原敬總理基於「內地延長主義」的新政策陸續推出之際，閔元植的論調自然有空間往要求與內地人同樣享有參政權的方向進展。

一九一九年八月，閔元植組織了協成俱樂部，主張「大日本帝國應該是日鮮民族共同的國家」，而且「朝鮮民族既然是大日本帝國的國民，因此無妨以合理且合法的手段來從事民權的主張」。一九二○年一月，協成俱樂部進一步發展成為國民協會，協會趣旨與綱領標舉獎勵產業、普及教育、調和勞資、善導思想，「喚起立憲國民之自覺，同時涵養自治觀念，以行使參政權與促進地方制度改革」。[34]

圖 8-5：閔元植。《每日申報》1921 年 2 月 17 日三版。

一九二○年二月，閔元植領導國民協會向帝國議會提出請願（署名者一百零六人），要求日本政府賦予朝鮮人參政權。請願書的主要內容為：

> ……朝鮮人雖入日本之民籍，雖是國民但不能有與內地人相同之地位。換言之，即使併合成為日鮮一家，但並無法喚起朝鮮人是家族成員的自覺，恰似有如寄食他家之感。結果使得缺乏國家觀念，日本只是日本民族的日本，朝鮮是日本民族的朝鮮，朝鮮只是亡國之遺民，接受日本之統治。……因此，痛感救治民心之根本方策，乃在於喚起朝鮮人都具有日本國民之自覺。
>
> 朝鮮統治之大本，在於朝鮮人之同化。總督府亦體領一視同仁之聖旨，致力於實現撤廢內鮮人之差別、改善朝鮮人官吏之待遇、擴大其任用範圍、許可言論之自由、設置諮詢機關，漸

開民意暢達之途，並有意逐漸施行地方自治制度。而且關於政治之集會結社，近來亦有解禁之方針。但此皆只不過是「對朝鮮人之德政」，朝鮮人可謂只是沐浴綏撫之恩澤，關於日本帝國之政治，全不給予朝鮮在住之人民。……下民等因思日本憲法之下參政權乃國民最重要之權利，而且關係朝鮮利害之問題均由內地選出之議員決定。朝鮮人不能有國民之自覺的一大障礙在此。因此認為賦予朝鮮人參政權，乃是喚起朝鮮人之國民自覺的唯一方法，同時也是救治民心的根本對策。確信措此之外，無可他求。[35]

閔元植之議會請願所要求的參政權，是希望日本將「眾議院議員選舉法」實行於朝鮮，讓朝鮮人可以選出議員加入帝國議會。閔元植的議會請願運動雖然向日本政府要求朝鮮人的參政權，但較諸當時朝鮮的獨立運動來說，相對穩健溫和。他的訴求不但與日本的開明派輿論趨勢大致相同，而且其論述也與當時執政的原敬總理主張之「內地延長主義」相同，日本政府也應該樂得吸納這種溫和的要求參政權運動之能量，來緩和獨立運動的勢頭。因此，請願運動受到政友會議員的歡迎，所以每次向帝國議會請願時的介紹議員（牧山耕藏、齋藤珪次、大岡育造等）多是與當時日本政府意見一致的重要政友會議員。[36]相較之下，臺灣議會設置請願運動的介紹議員，則都是當時帝國議會內立場上最左派的開明人士（後述）。

閔元植一九二〇年二月的這次請願，在眾議院的請願委員會中受到「溫暖」對待。[37]經過議員與政府代表一番詢答之後，委員會決定將此案「參考送付（交付參考）」，因此可以說是無疾而終（實際上，此次議會不久之後也就解散了）。以下是委員會中的議員與政府代表之間詢答的主要內容：[38]

岡田榮（介紹議員）：

本案乃本人介紹，……其結論就是必須給予朝鮮人參政權。其根據為何呢？總之，就在於一視同仁。此一視同仁在何處呢？顯然它就來自日韓併合的御詔勅。因此從吾等介紹者來看，雖然未有應該於何時給予（參政權）的定見，但從朝鮮人並非劣等者、從與內地同樣一視同仁的立場來說，一定要請政府在適當的時機給予參政權。……去年以來，朝鮮人之人心處於非常浮動的狀態。因此希望政府也應該充分地調查其方針，儘早給予參政權。

大塚常三郎（政府委員。朝鮮總督府參事官）：

朝鮮統治之方針既然在於一視同仁，因此必將會以何等之形式（順應其發達情況之形式），給予參政權。但今日尚非施行眾議院議員選舉法之時機。今日在此無法明白表示時機及給予參政權的方式。

近藤慶一（委員會召集人）：

請問政府委員，大體上憲法既然及於朝鮮，那麼是否只要定下給予參政權的大方針就好？

大塚常三郎：

如今憲法也是施行於朝鮮的。唯是否施行眾議院議員選舉法，尚未決定。另外，從政府的統治方針來說，是一視同仁。即，將朝鮮與九州以相同的意義來統治，而非將之視為殖民地來處理。因此，如朝鮮人之民度（人民素質）發達至與內地人相同，此眾議院議員選舉法，或將會施行。

近藤慶一：

此等問題是大有關係朝鮮民心之問題。對於朝鮮之大方針，應讓朝鮮人瞭解，這對歸服民心相當必要。此等事情相當重要。

大塚常三郎：

吾人也相當同感。希望往施行這樣的法律之方針上發展，但其時機或方式等，在此尚未能明言。敬請諒解。

從委員會的詢答內容來看，帝國議會與政府代表是相互搭配地唱了一齣雙簧。表面上接受了閔元植等朝鮮人的請願（其實委員會做成的交付參考之決議對政府也不具任何約束力），但實質上則沒有給予任何具體的承諾。

以後，一九二〇年七月，閔元植再度領銜國民協會（署名人數六百四十四人）向第四十三回帝國議會請願；一九二一年二月向第四十四回帝國議會提出請願（署名人數三千兩百二十六人）。後者，還完成了眾議院的所有程序，被「採擇」了。但是此次會議後，閔元植卻在東京遭朝鮮留學生梁槿煥刺殺身亡。至於被帝國議會採擇的朝鮮人參政權要求之內容（在朝鮮施行「眾議院議員選舉法」），卻遲遲沒有進展。於是，自從第四十五回帝國議會開始，繼任的國民協會會長金明濬領銜改以向帝國議會提出「建白」的形式，要求儘速在朝鮮施行「眾議院議員選舉法」。[39] 一九三三年起，則由日本內地選出的朝鮮裔眾議員（即，在日朝鮮人）朴春琴為介紹議員，再度每逢帝國議會開議時提出請願書。日本政府依然以「時期尚早」回應。[40]

圖 8-6：報導刺殺閔元植事件時，《每日申報》登出的梁槿煥肖像照。1921 年 3 月 2 日三版。

臺灣議會設置請願運動[41]

閔元植的國民協會向日本帝國議會提出兩次請願之後，臺灣人也於一九二一年一月，以同樣方式向帝國議會提出設置議會的請願。但臺灣人希望設置的，是由臺灣住民（包括「本島人」與在臺日本人）選出議員，組成臺灣議會，而不是由臺灣人選出議員參加帝國議會。從此以後，臺灣人持續請願到一九三四年為止，即每年帝國議會開議之際就連署請願，十四年間共向日本帝國議會提出十五次請願，而被認為是日本殖民時代臺灣最具有代表性的「抗日」運動。

向來對臺灣人何以進行請願運動的討論，似乎輕忽了日本進入了政黨政治時期這個重要的政治因素，也不夠重視當時的政府（原敬內閣）改變外地統治政策所帶來的法制架構變更。例如，臺灣人的運動從要求撤廢六三法，轉而要求設置臺灣議會，而且以向帝國議會請願的方式進行，此一轉變就需要從日本的政治環境和法制框架來理解。

一九一九年三月的朝鮮三一運動，引發日本政府將其朝鮮統治改採內地延長主義、實施「文化政治」的同時，也鼓舞了同樣處於殖民地景況的臺灣人。一九一九年起，臺灣人出現了較為積極的一些動向，回應自己的政治處境問題。

臺灣人文化啟蒙、政治運動團體之早期組織，是在一九一九年秋天於東京成立的「聲應會」、「啟發會」。此二團體的實際情況，並不十分清楚，或許也無緊密組織及積極作為。[42]對於此時在東京之臺灣留學生的動向，《警察沿革誌》的分析是：「以東京臺灣留學生為中心的東京臺灣人，伴隨智識階級之時潮風氣之變遷，必然地引起與其民族、風俗習慣相同之在京支那人學生及智識階級的接近，又引起與之境遇相同的朝鮮人之協同。」[43]也就是說，東京的臺灣留學生已經與在東京的中國知識人（尤其是基督徒）、朝鮮的民族自覺運動，乃至獨立運動有所聯繫。《警察沿革誌》對於這種臺灣人與朝鮮人之間的聯繫，有很具體的理解：

> 當時朝鮮人的民族自覺運動、乃至民族獨立運動，及以之為目的的啟蒙文化運動，較之臺灣人之運動遠為前進，即如東京留學生已經組織了數個團體，刊行機關紙，從事思想的宣傳普及，臺灣人漸與之接近。這從蔡培火、林呈祿與《亞細亞公論》主幹柳壽泉交往親密，頻繁投稿《亞細亞公論》，可以證明。特別是蔡培火被聘為該公論社之理事，又經常在朝鮮人鄭泰玉主宰之《青年朝鮮》發表意見。[44]

一九二〇年初，在蔡惠如號召之下，東京的臺灣留學生組成「新民會」，以「專門考究臺灣所有應該革新之事項，圖文化之向上」為綱領，並邀請林獻堂擔任會長，蔡惠如自己擔任副會長。一九二〇年三月初，新民會主要會員聚會決議三項行動方針：（一）為了增進臺灣人之幸福，進行臺灣統治之改革運動，（二）為了廣為宣傳吾人之主張，啟發島民，獲得同志，發刊機關雜誌，（三）與中國同志之接觸交流。[45]關於第一點「進行臺灣統治之改革運動」，就是以後展開的六三法撤廢運動及臺灣議會設置請願運動；第二點，則是由蔡惠如、辜顯榮、林熊徵、顏雲年等人捐款成立臺灣青年雜誌社，編輯發行臺灣人的民族啟蒙運動機關誌《臺灣青年》；第三點，則以蔡惠如為首，由彭華英、林呈祿等赴中國聯繫容共時期的中國國民黨左右派。其後，新民會雖然還是島內外民族主義啟蒙運動及合法政治活動之指導團體，但改而隱身

圖 8-7：《臺灣民報》五週年紀念號第 2 頁的滿版寫真，正中為《臺灣青年》創刊號，圍繞著「當時直接關係者」，從最右上順時鐘開始分別為林獻堂、王敏川、林仲澍、林呈祿、蔡培火、徐慶祥、彭華英、蔡惠如。1925 年 8 月 26 日。

背後，而以學生會為中心另外組成「東京臺灣青年會」，揭舉「涵養愛鄉之心情，發揮自覺精神，促進臺灣文化之開發」為綱領，一切表面的活動都轉移到此青年會。[46]

一九一九年十一月，首任文官總督田健治郎來臺履任之初，就積極地向臺灣民眾示好。臺灣人也曾趁此機會向新總督提出意見，東京的臺灣學生也拜訪田總督談起將要編輯發行雜誌的計畫（後來《臺灣青年》創刊時，田總督在雜誌創刊號上題字「金聲玉振」）。[47]

一九二〇年十一月二十八日，東京留學生兩百餘人在東京麴町富士見町教會聚會，討論臺灣問題。據說當天會場上蔡培火在講臺上豎立了一面寫著「撤廢法律第六十三號」的旗子，又有人高喊「給我們自治權」，似乎彼此有不同主張，不能達成一致的共識。[48]對此，

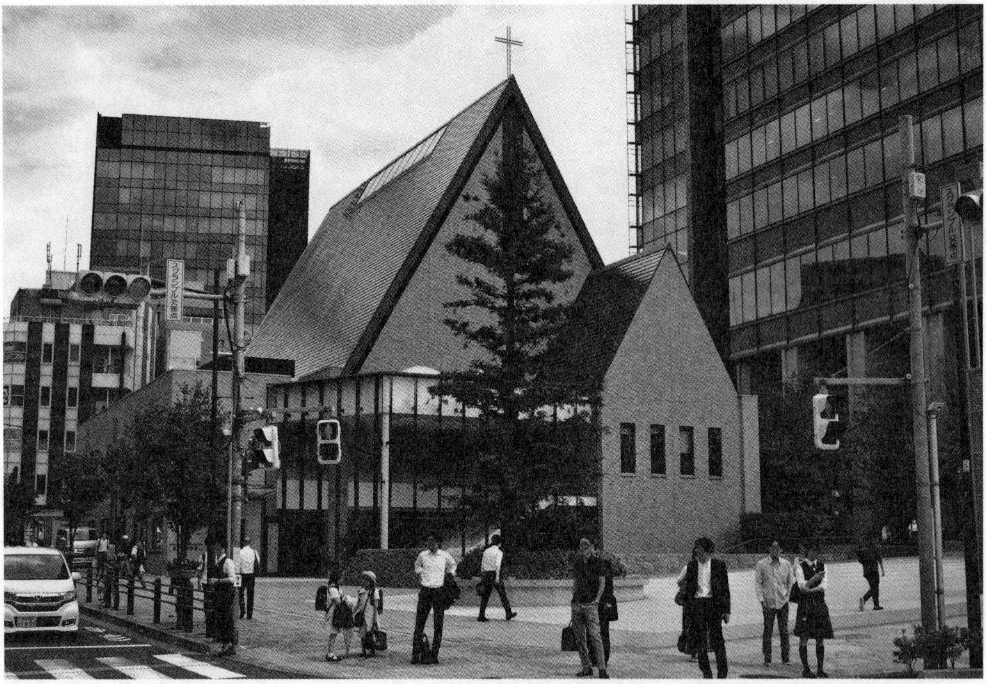

圖 8-8：今日富士見町教會（原始建築已拆除）。除了是臺灣留學生的聚集地外，富士見町教會的植村正久牧師也是臺灣的運動領導人和日本政界人士之間的重要引介人。維基百科，拍攝者：江戸村のとくぞう。

蔡培火在事後（一九六五年）的一場演講上曾回顧說：「東京臺灣留學生間的思想潮流，主張完全自治的人比較多，本人一向在政治實際問題上，以實事求是為圭臬，能減少公眾的犧牲一分而增加其利益，本人自己雖蒙受如何壓力亦所不計。因此不主張臺灣完全自治，而主張自治主義中最重要的民選議會之設置，是即臺灣議會之設置。」[49]蔡培火所說主張採激進之自治主義的應該是蔡惠如和林呈祿等人，兩人因為年歲較長，當年是此派主張的領袖；蔡培火自謂當時他主張相對比較溫和的設置臺灣議會行動路線，「幸得蔡式穀、鄭松筠等幾位的協力支持，乃能稍稍立足」。[50]

一九二〇年十一月二十九日，植村正久陪蔡培火拜訪田總督。當天的會面，田健治郎日記曾有所記載：[51]

午前，植村正久伴蔡培火來訪。蔡關〔於〕《臺灣青年》危激論文有所辨〔辯〕疏，次蔡〔培火〕述臺灣現在三派思潮，則：

一、回復漢民族之建國，則獨立之思想。

二、廢撤人種民族之區別，立均等之基礎、人道主義，則在帝國治下，獲得同等之地步之思想。

三、追隨主義，則服從強權之思想是也。

第一獨立思想，臺灣無其實力，不足顧。第三卑屈主義，亦識者之所不甘。我等之所期亦在於第二，所希者政府速廢六三問題，臺灣別設立法機關，許其自治，是最善之統治法也云云。予〔田健治郎〕對之曰：

第一、第三之不足採，素同感也；到第二，同其主義，殊其方途（同意主義但是不認同作法）。予所採統治之方針，在善導臺灣人民達於與內地同等之域，今回臺灣地方自治制之開始，其目的不外之（目的也一樣）。若臺灣全島自治之企，斷斷乎不許容之。若誤而有觸此禁者，可取嚴重禁遏之處置，切勿招誤解云云。

據說東京留學生兩派之間的爭議，是一九二〇年底林獻堂來到東京後於臺灣青年雜誌社聽取兩派意見，才做出裁決：「照理想當然要主張完全自治，但是政治改革需要實力，不能徒托理想。依我同胞目前之實力，只好要求設置臺灣議會為共同目標而奮鬥。」[52]關於林獻堂之調和東京臺灣留學生之間的路線差異，田健治郎在日記中也為我們留下了一段線索：「（十二月二十九日）三村三平來語林獻堂、林榮治對在京留學生不穩舉動矯正盡力之事情。」[53]看來是林獻堂說服了相對激進之主張採取自治主義路線的一派，將運動路線往「內地延長主義」之方向調整。經過如此整合兩者之後，於是出現了「臺灣議會設置請願運動」。

臺灣人如何建構請願運動的理論基礎？

其實，從實際的政治情勢來看，一九二〇年底已經沒有必要再推動「六三法撤廢運動」了。所謂「六三法」，是一八九六年四月開始生效的「明治二十九年法律第六十三號」，也就是規定臺灣法令之產生方式的「關於施行於臺灣之法令的法律」。六三法規定，施行於臺灣的法令有二種：（一）總督所發布之具有法律效力的律令；（二）經過天皇以勅令之形式發布的內地法律。[54]六三法雖然是日本帝國議會制定的法律，但將律令（具有法律效力）的發布權委託給性質上屬於行政官的臺灣總督，因此在帝國議會審議過程中就引發是否違憲的爭議。尤其當總督發布之律令遭到反對的時候，就會連帶地質疑六三法，因為它是授權總督得以發布律令的法律源頭。因此，自從一八九六年以來即有人主張撤廢六三法，甚至一直是中央政界關於臺灣統治的重大法制與政治問題。[55]

一九一〇年代末期臺灣人集結起來反對總督府施政之初，當然也將矛頭指向被認為是總督專政之源的六三法，而展開「六三法撤廢運動」。根據蔡培火事後的說明，臺灣人對於撤廢六三法的初步意見，來自在臺日本人律師伊藤政重和在臺日本人久我懋正。這兩人「時常向臺灣人有識有志之士鼓勵，為剝奪臺灣總督之專權，使臺灣民眾能得更自由之生活，應由臺灣人發動公意向中央政府機關要求撤廢法律第六十三號」。[56]

如今日本政府既然已經在法制上改採「內地延長主義」，當然必將在「三一法」（即延續六三法精神的新版「關於施行於臺灣之法令的法律」）終止效期之後，另外訂定符合內地延長主義精神的「關於施行於臺灣之法令的法律」，以便大量將日本內地之法令施用於臺灣，甚或直接將臺灣納入日本內地相同的法域。

一九二〇年十一月，日本政府向帝國議會提出將要取代「三一法」而內容上傾向「內地延長主義」的新版「關於施行於臺灣之法令的法律案」（即後來通過公布的「法三號」），因此一九二〇年底實際上已經不需要再推動「六三法撤廢運動」，因為「六三法」的內容已經確定不再存在。但是，原來「六三法」的立法精神——臺灣特殊性，卻正好可以成為用來抵抗「內地延長主義」的論述資源。巧妙結合臺灣特殊性和「內地延長主義」的，就是林呈祿執筆的幾篇重要文獻：〈六三問題的歸著點〉（一九二〇年十二月）、[57]〈臺灣議會設置請願書〉（一九二一年一月）。[58]

《警察沿革誌》對於臺灣人之運動由六三法撤廢運動轉而改採臺灣議會設置請願運動的分析是：

明治大學畢業，留在東京繼續研究的林呈祿，以六三法撤廢運動否認了臺灣的特殊性、肯定所謂內地延長主義，而提倡中止六三法撤廢運動，要求設置強調臺灣之特殊性的臺灣特別議會。林呈祿之論旨深深影響新民會員，於是六三法即轉而置換為臺灣議會設置請願運動。[59]

也就是說，日本警察將六三法撤廢運動與臺灣議會設置請願運動，說成分別基於兩種完全相反的原則上所展開的運動：臺灣特殊性與內地延長主義。但是，不論是細緻地檢視當時的政治時程，或仔細地分析臺灣人展開的論述，都會知道這其實是誤解。因為在一九二〇年十一月，原敬內閣已經向帝國議會提出新的「關於施行於臺灣之法令的法律案」（通過之後即為「法三號」）。雖然這個法律案仍然賦予總督律令發布權，但整體之基本精神已經是「內地延長主義」，遵循將日本內地的法律延伸施行於臺灣的原則，臺灣總督發布的律令只是作為特例的補充。因此，這個新法案已經不再是原來的六三法（及其延續之「三一法」）的繼續，所以從實質上來說六三法已經將要走入歷史（至於新法案仍舊賦予總督律令制定權，則正好與臺灣人強調的臺灣特殊性，在邏輯上一致。關於此點，詳後之討論），因此臺灣人已經沒有需要發動撤廢六三法運動。而且，臺灣議會設置請願運動，也不是完全否定內地延長主義（討論詳後）。

但是如果吾人仔細地檢視《警察沿革誌》也注意到的林呈祿〈六三問題的歸著點〉一文，就會明白林呈祿所展開的論述，並不只是如此。

林呈祿在此文中指出，六三法的問題只是日本政府方面關於臺灣特殊法律應由帝國議會制定或是由總督制定的爭議。至於在臺灣如何真正施行立憲法治制度、臺灣住民的權利和義務如何伸張，都不是「六三問題」能解決的。若要實現「憲政之要諦」，就必須要有三權分立，並且有人民參與。所以臺灣的特別立法應該組織特別代議機關，其中的代表由居住在臺灣的「內地人與本島人」選出。「施行於特別地方之法令，需參酌在該地方有利害關係之住民之意思。即所謂使民意為政治化者，乃政治之要諦、殖民統治之安全瓣也。」[60]

至於林呈祿所執筆的〈臺灣議會設置請願書〉展開的論述，是一方面高舉內地延長主義之精神，強調必須與日本內地一樣，在臺灣實行立憲政治，「**大日本帝國乃立憲法治國，今臺灣為帝國統治之一部分，故在臺灣統治上倘有需要設立特別制度，其範圍亦須根據立憲政治之原則，此乃當然之理**」，而且「**今臺灣雖呈庶政興舉、地方秩序井然之外觀，但其內容則官權獨高、民意未暢。尤其歐洲大戰後，道義思想勃興，促進寰球人類甚大覺醒；國際聯盟成立，予列強之外交、內治以根本的革新**」，進而具體地主張「**對於臺灣之統治，**

圖8-9：林呈祿。《臺灣人士鑑》（臺灣新民報社，1937），頁460。

務要參酌其特殊事情，借鏡世界思潮，洞察民心趨向，速予種族均等之待遇，俾得實踐憲政之常道。是即設置由臺灣民選之議員所組織之臺灣議會」，要求「以法律規定設置由臺灣住民公選議員以組織之臺灣議會，附與在臺灣應施行之特別法律及臺灣預算之協贊權」。[61]

第一次請願的創舉與挫折

林獻堂等人於一九二〇年底至一九二一年初，決定展開臺灣議會設置請願運動後，便一方面在東京展開請願書的簽署，一方面於一九二一年一月十七日拜訪當時在東京的田總督表示善意。[62]向帝國議會提出請願的前一日（一九二一年一月二十九日），林獻堂又再度拜訪田總督說明即將提出議會請願。田健治郎的日記對於這次來訪之記載是：「林獻堂伴一通譯，來談關臺灣立法議會設置請願提出之件，辨（辯）其本意在順應統治方針，乞予諒解。予則詳述予赴任以來統治實現之精神，痛論其謬妄，忠告靜思熟慮，勿誤初步。約一時半間而別。」[63]雖然林獻堂有意事前取得田總督之諒解，但田總督明白地表示堅決不贊成請願之舉。隔日（一九二一年一月三十日），林獻堂領銜向帝國議會遞出設置臺灣議會的請願書。[64]此次請願由於籌備時間倉促，一七八位簽署者大多是在東京的臺灣留學生。

一月三十一日，田總督隨即召集林獻堂、蔡惠如、林呈祿、蔡培火等議會請願重要成員，宣示政府對於議會請願的正式立場：[65]

（一）臺灣總督委任立法以本年末日失其效力。予赴任以來，深鑑臺灣之實情，欲為適當之解決。昨冬有所獻替，今也改正法案在下院之審議中，其第一條以勅令施行法律，其目的在勉（力維）持法律之統一，以促進內臺差別之撤廢。第二條委任特種立法之權於總督，其目的在保存臺灣特種之慣習，以保護臺灣人民之福利。而所以不存其效力之期限者，以達臺灣同化之大目的，不可豫限定歲月之故也。予切望臺人發奮努力，可及的（盡可能地）於少歲月達本法全廢之地境也云云。

（二）今回欲新設置總督府評議會，總督自為會長，舉官吏、內地人、本島人中有識者為評議會員。於法律、律令、其他重要案件中，總督之認必要者，諮詢之於評議會，以徵民意之所在。是總督施政運用上之補助機關，而斷非臺灣自治的發端之立法機關，此區別斷不可混同。若臺灣立法議會設立之論，以背戾帝國統治之大方針，所予之嚴乎（因此，我嚴肅地）而拒斥也云云。

田健治郎一方面縷述新立法（法三號）的改革內容、新設由官民所組成諮詢性質的總督府評議會，一方面則斷然拒絕設立臺灣議會，嚴肅地斥責這是「背戾帝國統治之大方針」。顯然，總督府看出了臺灣議會設置請願雖然用了「內地延長主義」的包裝，但其實內容是企圖自治（或此運動極可能將自治納入射程）。因此，雖然二月九日林獻堂曾經再度拜訪田總督，試圖為議會請願辯護，但還是被田總督當面駁斥了一番。[66]此時日本政府（不論是中央的原敬內閣，還是臺灣總督府），就如本文一直不斷強調的，對於外地統治正在進行空前的根本性法制變革（內地延長主義），因此臺灣人這個不同調的臺灣議會設置請願運動，當然不會被接受。尤其當時帝國議會中最重要的臺灣問題，就是審議新版「關於施行於臺灣之法令的法律案」（法三號），確立「內地延長主義」原則。一九二一年二月臺灣議會設置請願書提出之際，正是帝國議會積極審議法三號的時候，[67]此時當然絕不可能接受具有「自治主義」傾向的臺灣議會請願。因此即使對於臺灣人來說，不論衡諸政治空間的容許度，或是建立新法制的可能性，一九二一年初都是應該有所動作的時機，但對日本政府而言，臺灣議會設置請願有如「在最不適當的時機出來搗亂的小鬼」。因此這個請願案即使向帝國議會提出去了，但當然很輕易地就被完全擱置了。例如一九二一年二月二十一日眾議院之請願委員會對於臺灣議會設置請願案的審議，就極為簡略，不但介紹委員田川大吉郎沒有發言，即使進入審議之後也只有一位委員岡田伊太郎發言：「關於在臺灣設置議會，在前幾天的六三法〔審議〕中已經談及，因此不採擇」，如此就決定了。[68]

第一回議會請願雖然在倉促之間展開，但這是臺灣人首次正式公開的政治訴求活動，因此臺灣人社會群情亢奮。二月二十一日、二十八日，眾議院、貴族院相繼否決請願之後，東京的臺灣學生顯得相當激憤。原本每年總督府都例行性地在春季招待留學生，但當林獻堂向學生報告請願遭到挫折之後，學生竟然發動抵制出席總督府招待會的集體行動，使得蔡培火還特地拜訪田總督解釋請求諒解。[69]

一九二一年四月二十日，林獻堂在議會請願運動後從東京回到臺灣，島內的蔣渭水更是發動大批人馬在基隆、臺北給以英雄式的歡迎。這種亢奮的社會情緒，使得蔣渭水等島內的青年也開始奔走，終於在半年後（十月十七日）成立了臺灣文化協會，並群推林獻堂為總理。臺灣議會設置請願運動雖然沒有被帝國議會「採擇」，卻引爆了一九二〇年代臺灣之政治、社會運動。

結語：用更大的視角理解議會請願運動

明治維新之後，日本打破原有的封建體制改而建立近代集權國家後，陸續建立從地方到中央的國民參政制度。但是這些近代國家的各種制度，並非無條件均質地施行於日本全國。例如，一八七八年訂定三部新法規範地方制度時（「三新法」），北海道只施行其中一部；一八八八年施行市町村制時，也將沖繩縣及一部分島嶼排除在外。一八八九年與帝國憲法同時公布的眾議院議員選舉法，也將北海道、沖繩縣、小笠原群島排除在外。[70]也就是說，即使施行帝國憲法之後，日本國內各地可以選舉代表進入帝國議會（眾議院），[71]卻也有地區還是無法選舉議員，像北海道、沖繩縣、小笠原群島。這種參政權的不均質，使得這些地區也被稱為日本的「內國殖民地」，而在以後陸續發起要求參政權的請願運動。例如一八九〇年代北海道出現北海道議會開設運動，而終於在一八九九年實施自治制度、一九〇一年成立北海道議會、一九〇二年才得選舉帝國議會眾議院議員。[72]沖繩則要到一九一五年才施行眾議院議員選舉法，得以選舉眾議院議員。至於小笠原群島，更要等到一九四〇年才施行地方制度（村制）。

一八九五年日本領有臺灣之後，雖然這個新領土在名義上也適用帝國憲法，卻以人文、社會情況特殊為理由，將臺灣設計成為實際上與日本內地不同的法域，臺灣總督也得在經過一定手續之後發布臺灣特殊法律（律令），臺灣住民（包括在臺日本人）也未享有帝國憲法規定的參政權。臺灣新領土被設計成為與本國內地不同的法域，不但事關臺灣統治原則，臺灣總督有權發布律令的規定也被認為有違憲之嫌，因此帝國議會及法學界對此一直存在著爭議，而且在一八九九年起就有在臺日本人展開反對總督獨裁、撤廢六三法的運動。[73]

如上所述，臺灣人之所以在一九二一年起發起議會請願運動，其中很重要的背景一方面是日本中央政界的政治、法制環境，尤其是政黨政治之時代背景，以原敬內閣成立為代表；一方面是來自殖民地之反撲，以朝鮮三一獨立運動為代表，及原敬內閣相應於此而順勢推出的「內地延長主義」。一九二〇年代初期，似乎也逐漸出現同為日本殖民地之朝鮮、臺灣的在京青年之連帶。[74]尤其，閔元植在一九二〇年二月向帝國議會請願，要求參政權，也應該給了臺灣在京留學生很大的啟發。

但是，臺灣人在一九二一年一月向帝國議會提出的議會請願運動，與朝鮮人所推動的議會請願運動，不論在運動展開的當時，或是在戰後的後殖民地時期，各自的民族（朝鮮人、臺灣人）對之都有不同的評價。造成這種評價不同的理由有各種原因和可能的解讀。

首先，在朝鮮民族的整體「抗日」戰線當中，議會請願運動有極為鮮明的對照項，即當年採行各種不同策略的獨立運動。因此，議會請願運動這種溫和的參政權要求運動，相較之下當然不可能受到肯定。其次，朝鮮的議會請願運動，其實是朝鮮總督府當年政策性地引導出來的，用來化解來勢兇猛之獨立運動，[75]它應該也可以說是朝鮮總督府「文化政治」的一環。因此，怪不得朝鮮人會認為它應該被視為「親日」運動，而不是「抗日」運動。另外，一九二〇年代前期朝鮮的議會請願運動爭取的是在朝鮮實施眾議院議員選舉法，也就是要求讓朝鮮可以選出眾議院議員進入中央的帝國議會。這種要求帝國層次參政權的論述，與日本帝國在外地採取內地延長主義的政策正相合致，卻沒有同時也相對地從外地的立場提出自己的特殊性主張。相較之下，臺灣議會設置請願運動的戰略，是利用日本政府提倡的內地延長主義，順著日本政府的邏輯要求與內地一樣地（「內地延長地」）實行立憲政治，又同時延續向來日本政府所主張的臺灣特殊性邏輯，反向要求日本政府設置臺灣議會來審查臺灣預算與臺灣法律。如此的臺灣議會，就成為可以監督臺灣總督府之行政的民意機關，而不會只是被吸納進入日本帝國的體制當中，甚至成為日本帝國政治背書的「花瓶」。[76]

臺灣議會設置請願運動雖然一樣是向帝國議會提出請願，但請願的目的是設置「臺灣議會」，其效果是在打造一個「臺灣規模（Taiwan size）」的政治共同體。設置「臺灣議會」是走向臺灣自治的初級階段，尤其是臺灣人在要求設置「臺灣議會」的同時，還高唱「臺灣不但是日本的臺灣，臺灣也必須是臺灣人的臺灣」，更使得臺灣自治的意圖更加明顯。因此，不論是日本中央政府或是臺灣總督府，都認為雖然請願運動的宣傳家多在臺灣自治問題上採取曖昧立場，但此運動有可能往臺灣自治發展，所以都主張不接受請願要求。甚至認為如果此運動之情勢不可抵擋時，應該讓臺灣選舉帝國議會議員，來疏導臺灣人的政治要求，也就是將臺灣議會設置請願運動，引導至朝鮮人議會設置請願運動的方向。所以說，臺灣人與朝鮮人都一樣向帝國議會提出了請願，形式上雖然類似，但性質卻極為不同。

本文原收錄於黃煌雄編，《三代臺灣人：百年追求的現實與理想》（遠足文化，二〇一七年十二月）。

註釋

1 一九八〇年代作者留學日本期間，來自韓國的留學生同學就曾質疑：為何臺灣留學生，總是將臺灣議會設置請願運動當成殖民地時代臺灣人的抗日運動來解釋？韓國留學生甚至表示：韓國的殖民地時代史的敘述，總是將日本殖民地時代的議會設置請願運動當成「親日」運動來看待。

2 George H. Kerr, *Formosa: Licensed Revolution and the Home Rule Movement, 1895-1945*, Honolulu: University Press of Hawaii, 1974.

3 原敬總理大臣在一九一八年九月上任，一九二一年十一月遭暗殺後由加藤高明繼任總理，任期三年三個月。搭配原敬總理在臺灣執行「內地延長主義」各種施政的臺灣總督田健治郎於一九一九年十月就任，一九二三年九月卸任。臺灣議會請願運動於一九二一年一月提出第一次請願。

4 關於日本領有臺灣之後取法西洋國家之異民族統治制度，將臺灣新領地設計成與本國實質上為異法域的殖民地，可以參考吳密察，〈外國顧問 W. Kirkwood 的臺灣殖民地統治政策構想〉，收入國立臺灣大學歷史學系編，《日據時期臺灣史國際學術研討會論文集》（臺北：國立臺灣大學歷史學系，一九九三）、吳密察，〈明治國家體制與臺灣：六三法之政治的展開〉，《臺大歷史學報》第三十七期（二〇〇六）。

5　《東洋經濟新報》被認為是大正時期之「急進的自由主義」。關於《東洋經濟新報》的古典研究，可以參閱井上清、渡部澈編，《大正期の急進的自由主義：『東洋経済新報』を中心として》（東京：東洋經濟新報社，一九七二）。關於該週刊的殖民地論，則可以參考收入該書的井口和起，〈植民政策論：一九一〇年代朝鮮政策論を中心として〉一文。井口和起此文，後來又收入氏著《日本帝国主義の形成》（東京：名著刊行會，二〇〇〇）。針對一九一〇年代石橋湛山的研究，較晚近則有姜克實，《石橋湛山の思想史的研究》（東京：早稻田大學出版部，一九九二）。

6　山本美越乃，《植民地問題私見》（京都：弘文堂，一九二一年初版、一九二二年再版）；泉哲，《植民地統治論》（東京：有斐閣，一九二一年初版、一九二四年增訂再版）。關於這些學者的殖民地統治論，已有相當研究。可以參閱淺田喬二，〈山本美越乃の植民論──矢内原忠雄の植民論との対比に（上）、（下）〉，《駒澤大學經濟學論集》第十八卷第一、二、三號（一九八六）、淺田喬二，〈泉哲の植民論（上）、（下）〉，《駒沢大学経済学論集》第十九卷第一、二、三號（一九八七）、淺田喬二，〈矢内原忠雄の植民論（上）、（中）、（下）〉《駒沢大学経済学論集》第二十卷第一、二、三號（一九八八）、淺田喬二，《日本植民地研究史論》（東京：未來社，一九九〇）。另外，若林正丈，《台湾抗日運動史研究》（東京：研文出版，一九八三年初版、二〇〇一年增補版），也介紹了當年這些殖民學者的主張，作為論述臺灣抗日運動的背景。

7　關於矢內原忠雄與日本近代殖民地統治及殖民地人民之連帶，已有甚多研究成果，不遑一一列舉，最近的研究則有若林正丈，〈矢内原忠雄と植民地台湾人：植民地自治運動の言説同盟とその戦後〉，《東京大学大学院総合文化研究科地域文化研究専攻紀要》第十四號（二〇〇九）。

8　三一運動爆發之後，吉野作造所主導的黎明會隨即邀請朝鮮人金雨英等人在該會之演講會上進行報告，他自己也在該會的演講會上發表演講，認為不應該將重點放在糾彈朝鮮人的暴動，而應該借此反省日本的朝鮮統治。以後更發表一連串的文章要求改善朝鮮統治的人事與施政。關於吉野作造於三一運動之後的朝鮮主張，最簡便的參考史料是松尾尊兊編，《吉野作造中国、朝鮮論》（東京：平凡社，一九七〇），另有松尾尊兊，〈吉野作造と朝鮮〉，《人文学報》第二十五號（一九六一）。

9 大江志乃夫，〈山県系と植民地武断統治〉，收入《岩波講座　近代日本と植民地 4 統合と支配の論理》（東京：岩波書店，一九九三）。

10 原敬關於「外地」之總督應該由文官來擔任的主張，可以上溯到一八九五年他以外務省通商局長身分擔任臺灣事務局委員時。前田蓮山，《原敬傳》（東京：高山書院，一九四三），頁三六二。

11 關於三一運動後新朝鮮總督的人事如何決定的過程，《原敬日記》提供了不少資訊。春山明哲根據這些來自《原敬日記》的資訊，重建了當時原敬總理在這項人事安排過程中的靈活政治手腕。參閱春山明哲，〈近代日本の植民地統治と原敬〉，收入春山明哲、若林正丈編著，《日本植民地主義の政治的展開：その統治体制と台湾の民族運動：一八九五—一九三四年》（東京：アジア政経学会，一九八〇）。後來此論文也收入春山明哲，《近代日本と台湾：霧社事件・植民地統治政策の研究》（東京：藤原書房，二〇〇八）。以下關於本文之引用，均根據後者。

12 當然，水野錬太郎大量引入原敬之人馬的結果，也造成與原來長期在寺內正毅、長谷川好道總督時期所培育出來的朝鮮在地成長之官僚的矛盾。關於此問題，最近有非常細緻的研究成果：李炯植，《朝鮮總督府官僚の統治構想》（東京：吉川弘文館，二〇一三）。

13 「齋藤實文書」，頁一〇四—一一九。另見於財團法人齋藤子爵紀念會編，《子爵齋藤實傳》第二卷（東京：該會，一九四一），頁四三二—四六二。此文書原為日文，此次引用時由本文作者翻譯成中文。

14 「齋藤實文書」，頁一〇四—一一九。前揭，《子爵齋藤實傳》第二卷，頁四五一—四五九。

15 關於齋藤總督、水野政務總監所進行的「文化政治」改革之資料，可謂汗牛充棟。比較全面的介紹可以參閱朝鮮總督府編，《朝鮮に於ける新制度》（一九二一），收入友邦協會編，《齋藤總督の文化統治》（東京：友邦協會，一九七〇）、前揭《子爵齋藤實傳》第八篇、第九篇。比較簡要的介紹，則可以參閱糟谷憲一，〈朝鮮総督府の文化政治〉，收入《岩波講座　近代日本と植民地 2 帝国統治の構造》（東京：岩波書店，一九九二）。限於篇幅，本文將不一一介紹齋藤總督時期的施政，只擇要幾項並將之與臺灣一併說明。

16 前田蓮山，《原敬傳》（東京：高山書院，一九四三），頁三五九－三六〇。

17 關於一八九五至一八九六年間臺灣事務局的臺灣統治制度規劃及原敬的意見，可以參考吳密察，〈明治國家體制與臺灣：六三法之政治的展開〉，《臺大歷史學報》第三十七期（二〇〇六）。

18 修改前後的逐條對照如下：

舊官制	新官制
「朝鮮總督府官制」（明治四十三年勅令第三五四號）	「朝鮮總督府官制」（大正八年勅令第三八六號）
第二條　總督，親任，以陸海軍大將充之。	第二條　總督，親任。
第三條　總督直隸於天皇，於委任範圍內統率陸海軍及掌朝鮮防備之事。 總督統轄諸般政務，經內閣總理大臣為上奏及接受裁可。	第三條　總督統理諸般政務，經內閣總理大臣為上奏及接受裁可。 第三條之二　總督為保持安寧秩序，認為必要時，得請求在朝鮮之陸海軍的司令官使用兵力。

此次臺灣總督府官制的改正之內容是總督府內部的部局分合。

舊官制	新官制
「臺灣總督府官制」（大正八年六月勅令第三一一號）	「臺灣總督府官制」（大正八年八月勅令第三九三號）
第二條　總督，親任，以陸海軍大將或中將充之。	第二條　總督，親任。

第三條　總督，於委任範圍內，統率陸海軍，承內閣總理大臣之監督，統理諸般政務。	第三條　總督承內閣總理大臣之監督，統理諸般政務。 第三條之二　總督為了保持安寧秩序，認為必要時，得請求其管轄區域內陸海軍之司令官使用兵力。
第四條　總督，關於軍政及陸海軍軍人軍屬之人事，承陸軍大臣或海軍大臣；關於防禦作戰及動員計畫，承海軍軍令部；陸軍軍隊教育，承教育總監之區處。	第四條　總督是陸軍武官時，得兼臺灣軍司令官。
第六條　總督掌其管轄區域內之防備。	第六條刪除。
第七條　總督為了保持其管轄區域內之安寧秩序認為必須，得使用兵力。 前項場合，應立刻向內閣總理大臣、陸軍大臣、海軍大臣、參謀總長及海軍軍令部長報告之。	第七條刪除。
第九條　總督於認為必要地域內，得令其地之守備隊長或駐在武官兼掌民政事務。	第九條刪除。
第十四條　總督府置總督官房。 總督官房置副官二人及秘書官二人，掌機密相關事務。 副官以陸海軍佐尉官之內各一人充之。	第十四條刪除。
第十五條　總督府置民政部、陸軍部、海軍幕僚。 陸軍部條令及海軍幕僚條令，別定之。	第十五條刪除。

19 一九一九年朝鮮總督府官制修訂過程中，樞密院的審議費了不少時日，讓原敬首相相當不滿。樞密院原來只是備天皇諮詢的機關，但是天皇卻在明治三十三年（一九〇〇）對當時的山縣有朋首相下達了「御沙汰書」，規定幾項以後必須送交樞密院審議的勅令案，其中包括「關於教育制度之基礎的勅令」、「關於臺灣總督府官制之勅令」。根據此「御沙汰書」的規定，從此以後樞密院便成為可能置喙殖民地問題的機關。關於樞密院的研究，相對較少，目前可參閱由井正臣編，《樞密院の研究》（東京：吉川弘文館，二〇〇三），其中收錄岡本真希子，〈樞密院と植民地問題——朝鮮、台湾支配体制との関係から〉一文，可以參考。

20 《官報》第二一一三號（大正八年八月二十日）。

21 德富猪一郎，《陸軍大將川上操六》（東京：第一公論社，一九四二）。

22 薩摩系統的海軍大將樺山資紀之所以出任第一任臺灣總督，除了他在明治初年就積極主張征伐臺灣，在明治初年「征臺之役」（牡丹社事件）前後就有豐富的臺灣經驗之外，還因為海軍在日清戰爭之後積極主張於和平條約中要求割取臺灣的緣故。

23 初期殖民地總督的人事多由山縣有朋系統之陸軍壟斷的情形，可參閱大江志乃夫，〈山県系と植民地武断統治〉，收入《岩波講座　近代日本と植民地 4 統合と支配の論理》（東京：岩波書店，一九九三）。

24 雖然一九一八年原敬內閣已經趁著軍制改革之際，在臺灣實施政軍分離，以臺灣總督府為臺灣統治的最高行政長官之外，另外設置臺灣軍司令為駐在臺灣之臺灣軍的最高指揮官。但因為當時的總督為軍人明石元二郎，因此由臺灣總督兼任臺灣軍司令。

25 關於明石元二郎總督之下葬臺灣，可以參閱專賣局檔案「明石總督薨去幷葬儀一件」（典藏號00100210015）、小森德治《明石元二郎 下卷》（臺北：臺灣日日新報，一九二八），頁二三五—二五四。

26 田健治郎在一八九五年以遞信省代表之身分參加臺灣事務局。田健治郎於一九一九年接續明石元二郎出任臺灣總督，也需要得到軍部元老山縣有朋之點頭同意。關於其間之周旋具體細節，可以參閱《原敬日記》、《田健治郎日記》、《田健治郎傳》等。

27 〈田總督蒞任訓示〉，收入臺灣總督府編，《詔勅、令旨、諭告、訓達類纂》（臺北：臺灣總督府，一九四一），頁二九三–二九四。

28 〈大正八年十一月廳長に對する田總督訓示〉，收入臺灣總督府編，《詔勅、令旨、諭告、訓達類纂》（臺北：臺灣總督府，一九四一），頁二九四–三〇八。

29 關於田總督的這些改革構想，均見諸於《原敬日記》、《田健治郎日記》、《田健治郎傳》，不一一引註。

30 田健治郎在臺灣殖民地教育方面的改革（推動日臺「共學制」、研議第二次「臺灣教育令」、提倡設立臺灣大學），可參閱吳密察，〈植民地に大学ができた!?〉，收入酒井哲哉、松田利彦編，《帝国日本と植民地大学》（東京：ゆまに書房，二〇一四）。

31 關於田健治郎總督履任之後的統治體制與法制更革，可以參考《田健治郎傳》第十六至二十章、井出季和太《臺灣治績志》（臺北：臺灣日日新報，一九三七）第八章，頁六二五–七〇六。另外，關於田健治郎蒞任及其臺灣統治更革之意義，則可以參考春山明哲，〈近代日本の植民地統治と原敬〉，收入：春山明哲、若林正丈，《日本植民地主義の政治的展開：その統治体制と台湾の民族運動：一八九五–一九三四年》（東京都：アジア政経学会，一九八〇），以後又收入春山明哲，《近代日本と台湾：霧社事件、植民地統治政策の研究》（東京：藤原書店，二〇〇八）。

32 關於一九二三年東宮太子之臺灣「行啟」的脈絡性意義，若林正丈有很深入的解析。參閱若林正丈，〈一九二三年東宮台湾行啓の「状況的脈絡」——天皇制の儀式戦略と日本植民地主義 その1〉《教養学科紀要》（東京大學教養學部），第十六號（一九八四）、若林正丈，〈一九二三年の東宮台湾行啓——天皇制の儀式戦略と日本植民地主義〉，收入平野健一郎編，《国際関係論のフロンティア第二卷》（東京：東京大學出版會，一九八四）、若林正丈，〈一九二三年東宮台湾行啓と「内地延長主義」〉，收入《岩波講座　近代日本と植民地 2 帝国統治の構造》（東京：岩波書店，一九九二）。

後者又收入若林正丈，《台湾抗日運動史研究　增補版》（東京：研文出版，二〇〇一）。

33 姜東鎮，〈日本の朝鮮支配政策史研究——一九二〇年代を中心として〉（東京：東京大學出版會，一九七八），頁三二三。

34 以上關於國民協會與閔元植的介紹，參閱李炳烈編纂，《國民協會運動史》（京城：國民協會本部，一九三一）、松田利彥，〈植民地期朝鮮における参政権要求運動団体「国民協会」について〉，收入淺野豐美、松田利彥編，《植民地帝国日本の法的構造》（東京：信山社，二〇〇四）。

35 李炳烈編纂，《國民協會運動史》（京城：國民協會本部，一九三一），頁一〇—一三。請願書原文為日文，此處之引述，由本文作者中譯。

36 松田利彥，〈植民地期朝鮮における参政権要求運動団体「国民協会」について〉。

37 這裡所謂的「溫暖」，是相對於臺灣議會設置請願大多以「不採擇」被拒而言的。

38 「第四十一回帝國議會眾議院請願委員第一分科會議錄（速記）第四回」（大正九年二月二十三日），頁一三—一四。

39 李炳烈編纂，《國民協會運動史》（京城：國民協會本部，一九三一），頁一九—三九。

40 李炳烈編纂，《國民協會運動史》（京城：國民協會本部，一九三一），頁一三。

41 關於臺灣議會設置請願運動的展開，除了各種研究都根據的《總督府警察沿革誌》之外，已經有甚多研究，舉其重要者就有蔡培火等（實際執筆者為葉榮鐘），《臺灣民族運動史》（臺北：自立晚報叢書編輯委員會，一九七一）第四章；許世楷，《日本統治下の台湾》（東京：東京大學出版會，一九七二）第二部第二章第一、二節；若林正丈，〈台湾議会設置請願運動〉，收入春山明哲、若林正丈，《日本植民地主義の政治的展開：その統治体制と台湾の民族運動：一八九五—一九三四年》（東京：アジア政經學會，一九八〇），以後又收入若林正丈，《台湾抗日運動史　增補版》；周婉窈，《日據時代臺灣議會設置請願運動》（臺北：自立報系文化出版部，一九八九）及〈台湾議会設置請願運動について〉，收入《岩波講座　東アジア近現代通史　第五冊　新秩序の摸索》（東京：岩波書店，二〇一一）、〈臺灣議會設置請願運動再探討〉，《臺灣史料研究》第三十七期（二〇一一）等，因此本文不再細述詳情，只就與本文討論主旨相關者稍作記述。

42 根據《警察沿革誌》記載，「聲應會」是由中華青年會的幹部馬伯援、吳有容、劉木琳和臺灣人林呈祿、蔡培火、彭華英、蔡惠如所成立的親睦團體。關於聲應會的成立時間，蔡培火的回憶性說明是在一九一九年秋天，但《警察沿革誌》卻記載為一九一九年末。從結社時間都未能確認一事可以窺知該結社之實際活動應該不是很積極。至於「啟發會」，一般則經常將之視為是往「青年會」過渡的一個暫時性組織而一筆帶過。

43 《警察沿革誌》，頁二四。

44 《警察沿革誌》，頁二五。

45 《警察沿革誌》，頁二五－二七、頁三一一。此事也另見於蔡培火，〈日據時期臺灣民族運動〉，收入張漢裕主編，《蔡培火全集 二　政治關係——日本時代（上）》（臺北市：吳三連臺灣史料基金會，二〇〇〇），頁二〇一。但蔡培火於第三點，作「加強與中國、朝鮮等同志之接觸交流」。

46 《警察沿革誌》，頁二七－二八。

47 只就目前已經出版的《臺灣總督田健治郎日記》就可以窺知其中一端。例如，田總督到任不久之後的一九一九年十二月十八日就曾經與林獻堂晤面，而且在此之前林獻堂也已經向他提出過「臺灣統治之意見書」。

48 臺灣總督府警務局編，《臺灣總督府警察沿革誌Ⅲ臺灣社會運動史》（臺北：臺灣總督府警務局，一九三九），頁三一一－三一二。

49 前揭，蔡培火，〈日據時期臺灣民族運動〉，頁二〇四。

50 前揭，蔡培火，〈日據時期臺灣民族運動〉，頁二〇四。

51 前揭，《臺灣總督田健治郎日記（上）》，頁五四八－五四九。

52 前揭，蔡培火，〈日據時期臺灣民族運動〉，頁二〇四。

53 前揭，《臺灣總督田健治郎日記（上）》，頁五四八。

54 但是這並不表示施行於臺灣的法令只有律令和勅令兩種，因為還有像六三法、臺灣銀行法這種限定其施行地域為臺灣的法律。

55 關於六三法的性質及其對臺灣統治的政治性意義，可參閱吳密察，〈明治國家體制與臺灣：六三法之政治的展開〉，《臺大歷史學報》第三十七期（二〇〇六）。

56 蔡培火，〈日據時期臺灣民族運動〉（此係蔡氏於一九六五年六月十八日應臺灣省文獻委員會之邀所做演講之記錄）。此處從張漢裕主編，《蔡培火全集　二　政治關係——日本時代（上）》（臺北：吳三連臺灣史料基金會，二〇〇〇）引述，頁二〇三。

57 林呈祿，〈六三問題の歸著點〉，《臺灣青年》第一卷第五號（一九二〇年十二月）。林呈祿另以筆名林慈舟發表本文之中文版：林慈舟，〈六三問題之命運〉，《臺灣青年》第一卷第五號（一九二〇年十二月）。

58 此向帝國議會提出之請願書當然以日文寫成，但《臺灣青年》第二卷第二期（一九二一年二月）的「漢文之部」特別刊載了它的漢文版（頁二〇－二五）。此處的引用，根據漢文版。

59 《警察沿革誌》，頁三二一。

60 林呈祿，〈六三問題の歸著點〉，《臺灣青年》第一卷第五號（一九二〇年十二月）。林呈祿另以筆名林慈舟發表本文之中文版：林慈舟，〈六三問題之命運〉，《臺灣青年》第一卷第五號（一九二〇年十二月）。本文所引用者為中文版，但標點經過本文作者，即引用者作了適度的修改。

61 向帝國議會提出之請願書當然以日文寫成，但《臺灣青年》第二卷第二期（一九二一年二月）的「漢文之部」特別刊載了它的漢文版（頁二〇－二五）。此處的引用，根據漢文版。

62 田健治郎在一九二一年一月十七日的日記上記載：「林獻堂伴蔡培火為通譯，來存問。又請臺灣林姓大宗祠門楹聯文揮毫之事」。前揭，《臺灣總督田健治郎日記（中）》，頁十八。

63 前揭，《臺灣總督田健治郎日記（中）》，頁三四。

64 時日前後，閔元植的國民協會也於二月初提出他們的第三次議會請願。

65 前揭，《臺灣總督田健治郎日記（中）》，頁三八－三九。

66 前揭，《臺灣總督田健治郎日記（中）》，頁四八。

67 第四十四回帝國議會「關於施行於臺灣之法令的法律案」（法三號）之審議過程，可以參考帝國議會的速紀錄。最為簡便的資料集，可參考〔外務省〕條約局法規課編，《臺灣ニ施行スヘキ法令ニ關スル法律（六三法、三一法及び法三號）の議事錄（《外地法制誌》第三部附屬）》（東京：外務省條約局，一九六六。東京：文生書院復刻本，一九九〇），頁三九九－五四七。

68 參閱《第四十四回帝國議會眾議院請願委員第一分科會議錄（速記）第三回》，頁一。請願案雖然被快速否決，但也引發有趣的現象，例如，西洋媒體的駐日記者，對於臺灣人以公然的正式行動對日本之臺灣統治表示意見便顯得有興趣。田健治郎的日記就提到英國倫敦 *Times* 的記者就曾經特地就臺灣議會設置請願來採訪他。田健治郎面對這位西洋記者的採訪，關於臺灣人之所以提出此請願的解釋，避開了臺灣人的自治要求，而強調：「此回之請願，全係在京學生感染內地民主思想（Democracy）之所致」。前揭，《臺灣總督田健治郎日記（中）》，頁四九。

69 前揭，《臺灣總督田健治郎日記（中）》，頁一〇五－一〇八。

70 該法第一一條規定：「北海道沖縄県及小笠原島ニ於テハ将来一般ノ地方制度ヲ準行スルノ時ニ至ルマテノ法律ヲ施行セス。」

71 當然，此時的國會議員選舉並非普通選舉，必須是「高額納稅者（繳納直接国税十五円以上者）」才有選舉、被選舉資格。

72 關於北海道議會設置請願運動的研究，可以參閱：船津功，《北海道議会開設運動の研究》（札幌：北海道大學圖書刊行會，一九九二）、鹽出浩之，〈明治立憲制の形成と「植民地」北海道〉，《史学雑誌》第一一一編第三號（二〇〇二）。

73 在臺日本人在明治年間所展開的六三法撤廢運動與臺灣人在大正年間所展開的六三法撤廢運動，雖然都在反對總督獨裁、總督的律令發布權，但其終極目的卻完全不同。關於日本治臺初期在臺日本人的六三法撤廢運動，可以參閱：吳密察，〈明治三五年日本中央政界的「臺灣問題」〉，《東海大學歷史學報》第九期（一九八八），以後又收入吳密察，《臺灣近代史研究》（臺北：稻鄉出版社，一九九一）。

74 關於此時在東京的朝鮮人、臺灣人之交流，最近有一連串的研究成果。參照：紀旭峰，〈雑誌《亞細亞公論》にみる大正期東アジア知識人の連携——在京台湾人と朝鮮人青年の交流を中心に——〉，（アジア文化研究（韓文）」第十七號（韓國暻園大學校アジア文化研究所，二〇〇九）、〈大正期在京台湾人留学生と東アジア：雑誌《亞細亞公論》を手がかりとして〉，韓國東北亞歷史財團編，《東アジア知識人交流と歴史記憶（韓文）》（首爾：韓國東北亞歷史財團，二〇〇九）、〈大正期在京台湾人留学生と東アジア：朝鮮人と中国人とのかかわりを中心に〉，《アジア太平洋討究》第五號（二〇一〇）；小野容昭，〈植民地朝鮮、台湾民族運動の相互連帯に関する一試論——その起源と初期変容過程を中心に〉，《史林》第九四卷第二號（二〇一一）。

75 關於朝鮮之帝國議會請願運動，相當程度反映朝鮮總督府及相關日本人之主張的研究，可以參考：姜東鎮，《日本の朝鮮支配政策史研究：一九二〇年代を中心として》，及松田利彥，〈植民地期朝鮮における参政権要求運動団体「国民協会」について〉，特別是頁三八〇－三八二。

76 其實，一部分在臺日本人也有要求參政權的動向。但是他們所要求的參政權，多傾向於在臺灣選出帝國議會議員，而不是設置臺灣議會。

臺灣史是什麼?

第9章

《民俗臺灣》的時代背景及其意義

《民俗臺灣》一向被視為發揚「臺灣文化」的重要刊物，但當時刊物同仁的座談會，卻提倡在大東亞國策下研究各地民俗？《民俗臺灣》中看似配合當局政治宣傳的言論，是應付或者真心？唯有仔細分析史料方能公允回答。

川村湊的質疑

《民俗臺灣》一直是被戰後臺灣、日本兩地高度肯定的一份戰前之臺灣民俗調查雜誌。但是一九九六年七月，日本著名的評論家川村湊在其著作《「大東亞民俗學」的虛實》中，卻對這個幾乎已成定論的評價，投下了一顆大石頭，造成極大的波紋。川村湊從《民俗臺灣》一九四三年十二月號上的一篇座談會紀錄「大東亞民俗學的建設與《民俗臺灣》的使命」摘取了「大東亞民俗學」這個詞，並回顧了戰前日本人在所謂的「大東亞」地區（朝鮮、臺灣、南洋、滿洲）所展開的民俗學研究、調查。

圖 9-1：柳田國男。維基百科。

川村湊所注意到的那一篇座談會紀錄，是一九四三年十月十七日在東京當時日本民俗學指導者柳田國男的宅邸所舉行的一次座談會紀錄。座談會以柳田國男為中心，其他的參加者是《民俗臺灣》雜誌的中心人物：當時臺北帝國大學教授金關丈夫、中村哲、岡田謙，及柳田國男的弟子、《民間傳承》雜誌的編輯橋浦大雄。川村湊從這個座談會紀錄中，不但擷取了「大東亞民俗學」這個詞，而且指出在這個座談會當中，柳田國男所提倡的是：

在大東亞各地區分別創立利用「日本語」收集、分類、分析的「民俗學」，這將得以做為與「日

本民俗學」比較、對照的研究對象。也就是說，柳田所構想的並不是各地域成立具有自立性的方法論與主題、課題的「民俗學」，而是以日本這個中心呈放射狀擴大的民俗學研究之輪，即類似以在東京柳田國男邸的民族學研究所為中心（Center），將日本各地的地方研究家、教員、好事家組織起來，所做出的中央－周緣網絡（Network）的「日本民俗學」組織圖。[1]

川村湊認為柳田國男所構想的「大東亞共榮圈」內部的各個民俗學（即各地之民俗學），扮演的是支持「日本民俗學」之手足的角色，它們並沒有自立的「頭」，如果不懷好意地解讀柳田國男的談話，可以說柳田國男所期待的是這些民俗學之輔助性的角色，卻不將日本民俗學所具有的對日本來說用以建立自己之自我確認、自我覺醒的意義，相對地賦予臺灣人、朝鮮人、滿洲人。這些地區民俗學之目的只是被用來測度「他們（的民俗）與我們日本人的（民俗）相距多少？」，而不具有從比較民俗學的立場將日本民俗學相對化的視野。[2]也就是說，川村湊透過座談會出現的「大東亞民俗學」這個詞為線索，以批判性的反省立場，回顧了戰前日本人在朝鮮、臺灣、南洋群島、滿洲等地所進行的民俗學記錄調查，為我們描繪出了一個可以稱為民俗學的「大東亞共榮圈」。川村湊的這種看法可以說屬於近年來一連串批判性地檢討柳田民俗學的流亞，它也反映近年反省戰前學術調查之殖民主義成分的流行風潮。[3]

川村湊的批判性立場與分析脈絡，使他特別強調此雜誌中所表現的異國情調趣味與殖民主義色彩。川村湊的這種對《民俗臺灣》之不同以往的解讀，馬上受到原《民俗臺灣》關係者的不滿。戰前任職於臺南女子中學及臺北師範學校，而且是《民俗臺灣》之重要撰稿人，戰後初期曾被臺大留用為副教授，對臺灣之民俗學、考古學都有重要之先驅性研究的國分直一教授，雖已九十餘高齡，仍然隨即發表反論的書評。[4]

國分直一的反論有三個重點：（1）關於《民俗臺灣》的指導者金關丈夫；（2）《民俗臺灣》的雜誌性格；（3）戰後臺灣人的《民俗臺灣》評價。國分直一引用戰後臺灣人對金關丈夫的尊重及金關丈夫的學問傳承與國際學界交遊，來證明金關丈夫絕對不是一個種族主義者。國分直一辯明《民俗臺灣》的同仁們是眼見臺灣舊慣風俗即將消滅而起了記錄、調查臺灣民俗的念頭，《民俗臺灣》絕非陷溺於異國情調和殖民主義的雜誌，尤其戰後臺灣人對於金關丈夫及《民俗臺灣》所給予的高度評價，更說明了戰前的《民俗臺灣》運動是沒有民族偏見的。[5]

國分直一的說法，與當年的《民俗臺灣》關係者（不論是臺灣人或日本人）在戰後的回顧談，甚至於一般戰後臺灣史的著作中所記述的《民俗臺灣》形象，乃至近年來臺灣關於《民俗臺灣》的研究結論是一致的。也就是說，國分直一在書評中所描述的，可以說是已經相當穩定化了的《民俗臺灣》形象。以下對於戰後臺灣本地關於《民俗臺灣》的理解，做一番回顧。

一九六〇年十二月《民俗臺灣》的主要人物金關丈夫來臺出席醫學會議，這應該是他戰後第一次重返臺灣。他在臺期間除了出席醫學會議之外，還應邀在臺灣大學考古人類學系演講（講題目前未能確認，推測應該是與體質人類學有關的主題），戰前《民俗臺灣》的投稿同仁們也為他舉辦一個「金關丈夫博士歡迎座談會」。在這個座談會中，也是戰前《民俗臺灣》的活躍人物黃得時（此時擔任臺灣大學中文系教授），對於在臺灣時代的金關丈夫做了如下的評價：

現在回顧起來，昔日僑居臺北的日本人之間，有兩種類型的人：一種是以日本人閉關自守，只在日本人的世界裡求生活，不願和傍的發生交涉的型。另一種是出而和臺灣人往來，進入

臺灣人的生活圈裡，努力去理解對方的型。金關先生當然是屬於後者的。[6]

一九六六年，《臺灣風物》（一九五六年仿《民俗臺灣》發刊的雜誌，英文名稱 *Taiwan Folkways*）創刊十週年之際，舉辦了一個「當前臺灣鄉土研究的方向」座談會。座談會中出席者異口同聲地肯定戰前的《民俗臺灣》，希望《臺灣風物》可以繼承《民俗臺灣》的風格與工作，並且主張應該將《民俗臺灣》中的文章翻譯成為中文登載於《臺灣風物》。座談會中，黃得時教授以激越的口吻，對《民俗臺灣》的性質做了以下的發言：

或者有人會懷疑《民俗臺灣》是由日本人編輯的。所以是不是含有「民族偏見」或「民族歧視」的作風。關於這一點，我作了該誌創辦人之一，敢斷然說：「絕對沒有這種事情。」這由於上述發刊當時已遭受總督府當局的壓迫和白眼，可以證明外，如金關丈夫教授的友人之中，本地人較日本人為多，並且對於本地友人愛護備至的態度，以及主編者池田敏雄先生喜歡穿本地衣服，住本地家屋，跟本地女性黃鳳姿小姐結婚等事實，可以窺見其一斑。[7]

戰前《民俗臺灣》發刊之初，對於雜誌採取不信任態度，撰文要求《民俗臺灣》同仁在調查、研究臺灣民俗之際，除了要有科學的態度之外，還必須有「愛」的當時臺灣之代表性評論家楊雲萍，在《民俗臺灣》發刊之後不但為雜誌寫稿，與雜誌同仁有親密交遊。戰後，他也承認自己當初出於年輕氣盛錯怪了《民俗臺灣》的同仁，他表示事後證明《民俗臺灣》的確是誠心真摯地面對臺灣的民俗舊慣。[8]

另外，《民俗臺灣》的主要成員，幾乎自始至終擔任雜誌編輯的池田敏雄，在一九八一年三月去世，《臺灣風物》隨即於當年的六月號推出「池田敏雄先生逝世紀念專輯」，楊雲萍與王詩琅（當時擔任《臺灣風物》主編）分別以如下的追悼文向《民俗臺灣》與池田敏雄致敬：

《民俗臺灣》月刊的存在，是代表日本人的良心。日本的臺灣統治，可恥的事情甚多，只此一刊物的存在，卻成為日本人可以引為自慰的事情。而企製，編輯，刊行這本雜誌的同仁之中，最重要的，最瀝過心血的一位，就是池田敏雄。

池田先生啊，您愛臺灣，把它記錄，研究……，臺灣的歷史，會給您以鄭重的評價。安安靜靜安息罷，池田敏雄先生。[9]

在臺灣，民俗學以學問的姿態出現是近世的事，更簡單地說，乃是日據末期才建立起來的，而努力於建立的最大功勞者，應首舉《民俗臺灣》雜誌。這《民俗臺灣》的發行人雖然是金關丈夫博士，但實際上的負責人是故池田敏雄兄，這一椿事在今日可以說是眾知的事實。據故人告訴筆者，他年輕時竭盡全副精力從事這一份雜誌的編輯。這似非故人的誇言，當時他敢冒「反時勢」的危險、軍部的不高興，從事這種創舉，公然辦這份雜誌，實令人欽佩，幸而他的努力沒有白費，這份雜誌現在已成經典，凡是從事臺灣研究的人都非備為參考資料不可，故人僅以此點也可以為慰了。從臺灣民俗學上來說，它可以說是值得紀念的里程碑。[10]

一九八二年，池田敏雄的一篇遺稿，具有夫子自道性質的回顧性文章〈殖民地下臺灣的民俗雜誌〉問世。[11]池田敏雄在這篇文章中介紹了當年倡議創刊這份民俗刊物的背景與遭受殖民政府刁難的情形。這是一篇目前關於《民俗臺灣》最詳盡的文章，也是最常被引用的文章。以這些《民俗臺灣》的同仁為中心的研究者在戰後所發表的具有回顧性質或追悼意義的文章，就形成了對於《民俗臺灣》評價的基礎。例如，到了一九九〇年代，一些未及參與戰前《民俗臺灣》運動的戰後世代研究者，對於此雜誌的評價，就幾乎完全踏襲前述雜誌關係者的見解。[12]

川村湊與國分直一、池田敏雄之間在看法上的對立，可以從很多方面進行解讀。他們雙方的其中一造是研究者，而另一造正好是被研究者。國分直一、池田敏雄是當事人，吾人當然必須重視其說詞。而且，戰後臺灣人對於《民俗臺灣》的評價，也幾乎全面肯定國分直一、池田敏雄的說法。但是，為什麼川村湊會有如此不同的解讀呢？川村湊是誤讀了嗎？

良心的殖民者？戰爭協力者？

《民俗臺灣》是一份在封面上明白標示其目的為「研究、介紹民俗與習慣」的月刊雜誌，在物資缺乏的戰爭時期，自一九四一年七月創刊，持續發行至一九四五年一月，總共發行四十三期（最近的復刻本加入了原來預定在一九四五年二月出刊，最後卻沒有出刊的第四十四期）。[13]雜誌的主要成員為臺北帝國大學醫學部解剖學教授金關丈夫與任職臺灣總督府情報部（其性質有如現在之政府新聞宣傳部門）的池田敏雄，雜誌的執筆者包括當時臺北帝國大學的學者，如政治學者中村哲、社會學者岡田謙；在臺灣的日本文化人，如版畫家立石鐵臣、攝影家三島格，和一些臺灣知識人。在籌辦這個雜誌之前，岡田謙（臺北帝國大學教授，社會學者）、須藤利一（臺北帝國大學教授，數學家）、金關丈夫（臺北帝國大學教授，醫學部教授）、陳紹馨（臺灣人，當時在臺北帝國大學土俗人種學教室擔任助理）、黃得時（臺灣人，臺北帝國大學畢業，文學評論者）、萬造寺龍聯合具名發表一篇發行雜誌的趣旨書。這篇趣旨書的主要內容為：

> 臺灣本島人的皇民化必須積極促進。近來強力地施行（皇民化），比起向來的無策無為，不能不說相當令人振奮。因此而使本島舊有陋習弊風快速被打破，島民得以大為享受近代文化之恩惠，此固甚為應該歡迎者；但同時那些全無弊害的舊慣，卻也免不了自然因此被犧牲而湮滅了。而且，即使不是因為積極的人為方策，它們也將不免在長遠的歲月中，走向自然消滅的命運。
>
> 但是，已有記錄與研究能力的文明國民，具有應該記錄、研究一切現象的義務。將陋習當作陋習，弊風當作弊風記錄、研究，不但是我國民的義務；而且，就現在我國民將伸展國力於南方來說，不論是華南或是南洋，最有提攜之機會與必要性的，便是支那民族。為了瞭解他們，預先瞭解臺灣本島人，是最必要的，而且方便，這也是我國民冠絕於他國的優勢。[14]

從這篇雜誌發刊的趣旨書，的確可以看出《民俗臺灣》出刊的當時，雜誌同仁們所感受到的臺灣民俗、舊慣即將消滅的危機感，因此希望加以記錄、研究。一九四三年十二月號《民俗臺灣》上的座談會紀錄，也就是川村湊所引用的「圍繞柳田國男氏的座談：大東亞民俗學的建設與《民俗臺灣》的使命」中，金關丈夫也舉例說明臺灣舊慣調查的緊迫性：

祖先崇拜的問題，原來的正廳神桌上只放置著祭祀牌位，如今則將牌位放到一邊，正中央擺著伊勢的神宮大麻。向來的祖先崇拜，將因此而逐漸被淡忘了吧。所以這樣的調查，如果不現在來做，再不久便沒有線索了。在這個意義上，在不斷急速皇民化下，臺灣的民俗調查可以說是非常的急務。[15]

造成臺灣民俗有急速消滅危機的原因，是臺灣總督府積極展開的「皇民化運動」。皇民化運動是小林躋造總督在任時期（一九三六－一九四一）所強力推動的激進之同化主義運動，尤其一九三七年七月蘆溝橋事變爆發以後，隨著中日局勢對立的激化，臺灣總督府不但在臺灣展開與內地相似的「國民精神總動員」運動，而且考慮到臺灣人乃是與自己的對手之中國人屬於同種族的異民族，因此更積極展開一連串拭去臺灣人之中國式生活樣式、文化色彩，強制或鼓勵學習日本文化、過日本式生活的改造動員。池田敏雄回顧這個時期：

總督府當局極力在破壞或使臺灣人忘卻足以助長臺灣人民族意識、懷舊心情的民間信仰、年中行事、冠婚葬祭等。媽祖換成了天照大神，臺灣服改成了日本服，平板床改成了榻榻米，姓陳的、姓黃的，改成佐藤、小林、花子這樣的日本式名字。強制進行這種形式主義的日本化，在B－24、B－25的空襲下，匆促地強行速成的（instant）日本人化。[16]

面對如此的局面，金關丈夫等《民俗臺灣》的主要成員們內心有強烈的危機感，和應該搶在臺灣的民俗還未消失之前，將它們記錄下來的使命感。金關丈夫在一九四四年九月號的雜誌上所登載的座談會紀錄上說：

有一些資料現在不記錄，便會永遠消失了。尤其像現在所謂皇民化成功的時候，在這種（同化主義）不斷發揮的時代，令人很是憂心。將之記錄留給後世的學者，是現在臺灣在住者的一種義務。這很難獲得平常不利用資料來做學問的人之理解。所謂資料，就像先前講過的，現在有的已可以知道其歷史意義，有的還不明白。即使現在不明白，將來也可能有意義。而且，現在不留下它，便會消失了。這就是資料。[17]

從以上這些當事者不論是戰後的回顧談或者是戰前在雜誌上的發言，應該可以確定當年發刊《民俗臺灣》，的確有為了記錄即將因皇民化政策而消失的臺灣民俗的因素。這種希望搶在臺灣民俗消失之前將之「記錄」下來的想法，也因此招致臺灣人評論家楊雲萍的批評。楊雲萍特別強調對於臺灣民俗不能止於科學客觀的記錄，而必須對它有愛。這樣的批評應該來自於對金關丈夫等《民俗臺灣》同仁，到底只是出於對異俗的興趣，或者真是對臺灣的民俗懷有尊重態度，有所懷疑所致吧。但是，從事後楊雲萍不但投稿於《民俗臺灣》，而且在戰後承認自己當年的魯莽來看，《民俗臺灣》及金關丈夫等人是博得了這位以嚴苛著名的臺灣評論家極高的肯定了。

但是，從前面所引的《民俗臺灣》發刊趣旨書，及雜誌中的一些文章，卻也不難讓我們嗅到帝國政策的氣味。對於雜誌中出現這些與帝國政策口吻相似的文章，池田敏雄在戰後的回顧性文章辯解說其用意是用來保護雜誌的：

> 《民俗臺灣》既然與當局的風向不合，若不偶爾吟念這種咒文，將不免被命廢刊。如今仍還記得，為了防衛《民俗臺灣》，在編輯後記偶爾會引述以前的總督、民政長官的訓示或書中的序文，或彙集一些適當的舊慣，表示以前的人的確說它們是高格調的。[18]

戰爭時期，雜誌的編輯與作者必須相當程度的心口不一地寫一些迎合時局的文字，是不難想像的。池田敏雄在戰後的回顧談中，用了相當的篇幅來說明當時《民俗臺灣》所受到的檢閱。《民俗臺灣》在存續期間受到來自強硬的皇民化論者的壓力顯然很大，這從一九四四年九月號的雜誌上的一場座談會「奉公運動與臺灣的民俗研究」可以見得一斑。在這個座談會中，金關丈夫指出了《民俗臺灣》受到不信任的待遇：

> 特別在臺灣這種研究，有被認為具有那麼一種所謂民族主義的政治氣味，或至少有這種效果的危險。似乎就是有那麼一些不肖者，以奇怪的動機想來妨害我們。對於這些令人無趣的誤解、令人無趣的動機，吾人希望稍微明示對時局的實際協力。[19]

這個座談會的目的，顯然是為了對來自強硬派的質疑提出辯解，甚至交心表態，明白地表示《民俗臺灣》所從事的並不違背皇民化政策，而是具有奉公意義的工作，並且在此座談會中討論民俗調查可以如何更進一步具體地貢獻於皇民化國策。當然，這樣的座談會本身便存在著被多種不同（甚至相反對立）解讀的可能性。但是如果仔細咀嚼座談會中的發言，卻也不難看出《民俗臺灣》當時面對的壓力是如何的強大。在座談會中，金關丈夫開宗明義地指出，在時局困難的情況下，《民俗臺灣》如果必須廢刊也只好接受，但只要仍能出刊便要盡可能地完成使命，盡量因應時局的要求，貢獻於國策。金關丈夫的發言顯示《民俗臺灣》同仁已有隨時廢刊的心理準備，只是還想硬撐下去。座談會中，臺北帝大教授中井淳的發言，更可以看出《民俗臺灣》如何辛苦地在「不合時宜」的情況下謀求生存下去：

> 雖然不是很清楚，但我確是聽到《民俗臺灣》的作法需要改變的傳聞。但是聽立石（鐵臣）、池田（敏雄）說當局所注意的並不是根本性的、基本性的，而是表現上的或是瑣細的事，其他並沒有什麼。像我這種外行人來讀，並不認為有什麼必須要改變的。有的只是像諺語並沒有清楚地說明現在是否還在使用，另外在提到舊慣時也沒有說明它將會如何改變，現況如何，或它應該如何改變。至於說（《民俗臺灣》）如果改變的話要如何改，我想奉公運動的具體化一點甚好，但民俗研究家畢竟不是政治家，應該由推動皇民奉公運動的人，加以活用，如果能夠這樣就可以了。[20]

從中井淳的發言內容來看，他顯然是被安排來從外部為《民俗臺灣》做掩護射擊（辯護）的。從他的談話可以知道《民俗臺灣》受到的質疑是：這種以調查記錄臺灣的民俗為目的的雜誌，對於時局所需要的皇民化國策不但沒有貢獻，甚至是有害的。這樣的質疑，顯然一直是來自外部，尤其是總督府強硬派官僚對於《民俗臺灣》的壓力。

從當時金關丈夫在《民俗臺灣》存續期間之座談會上的發言，或是從戰後池田敏雄的回顧性文章，都可以讓我們強烈地感受到：金關丈夫、池田敏雄等這些《民俗臺灣》的主要成員，在當時的確是對於在皇民化政策下的臺灣傳統民俗之即將消失，抱持著緊迫的危機感，他們也都具有搶在這些臺灣民俗消失之前將之記錄下來的使命感。而且，《民俗臺灣》存續期間一直受到強大壓力，質疑它不但無益於皇民化政策，甚至是反其道而行。可以說《民俗臺灣》的主要成員，當時是在腹背受敵的強大壓力下，辛苦地將雜誌給苦撐下來的。怪不得對於川村湊的質疑，即使已經九十餘高齡，國分直一也必須挺身而出為自己，不，更為金關丈夫辯解。

雜誌發刊的時代背景

戰前，金關丈夫、池田敏雄等人的《民俗臺灣》所面對的是來自殖民主義之激進皇民化國策的壓力；五十餘年後，《民俗臺灣》所面對的質疑卻是來自正好對立面的反省殖民主義的陣營。到底金關丈夫等人的《民俗臺灣》運動要如何解讀呢？讓吾人回到歷史的脈絡中去理解。

一般認為，戰前臺灣殖民地政府積極地推動皇民化運動，是在一九三六年開始的小林躋造總督時期。小林總督所推動的皇民化運動是一連串總名為「國民精神總動員運動」的社會動員，具體的內容包括廢止報紙的漢文欄、推行常用國語、強制參拜神社、寺廟整理、推行正廳改善運動、廢止中國式的風俗習慣、實行日本式的日常生活、改成日本式的姓名。[21]但是，與日本內地的「國民精神總動員」一樣，這個社會動員運動並沒有收到太大的效果，臺灣人的反應也不如理想，尤其在臺灣又要求臺灣人放棄或改變傳統的信仰、習慣、生活方式和文化，更難以被臺灣人接受。臺灣人或者受到警察、官廳的壓力不得不表面應付一番，但並未能達到真正的效果。[22]

小林總督時代的激進皇民化政策，在一九四一年受到調整。那是一九四〇年七月，近衛文麿第二次內閣成立，在「新體制」的名目之下進行「舉國一致」的號召，並從事各種政策的調整，尤其十月「大政翼贊會」成立之後，在原有政府官廳系統之外，並行地出現了另一個全國性的動員體系。與中央政界的人事改組和政策調整相配合，臺灣殖民地也在當年十一月改由長谷川清擔任臺灣總督。

近衛新體制的政策指導主要來自近衛個人的國策智囊團體「昭和研究會」和國民動員團體「大政翼贊會」。昭和研究會所構想的文化政策，是由有名的文化人三木清領導的文化研究會所執筆的「文化政策要綱」，這個要綱顯

圖 9-2：臺南私立和敬女學校（今臺南市私立光華高級中學）師生參拜臺南神社，收入 1944 年製作，《臺南市私立和敬女學校第 13 屆畢業紀念冊》。臺史博公眾領域，登錄號 2014.010.0089.0007。

示了昭和研究會這個知識人集團的自由主義色彩。例如，在「思想對策」上，明白地主張：

關於思想對策，雖然向來只用取締，但往後將不只如此，而將致力於積極的指導，努力將國民之創意推向文化創造的方向。即使國體觀念的加強，也不應該是觀念的，而是要透過國民之協同生活的體驗來貫徹。思想問題，並不是把它抽象為思想的問題，而是要將它與國民的新組織相關連，才能解決。[23]

與我們所關心的主題更直接相關的是，它提出了充實地方文化的想法和對於非都市地域的重視，與宣傳方式的改變。關於這些方面的政策方針，引述於下面：

矯正文化之大都市中心的弊害，致力於各地域之地方文化的均衡發展。例如，改變高等教育機關偏布於大都市的情形，為了充實提升地方文化，應講究使學校、圖書館、美術館、博物館、研究所、集會所、娛樂設施等分散發展，並講究得以使專家、指導者等人才留在地方的方策。……

為了培養明朗的國民生活、健全的精神，除了廢止低俗的娛樂之外，應該充實健全明朗的娛樂設施。提升收音機、電影、演劇等的內容，尤其應充實農漁村的娛樂設施，不但使優秀的文化財分布於地方，而且使具有地方特色的傳統節慶復活。

對於國民的宣傳啟發，是新政治體制非常重要的基礎，鑑於向來官方或是半官半民的出版品枯燥無趣，因此應起用有能力的文化人使其從事宣傳啟發。而且，統合整備各種宣傳機關，充實強化其中樞機關，並使在野的文化團體從其各具特色的立場協力宣傳。反對為宣傳而宣傳，應該講究使宣傳同時是提高國民文化手段的適當方法。[24]

昭和研究會這種主張，幾乎完全被大政翼贊會所吸收承襲。例如，同時是昭和研究會和大政翼贊會主要成員的酒井三郎，為了鼓舞地方的文化活動，便與大政翼贊會的同仁周遊國內各地，煽動熱潮。酒井在分發全國各地的小冊子《地方文化振興的意義與其諸對策》中便說：

> 中央文化具有消費的、享樂的傾向，是游離於生活的。地方文化是健康的，具有直接連結於生活，接觸生產面的成分。日本文化的傳統便是這樣植根於生活，在健康的地方文化中汩汩地活著。必須挖掘出這個傳統，以中央第一線的文化財做為肥料，相互交流，才能創造新的文化。[25]

大政翼贊會的文化部長是有名的劇作家、法國文學家岸田國士，副部長是農民文學家上泉秀信。大政翼贊會文化部在一九四一年一月首次發表了政策方針「地方文化新建設的理念與當前的方策」，在這個文件中，翼贊會文化部強調：新體制的文化建設，是創造站在全體國民基礎上並接觸生產面的新文化，其課題在於振興地方文化以產出新的國民文化，而其當前的工作有：

> 尊重鄉土的傳統與地方的特殊性，使地方文化最大限度地發揮其特質，經常以國家全體之更新、創造、發展為目標，不單以將中央文化再分布於地方為滿足。

矯正向來個人主義的文化，強化、維持並增進地方農村之特徵的社會集團關係的緊密性，昂揚鄉土愛與公共精神，發揚集體主義文化，確立我國家家族之基本單位的地域生活協同體。矯正文化、產業、政治行政等之地域性不均衡，健全發展中央文化與充實地方文化，並使兩者交流達成均衡的文化發展。[26]

岸田國士強調「政治的文化性」，即政治應該追求反映文化之真正樣貌的社會。他批評向來的「國民精神總動員運動」欠缺文化性：「就像所有的宣傳標語希望以提振觀念性的道德直接來調整、推進國民生活，是不可期的」、「風俗才真是道德的根本，只以道德的力量想來改良風俗，真是大大地本末倒置」。岸田國士認為文化的本來面貌就表現在國民的生活當中，因此必須注重生活文化。不過，岸田國士也不是全面肯定所有既存的生活文化，他認為評量文化的價值標準有三，即科學性（效率）、道德性（健康）、藝術性，這三者必須調和。物品的文化價值，端視其利用價值以及合理性（科學性）、不虛飾性（道德性）和形體之美（藝術性）。岸田國士的這種主張與柳宗悅的民藝運動對於工藝品的評斷有共通之處。[27]

翼贊會文化部不斷的鼓吹、推動之下，全國各地的文化人相繼組織文化團體。根據統計一九四一年十一月有文化團體一百二十個，一九四三年六月有二百五十個，一九四四年一月增加到四百零七個。這些地方文化團體，雖然是在翼贊會文化部鼓吹之下所成立的，而且其成立需要經過官方許可，但並沒有像其他官方國民運動團體那樣有全國畫一的組織，因此來自政府的強制力比較小，也沒有國家的財政補助，除了由當地的有心人援助之外，就是自己設法。這些地方文化團體的運動內容，彼此之間有相當差異，但總體來說重要的內容是復興傳統文化，這包括研究調查地方的節慶；蒐集記錄傳說、方言與民謠；調查研究民藝、史蹟、名勝及地方美術；舉辦民藝、鄉土資料展覽會；舉辦鄉土舞蹈、民謠大會、鄉土演劇；編纂鄉土史；彰顯表揚鄉土的偉人等。透過這些文化活動，一時之間鄉土主義甚為高昂。[28]

當我們的腦海中有了這樣的日本全國性的背景認識之後，應該有助於我們來瞭解《民俗臺灣》的出刊和它的性質。近衛內閣成立時雖然沒有同時更換臺灣總督府的人事，但在內地的「大政翼贊會」成立後，不但臺灣也接續著手準備成立臺灣版的「大政翼贊會」（後來被名為「皇民奉公會」），而且在當年十一月更換臺灣總督，由長谷川清取代小林躋造為新任的臺灣總督。長谷川清總督蒞任後明白表示即將調整小林躋造總督時代之激進皇民化政策，這可從一九四二年一月號總督府機關雜誌《臺灣時報》的「皇民化的指導原理特輯」（但雜誌目錄欄做「皇民化的再檢討」，特集卷頭則做「皇民化的指導精神」）看出來。這個特輯以臺灣總督與總務長官的「新年獻詞」為開頭，接著有中村哲的一篇總論性文章〈作為文化政策的皇民化問題〉，及桑田六郎、金關丈夫、東嘉生、中美春治、富田芳郎、增田福太郎、娓原通好分別檢討皇民化政策下的改姓名、經濟生活、語言、家屋建築、寺廟、農村與農民問題。這些執筆者大部分是臺北帝國大學的教師，都是當時被認為各方面的專家。中村哲的總論文章在標題上便表示皇民化是「文化政策」，相當引人注目。如果細究文章內容，更可以看到它不但批判了在此之前不考慮臺灣特殊狀況的激進皇民化政策，而且具有內地「大政翼贊會文化部」地方文化運動臺灣版官方宣言的性質。以下便引述文章的主要片段：

政治與文化具有必然的關連。……政治與日常世界的文化世界，有必然的關連。……文化政策並不是意味著政治將指導文化，而是意味著一個文化將指導其他文化走向政治的方向。……得以指導文化的政治，並不是政治本身，而應該是具有文化之性格的政治，具備文化之內容之政治。……

臺灣的皇民化問題，是文化政策的一個問題，是一國的文化如何透過政治指導異質之文化的問題。……我國的文化政策在新體制之新政治中有了反省的機會，當然皇民化問題也非再檢討不可。……廣泛地說，政策要能獲得效果才具有政策的意義，沒有效果的政策當然是無意義的。……為了使作為文化政策的皇民化問題，今後能夠有真正的效果，便必須隨時注視皇民化政策的反應，以之來考慮皇民化政策下一階段的方法。……

臺灣的皇民化問題，是將漢民族的文化改變成日本式的，使之統合於日本國民共同體。……皇民化問題就是承認日本國土的一部分當中現實上存在著漢文化，而要如何將之統合的問題。……民族因歷史而決定其性格，因此民族的同化除了透過長遠的歷史進行之外，別無他法。民族的性質在性格、志向，在行動、思維、感情的樣式，因此很難立刻將之改變。……民族文化之同化政策，即使能夠改變一民族的文化內容，也很難改變一民族的文化之思維、感情之方式。……如要廢除祠廟，便必須確認向來祠廟裡所有的本島人所希求之宗教心理是什麼，而提供足以當作此心理的替代補償。……沒有給予替代補償，只是廢止既存的宗教儀式，便不能滿足本島人的心理，而不得不成為空虛的政策。……連遍布本島的地方神之類都打毀，是政策走得太過了，適當地保存本島獨特的歌舞、音樂，是安慰與安心本島人生活所必須的。否則，政治如此地干涉，將會對政治失去親愛之念。……

民族是宗教的、語言的共同體，則宗教之外，其次問題便是語言的問題。……國語的普及，先要施行本島人的義務教育才能實現。……義務教育的實施，是應該更加著力的一點。……國語之常用，也是日常生活中有使用國語的必要，便會自然達成；如果日常生活當中沒有使用國語的必要性，要實行常用國語便不容易。因此，首先的先決問題，便要使他感到國語的必要性。如果必要，而且便利，自然便會導向那個方向。如果不便，即使強制，當然結局不會有效果。……服裝的問題也一樣，即使獎勵和服，也很難捨去便於活動的本島服。……方便的東西，自然會被使用，即使在皇民化的名義下強制使用日本古來的不便東西，結局也不會有效果。作為文化政策的皇民化，是要普及日本式的國民生活樣式，其生活樣式也至少要是比向來本島人的方便、合理。[29]

這段引文的確太長，但是它太重要了。這篇文章不但明確地批評了在此之前的皇民化政策，並且提示此後皇民化的施政原則乃是必須留意臺灣人的反應及其效果，提供方便合理的內容引導臺灣人改變，而不是單方面地強制臺灣人使用日本式的生活方式和文化。中村哲，當時是臺北帝國大學的副教授，擔任憲法學講座，更重要的是他是近衛文麿總理大臣私人智囊集團昭和研究會重要成員、東京帝國大學教授矢部貞治的學生。[30]以中村哲在日本中央的人脈關係，及他在臺灣殖民地的身分，加上這篇文章出現在新總督蒞任之後不久由總督列名卷首的總督府機關雜誌的「皇民化的指導原理特輯」，我們可以說它其實就是新總督對於皇民化政策的調整宣言，而且這個調整與日本中央近衛內閣的新文化政策是相呼應的。

臺灣的「地方文化運動」

臺灣總督府配合中央的政策宣告調整皇民化政策時，也在《臺灣時報》特輯撰稿的金關丈夫，所撰寫的文章並沒有跨出他的學術本業（他是臺北帝國大學醫學部的解剖學教授），題目是「皇民化與人種問題」。[31]金關丈夫雖然提出了人種問題中的混血與優生學，但也很謹慎地表示這都尚待長時間的研究。從特輯的文章來看，除了上述中村哲的文章明確表達了對皇民化政策的看法之外，其他的執筆者大致上並未明確表示看法。或許這些人當中，只有中村哲知道總督府政策即將改變，也或者他就是這個政策改變的指導者吧。

隨著總督府政策的改變，一九四一年五月，金關丈夫終於與同志聯名發出創刊《民俗臺灣》的趣旨書。相對於總督府的新政策，這個趣旨書仍然顯得保守，只是強調臺灣民俗即將消滅，在其消滅之前必須緊急地將它們記錄下來。這種只措意於「記錄」即將消失的臺灣民俗的趣旨，當然引起具有批判性自覺的臺灣知識人楊雲萍的不滿。尤其，趣旨書在呼籲記錄臺灣民俗的文字之外，又很謹慎地說了一些看起來不反對臺灣民俗消滅的話，例如「吾人並不憐惜臺灣舊慣的湮滅，但將之記錄、研究，卻是我們的義務」。因此，楊雲萍在《臺灣日日新報》發表批評文章〈研究與愛〉：

> ……一向被相當閒卻、冷視的「臺灣研究」，最近漸見新的機運，例如「文學」、「民俗」，這未嘗不是我暗地感到高興的。但是我心裡卻也不免有些不平者。那是彼等開始染手研究

時，竟有抱持冷淡的高姿態或機械的態度、方法者。連「白話文」、「臺灣語」都不懂，竟然斷定：「白話文」的作品「多是模仿的」，或是此後將研究「臺灣舊慣」，卻已經就說「並不惜意湮滅」。……希望此等「學者」、「研究家」諸氏，今後稍稍要有溫暖的理解與愛，和謙遜。[32]

楊雲萍的這一篇批評表現了他自己學問上的自負，與對《民俗臺灣》只想以旁觀者的立場「記錄」臺灣民俗的不滿，似乎也有對向來疏於從事臺灣研究的殖民者，甚至破壞臺灣民俗的激進皇民化政策的抗議。對於楊雲萍的批評，金關丈夫雖然也有文章回應，形成了一次小小的論戰，但是論戰卻漸漸淪為文字之爭。到頭來，《民俗臺灣》仍然必須以雜誌的內容來取信於像楊雲萍這樣的挑剔者。[33]

一九四二年七月，《民俗臺灣》正式發刊，創刊號的「卷頭語」由金關丈夫執筆，是一篇高格調的短文，內容仍然強調將致力於記錄即將消滅的民族紀念物。但是在雜誌內的雜論「亂彈」一欄中，雜誌的兩位最主要成員金關丈夫與池田敏雄，卻以明確而激越的語調批判激進的皇民化運動：

皇民化，皇民化，沒有愛真能化他人嗎？古來恐怕沒有這樣的例子吧。愛的勝利，才是古今最普遍的，恐怕也是永遠有生命的文學的主題吧。臺灣的文藝家們，自覺本來的職分喊著皇民化的，不是需要喚起對本島民的愛情嗎？認為只要大家把口號提出來就完事的作法，是無用的。[34]（金關丈夫）

不論是國語常用，或是正廳改善，單看統計上的數字就斷定它成功，是非常危險的。很令人遺憾的，常常可以看到因為不知道應該祭祀的場所而將它〔神宮大麻〕插在滿是灰塵的花瓶中，或是將它收在抽屜當中。到了晚上，便把神棚收到骯髒的籠子內，竟還有赤腳男人用扁擔挑著叫賣的。到底這是誰的錯？……站在所謂皇民化運動第一線上的人們，應該大大地深刻反省！[35]（池田敏雄）

類似創刊號這種辛辣的皇民化施政批判，在雜誌發刊後的初期幾乎無期無之。因此，我們可以確定《民俗臺灣》雖然在發刊之前很謹慎地表示只是要記錄即將消失的臺灣民俗，但其實他們也對激進的皇民化政策抱持不滿，只是這種不滿似乎必須要等到總督府明白宣示調整政策後才有從潛伏的地下冒出地面的可能。

如果《民俗臺灣》可以說是臺灣的地方文化運動，那麼《民俗臺灣》到底在臺灣展開什麼內容的運動呢？

首先，自發刊之初，《民俗臺灣》便宣告它自己不是學院的研究性雜誌，而毋寧是要作為一種容納各地人士之採集記錄報告的民俗調查雜誌。例如，在創刊號的〈編輯後記〉中便這樣說：

研究雜誌，即 Academic 的民俗雜誌，本島已有《南方民族》。本雜誌並不是為了成為那樣的雜誌而產生的，而是希望達成另外的使命。即希望出之以比較輕鬆、可親的陽臺閒談式氣氛，在不知不覺間提高世人對本島民俗的關心。我們歡迎這種輕鬆氣氛的稿子。像本期這樣都是些力作，或許反而不能充分體現我們的旨趣。……我們特別期待各地隱藏著的有志者。希望您們站出來說：我們這個地方有這喲！並不斷地將它記錄下來投稿。鑑於本雜誌的特殊使命，我們切盼各地有志者積極投稿，希望不限地域，不分農山漁村，廣泛地從全島各地都有人提出報告來。[36]

《民俗臺灣》的同仁們並且在全島分別舉辦民俗座談。自一九四二年起更連續舉辦了十次的民俗採訪會。這種採訪會一般是簡單的參觀一個地區的歷史古蹟或名勝後，再加上一個簡單的討論。採訪會過程也會簡要地在雜誌上報導。透過這樣的採訪會活動，集結了一群成員相當穩定的同好。這些人和分散在全島的地方採集記錄報告者，便以雜誌為媒介形成了一個包括日本人和臺灣人的文化人網絡。

在此，另外要舉出《民俗臺灣》一種具體的地域性文化耕耘工作。

《民俗臺灣》第一卷第六號（一九四一年十二月）是「士林特輯號」。士林是臺北近郊的一個小鎮，在北部臺灣以自古文風鼎盛自負，也是楊雲萍的故鄉。一九四一年八月，這裡有一群二十歲左右的年輕人在一位曾經留學東京的基督教牧師的領導下組織了一個稱為「士林協志會」的文化團體。這個士林協志會經常舉辦讀書會，邀請有名人士來座談、介紹世界的文學哲學思潮，推廣醫學衛生常識，而且還組了一個合唱團。一九四一年八月二十三日至二十五日，這個士林協志會舉辦了一個比較大的活動：「文化展」，內容包括「鄉土展」、「攝影展」、「衛生展」以及合唱團表演。「鄉土展」的歷史部分由在士林信用組合任職的曹永和負責，風俗習慣的部分由當時在臺北帝國大學醫學部讀書的潘迺禎負責，受到相當注目。[37]《民俗臺灣》便邀請楊雲萍在這個展覽的基礎上，策劃了當年十二月號的「士林專輯號」。這個專輯有楊雲萍、曹永和、潘迺禎，分別對士林的歷史先賢、歷史文獻、寺廟、歲時、傳說、古碑進行整理採集，金關丈夫、立石鐵臣、三島格、松山虔三這些《民俗臺灣》的日本人則寫一些他們所認識的士林民藝與風情的介紹。這樣的特輯，動員了當地的文化人（楊雲萍、曹永和、潘迺禎都是出自當地的名望家族），為當地做了比較有規模的歷史、民俗整理，對於建立地方文化的自負心相當有幫助。《民俗臺灣》的重要成員、版畫家立石鐵臣的文章說，指導這個專輯的楊雲萍用「江山洵美是我鄉」來形容他的家鄉士林。[38]

類似臺南、鹿港、艋舺、士林這種具有歷史內涵的市鎮，當然是《民俗臺灣》從事民俗採訪的重點，因此分別策劃了專輯。但是，這裡要特別提出來的是《民俗臺灣》雜誌中也有相當多有關一個名叫「北門」的地方的報導。北門位於臺灣西南部非常貧瘠的海邊，居民以種田、捕魚和製鹽為生。這個地方在一九三〇年代的中期便有一群受殖民地新式教育或具有留學日本經驗的新世代知識份子的結合，其中以一位曾經留學日本的醫生吳新榮最為活躍。吳新榮雖然是個醫生，但在留學日本時期便多少接觸當時流行的文藝、社會思潮，一九三二年返臺後在家鄉開了一間診所並且也從事文學寫作。吳新榮在家鄉開業不久，便成為地方上的新興活躍份子，他的周邊集合了一群與他年齡相近的新青年，這些人多少都可以寫一些文章，在當時的臺灣文壇頗有特色。這群人不但參與文學運動，在一九三〇年代後期總督府進行皇民化運動期間也是地方上活躍的一股勢力，其中一些人也出來擔任地方的協議員。[39]

圖9-3：1941年9月6日文藝家拜訪吳新榮的「小雅園」。前排右起：巫永福、張文環、陳逸松、王井泉、黃得時。後排右起：黃清澤、林芳年、吳新榮、王碧蕉、郭水潭、陳穿、王登山、莊培初、徐清吉。〈日治作家在臺南縣佳里鎮吳新榮宅大合影〉，黃得時捐贈，國立臺灣文學館典藏。開放博物館公眾領域。

一九四二年七月號和八月號的《民俗臺灣》，由這一群人中的吳新榮、王碧蕉、郭水潭、國分直一執筆，內容包括北門地區的地理、歷史、傳說、古蹟，其中國分直一與吳新榮對於當地「拜壺民族」的民俗調查令人印象深刻。在此之後，吳新榮與也是北門人的吳修齊還繼續為《民俗臺灣》撰寫當地民俗的稿子。

結語

最後，我們應該再度回到本文一開始所提出的問題，即《民俗臺灣》是否可稱為「大東亞民俗學」的一環？

川村湊雖然從一場圍繞柳田國男所展開的座談會中抓到了「大東亞民俗學」這個詞，並以之作為引子來批評柳田國男，但是如果細讀座談會紀錄，仍然可以看出主張「一國民俗學」的柳田國男對於「大東亞」如此廣大地域裡的民俗比較還是採取保留態度的，最後才勉強同意或許藉著日語這種共通語言可以達成一些比較。相對於柳田國男的保留態度，金關丈夫顯得積極多了。

《民俗臺灣》既然是在日本帝國國策與時局的調整下才得以利用政策的間隙出刊，甚至逆用政策的間隙批判政策，便必然也有可能隨著政策或時局的調整而隨勢浮沈。這些順應時局的言論，戰後的池田敏雄說是為了替雜誌撐開防護傘，當然，我們不能完全否定其中包含有這種成分。例如，以下的一段話雖然可以有完全不同的解讀可能，但也不妨將它往池田敏雄所說的方向解讀：

隨著爆發對英美之戰，後方的緊張愈發白熱化。吾等編輯同仁都再度以有一死報國的氣魄努力著。吾等相信本誌的刊行絕非等閒事業。從皇軍所得到的令人目不暇接之戰果擴大樣子來看，不能不想到東南亞廣大的新地域將被置於我國勢力之下的期日，已經不遠了。當然，此新地域的社會、經濟中心是華南出身的華僑，我們與華僑的接觸與合作已是不可避免的命運。為了使這個合作圓滑緊密，便必須認識華僑。為了認識華僑，認識臺灣本島人是最近之途。……理解臺灣的民族，是臺灣之所以成為南方發展基地的一個重大要素。不利用臺灣對南方人的理解，無疑便可說我國不能往南方發展。在這一點上，對臺灣民俗的調查理解真是刻下的急務。吾等希望充分把握這個意義，以貢獻時局。[40]

但是，我們也可以看到以更明確的口吻來強調東亞民俗學之必要性的言論。那就是金關丈夫。一九四二年七月號的雜誌上，金關丈夫在介紹了柳田國男的著作《方言覺書》後，曾有段話：「柳田先生之一國民俗學的立場，筆者也充分尊重。但在此之外，是否也要建立東亞民俗學的立場呢？而且，在現下的時局來說，更是痛感其必要性。就像如我這種單純的人，也認為即使是它的機運都已經來到了。對於將來即將興起的民俗學，臺灣必然得以貢獻這個部門」。[41]

一九四二年十月號，配合「大東亞省」的設立，雜誌封面的「風俗、習慣的研究與介紹」字樣也改成「南方習俗的研究與介紹」，編輯後記也出現署名T．K者（想必就是金關丈夫）如下的文字：

接到大東亞省設立的報導，令人覺得吾人「東亞乃是一體」的信念已成為不能動搖的東西。……如今已不用更加說明，研究臺灣的民俗，並不單只是局限在臺灣的問題。由於研究臺灣的民俗，才使吾人得以對完成大東亞民俗學做出貢獻。雖然向來並不是絕無認為研究本島民俗與島民的皇民化正有那麼一些抵觸者，但我們日本人作為大東亞之盟主，不只是臺灣

民俗，也必須而且有義務闡明中國民俗、南洋民俗、印度民俗、澳洲民俗等共榮圈內之民俗。以臺灣民俗的研究，來作為此廣大之必要的一端。完成其重要任務的一端，是我們臺灣島民當然的職分。[42]

類似言論並不只存在於金關丈夫，當時臺北帝國大學醫學部教授森於菟（日本著名文學家森鷗外之子）、臺北帝國大學土俗人種學教授移川子之藏、中村哲等都曾在《民俗臺灣》上發表這種內容的文章。

這種順著時局之發展而湧現的「大東亞民俗學」論述，在一九四三年十月那一次以柳田國男為中心的座談會中，有了比較明確之內容與作法的構想。那就是臚列出共同的民俗採集調查項目，先分別在東亞各地調查，然後再以調查結果進行比較。會中並且由柳田國男提示三個可以作為共同調查的主題：對異境者的接待、祖先觀念、結婚道德。柳田國男提示的這三個主題當然具有面對當時時局需要的性質。一九四四年一月，金關丈夫列名其中的全國性「柳田國男先生古稀紀念會」終於發表了「國際共同研究課題的提案」，內容就是在柳田國男提示的三個主題範圍內具體地列出十六個調查研究項目。[43]

從以上的說明來看，《民俗臺灣》的確曾經發展出東亞民俗學的構想，而且主要成員當中以金關丈夫最為明確。這個東亞民俗學構想也有國策、時局的背景。那應該是近衛第二次內閣登場之後所產生的政策轉換，尤其與「地方文化運動」有關。這個政策轉換，具體地來說是大政翼贊會文化部長岸田國士明確地宣示：外地的文化問題也是地方文化的一環，對於外地文化問題將使內外地無差別化，採「臺灣則立於臺灣，朝鮮則立於朝鮮之特殊性」的原則。[44]新任總督長谷川清也調整了小林躋造總督所推動的激進皇民化運動，宣示「臺灣向來的宗教、祭祀、慣習、鄉土藝能、生活方式等，只要不違反統治的主旨，都可以被承認」。[45]換句話說，《民俗臺灣》是巧妙地在殖民政府改變其皇民化政策的時刻中出現的。其實，在近衛第二次內閣、長谷川清總督體制中恢復生氣的，並不只是金關丈夫、池田敏雄等人的民俗調查，即使在文學、戲劇的領域，也有明顯活化起來的現象。[46]

但是，這個東亞民俗學被稱為「大東亞民俗學」，即民俗學的「大東亞共榮圈」化，則太沈重了。因為它不但只是一個相當初步、粗糙的構想，而且也還來不及做出什麼成果來。其實，除了當時具有國際學者條件的金關丈夫之外，《民俗臺灣》的主要成員，如池田敏雄、立石鐵臣、國分直一、松山虔三及所有參與的臺灣人，他們的視界還真可說是狹小呢！例如，池田敏雄就被戲稱為「艋舺學派」，他的眼光幾乎只盯在臺北的一個臺灣人社區艋舺，哪顧得到比臺灣大很多的「大東亞」呢？倒是在日本帝國規模的地方文化運動的脈絡當中，《民俗臺灣》運動為臺灣培養了一群從記錄調查開始瞭解自己社會的歷史、宗教、民俗的業餘研究者。這些在當時以非專業身分參與臺灣民俗調查記錄的臺灣人，便成為從事臺灣歷史、民俗「研究」的第一個世代。戰後的最初三十年間，早年參與《民俗臺灣》運動的這一批人，幾乎就是臺灣歷史、民俗研究的全部人力了。因此，可以說《民俗臺灣》是最初具有規模的臺灣人對自己鄉土研究的開端。

但是，《民俗臺灣》既然是利用帝國政策轉換的空隙發刊的，其主要的成員金關丈夫也明確地意識到國策的背景，便自然有可能隨著時局浮沈。更何況就如川村湊在另一篇文章所指出的，戰前前往「外地」之帝國大學任職的日本學者，多少都具有殖民主義的傾向。這些民族學者、文化人類學者之追從殖民政策，並不只是由於學者個人的資質或性格，這也是因為民俗學／民族學這種「近代知識」必然帶有「殖民主義」或「原罪」之故。[47] 不過，當川村湊以這樣的思想高度來檢討《民俗臺灣》所具有的殖民主義成分，將《民俗臺灣》視為臺灣民俗學開端的臺灣人，是否也應該檢討我們是否已經克服了其中的殖民主義呢？

本文的初稿是應英國 Chelsea College of Arts 的日裔講師 Kikuchi Yuko（菊池裕子）之邀，參加二〇〇〇年三月在美國加州聖地牙哥舉行的美國亞洲學會（Association for Asian Studies）年會而寫的文章。後來以日文發表，收錄於藤井省三、黃英哲、垂水千惠編，《台灣の「大東亞戰争」：文學・メディア・文化》（東京：東京大學出版會，二〇〇二）。二〇〇三年再以英文宣讀於美國哥倫比亞大學的研討會，並收入廖炳惠、王德威合編的 *Taiwan Under Japanese Colonial Rule, 1895-1945: History, Culture, Memory*, (Columbia University Press. 2006)。題為 The Nature of Minzoku Taiwan and the Context in Which It Was Published.。中文版本則收入石婉舜、柳書琴、許佩賢編，《帝國裡的「地方文化」：皇民化時期臺灣文化狀況》（臺北：播種者出版有限公司，二〇〇八）。本次收入的版本為後者。

註釋

1 川村湊，《「大東亜民俗学」の虚実》（東京：講談社，一九九六），頁九－十。

2 同上註，頁十。

3 近年，在這個批判柳田國男民俗學的脈絡上出現的重要著作有：村井紀《增補改訂南島イデオロギーの発生》（東京：太田出版，一九九五）。

4 國分直一，〈『民俗台湾』の運動はなんであったか：川村氏の所見をめぐって〉，《しにか》八：二（一九九七年二月）。

5 國分直一所舉出的戰後臺灣人對《民俗臺灣》的肯定，有《臺灣風物》十七：一（一九六七年二月）的座談會與《臺北文物》十：一（一九六一年三月）的座談會。

6 〈臺灣民俗研究的回顧（金關丈夫博士歡迎座談會）〉，《臺北文物》十：一（一九六一年三月），頁六十。

7 〈當前臺灣鄉土研究的方向〉，《臺灣風物》十七：一（一九六七年二月），頁十－十一。

8 楊雲萍，〈金關丈夫先生の思い出〉，《えとのす》二十一（一九八三年七月）。

9 楊雲萍，〈池田敏雄先生追悼辭〉，《臺灣風物》三十一：二（一九八一年六月），頁一。

10 王詩琅，〈臺灣民俗學的開拓者池田敏雄兄〉，《臺灣風物》三十一：二（一九八一年六月），頁六。

11 池田敏雄，〈植民地時期の民俗雜誌〉，《台湾近現代史研究》四（一九八二），頁一〇九－一四五。

12 例如，王昭文〈日治末期臺灣的知識社群（一九四〇－一九四五）：《文藝臺灣》、《臺灣文學》及《民俗臺灣》三雜誌的歷史研究〉（新竹：清華大學歷史研究所碩士論文，一九九一）認為：此時期民俗、歷史等題材之成為臺灣知識份子關心的焦點，是因為知識份子感受到戰爭的苦悶及為了逃避法西斯的威脅，而且講究歷史、民俗也可以與現責保持距離，並也恐怕隨著皇民化的深化，臺灣的風俗習慣將有消滅的危機，因此進行記錄整理。戴文鋒，〈日治晚期的民俗議題與臺灣民俗學：以《民俗臺灣》為分析場域〉（嘉義：中正大學歷史研究所博士論文，一九九九）、陳艷紅，〈日據時代的臺灣文化與日本：以《民俗臺灣》為中心〉（臺北：東吳大學日本研究所博士論文，一九九七），也大致承襲《民俗臺灣》同仁的說法。

13 一九九八年南天書局的復刻版收入了當年未能出刊的第四十四期。

14 這篇「趣旨書」是依單張，當時發送各方，並且登載於昭和十六年（一九四一）五月二十九日的《臺灣日日新報》。因為在五月底受到楊雲萍的批評，金關丈夫於是將包括這篇「趣旨書」在內的筆戰雙方的文章彙集登載於《民俗臺灣》第一卷第二及第三號（一九四一年八、九月）。

15 〈座談會柳田国男を囲みて：大東亜民俗学の建設と《民俗臺灣》の使命〉，《民俗臺灣》三：十二（一九四三年十二月），頁九－十。

16 池田敏雄，〈植民地時期の民俗雜誌〉，頁一二二。

17 〈座談會奉公運動と臺灣の民俗研究〉，《民俗臺灣》四：九（一九四四年九月），頁十八。

18 池田敏雄，〈植民地時期の民俗雜誌〉，頁一四一－一四二。

19 〈座談會奉公運動と臺灣の民俗研究〉，頁九。

20 同上註，頁十一。

21 關於皇民化運動的最精簡內容，可參考鷲巢敦哉，《臺灣保甲皇民化讀本》（臺北：臺灣警察協會，一九四一）。

22 皇民化運動的效果如何評估，一直是個見仁見智的問題。目前，特別注意到臺灣人方面如何面對殖民政府之政策的研究有：周婉窈，〈從比較的觀點看臺灣與韓國的皇民化運動（一九三七－一九四五）〉，

《新史學》五：二（一九九四年六月）；蔡錦堂，〈日據末期臺灣人宗教信仰之變遷：以「正廳改善運動」為中心〉，《思與言》二十九：二（一九九一年十二月）。

23 酒井三郎，《昭和研究会：ある知識人集団の軌跡》（東京：講談社文庫，一九八五），頁一五五－一五六。

24 同上註，頁一五六－一五八。

25 同上註，頁二三〇。

26 〈地方文化新建設の根本理念及び當面の課題〉，收入赤澤史郎、北河賢三、由井正臣編輯、解說，《資料日本現代史13太平洋戰争下の国民生活》（東京：大月書店，一九八五），頁二四八－二五〇。

27 北河賢三，〈戦時下の地方文化運動——北方文化連盟を中心に〉，收入赤澤史朗、北河賢三編，《文化とファシズム》（東京：日本経済評論社，一九九三），頁二一〇－二一一。

28 北河賢三，〈戦時下の文化運動〉，《歴史評論》四六五（一九八九年一月），頁五七。

29 中村哲，〈文化政策としての皇民化問題〉，《臺灣時報》（一九四一年一月），頁六－十二。

30 中村哲在臺北帝國大學時期的簡單經歷，可參考〈中村先生を囲んで〉，《沖縄文化研究》十六（一九九〇）。另外，筆者在一九八七年也曾經在法政大學沖繩文化研究所比嘉實教授的陪同下拜訪東京郊外町田市中村教授的府上，當時中村教授就說他當時因為幫忙矢部教授的工作，必須經常往返於東京、臺北之間。

31 《臺灣時報》（一九四一年一月），頁二四－二九。

32 楊雲萍，〈研究と愛〉，《臺灣日日新報》一九四一年五月二十九日。後來金關丈夫將其與自己的反論文章合併收錄於《民俗臺灣》一：二（一九四一年八月）。

33 楊雲萍曾經在一九三九年二月十五－十七日在《臺灣日日新報》發表〈臺大と臺灣の研究〉，批判臺北帝國大學不從事臺灣研究，強烈要求臺大應該開設「臺灣歷史」、「臺灣文學」、「廈門語」講座。

34 〈亂彈〉，《民俗臺灣》一：一（一九四一年七月），頁三二。
35 〈亂彈〉，《民俗臺灣》一：一（一九四一年七月），頁三三。
36 〈編輯後記〉，《民俗臺灣》一：一（一九四一年七月），頁四八。
37 曹銘宗，《自學典範：臺灣史研究先驅曹永和》（臺北：聯經出版事業公司，一九九九），頁五三－五六。
38 立石鐵臣，〈士林の月〉，《民俗臺灣》一：六（一九四一年十二月），頁二六－二七。
39 關於北門佳里地區的地方政治與吳新榮，參考吳新榮，《吳新榮回憶錄》（臺北：前衛出版社，一九八九）、吳新榮著，張良澤總編撰，《吳新榮日記全集》（臺南：國立臺灣文學館，二〇〇七）和近藤正己，《総力戦と台湾》（東京：刀水書房，一九九六）。
40 〈編輯後記〉，《民俗臺灣》七（一九四二年一月），頁五六。
41 《民俗臺灣》二：七（一九四二年七月），頁四六。
42 T．K．〈編輯後記〉，《民俗臺灣》二：十（一九四二年十月），頁四八。
43 以慶祝柳田國男七十壽誕之名義所企畫的國際共同調查項目，在一九四三年底開始構想，一九四四年四月《民俗臺灣》第四卷第四號的「卷頭語」便是〈民俗採集調查項目の作製を企圖して〉，第四卷第五號則具體地列出了共同的調查項目。
44 〈外地文化の諸問題、翼賛會文化部長岸田氏との一問一答〉，《臺灣日日新報》一九四一年八月二十八日。
45 長谷川清傳刊行會，《長谷川清傳》（東京：財團法人水交會，一九七二），頁一二八。
46 以李天祿之生涯為內容的侯孝賢電影《戲夢人生》也證明了長谷川清總督時代的氣氛有了相當不同的展開。電影中主角李天祿在長谷川清總督時代被派遣到新店溪上游山區搬演布袋戲的情景令人印象深刻。

另外，關於此時期文學、戲劇活動的蓬勃化可以參考：柳書琴，〈戰爭與文壇：日據末期臺灣的文學活動〉（臺北：臺灣大學歷史學研究所碩士論文，一九九四）、〈戰争と文壇：盧溝橋事変後の台湾文学活動の復興〉，收於下村作次郎、中島利郎、藤井省三、黃英哲編，《よみかえる台湾文学：日本統治期の作家と作品》（東京：東方書店，一九九五），頁一〇九－一三〇）、石婉舜，〈一九四三年臺灣「厚生演劇研究會」研究〉（臺北：臺灣大學戲劇研究所碩士論文，二〇〇二）；〈臺灣新演劇運動の黎明の到來：一九四三年厚生演劇研究會の設立と公演〉，收於藤井省三、垂水千惠、黃英哲編，《台灣の「大東亞戦争」：文学・メディア・文化》（東京：東京大學出版會，二〇〇二），頁一五六－一七四。

47 川村湊，〈植民地主義と民俗学／民族学〉，《民俗学がわかる》（東京：朝日新聞社，一九九七），頁一三九。

第10章

臺灣的脫殖民地化挫折及二二八事件

當臺灣不是以「獨立」、「解放」這樣的字眼，而是用「光復」（重新領有）來說明戰後的脫殖民地化時，原點便已被決定了。臺灣人未加深思地以「同是漢民族」這樣的血統論復歸中國，但「光復」與真正脫殖民地化的「獨立」、「解放」，完全是相對立的。

十九世紀以來由帝國主義所支配的亞非殖民地，隨著第二次世界大戰的結束紛紛獲得解放，並以殖民地時代所形成的境界為規模建立國民國家。因此，戰後的大約十年間，亞非地區大量湧現新國家，形成當今世界列國的大致模樣。這個時期也因此稱為「亞非殖民地獨立建國的時代」或「殖民地解放的時代」。

亞非原殖民地的脫殖民地化過程，如上所述，也就是其「建國」的過程。原殖民地人民揚棄殖民地因素之舉，本身便可成為建國的動能，再加上發掘原殖民地社會內發的、根生的因素，便成為創建新國民國家的核心工作。因此，亞非原殖民地的脫殖民地化，一為揚棄舊殖民地的殘留，一為重新發現自己社會的意義。而這種同時揚棄與創造的舉措，目的均在建立一個以自己的社會為主體的意義世界（國家）。

當然，「脫殖民地化＝自社會意義的再發現」的複雜過程，並不一定是直線進行的。日本原殖民地臺灣的脫殖民地化過程便迂迴曲折。不同於其他殖民地以「獨立」、「解放」來說明脫殖民地化，日本殖民者退出臺灣的歷史事實，在臺灣稱之為「光復」（重新領有）。「光復」這種不同於「獨立」、「解放」的脫殖民地表述法，如實地表現了戰後臺灣歷史發展的特殊性。

期待與幻滅：臺灣人的八．一五

在電影《悲情城市》中，一九四五年八月十五日「玉音放送」時，臺灣人聽到日本投降的消息立刻放鞭炮慶祝的一幕，讓人印象深刻。但事實卻不是那麼的戲劇性。

八月十五日天皇宣布投降時，臺灣人的反應是如何呢？即使沒有如日本的軍國主義狂信者那樣的呼天搶地，我們也可以想像臺灣人應該像一般的日本人一樣，有疑慮、不安和茫然若失的感覺。雖然自四四年底起，臺灣人已經感覺到戰爭極端困難而且逼近臺灣，卻還很難相信日本會這麼快就如此簡單地宣告投降。即使確定宣告投降了，但這時候的臺灣人到底要如何來面對這個事實呢？對於一般的臺灣人來說，顯然需要一段時間整理自己的心情，瞭解自己的處境。

自從三六年九月預備役海軍大將小林躋造就任臺灣總督之後，臺灣便逐步編入戰時體制，殖民政府透過各種方式向臺灣人進行時局宣傳，煽動戰時氣氛。「珍珠港事變」後，更組織「皇民奉公會」，對全島進行人與物資的動員。從總督府以下，地方的州廳、市郡、街庄，甚至村落都有皇民奉公會相應的組織。奉公會還組織各種別動隊，例如奉公壯年團、產業奉公團、挺身奉公隊、文學奉公隊、未婚女子的桔梗俱樂部，從各種方面參與戰爭。甚至為了培養「南方建設」的要員，設置各種錬成所，例如拓南工業戰士訓練所、拓南農業戰士訓練所、海軍訓練隊，「錬成」工業戰士、農業戰士，並派往東南亞加入「開拓」行列。四四年三月，臺灣青年特別錬成制度法制化，十八歲至二十一歲未滿的臺灣青年有義務接受兵役預備訓練，這些人以軍人、軍屬（隸屬軍隊的非

圖 10-1：高雄要塞司令部檢閱完畢後，穿著「決戰服」的桔梗俱樂部成員，準備慰問傷兵和陣亡將士的遺族。《臺灣日日新報》1943 年 7 月 9 日四版。

	身分	復員	死亡	合計
陸軍	軍人	64,237	1,515	65,752
	軍屬	50,918	16,854	67,772
海軍	軍人	14,050	631	14,681
	軍屬	47,674	11,304	58,978
合計	軍人	78,287	2,146	80,433
	軍屬	98,592	28,158	126,750
	合計	176,879	30,304	207,183

表 10-1：投入戰爭的臺灣軍人、軍屬統計表

戰鬥人員，例如翻譯或工人）的身分送往戰地，人數達到十二萬六千七百五十人。[1] 自四四年起，殖民政府更實施「特別志願兵制度」，配合戰爭宣傳煽起「志願熱」，截至戰爭結束時，計有一萬七千餘名臺灣人以「志願」之名義編入兵籍。隨著戰局越發緊迫，四五年初殖民政府在臺灣實施徵兵檢查，有二萬二千餘受檢合格者被徵入營。[2] 根據戰後日本厚生省的調查（一九七三年），投入戰爭的臺灣軍人、軍屬的統計見表 10-1。[3]

因此，雖然戰爭不是臺灣人的本意，但臺灣人在物質和心理兩面均相當程度的捲入戰爭，卻是不可否認的事實。而且也不能說臺灣人只是消極地被強制動員加入戰爭。被認為是民族主義者的小鎮醫生、文學家吳新榮，在四一年當局宣布實施臺灣人志願兵制度後，他的日記[4]上寫著：「本島人為防備這次世界的大動亂，精神上與肉體上的訓練，吾人舉雙手贊成……假如日、蘇也開戰的話，則本島人要覺悟我們是南方唯一的守護者」（六月二十三日），並且說「在這國家的飛躍期之際，在這賭注

民族命運的時期，我們應超越個人的打算。一個人的死，已不是我們眼中的問題了。」（七月二十七日）。四三年臺灣的文藝界人士舉行「臺灣文學決戰會議」，作家公開表示支持戰爭。吳新榮也在當天的日記中寫道：**「在時局決戰下，此會議具有歷史意義。為了戰爭，文學不得不奉獻決戰的決意。」**（十一月十三日）。如果翻查當時由殖民政府所編輯出版的雜誌、刊物，我們更會看到臺灣人支持戰爭的熱情，也不比日本國內冷淡太多。戰後吳新榮出版小說體的自傳《震瀛回憶錄》，對於戰時屈從殖民者的心情有這樣的說明：**「戰爭的進行愈來愈激烈，這是東洋人在歷史上最大的悲劇，好像喪家之犬的臺灣人，只有消極一途而已。叫你要做防衛團的練習，你還要去做，叫你要做出征兵的送迎，你還要去做。但他們卻利用燈火管制的時間，或去偷偷打牌、或去花街柳巷以為自己安慰，雖明明知道打牌是滅國之具，酒色是毀身之因，但怎有其他的路可行呢？」**[5]也就是說，殖民者的戰爭動員，臺灣人最多只做消極的應付敷衍，並沒有勇氣正面反抗。因此，戰爭以日本投降的方式結束，對臺灣人來說，心情是相當複雜的。戰爭結束，戰爭體制終於可以結束，臺灣人可以從戰爭的重壓中解放出來，自然會有如釋重負的感覺。但是在這場戰爭中，臺灣人到底是「加害者」還是「被害者」呢？臺灣人到底是「戰勝者」還是「戰敗者」呢？

終戰顯然也帶來臺灣人精神上的虛脫與混亂，甚至不安。吳新榮在八月十六日的日記上寫著：**「咳！悲壯乎！歷史的大轉換是一日之中，是一時之間，咳！感慨哉！自今日雖說是和平之第一日，但難免有一抹的不安，無限的動搖……此數日中要謹慎，而靜觀世界之大變。」**[6]不安的原因應該是來自於一時無法適應時代竟然如此快速地在一夜之間改變了吧！另外，往後的臺灣究竟要往何處去呢？改變來得太快、太突然，甚至太簡單了，簡單得幾乎令人不敢相信，令人不安。日本人真的就這樣輕易的投降嗎？在這樣的歷史性轉變當中，會是平穩無事的嗎？八月十七日的日記中，他說：**「時局未定，個個都感覺不安。」《震瀛回憶錄》對於這時的描寫是：「近午由臺南所傳來的消息，已普遍了街頭巷尾，所以各方面的友人都來找夢鶴（指吳新榮自己）探聽動向，他們的面上都表現無限的歡慰，但內心上都隱存著一種不安，因為日人的去就尚未可知，世界的大勢也難推量。雖然日本政府無條件受諾了波次坦的四國宣言，但在臺灣尚有幾十萬的日軍，恐怕另有行動以防發生意外。」**（頁一五三）

圖 10-2：吳新榮。維基百科。

臺灣人長期以來馴染於日本的戰爭意識形態，面對日本帝國戰敗以後自己將面臨什麼樣的未來，也有不透明感。昨天還持槍以對的中國，或許就將前來統治臺灣，臺灣人的處境將會如何呢？如果臺灣真的編入中國，臺灣人在國共兩黨之間，又將如何取捨呢？[7]在戰場上的臺灣人兵士、軍屬，對於中國即將統治臺灣，更是表現極度不安，甚至恐懼。在南方戰場迎接終戰的柯生得（日本名磯村生得）回顧終戰之夜，當時部隊中臺灣出身者的一幕談話，道盡了心中的恐懼和不安：**「在此之前，我是以日本人的身分從軍的。日本已經戰敗了，臺灣無疑將被中國占領。那麼，回到蔣介石統治下的臺灣，會被歡迎嗎？反而可以想像將被當成敵國軍隊而受到白眼呢！甚至還會被當成賣國奴來處刑呢！」**[8]對歸臺後的未來抱持極度的不安，柯生得甚至因此脫隊逃亡。

但是，這種不安並沒有持續很久。臺灣島內的日本人表現出來的平穩和靜謐，使臺灣人安心了不少。以前趾高氣揚的日本人一時之間都客氣了起來，使臺灣人更明確地感受到臺灣不只是從戰爭中解放，而且還從殖民地體制中解放出來了，「戰勝者」的實感也漸漸的浮現出來。逐漸有以前受日本殖民者，尤其是受日本警察威壓欺負的臺灣人出來毆打日本警察，甚至暴力相對曾經幫日本警察做事的臺灣人。但這都只是輕微的事件，臺灣人也組織了地方性的治安維持會之類的團體，來保護日本人，政局並沒有釀成不可收拾的地步。

一個小鎮醫生的戰後

前述的吳新榮，是南部小鎮上的醫生，戰前曾赴日本內地留學，三二年畢業於東京醫學專門學校之後，返臺開業行醫，並積極參與文學活動。他在獲知日本宣布投降時，雖然顯得謹慎持重，但仍然在日記中寫下一段非常生動的文字，描寫他與朋友情不自禁地「**跳下溪中，洗落十年來的戰塵及五十年來的苦汗。起了岸，各人向海面大聲絕叫，自今日起吾人要開新生命啦！**」（四五年八月十八日），「**數日來，每朝日未出起床（每天早上太陽還沒出來就起床）。這是我新生活的第一步。**」（八月十七日）從此以後，我們看到吳新榮的日記中，不斷出現類似下面這種心情振奮的字句：「**新文化，此不是吾人之責任乎？**」（八月十九日）、「**新時代自有新時代的處世方法。吾人已不可晏然而致使為落後者。所以自定六條的鐵則，用四部的方法，分三段的階段，以為自生計。**」（八月二十三日）對於新時代的來臨，臺灣人顯然有非常豐富的想像和期待。

九月起，吳新榮成為故鄉臺南縣佳里、北門地方的活躍份子，他為了「建設此地方的新文化」，結集地方的青年組織了「里門青年同志會」，並以此做為政治活動的外圍運動（九月十八日日記）。這個時候，臺灣各地都有活躍份子出來組織類似的團體，與吳新榮有密切聯繫的，便有臺北的「臺灣政治同盟」，臺南的「新青年會」、「復中會」。此時自中國返臺之某人士正在發展「三民主義青年團」，而且放話：「黨外無黨，團外無團」，未來各種團體都要解散或納入「三民主義青年團」。舊臺南州的三青團，也由殖民地時代即已活躍的的韓石泉（臺灣民眾黨系）和莊守（文化協會系）為負責人。根據《震瀛回憶錄》，吳新榮雖對「三民主義青年團」未有完全而充分的認識，但深刻的感覺到需要一個政治團體來組織再建的任務和維持社會秩序，所以志願做先驅者，來組織「三民主義青年團」，並吸收「新青年會」及「復中會」的主要成員來合作。於是，以吳新榮為中心的「里門青年同志會」併入三青團，吳新榮也成為「三民主義青年團中央直屬臺灣區團曾北分團籌備處」的負責人。「曾北」是指曾文溪以北的臺南縣，此曾北分團下設北門、曾文、新營三個區隊。

吳新榮此時將全部的精神、心力都灌注於三青團的組織和活動。《震瀛回憶錄》說：「自此以後，夢鶴每日都奔走麻豆、新營各地，籌備各區的組織委員會，在北門地區有時深入鄉村，選拔有為的青年，以期由下而上組織起來。由鄉村歸到家裡來看，每時都千百客來，有的是要來聽我的消息，有的是要來報告地方的情形，有的是要來願意幫忙，有的是要來想取利得，夢鶴的妻兒英良對這陌生的客人們，日日都應接不暇，時常一次午食，要煮三次飯，因之戰前有些蓄積都不知不覺之中用完了。可是她連一言半句的不平也不發出，為要協助她丈夫的事業能夠成功，願意關上了醫師館，一味應付各色各樣的訪客。」就在吳新榮的極力奔走下，九月底，吳新榮召集北門郡下六鄉鎮的三十五名代表，在佳里公會堂舉行「三民主義青年團籌辦委員大會」。[10]

這時候，日本政府已無管理臺灣社會的權威，中國的接收政府也尚未到來，秩序無人維持。雖然社會情勢尚稱平穩，但逐漸也有對日本人或被視為日本人走狗的臺灣人施暴的行為，因此必須成立維持地方秩序的組織。吳新榮此時召集地方上的流氓，組織「忠義社」作為三青團的武衛組織。於是三青團不但成為地域菁英的集合，而且也有維持地方安寧的基本警察能力。

十月十日是中華民國的國慶日，吳新榮倡議聯合各界假佳里國民小學的運動場舉行慶祝會，隨後遊行市街，參與者多達二千餘人，吳新榮登壇領導群眾高呼「大中華民國萬歲」。日記上說他感動得落淚。吳新榮趁著這個高昂的情勢，更進一步成立「三民主義青年團中央直屬臺灣區團臺南分團北門區隊聯合辦事處」，北門區內六鄉鎮的地方菁英幾乎悉數整合組織了起來，他成為這個地區最活躍的人物。為了配合十月二十五日在臺北的受降典禮，吳新榮在地方也動員基層組織展開活動，「**到處張貼標語、到處宣傳主義、到處喚醒民眾、到處推行政令**」。[11]

四六年三月，他組織了臺南縣醫師公會並出任理事，而且當選臺南縣參議員。他在日記上說，三青團、醫師公會、縣參議會，是他「公的生活」的三個陣營，他願意永遠為民族犧牲，為大眾服務。（四六年三月二十四日）四月，他加入國民黨。本來他沒有積極加入國民黨的意思，但「**痛感著若無相當進步的份子去領導，恐國民黨要到哪裡去？**」（四六年四月二十日日記）顯然，他對當時的國民黨並無太大好感，但又想要改善國民黨。他一再對自己有所期待而鞭策，在日記曾經這麼寫著：「**我一生對自己個人的希望就是：第一、教育子弟，使能各自的生活（生活）。第二、建築家屋，使有安居的住居（家庭）。第三、周遊世界，使盡人生的路程（育樂）。我一生對社會民眾的希望就是：第一、復興民族，以建設新文化（民族）。第二、改革社會，以創造新世界（社會）。**」（四六年五月十二日）

但是，他的熱情並不是沒有受到挫折。關於四六年終戰勝利一週年紀念日的慶祝場面，他的日記是這樣寫的：「今日是勝利一週年的紀念日，鎮公所也舉行祝賀的式典，我們也被請並代表各界演說，……式典後即遊行街路，但已不能如當年的熱鬧。下午，……開區黨部的聯絡會議，出席者不達半數，可見一般對於黨政的冷淡。」（四六年八月十五日）也就是說，群眾已逐漸冷淡了下來，甚至已經離去。他如此全身投入政治的作法，也受到質疑。翌日的日記中，他說他的朋友經常問他為什麼要參與「這樣（的）政治」；也就是說，他的朋友對於戰後政治已感到不以為然，希望他抽身。對此質疑，吳新榮的自我辯解是：「『這樣政治』，我並不全部贊成。但是第一、『這樣政治』的內面有好的政策，這個好的政策我們要爭取實現；第二、『這樣政治』的內容我們是不可不知道，我們要知道這樣內容，結局我們就要參加『這樣政治』；第三、『這樣政治』是現代的主流，是現實的問題，所以我們離了現實，結局我們自滅而已。」我們無法確切地掌握吳新榮參與的「這樣的政治」的詳細實情，但顯然我們可以知道吳新榮的內心已不再如一年前那樣對時局充滿樂觀和期待了，只是他尚未完全絕望，他希望在「這樣的政治」中多少做一些努力，另外，他也不主張逃避現實。這個時候支持他的，大概只有個人性格上的樂觀主義和使命感吧。對於時局，他顯然是消極悲觀的，他讓我們看到他有的是疲倦和不得不做下去的無奈。

以上是一個臺灣南部鄉下小鎮醫生戰後一年間從充滿期待到疲倦消極的簡單素描。

五十年後的再會

透過吳新榮，我們看到戰後一個臺灣知識人，從滿懷希望地迎接新時代的來臨，轉為消極、動搖。雖然無法完全確知造成吳新榮個人如此改變的詳細具體內容，但當時像他一樣，在「光復」的狂熱之後，逐漸對中國接收政府感到離心的事例，不勝枚舉。以下對當時的一般狀況稍作描述。

四五年十月十七日，中國的軍隊來到臺灣。臺灣人以迎接「王師」的心情，從各地蜂擁至基隆碼頭歡迎。但臺灣人看到的卻是背著鍋鼎、牽著小豬、足登草鞋，一副敗殘景象的烏合之眾。臺灣人一向看慣精神飽滿、紀律儼然的日本軍，無法相信這竟然是打敗了日本的戰勝國軍隊。與「國軍」的第一次照面，的確使臺灣人對中國的幻想消失了大半。[12]往後，軍隊擾民的事件更是層出不窮。「士兵水準無比之低，彼等直不以為是光復臺灣，而是占領臺灣，……兵民糾紛層出不窮，士兵向民眾強買勒借，乃至姦污婦女，動輒開槍傷人。給一塊錢硬要買五個雞蛋（值五元），市場上之糾紛司空見慣。」[13]類似的證言俯拾皆是。即使當時憲兵第四團團長的回顧談都說：「二十五日接收以前，我便裝到臺北各地走過，發覺這個地方秩序井然，現象真好，並從新職人士中得知『夜不閉戶，路不拾遺』。商店定價後不作興討價還價，店東可說是童叟無欺，對每個人都很和藹、誠實，風氣太好了，我非常感動。但是七十軍（部隊番號）的部隊實在太糟，該軍在基隆未下船前，雖有零星上岸，披著毯子，拖著草鞋，隨便在船邊大小便者，而因範圍小影響不大；正式下船時，雖然整隊而行，其服裝破爛，不堪入目，於夾道歡迎的人群中，頓使臺省同胞失望。七十軍是先我一週來臺的。

這些兵於十月二十五日開始接收之日放出來以後，問題多了。……當時臺胞普通都騎腳踏車，譬如到郵局辦事，都把車停在郵局前面的車架裡，那些兵一看沒鎖，也沒人看，騎了就走。……那時候沒鐵門，也沒有圍牆，只使用幾塊石頭，圍成院子種些花草，也有少數士兵一看屋裡沒人，跑進去就拿東西，這在過去從來沒有的。還有，不守秩序，他們習慣的坐車不買票，搭火車不走正門，從柵欄上就跳進去；上車也不走車門，從車窗就跳進跳出。當時只有一家

圖 10-3：七十軍登陸時美方拍攝的影片片段。上，在基隆碼頭熱烈歡迎的群眾。下，下船後列隊的七十軍官兵。美國國家檔案館，NAID: 79974。

大陸口味的大菜館蓬萊閣，該軍一少校參謀吃飯時，對女招待動手動腳，惹起反感，乃開槍示威。」[14]官吏則貪污舞弊、「牽親引戚」。政府系的報紙在四七年二月的一篇社論中，提到幾件營私舞弊的案子，其中有一案是：「**紡織有限公司文書科科長費綿卿，利用職權，竊用印信，偽造文書，案發潛逃，經懸賞十萬元尚未緝獲歸案。據聞該案侵挪公款，為數頗巨，單就費綿卿藉匯兌所獲得之不法利益而言，已在法幣（法定貨幣）三億元以上。**」[15]像這種貪污案件的報導，報紙上幾乎逐日皆有，臺灣人也透過議會提出糾正，但政府完全沒有辦法禁止這種令臺灣人深惡痛絕的秕政。

關於「牽親引戚」，臺灣人系的報紙《民報》曾有一則這樣的記事。臺灣法院院長之妻，現為臺南法院檢查處書記官長；檢查處主席檢查官之妻，則出任該法院書記官；臺中法院之大部分職員「清一色」是院長之親戚，即院長妻舅之子三人，妻舅之女婿一人，再其弟一人，妻舅之外孫一人及其遠親近戚等二十餘人，該法院任職而與院長有關者，占全法院五十二人。又花蓮港法院院長之妻，現任該院之錄事。花蓮港監獄長之岳父，任該監獄之教悔師，其妻舅亦任職獄內。[16]

軍隊、官吏的劣跡使臺灣人對中國人的觀感極度惡劣，甚至拿中國人與日本人互相比較，出現了一句流行語「狗去豬來」。這種惡感，甚至還行諸當時期刊上的文字：本省人把日本人叫做狗，是因為狗是凶惡的動物，日本人很凶惡的壓迫本省人，像狗般凶惡的咬人。但是狗能替主人守門防賊，所以稱之為狗。外省人的所為，有點像豬，因為豬是「不淨不潔」、「光食而不做事」的動物，「不淨不潔」就是貪污，「光食而不做事」就是「做事不負責」，沒有責任心的意思。平心而論，像這樣的外省人，實在不少。[17]年紀較大、曾經經歷清朝統治時代的，甚至認為臺灣「又回到清國時代了」。[18]

臺灣人深惡痛絕軍紀紊亂、官箴不良，極力糾彈來臺接收的軍隊、官僚卻將臺灣人視為受到日本殖民統治奴化，懷念日本人統治時代的「非國民」。對此，《民報》曾有一篇反諷的社論：「自祖國來的大人先生們，時常說我們奴化，當初我們很憤慨，不知道指什麼為奴化，現在我們已經瞭解了：奉公守法，即是奴化；置禮義廉恥於度外，才能夠在『祖國化』的社會裡生存。」[19]顯然，一八九五年以來分離且各自發展的臺灣與中國，在五十年後再度相逢時，雙方之間已有難以填補的鴻溝。

長期以來，臺灣人由於受到日本殖民統治的欺凌壓迫，心中有深重的屈辱感，因而對於中國有一種特別的孺慕感情。抗日份子葉榮鐘很深刻的剖析這種心理：「我們對祖國概念，由歷史文字構成的，當然占有相當的份量，但這不及由日本人的言動逼迫出來的切實。……日人的壓迫力越大，臺人孺慕祖國的感情也愈深切。假使日人在這五十年的統治期間，能夠切切實實施行所謂『一視同仁』的政策，不歧視、不欺凌，那麼臺人的民族意識，或者不致如此強烈。」[20]也就是說，臺灣人之於中國的感情是一種「反日本」的精神武裝，具有相當的「工具性」。因此，葉榮鐘也承認「一旦脫離敵人（日本）的鐐扣，反會惘然自失而有淒然的感覺」，而更重要的，「我們對於祖國只有觀念而沒有感情，這個漠然的觀念，將來在新的統治機構下，會變成怎樣的現實呢？」[21]

葉榮鐘的憂慮，果然不無道理。觀念中的「祖國」，果然與現實的中國差異太大了。差異不但表現在上面所引述的具體事項上，也表現在更深層的思維與價值觀上。葉榮鐘就指出：「陳儀長官蒞臨以後，各種標語相繼出現街頭，就中很多我們不能夠理解。譬如『擁護領袖』、『軍隊國家化』一類的文字，就覺得很陌生。領袖當然是指蔣總統而言，但依我們的常識，……

國民對元首的崇敬愛戴，自是天經地義，何必侈言擁護。至於『軍隊國家化』，使我們發生國家外還可以有私設的軍隊的疑問。」[22]顯然，與中國分離的五十年間，臺灣走過了一段與中國完全不同的歷史歷程，臺灣人已不能瞭解中國社會的實態。自一九二〇年代以來臺灣人所接觸到的近代國家、社會之觀念，也已深植臺灣知識人的腦中。因此，即使曾經一度在「戰勝者」的興奮當中對中國有太多的期待，但稍過一段時間，「觀念的祖國」便要被「實感的中國」所取代了。

二二八事件：暴風雨的前夕

就如上述，臺灣人與中國分離五十年後，各項社會規律、價值觀，已與中國人不同。另外，從日本殖民地處境解脫的臺灣人，與中國接收政府之間，對於此後臺灣社會的建設藍圖、臺灣人的政治地位，也有不同的看法；接收政府的諸項施政也普遍造成臺灣人的反感。原總督府主計課長鹽見俊二，戰後被行政長官公署留用，並協助公署辦理日本人的遣返工作，直到四六年底才返日，親見終戰一年餘之間臺灣社會的動向。

鹽見日記裡的觀察是：「此間的臺灣人，踴躍地期待即將來到的歷史。但此間仍有一抹不安流傳著。……其期待的要點，①在政治上，以前由日本人獨占的統治組織，對本省人解放。即預想在中國的一環中，臺灣人的自治被高度承認。即自日本人的政治壓迫感中解放，自為主人。……一般大眾，特別期待免於末梢警察組織及其他的壓力，得以自由平穩。②在經濟上，以前所有各部門的幹部均由日本人獨占者，由臺灣人取代。能夠撤廢統制，復歸自由經濟。獨占臺灣企業之日本人企業，轉移給本島人。」也就是說，臺灣人認為已經從日本的殖民地體制中解放出來，正在期待著即將來臨的、沒有殖民地體制束縛的自由天地。鹽見說：「這樣的預想給本省人非常高的希望，而打從心裡歡迎中國軍隊的駐屯、陳儀長官的赴臺」。[23]也就是說，臺灣人歡迎中國接收政府，不只因為是文化上的「祖國」，更重要的是，認為殖民地體制已經就此結束了，預期即將來到的接收政府完全可以撤廢殖民地時期的壓迫，政治上、經濟上臺灣人都可以掌握自己的政府，並且享有極大的發揮空間。

但是，臺灣人的期待很快便出現危機。鹽見說：「知道清國時代的老人們，透過終戰後二、三個月間已經顯著出現的物價騰貴、治安混亂等，流傳著一抹不安：①往年土匪橫行的時代是否將再現？②衛生狀況不會出現危機嗎？③物價騰貴等狀況，將會使生活陷於困難吧！」[24]在日記中，鹽見以片段的摘記方式，指出當時臺灣的問題：「①官吏的獨占：臺灣的殖民地化、中國人官吏對臺灣人的意識形態。②地方議會（參政）問題：第一回省參議會（參政）政治、國大代表。③治安的混亂、結社問題：強盜、賭博、本省人的漢奸狩（抓捕漢奸）。④依憲法自治、長官以下的選舉；共產黨的活躍、財政的混亂。⑤語言、文章的問題。⑥日本統治時代的回顧與自中國的民心反離。經濟上：①物價的騰貴。②接收（違背了本省人的希望），中國人獨占經濟要點。③物資不足。④貿易獨占（貿易局）。⑤醫療、文化：新聞政策、日語問題。演劇的彈壓。教育的停頓，對子弟教育失望，大學以下。」[25]

鹽見日記所提供的雖然只是片段的資訊，但已不難從其中窺知戰後接收政府的施政可說與當初臺灣人的期待相差甚多，甚至正好相反。

臺灣人原以為脫離日本殖民統治之後，便不再有專制政治。但戰後中國在臺灣並沒有如內地般實施省制，而是在臺灣設「行政長官公署」。根據「臺灣省行政長官公署條例」，臺灣行政長官不但具有諸般行政之權，而且得指揮、監督中央政府之在臺機構，並得制定、發布署令與單行規章，加上陳儀又兼任臺灣省警備總部司令，形成集立法、司法、行政於一身的行政長官獨裁體制。臺灣人直覺地認為其與殖民地時代的總督專制，實無二致。

原以為在日本時代不能參與政治的情況可以改變，臺灣人將可以參政，但除少數在終戰前就和國民政府建立關係、戰後被臺灣人稱為「半山」的人士得以進出政界之外，臺灣人被摒除在省級或縣級機關之外。根據一項統計，戰後行政長官公署與日本時代總督府官員的構成如表10-2。[26]

從這個統計可以看出脫離日本殖

	總數	**臺灣人**	**日本人**（總督府） 或　**中國人 ＋ 日本人**（長官公署）
總督府職員總數	84,559	46,955（56%）	37,604（44%）
長官公署職員總數	44,451	9,951（22%）	28,234（64%）＋ 6,266（14%）
總督府高級職員數	40,314	14,128（35%）	26,186（65%）
長官公署高級職員數	21,845	7,526（39%）	13,419（61%）
總督府低級職員數	44,245	32,827（74%）	11,418（26%）
長官公署低級職員數	22,606	2,425（11%）	14,815（66%）＋ 6,266（23%）
合計	176,879	30,304	207,183

表 10-2：總督府與長官公署職員統計

民統治此後，臺灣人參政的機會不但沒有提升，在政界發展的空間甚至還不如以往。文學家吳濁流在他的回憶錄中說：「本省知識階級在光復之際，都以為會比日據時代有發展，但結果大多數人都失望了。幸運地在機關得到的職位，也不過是個閒職，別說幹部，就是課長職位都很難獲得。因此好不容易期待到光復，結果落得與殖民地無異的日子，不由得感到心灰意冷了。」[27]

臺灣人為何被排除於政治之外？行政長官公署的理由是臺灣人不懂國語，而且沒有人才。但這種理由卻不能為臺灣人所接受，臺灣人的報紙《民報》便說：「由本省教育普及的程度和臺灣的文化水準來看，比較任何省份有勝無不及。」[28]而且，從長官公署所採用的中國人多有偽造學歷者、[29]「牽親引戚」來看，這種理由就如《民報》所指出的，其實包藏著「特殊階級的野望」。[30]

在經濟方面，基於國家社會主義的理念，[31]陳儀政府將日產悉數接收，並且將大部分編為公營企業，但這與前引鹽見俊二所觀察到的臺灣人對此的看法顯然不同。四六年五月省參議員郭國基在參議會的質詢，道出了臺灣人對處理日產的看法：「所有日本人留在臺灣的財產都是臺灣人的。難道日本人在五十年內把這些財產從日本搬到臺灣來的嗎？因此，臺灣人有權使用這些財產。」[32]

陳儀的政府不但接收了日本人的私人企業，而且接收了殖民地政府的大批產業，這些產業全部由政府公營，公家擁有的商店和公司，占臺灣所有工業和農業企業的七〇％。[33]另外，還繼續維持殖民地時代的專賣局，將鹽、樟腦、鴉片、火柴、酒、香煙、度量衡等的供銷，均列入專賣。[34]

長官公署除了擁有或經營上述龐大的農工業企業、控制市場系統之外，又設貿易局來管理貿易。臺灣人批評這種經營政策是「**獨占生產事業、壟斷市場、包辦進出口，舉凡有利可圖的事業，均不容商人企業家插足其間**」。[35]也就是說，臺灣人原來希望在日本殖民者離去之後，可以自由投入企業界的期待也落空了。

長官公署雖然壓倒性的掌握了臺灣大部分產業，而且將臺灣人排除在經營管理之列，但由於長官公署進用的人都是靠著「牽親引戚」而來的外行，因此，工廠、企業在戰後多數無法開工。生產停頓，造成嚴重的失業問題。[36]除此之外，爆炸性的通貨膨脹也是當時重大的社會難題。「**陳儀政府從臺糖劫取十五萬噸的白糖，免費轉運到中國大陸，使臺糖缺乏工作資金，為了重建臺糖，臺銀不得不增加發行四十億臺幣**。」[37]貨幣供給突然大量增加，使物價如脫韁野馬般的直線上升。據統計，四五年終戰後至四六年底，物價上升了五三％。[38]

自終戰以來臺灣人不但未實際從戰爭和殖民地體制的重壓中解放出來，甚至處境比以前更加不如。因此，自四六年初起便有人對陳儀的政府表示離心，民間還流傳著各種譏諷陳儀與政府的流行話。如將陳儀所標榜的「建設模範的臺灣」、「實行三民主義」改為「建設謀叛的臺灣」、「實行三民取利」。社會上還流傳著「五天五地」的說法，即：「⑴日本投降前盟軍轟炸，驚天動地；⑵日本投降後臺灣光復，歡天喜地；⑶接收人員來臺原性不改，花天酒地；⑷輕視臺胞政治混亂，黑天暗地；⑸工廠關門物價飛騰，呼天喚地。」[39]

也就是說，臺灣已在暴風雨的前夕了。據說，美國在臺領事館於四六年底給其駐華大使和國務院的報告即已說：「臺灣已在叛亂之點了」。[40]四七年二月二日，上海《觀察》雜誌的記者也預言說：「**今日臺灣危機四伏，岌岌可危，是隨時可能發生騷動或暴亂的**。」[41]果然，在當月底臺灣人的不滿便如火山爆發地噴出了。

蜂起、陷阱、虐殺

四七年二月二十七日傍晚，行政長官公署專賣局的緝私人員，在臺北市緝捕私煙商人，誤傷市民致死，引起民眾激憤，搗毀警察局。翌（二十八）日，臺北市民號召罷市遊行示威，搗毀專賣局臺北支局，並集結於行政長官公署（位於現行政院中央大樓）向行政長官陳儀請願，要求嚴懲失職人員，但公署衛兵以機槍掃射，造成群眾死傷，引發更大不滿，憤怒的群眾不但攻擊政府官廳，而且在街頭毆打外省人。陳儀宣布戒嚴，而且出動武裝軍警拘捕肇事份子。群眾則透過電臺廣播，批判貪污現象、米糧外溢（運出島外）等惡政，呼籲島民起來抗暴。三月一日起，騷動迅速蔓延全島，各地均有臺灣人出來攻擊中國人或政府機關。長官公署無法控制局面，全島幾乎陷入無政府狀態。

三月一日，陳儀應臺灣人代表的要求，解除戒嚴並答應撫卹傷亡者。三月二日，以處理善後、維持治安、防止事態惡化為目的的「二二八事件處理委員會」成立，成員為臺灣之參議員、國大代表，以及商會、工會、學生、民眾、政治團體之代表，成為維護治安、安撫民情的主要團體。該會向陳儀提出各種安撫民情之善後措施，陳儀一一答應並解除戒嚴，民情稍趨穩定。

三月四日，「二二八事件處理委員會」決定擴大組織，並在全省各縣市成立分會。三月五日，委員會正式改組，「以團結全省人民、處理二二八事件及改革臺灣省政治為宗旨」，「設分會於本省各縣市」，並明白宣示「本會以達到本會宗旨之日結束」。[42]「二二八事件處理委員會」在可以掌握臺灣治安後，認為要根本解決臺灣問題必須進行政治改革。因此，處委會由一個原本只是在平息暴亂、處理善後的臨時組織，發展成推動政治改革的團體，並且發展出地方分會組織。[43]

處委會的性格逐漸轉變為要求政治改革的團體之後，各地方分會與在臺北的總會也熱烈討論臺灣政治改革的具體內容，並陸續向陳儀提出，陳儀也答應了這些政治改革的要求。例如，陳儀在三月六日晚透過電臺向人民廣播時，便答應將行政長官公署改為省政府、省府高級官員大量登用本省人，並儘早實施縣市長民選。[44]在這個階段，陳儀相當爽快地答應處委會的政治改革要求，一般認為這是因為陳儀的確需要依賴處委會才能穩住臺灣的民情。三月七日，陳儀甚至致函處委會，請其綜合歸納各方的政治改革意見，向長官公署提出。[45]政治改革要求先後被陳儀接受，處委會顯然受到相當大的鼓舞，於是在三月七日綜合提出了全盤的臺灣政治改革要求：「處理大綱」。

「處理大綱」包括解決事件善後的「對目前的處理」（七條）及要求政治改革的「根本處理」（二十五條），其中「根本處理」主要在要求保障人身自由、實施地方自治、大量登用本省人、撤廢專賣局與貿易局。[46]

但是，處委會在三月七日下午向陳儀提出「處理大綱」時，卻遭嚴詞拒絕。一般認為陳儀之所以在此時斷然拒絕處委會的要求，是因為這時他已確知南京蔣介石已下令派遣部隊剋期來臺。[47]也就是說，他已有恃無恐了。三月八日下午三時，來自中國的軍隊從基隆上陸，九日清晨起再度戒嚴，接著展開鎮壓和虐殺行動。

處委會雖然是臺灣的士紳組成的團體，但當初是在陳儀的同意下組織起來的。早期陳儀也派長官公署的官僚參加，但因無法控制該會而退出；甚至有人還是在行政長官公署的邀約下加入的，如蔣渭川便是在陳儀和警備總部參謀長柯遠芬、憲兵第四團團長張慕陶的邀約下，積極出面安撫民情。[48]但是，顯然臺灣士紳以外的勢力也積極監視、介入處委會之運作，包括警備總部（軍統系），甚至與長官公署（政學系）不合的中國國民黨省黨部（CC派）。目前從各方面的資料，可以看出至少軍統系的警備總部便利用蔣渭川滲透進入處委會，並企圖以特務慫恿蔣渭川將處委會推向發動更激烈的武裝革命鬥爭，[49]中國國民黨省黨部也與蔣渭川頻繁接觸。[50]也就是說，國府的諸勢力（政學系、CC派、軍統）都曾暗中滲透處委會。[51]因此，處委會不能單純視為臺灣人爭取政治改革的團體，其實也是國府諸勢力進行代理人戰爭的戰場。例如，吳濁流《臺灣連翹》便說：「二二八事件發生後，長官公署在等待援軍開到以前，CC派以政治建設協會（按：蔣渭川為主幹）名義，參加處理委員會，利用臺灣人對長官公署不滿情緒，大肆活動。」[52]

對於臺灣人來說，處委會可以藉助民眾之蜂起為後援，來爭取政治改革；對於陳儀來說，處委會可以用來安定民情，爭取時間；對於CC派來說，可以利用處委會來批判政敵陳儀；而對於一貫堅持強硬態度的軍統來說，處委會則是分化臺灣人、羅織臺灣人罪名的陷阱。

警備總部參謀長柯遠芬在事件後不久發表的《事變十日記》[53]顯示，事件一開始，他便認定這是「叛亂」，從處委會成立起他便作出各種「準備」，為了「分化奸偽，和運用民眾力量來打擊奸偽」設立「義勇總隊」，佯為維持治安，實為製造事端及從事特務工作；表面上希望蔣渭川出來安撫大局，甚至由其下屬鼓動蔣渭川採取急進的武裝鬥爭路線，但仍對蔣渭川抱持敵意。三月四日，《事變十日記》甚至說：「我經過周密的考慮後，才決定儘速做軍事上萬全的準備。一俟他們叛國的罪證公開後，馬上即使用軍事力量來戡亂。」[54]三月五日，在處委會逐漸發展出組織時，柯遠芬說：「奸偽的陰謀當已完全證實了，事件是無法和平解決的，只有**準備充分的力量與此反動勢力奮鬥。**」[55]但另一方面，他卻致函嘉獎蔣渭川的「獻身作為」，並鼓勵他「更加努力」。[56]

三月六日，處委會提出積極的政治改革要求時，柯遠芬則已在竊笑：「奸偽的氣燄高張，**他們均以為暴動成功了，今後一切全屬於他們的。……現在奸偽全部陰謀均暴露無遺了，目前是力量的問題，和平解決是絕對不可能的。**」[57]即，柯遠芬已認定事件將以武力解決，只是他在等待兩道「東風」，①臺灣人正面地提出「陰謀」，②大陸的援軍到來。因此，當處委會發表三二條後，柯遠芬便「談笑風生」了。在《事變十日記》中他興奮地寫道：「現在**他們的陰謀大暴露了，……我們苦守了八天，我們今天才爭得了主動，黑暗的日子快去了，光明就在眼前，我們為什麼不高興呢？**」[58]也就是說，柯遠芬等待的「東風」之一的「叛亂證據」終於出現了；另一道「東風」（大陸援軍）也跟著在三月八日來到。於是他馬上導演了楊亮功截擊事件和圓山事件：三月八日中央政府派閩臺監察使楊亮功來臺調查事件，在基隆赴臺北途中，柯遠芬安排武裝人士狙擊楊亮功，企圖嫁禍給「臺灣暴民」。當日晚間，柯遠

台各地情形安定
李翼中兩度謁主席報告
台南糧食問題已獲解決

申報
台北基隆騷亂未已
各機關被暴徒襲擊
中央將派白部長往宣慰

圖 10-4：上海《申報》在 3 月 9 日二版報導「台各地情形安定」（右）。3 月 10 日收到楊亮功遇襲、圓山海軍辦事處被襲擊、宣布戒嚴等消息後，在頭版報導「台北基隆騷亂未已」（左）。

芬則安排在圓山發生槍戰事件，目的也在嫁禍給「臺灣暴民」，然後在九日清晨六時宣布戒嚴。[59]

三月九日起，中國來的援軍從基隆開始，對市民進行無差別的報復性掃蕩。另外，以警備總部為中心的憲兵警察則開始逮捕在處委會的活躍人物及臺灣社會的菁英份子。臺灣菁英份子受到幾乎全面的逮捕殺戮。[60]第一階段的武裝鎮壓與逮捕行動在三月十七日結束。這一段期間臺灣人被殺害的人數到底有多少？目前仍有各種說法，國府已公開的最高數字是總共死傷六千三百人左右。[61]但一般認為數目遠在此之上，例如事件後不久的四月六日，「臺灣旅滬同鄉會」等團體在上海招待記者會，宣稱三月八日至十六日間，臺胞被殺者達一萬人以上（圖10-5）。[62]目前一般估計，包含以後清鄉時期的死亡、失蹤人數，整個事件損失之人命應在一萬五千至二萬之間。[63]

圖 10-6：吳鴻麒。維基百科。

台旅滬團體發表報告書
台灣事件死傷甚衆
請求實現寬大諾言

【本報訊】台灣旅滬同鄉會・台灣重建協會上海分會・閩台建設協進會・台灣省政治建設協會・台灣革新協會・京滬台灣同學會等六團體代表陳碧笙・張維賢・王麗明・莊希泉等，十日下午三時假八仙橋青年會招待記者，發表台灣事件之書面報告一份，據報告書所載，自三月八日至十六日止，台胞被屠殺者約在一萬人以上。

圖 10-5：《大公報》1947 年 4 月 11 日，第二版。

這一段期間，國府軍的殘虐由眾多令人心悸的證言中顯露無遺。「有許多臺灣人被捉到，活活塞進帆布袋裡，堆積在糖廠倉庫前，然後一個一個丟進港口海中。其他有些人乾脆只被綁起來或鏈鎖起來，從碼頭被推下海。」[64]前法院推事吳鴻麒受難後的慘狀，也令人觸目驚心：「頭部左額有槍傷，顏面受擦傷數處。頭部有麻繩緊縛之跡，皮破出血。衣褲破損，血跡甚多。臍下部及兩足股皆被打傷積血，呈黑紅色，睪丸破，其狀不堪注視。」[65]即使國府援軍的高級軍官在回顧時也說，三月八日國府援軍乘船開進基隆港，尚未靠岸時，便向岸上群眾掃射，「很多人被打得頭破血流，肝腦滿地，甚至孕婦、小孩亦不倖免」。[66]連陳儀自己都承認：「我沒想到新軍抵臺後，竟演出不應該有的報復性鎮壓。」[67]

「二二八事件」並沒有在四七年國府的虐殺和清鄉中結束

三月十二日，國府軍已能掌握臺灣全島的局面時，陳儀向蔣介石提出一份對事件的分析和治臺建議。[68]根據陳儀之分析，「此次事變，……奸黨之預有計畫，絕無疑意。然檢討得以乘機惑亂之原因，不外下列七端：①臺人受日本統治五十一年，深中日本帝國主義汙蔑中國之毒素，愛國觀念、民族觀念薄弱，易受煽動。②一年以來，因新聞言論過於自由，反動份子得以任意詆毀政府、離間官民、挑撥本省人與外省人之情感。③日本御用紳士之頑惡者，……海南島回臺被日徵用之青年、流氓及若干逃匿之日本人，均係奸黨利用之對象。④臺灣公營制度，係實行民生主義之必要步驟，只因商人及資本家尚未認識清楚。……⑤駐臺軍力過於單薄，無法嚴厲彈壓……⑥臺灣因非接戰區域，不能援用軍法，普通司法寬大緩慢，不足以懲巨兇。……⑦交通及通訊員工，多為臺人，事變時無形停工，增加政府困難。」因此，為了「根本消除禍患，使不再發生變亂」，陳儀提議八項辦法：「①軍隊除要塞部隊外，經常有一師駐臺，……有事立即出動。警察仍可用本省人，唯限制其武器。②……臺灣情況特殊，擬請暫時適用軍法，使得嚴懲奸黨份子，以滅亂源。③為順應臺人心理要求，長官公署可以改組為省政府。……④……為清除叛徒計，擬請中央予本省以改選（省參議員及縣市參議員）之權。……⑤交通及通訊員工，必須逐漸用外省人，……以免變亂時，又為亂黨把持。⑥曾任皇民奉公會重要幹部者，均予停止公權；其情節尤重者，令其離開臺灣。……人民及流氓，參加此次事變者，嚴辦以懲效尤。⑦加強國語、國文、公民、史地教育，改造臺人思想，使其完全中國化。……⑧財政經濟仍需維持原有政策，不能改取放任態度。但方法可以改善，人士可以調整。」

「總之，治理臺灣，因其五十一年來之歷史，已與各省不同，實非容易。此次事變為一大教訓，以後政治當力謀適應實際，但治標的軍事與治本的教育，為國家民族計，必須把握。至於財政經濟，為施政的命脈，亦不能放鬆」。顯然，陳儀從二二八事件得到的教訓便是：應該更堅持他原來的政策和作法。而他所主張的政策與作法，甚至統治的意識形態，在四九年國府全面自中國撤退來臺灣之後，做為一個外來政權，為了在臺灣進行少數統治，更被徹底執行了。

國府全面接收了日本殖民政府掠奪自臺灣人的龐大產業，仍然持續舊殖民地時期的統治體制，甚至以長期的戒嚴，使臺灣置於軍事統治之下。在教育、文化方面，就如上述陳儀所強調的：「加強國語、國文、公民、史地教育，改造臺人思想，使其完全中國化」。

由於東西對立的結構，國際輕易地支持國府在臺灣的殖民軍事統治。臺灣人也在二二八事件的大量虐殺之後，再加五〇年代假借「反共」的白色恐怖整肅，而噤若寒蟬，完全沒有正面反抗國府的勇氣和能力，對國府的不滿只能以輾轉迂迴的方式來表達，或埋伏在心底成為隱藏性的伏流。

也就是說，臺灣人雖然自異民族日本的殖民體制和砲聲隆隆的戰爭中解脫出來，但卻又被納入另一個不易明顯察覺的殖民體制，和比較沒有砲聲卻仍然是戰爭的戰爭中。甚至，我們可以說，戰後國府在臺灣的殖民統治體制，直接繼承的還是舊殖民地時期五十年中最嚴厲的「皇民化時期」呢！

但是，當戰後臺灣不是以「獨立」、「解放」這樣的字眼，而是用「光復」（重新領有）來說明臺灣的脫（日本）殖民地化時，原點便已被決定了。事後回顧，當初臺灣人輕易地接收原本不應由臺灣人抱持的歷史認識（脫日本殖民地化＝光復），不無是因為惑於中國是戰爭的勝利者，於是未加深思地以「同是漢民族」這樣的血統論，來使自己復歸中國。但，「光復」與「復歸」畢竟是不同的。當然，就如上面一再指出的，「光復」與真正脫殖民地化的「獨立」、「解放」更完全是相對立的。

臺灣真正進入脫殖民地化的進程，要到國府在國際上的支持受到嚴重挫折之後。以七一年被趕出聯合國為首，國府接連與日本、美國等重要國家斷交（七二年和七九年）。在國際社會失利的國府，被迫在臺灣內部尋找統治的合法性，因此逐漸有臺灣化（土著化）的政策。但這也只不過是國府為了挽救其政權的縫補策略，並不是真正將臺灣視為主體，在臺灣發現意義。直到八七年解除戒嚴，臺灣人從軍事統治中解脫出來，才使得長期以來潛伏著的臺灣主體觀點浮出表面，於是出現重新看待臺灣歷史、文化的風潮。臺灣不再是個沒有意義的地理名詞。但是，由於長期（近一百年）受到殖民地統治的扭曲，要重新找回真正的臺灣，仍需臺灣人很多的努力。

一九九〇年代初期，日本岩波書店企劃出版《岩波講座　近代日本と植民地》，參與企劃的若林正丈教授特別邀請我寫臺灣的脫殖民地化問題，並希望我可以趁機介紹戰後初期的二二八事件。我認為這是向日本學術界介紹這個臺灣歷史上慘劇的絕佳機會，因此雖然那個時候關於二二八事件，我只寫過〈蔣渭川與二二八事件（初探）〉（本書第十七章），而且當時幾乎無法使用政府檔案，但是我還是勉力為之。

我的寫作策略是利用已經出版流通的回憶錄、報刊、雜誌，來重建戰後初期的臺灣政治、社會氛圍，以此來說明戰後初期臺灣人對於脫離日本殖民支配後的期待與挫折。由於二二八事件的政治敏感性質，加上我所能利用的史料一定充滿個人不同的視野與立場局限，因此我刻意於引用這些史料時預留讀者可以辨識其史料性質的空間。

這篇文章的日本版本收入《岩波講座　近代日本と植民地　8　アジアの冷戰と脫植民地化》（東京：岩波書店，一九九三年六月），中文版則登載於《當代雜誌》第八十七期（一九九三年七月）。此次收入本文集的版本是後者。

註釋

1　關於臺灣的戰爭動員之一般性敘述，可參閱：春山明哲，〈台湾における皇民化政策〉（收入菅孝行編，《叢論　日本天皇制Ⅱ天皇制の理論と歴史》，拓殖書房，一九八七）。

2 關於志願兵制度的實況，可參閱：近藤正己，〈異民族に対する軍事動員と皇民化政策──台湾の軍夫を中心にして〉，《台湾近現代史研究》第六號（一九八八）。

3 臺灣人元日本兵士の補償問題を考える會，《台湾人元日本兵士の訴え》第一集（該會，一九七八），頁九三。

4 《吳新榮日記戰前》（遠景出版社，一九八一）。

5 吳新榮，《震瀛回憶錄》（琯琅山房，一九七七），頁八八－八九。此回憶錄後來改名收入張良澤主編，《吳新榮全集 3 此時此地》（遠景出版社，一九八一）。

6 張良澤主編，《吳新榮全集 7 吳新榮日記戰後》（遠景出版社，一九八一），頁三。

7 鹽見俊二，《秘録・終戦直後の台湾──私の終戦日記》（高知新聞社，一九七九），頁二二一－二二三。

8 磯村生得，《われに帰る祖国なく──或る台湾人軍属の記録》（時事通信社，一九八一），頁一四五－一四六。

9 富澤繁，《台湾終戦秘史　日本の植民地時代とその終焉》（いずみ出版，一九八四），頁七九－八〇、九七－九八。吳新榮，《震瀛回憶錄》，頁一五五。

10 吳新榮，《震瀛回憶錄》，頁一五九。在日據時代穩健派抗日份子葉榮鐘的回憶錄中也有類似的描寫：「九月初，我被推充任該會（歡迎國民政府籌備會）的總幹事，……於是我本身和我的家屬，開始一生最忙碌、最熱鬧的生活。各地方的舊同志遠自臺南、高雄，三三五五接踵而來。無論新雨舊知，見面時莫不笑顏逐開。他們都是懷著滿腔希望和一股熱烈如火的興奮心情，討論今後應如何來建設我們的新臺灣。」葉榮鐘，〈臺灣省光復前後的回憶〉，《小屋大車集》（中央書局，一九六七），頁二〇一－二〇二。

11 吳新榮，《震瀛回憶錄》，頁一六一。

12 不只到基隆碼頭歡迎「國軍」的臺灣人有這種不良的印象，即使鄉下的臺灣人看到這種中國軍隊也多大感失望。參閱：大沼衛，《忘れられた日本人》（サンケイ新聞出版局，一九七五），頁二四三－

二四五。

13〈郭萬枝先生口述〉，收入：臺灣省文獻委員會編，《二二八事件文獻輯錄》（該會，一九九一），頁一一。

14高維民，〈臺灣光復初期的軍紀〉，《中華雜誌》總二八四期（一九八七），頁二六。

15《臺灣新生報》一九四七年二月二十日。

16《民報》一九四六年七月六日。

17是非生，〈新倫理的爭辯〉，《臺灣文化》第二卷第二期（臺北，一九四七年二月）。

18張德水，《激動！台湾の歴史は語りつづける　ある台湾人の自国の認識》（雄山閣，一九九二），はじめに。

19《民報》一九四七年二月十九日。

20葉榮鐘，〈臺灣省光復前後的回憶〉，頁二一二—二一三。

21同上，頁二一四。

22同上，頁二一四—二一五。還有類似的例子：臺灣人寫標語「歡迎國民政府」，但中國人記者卻要求應改為「擁護國民政府」，「歡迎陳儀長官蒞臨主政」。葉榮鐘說，這是彼此觀念有所不同。同上，頁二一一—二一二。

23鹽見俊二，《秘録．終戦直後の台湾——私の終戦日記》，頁一六一—一六二。

24鹽見俊二，前揭書，頁一六二。

25鹽見俊二，前揭書，頁一六二—一六四。

26資料取自臺灣省行政長官公署宣傳委員會編，《臺灣一年來之人事行政》（該會，一九四六），頁七—八。高級職員指最高六級之職員，低級職員指最低二級之職員。

27 吳濁流，《無花果》（前衛出版社，一九八八），頁一七二。

28 《民報》一九四七年一月十八日社論「談政治人才」。

29 有回憶錄指出在二二八蜂起時，有人拿到了外省人用來偽造學歷的關防。見：鍾逸人，《辛酸六十年：二二八事件二七部隊部隊長鍾逸人回憶錄》（自由時代出版社，一九八八），頁四五五。

30 《民報》一九四七年二月二日社論「司馬昭之心路人皆知」。

31 有關陳儀的經濟理念，參閱：劉士永，〈陳儀的經濟思想及其政策〉，《臺灣風物》第四十卷第二期（一九九〇）。

32 *Formosa : Internal Affairs*,1945-1949,Reel 1,Enclosure no.25（nov.1, 1946, report）, p.22。

33 臺灣省行政長官公署宣傳委員會編，《外國記者眼中之臺灣》，（該委員會，一九四六），頁三九。

34 同上，頁三七、頁四一－四三。

35 楊肇嘉，《楊肇嘉回憶錄》，頁三五五。

36 徐瓊二，《臺灣の現實を語る》，頁九－二三。

37 蕭聖鐵，〈臺灣二二八事件的經濟與文化背景〉，《二二八學術研討會議文集》（一九九一），頁九一。

38 賴澤涵、馬若孟、魏萼，《悲劇性的開端　臺灣二二八事變》（時報出版公司，一九九三），頁一三八。

39 行政院研究二二八事件小組，《二二八事件研究報告》（該小組，一九九二），頁十八－十九。

40 Georgewerr，*Formosa : Licensed Revolution*，p.xv-xvi

41 記者，〈隨時可以發生暴動的臺灣當局〉，《觀察》第二卷第二期（一九四七），頁十九。

42 〈「二・二八」事件處理委員會組織大綱（草案）〉，收入陳興唐編輯，《臺灣二・二八事件檔案史料》（人間出版社，一九九二），頁一八七－一八八。

43 關於處委會，可參閱：李筱峰，〈「二二八事件處理委員會」與陳儀的對策〉，收入前揭《二二八學術研討會議文集》（二二八民間研究小組，一九九二）。

44 《臺灣新生報》，一九四七年三月八日。

45 《臺灣新生報》，一九四七年三月八日。

46 但處委會會議席上又有人提議加入十條，而成為四十二條。「處理大綱」之全文三十二條，見《臺灣新生報》一九四七年三月八日，或前揭《臺灣二・二八事件檔案史料》，頁一九〇－一九三。

47 劉雨卿，《恥廬雜記》（劉雨卿將軍遺著編印紀念委員會，一九八二），頁一〇九－一一一。又，劉雨卿為三月八日抵臺之國府軍之師長。

48 蔣渭川，《二二八事變始末記　蔣渭川遺稿》（私家版，一九九一），頁四、六。

49 同上，頁二七、一二〇。

50 莊嘉農，《憤怒的臺灣》（時報出版公司，一九九三），頁一四六－一四八。

51 關於這問題，目前尚未完全究明。初步的成果有：拙稿〈蔣渭川與二二八事件（初探）〉，收入前揭《二二八學術研討會論文集》。本書第十七章。

52 吳濁流，《臺灣連翹》（前衛出版社，一九八九），頁一八六。

53 柯遠芬，《事變十日記》，原連載於《臺灣新生報》一九四七年四月，後收入李敖編《二二八研究》（李敖出版社，一九八九）。

54 李敖前揭書，頁二四八。

55 同上，頁二四九。

56 前揭《二二八事變始末記》，頁八九。

57 前揭《事變十日記》，頁二五五。

58 同上，頁二五七。

59 蔣渭川前揭書，頁一一八－一二〇。

60 當時臺灣社會的領袖人物在這段期間內被殺、被捕者名單的一部分，可見：莊嘉農前揭書，頁一三二－一三四。其中，張七郎、張宗仁、張果仁，甚至是一家三口同遭毒手。

61 保安司令部，《臺灣二二八事變記略》，（該部，一九五六），頁三三。

62 《大公報》一九四七年四月十一日。

63 李喬，〈二二八研究之片段〉，收於前揭《二二八學術研討會論文集》。行政院研究小組的估計，二二八事件時期的死亡人數也在一萬八千－兩萬八千人之間。

64 彭明敏，《自由的滋味——彭明敏回憶錄》（Taiwan Publishing Co.，一九八四），頁六九－七〇。類似的證言也出現於臺灣旅滬團體「關於二二八事件報告書」（收於：李敖編前揭書），一九九一年行政院二二八研究小組的訪談中也有多人指證這種情形。

65 此為吳鴻麒夫人於四七年四月三日呈給臺北市警察局長要求查究真相時所引述的醫師驗屍報告。該呈文收入：中央研究院近代史研究所編，《二二八事件資料選輯（二）》（該所，一九九二），頁一五七－一六二。

66 何聘儒，〈蔣軍鎮壓臺灣人民起義紀實〉，收於臺灣民主自治同盟編，《歷史的見證》（該同盟，一九八七），頁一三五。

67 全國政協、浙江政協、福建省政協文史資料研究委員會編輯，《陳儀生平及被害內幕》，（中國文史出版社，一九八七），頁二二。

68 〈大溪檔案：戡亂時期重要文件分類輯編第三八冊：政治臺灣二二八事件〉，收於：中央研究院近代史研究所編，《二二八事件資料選輯（二）》（該所，一九九二），頁一六六－一七三。

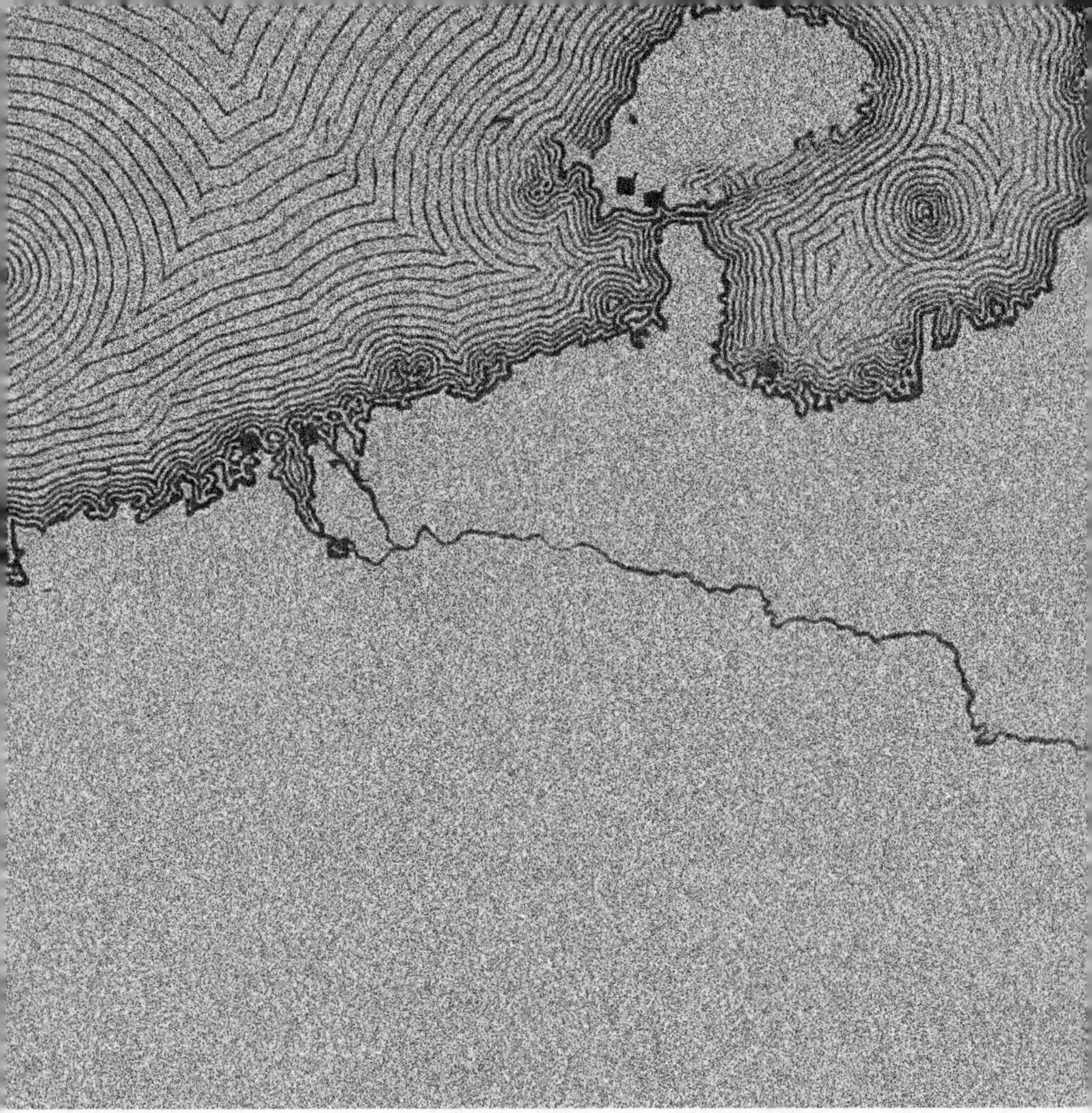

第三部

異論

臺灣史是什麼？

用臺灣史畫東亞地圖

第11章

想瞭解歷史，不可遺忘地理環境。但既有的地圖也可能限制我們的想像。如何有臺灣主體性的來看世界？可以從地圖怎麼畫開始思考。

重新思考地圖

晚近有一種將歷史的展開重新放回到其舞台上去的趨勢，也就是在瞭解歷史時不忘考慮其地理環境。但是當我們談地理環境時，卻又可能馬上會在腦海中浮現一幅地圖，這幅地圖的形象常常來自於最通行的市販地圖。這種市販地圖經常在無形中塑成了，甚至限制了我們的思考。例如，有一種中國大陸在左上方綿延地展開，臺灣跼促右下角的地圖。這種地圖可能是我們最常看到的地圖，也經常是我們思考臺灣的時候出現於腦海中的地圖。這種地圖讓我們無時無刻都感受到中國的壓力。但是，這種地圖是不是唯一的呢？當然不是。而

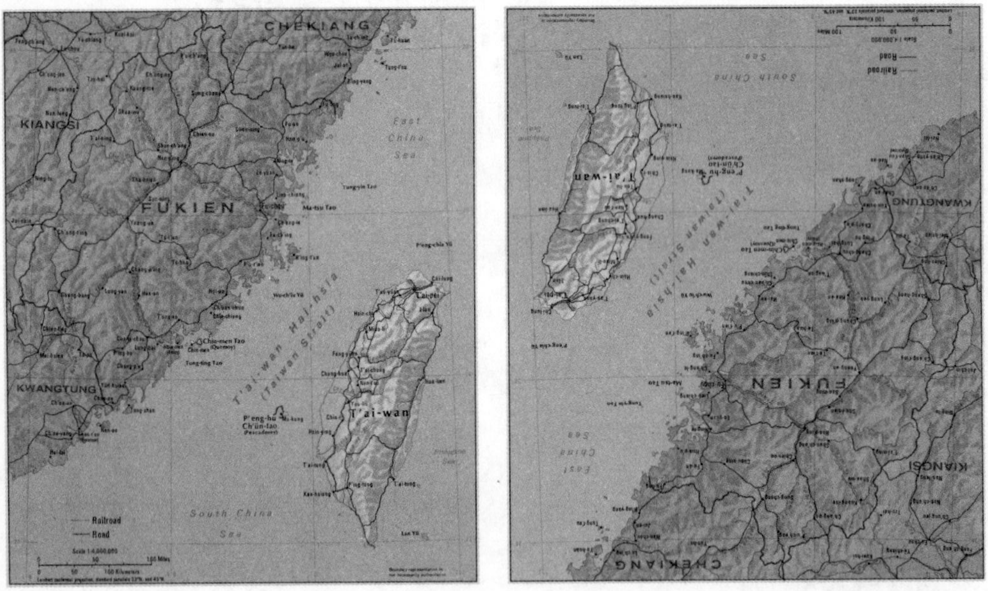

圖 11-1：翻轉地圖即有不同視覺感受。美國國會圖書館公眾領域，https://lccn.loc.gov/2008623341.

且，可不可以把這張地圖翻轉過來，即南上北下呢？當然可以。這樣把地圖翻轉過來所造成的視覺感受，也會改變我們的思考。原來的那幅（臺灣在右下角）地圖，使臺灣顯得頗有壓力；但是另一幅（臺灣在左上角）地圖，卻讓我們感到臺灣很輕鬆，似乎要飛出去了呢！

其實，地圖的畫法有無限多種，例如我們可以將地球儀上的某一部分依我們的方法描下來，便成了一張新地圖。更有甚者，近代實測的科學性地圖，也是有立場的（有透視點的）。因此有時候「非科學的」心理地圖（mental map），可能反而更可以呈現事實。例如，「科學的」近代地圖會把臺灣畫成是個東西短、

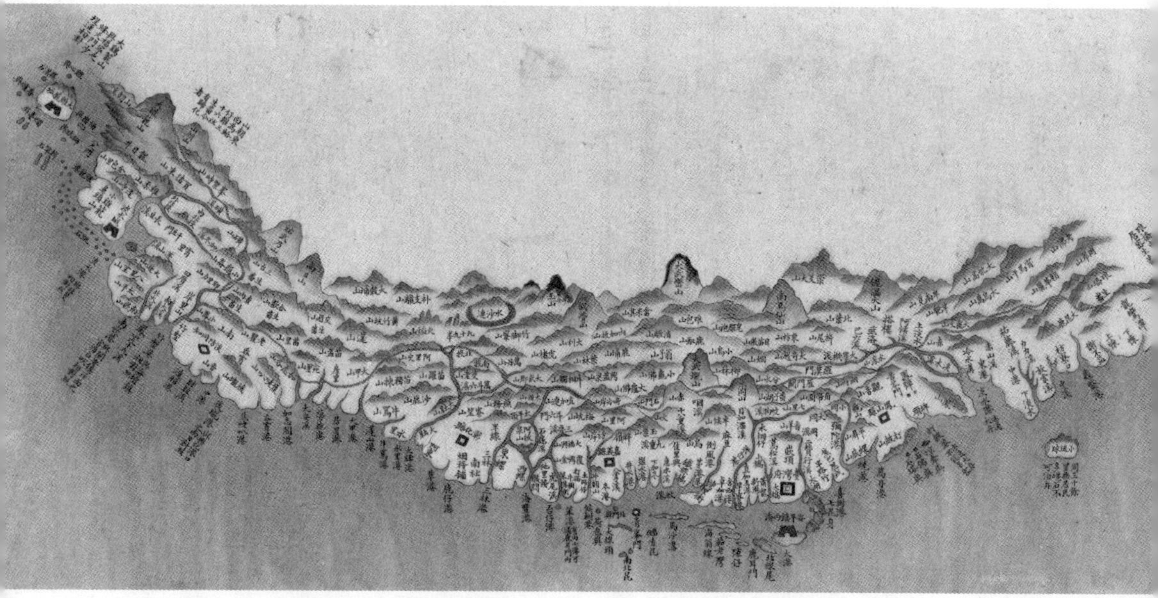

圖 11-2：以「山水畫式」繪製的臺灣全島，和今日習慣的地圖大不相同。金保彝，〈七省沿海圖〉臺灣部分，1881。美國國會圖書館公眾領域，https://lccn.loc.gov/gm71005022.

南北長的島嶼，因為南北有四百多公里，但是東西才只有一百多公里，因此臺灣呈大致直立的橢圓形。但如果考慮地形的阻隔、交通的難易，由基隆到高雄所花的時間不是遠比由臺中到花蓮的時間要短嗎？如此想來，不是反而是東西長、南北短了嗎？科學的、物理的地圖，可能反而沒有辦法反映實際的情況。當然，它也可能無法反映歷史的事實。清代官府所畫的「山水畫式」的地圖，或許值得我們重新去認識。

在以上的反省之基礎上，以下我們來看臺灣史是在怎麼樣的東亞地域中展開的，或許我們可以用臺灣史畫出另類的東亞地圖呢！

東亞裡的臺灣史

一般大家講臺灣史的時候，常會上溯很早。很多中國學者努力地在中國的古籍中找尋疑似臺灣的史料，甚至找到《尚書》裡去了。但是如果你問他有沒有證據，他卻講不出任何確實的證據來。因此，那些只是疑似史料，它們包括現在小學課本裡所說的夷州。在文獻上可以看到的臺灣史之大變動，其實要到十六世紀中葉以後。

十六世紀三、四十年代在遠東海域展開來的，正是中國史上的嘉靖倭亂。嘉靖倭亂中的倭寇絕大部分是中國人，不是日本大。也就是說當西方的航海勢力來到遠東的時候，尤其是第一波的葡萄牙和西班牙來到南中國海域時，也正好是中國東南地區的人違反明帝國禁令到海上去的時候。十六世紀初葡萄牙已經來到了廣東海面，在那兒尋找與中國貿易的機會。到了一五五〇年代，明帝國終於給它一個小島——澳門。另外，西班牙在美洲的墨西哥開採銀礦，把墨西哥銀運到馬尼拉，在一五七〇年代初期，已占領馬尼拉。

這些國家來到東方，希望與明帝國貿易，但明帝國自有一套朝貢貿易制度，非朝貢國便不能進入中國貿易。於是這些想與中國貿易的西洋國家便發展出一種辦法：你不讓我到你家做生意，我便在你家門外擺攤子。西班牙在馬尼拉建立貿易據點，就像是在那裡擺起攤子，然後向中國東南沿海大聲喊話：「這裡有貿易機會，大家快出來呀！」也就是說，這時候歐洲國家來到中國東南海外圍的鄰近地區找到據點，然後引誘中國人出海做生意。於是，中國東南沿海地區，便有大批人紛紛違反政府禁令前仆後繼地出洋做生意了。這是十六世紀中葉，中國東南海域的新情勢。

明帝國關不住民間爆發性的出洋活力，只好在一五六七年妥協，開了一個港口：漳州府的月港，讓閩南人有一個合法的出海港口。在沒有合法出洋管道之前，人民就已經競相下海做生意去了，何況如今又有了合法的港口，因此蜂擁出洋是可以想像的。明朝政府也在月港對出洋的船隻收稅，一方面發行「船引」這種執照，依船隻大小抽取商船的出口執照稅，一方面依進出口量課徵貨物稅。這就是由宦官辦理，後來成為明末一大弊政的榷稅。月港開港，中國沿海的人民出洋，即為近代華僑的開始。因為出口港開在閩南的漳州，因此當時出洋的多是閩南人。閩南人出洋的最重要去處是馬尼拉，因為西班牙人搬了墨西哥銀在那兒等著。這也是為什麼菲律賓的華僑以閩南人居多的歷史原因。

十六世紀中葉以後的這種東亞貿易，是中國商人將生絲和磁器源源不斷的運出來賣給西班牙人，然後換回去西班牙人從墨西哥搬來的白銀。白銀源源不斷地流入中國，造成了中國歷史上一次重要的貨幣革命。中國在此之前行用銅錢，但十六世紀中葉以後的外洋貿易使大量墨西哥銀流入，於是中國變成銅錢和銀幣並用的地區。

十六世紀中葉，東、南中國海的這種新情勢，不但為中國史帶來巨大的改變，在臺灣史上來說，更帶來一個翻天覆地的新局面。宋元時期以來，雖然澎湖已有漢人移居，但臺灣始終在中國主要外洋航線的外側。文獻顯示中國福建地區的外洋航路，如果是北行琉球、日本，則從福州也好，從閩南也好，是出洋東行後，看到雞籠山（基隆）轉而北上；如果是南行，則是出海後經過澎湖西側南下。這樣的路線可見臺灣正好位在航路的外側。所以宋元時候，雖然澎湖已是漢人天下，但一水之隔的臺灣卻是「諸蕃市舶，未聞至其國」。但是，十六世紀中葉之後就不一樣了。如上面所提到的，十六世紀中葉之後，馬尼拉成為東亞地區重要的貿易中心，中國東南海域也熱鬧起來了。就在這樣的背景下，臺灣被在這個海域頻繁來往的東西商人「發現」了。

浮現於地圖的臺灣

十七世紀以後，活躍於這個海域的主角發生了一些改變。中國人方面，此時的主要人物是李旦，他可以說是海盜也可以說是商人，即亦盜亦商的冒險家。而西洋人方面，則加入了一六〇〇年成立的英國東印度公司和一六〇二年成立的荷蘭聯合東印度公司。英國、荷蘭這兩個新興的西方航海國家，以後來居上之勢加入這個海域。尤其荷蘭此時更是一個意氣昂揚的國家，它剛與西班牙打了一場獨立戰爭，從西班牙獨立出來。此時又在東亞遭逢西班牙，彼此成為對手。西班牙早在十六世紀中葉即已在遠東海域從事貿易，荷蘭東印度公司要如何插足這個市場呢？西班牙的據點在馬尼拉；荷蘭東印度公司的遠東據點在爪哇的巴達維亞（雅加達），另外在日本的平戶也有商館。荷蘭與西班牙一樣，雖然想和中國貿易，但由於不是朝貢國，因此也不能進入中國做生意，所以也需要在中國附近找一個「擺攤子」的地方。荷蘭所找尋的地點，必須比西班牙的馬尼拉更接近中國，以便攔截從中國福建地方出海要到馬尼拉的中國商船，而且這個地點最好也要在巴達維亞至平戶的航線上。因此臺灣、澎湖便很容易被列入考慮了。從福建到馬尼拉與從巴達維亞到平戶這兩條航線的交叉點大概就在澎湖，因此一六〇四年荷蘭東印度公司便占領了澎湖。但明帝國非常明確地主張澎湖是中國的領土，因此強迫荷蘭退出澎湖。此後的大約二十年間，荷蘭仍然不死心地在南中國海一帶無所不用其極地找尋機會，最後還是回頭來找澎湖。一六二二年，荷蘭東印度公司再度占領澎湖，而與明帝國形成劍拔弩張之勢，最後由李旦出面調停，才在一六二四年轉到當時還不是中國版圖的大員（安平）來。從此，臺灣的歷史進入了新階段。

十七世紀臺灣被荷蘭東印度公司當作與中國進行貿易之境外據點的同時，漢人也開始源源不斷地來到臺灣。一六三〇年代漢人開始大規模進入臺灣，一六五〇年代，臺灣大約有兩萬漢人。漢人來臺灣的背景是荷蘭東印度公司在臺灣發展農業。當時的歐洲殖民國家，在熱帶地區發展大型農園，種可可、甘蔗、咖啡等作物。當時，西洋殖民國家在中南美經營大型農園時，使用的是當地土著和自非洲移入的黑人勞力。但當時臺灣土著的農業水準不高，尚停留在沒有鐵製農具、沒有使用獸力、沒有灌溉技術的階段，所以不足以成為荷蘭東印度公司農園的農工。於是，荷蘭東印度公司從閩南地區引進具有高級農業技術的「外籍勞工」，漢人於焉大量進入臺灣。

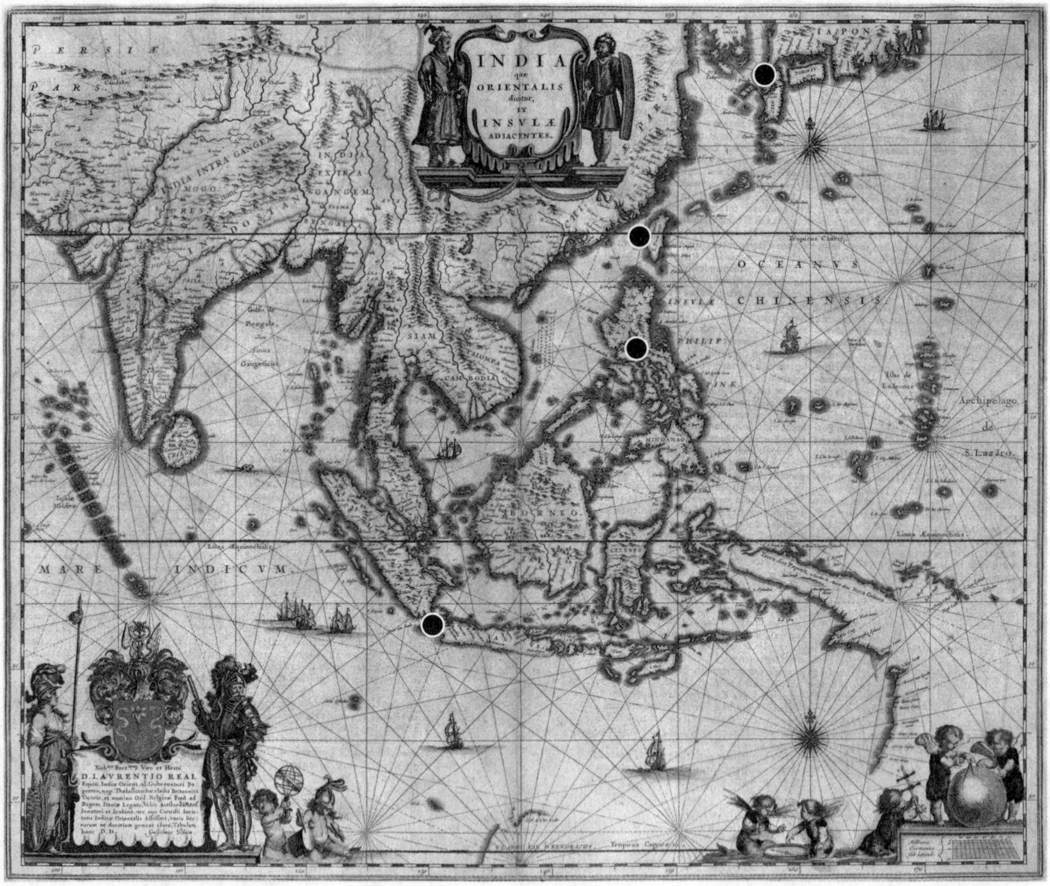

圖 11-3：歐洲勢力在東亞「擺攤子」的過程中，臺灣逐漸浮現於地圖。圓點由上至下：平戶、澎湖、馬尼拉、巴達維亞。底圖：Willem Janszoon Blaeu，〈東印度及附屬島嶼〉（*India quae orientalis dicitur: et insulae adiacentes*），1635。明尼蘇達大學圖書館公眾領域，http://purl.umn.edu/200848.

荷蘭之後進據臺灣的鄭成功，其家族也是來往於東亞海域的大勢力。上面提到的李旦，活動的時間大概在十七世紀最初的二十五年間，亦即荷蘭東印度公司在中國海尋找與中國進行貿易之據點的時候。一六二四年荷蘭進入臺灣後不久，一六二六年李旦死亡，勢力被鄭芝龍接收。鄭芝龍活躍的時代大概與荷蘭東印度公司占領臺灣的前半年代相當。尤其，一六二八年鄭芝龍接受明帝國招撫之後，憑藉著官方的合法身分，掃平其他足以與他競爭的對手，幾乎成為中國東南海域的霸主，甚至成為荷蘭東印度公司的競爭對手。鄭成功雖然不敵清帝國而退來臺灣，但仍然以官家貿易的方式活躍於東中國海和南中國海。

鄭成功來臺以後，使更多對岸的福建人移來臺灣。這是由於鄭成功在臺灣建立了一個中國式的政權，而且此時對岸中國正是明清鼎革之際，動亂也使福建人來臺。這種十六、十七世紀中國內外的時代背景，使臺灣一舉浮現在世界史的舞台；否則長時期以來，臺灣只是孤懸於太平洋的西緣，土著雖與外界有一些聯繫，但卻不足以引誘大量的外來者前來。即使因地理位置，而被西方殖民者「發現」，浮出在世界史舞台初期的臺灣，也一如爪哇、呂宋等東南亞島嶼，原為南島語系民族生息的天地，此時為西方殖民勢力占領，有一些中國人移民至此，但中國移民只占社會中的少數。所以十七世紀初期，臺灣、爪哇、呂宋其實並無太大不同。

從十六世紀晚年到十七世紀初，再到一六八三年清帝國將臺灣納入版圖，臺灣還是北與日本，南與東南亞、呂宋貿易。東中國海和南中國海貿易體系中的臺灣，一直要到一七一七年之後，才改變其內涵。也就是說，一六八三年清帝國把臺灣納入版圖後的一段時期內，也並未改變臺灣面向外洋的情況。十七世紀末（一六九七年）的《裨海記遊》謂臺灣：「植蔗製糖，年產二、三十萬，商舶購之，以貿日本、呂宋諸國。又米穀、麻豆、鹿皮、鹿脯，運至四方者十餘萬」，「自康熙癸亥（一六八三）削平以來十五、六年間，總計一千二、三百萬」，可見外洋貿易之盛，並不因鄭氏勢力瓦解而衰退。

因此，臺灣位在東中國海與南中國海接點上的這種地理位置，決定了臺灣歷史的展開。十六、七世紀臺灣的歷史必須在東中國海及南中國海的廣大海域中來談，而不是在「秋海棠」中來談。而且，整個十七世紀，可說是臺灣的大航海時代、大貿易時代。

離開國際貿易，重回國際貿易

一七一七年情況改變的原因，是此時清帝國禁絕了外洋通商。一七一七年，清帝國禁止一切的南洋貿易，臺灣的海外貿易隨之斷絕。一七二七年，清帝國雖然再度開放南洋貿易，但臺灣並沒有被指定為貿易港，此後清帝國的通商港變成了廈門、廣東。臺灣之海外貿易持續繁盛了大約一個世紀，此時不能不隨著這個清帝國的禁令而改變，於是轉而以中國沿海港口為交易對象。以中國沿岸貿易為主的郊商，也取代了洋商（以外洋貿易為主的商人）。這些郊商集中於臺南、鹿港、淡水、艋舺等港埠，商業對象「近則福州、漳、泉、廈門，遠則寧波、上海、乍浦、天津以及廣東」，「貨之大宗者，莫如油、米，次麻豆、次糖菁。至樟栳、茄藤、薯榔、通草、籐苧之屬，多出內山。茶葉、樟腦又惟內港有之，商人擇地所宜，僱船裝販。」（《淡水廳志》）也就是說，臺灣以高度的農業生產力向缺糧的中國福建等地區輸出農產品，而自中國輸入針線、布匹等日常生活用品，及石材、木材等建材，臺灣與對岸的中國福建形成一種區域的經濟分工。

臺灣與大陸的交易是以幾個港口為吞吐門戶。港口配合其背後的腹地，形成一個市場圈。例如，以淡水港為吞吐口，加上淡水河流域為腹地，便成了一個市場圈；以鹿港為吞吐港，加上彰化、臺中平原，也形成了一個市場圈；以安平為吞吐港，配合其背後的府城一帶，當然也是一個市場圈。臺灣內部則因東西向河川的阻隔，導致南北市場圈的聯繫困難，加上臺灣的沿海海運也不發達，因此各市場圈之間有各自封閉的現象。這些市場圈以各自的港口直接跟中國沿海港口交易，使得橫跨臺灣海峽的聯繫，甚至有時要比島內南北的流通來得密切。市場圈各自獨立，彼此也沒有太多交易的機會，使各市場圈的流通媒介沒有統一的迫切性，臺北的一斤與臺南的一斤可以不必相同。清代臺灣各種交易媒介、貨幣，甚至度量衡之未統一，與臺灣未形成一個市場圈有關。

一八六〇年代英法聯軍之後的天津條約，使臺灣開港，臺灣的樟腦、茶葉於是成為新興的外銷產品（此時的外銷品還有南部的糖）。這些新的外銷產品不再以輸往中國為主，而是以全世界的市場為對象。也就是說，十九世紀的新帝國主義，將臺灣納入世界市場體系。被禁絕了大約一百五十年的臺灣外洋貿易，重新開始。但臺灣是否能直接承接這個新的國際貿易機會呢？

首先，由於長久以來斷絕外洋貿易，使臺灣即使開港，一時之間也無法迅速把握新的貿易機會；何況自從五口通商以來，香港、廈門已有近二十年的外洋貿易基礎，外國商人、資本也已將此兩地經營為據點，臺灣顯然無法與之競爭。而且，此時臺灣的港口也相對落後，無法應付新時代的需要。帆船貿易時代，不必有深水港口。但十九世紀中葉以後，新帝國主義前來東洋貿易的卻是汽船。臺灣缺乏可供大型汽船停泊的深水港口，所以當時大部分的商品便必須用帆船運到廈門，再由廈門轉口到世界各地。西洋商品（以鴉片為大宗），也是經過廈門，再轉運進入臺灣。西洋商人透過香港、廈門的金融基地及代理者，來臺灣進行貿易。這種情形正好與十七世紀時相反；十七世紀初西洋人不能到中國港口做生意，中國商品必須運到臺灣來，臺灣成為中國東南地方福建的境外轉口港。十九世紀後半葉的情形正好相反，臺灣商品要先運到廈門再轉口出去。

臺灣開港以後，臺灣多了一個外洋貿易的機會，使得這期間快速出現不少新興商人。日本據臺初期的一項資料（《臺灣列紳傳》）顯示，一九〇〇年代臺灣的仕紳、有錢人，除了中南

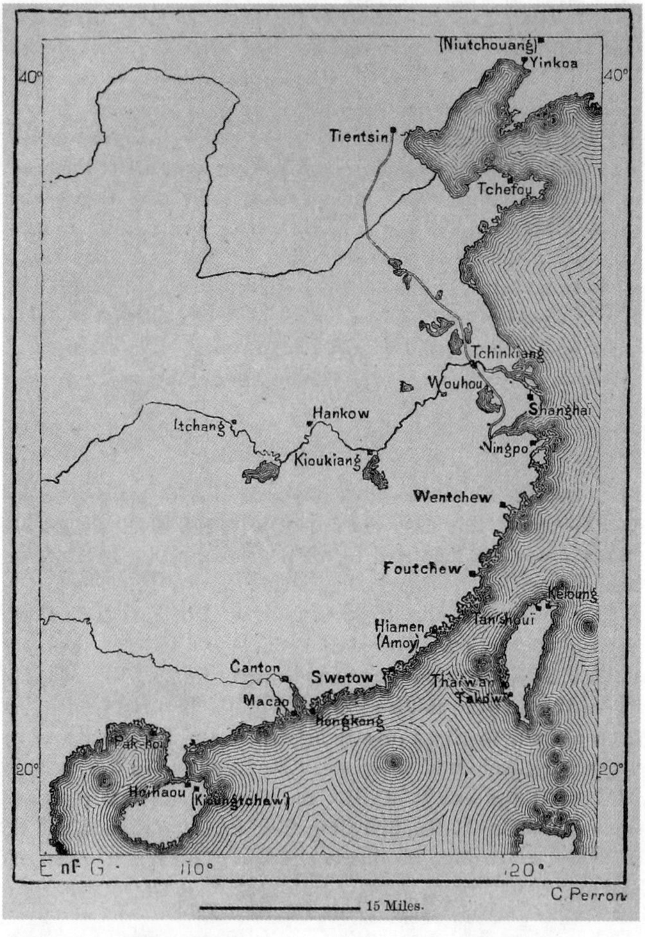

圖 11-4：中國的條約港。Elisée Reclus, *The Universal Geography*, vol. VII, 1876, p.302.

部的傳統地主之外，很多是十九世紀末年才急速竄升的新興商人。這些商人集中在北部（尤其是臺北），而且都與對岸貿易或外洋貿易有關。由於此時的商業機會並不是直接面向世界，仍然相當程度透過廈門、香港，因此這些新興商人多為十九世紀七、八十年代才從廈門等地來臺的新移民。甚至，還多往返兩岸，「家在此，店在彼」。

圖 11-5：李春生（1838-1924），1865 年自廈門來臺經商，後成巨富。鷹取田一郎，《臺灣列紳傳》（臺灣總督府，1916），頁 2。

日本時代畫出的臺灣地圖

日本領有臺灣之後，以政府的力量，排除西洋商人的勢力，並且以政府的補充金鼓勵輪船公司開設日臺航線，將臺灣貿易引導向日本去，也設計了「農業的臺灣，工業的日本」這種日臺之間的產業分工關係。臺灣在日本帝國規模的產業分工結構中，進入日本的帝國經濟圈裡。尤其，日本是一個缺糖的溫帶國家，原本必須從爪哇進口砂糖。如今既然取得可以生產蔗糖的臺灣，日本殖民政府便想在臺灣發展製糖業。日本殖民政府所規畫的臺灣製糖業是由政府提供各種優惠，扶植資本家前來投資興建大型製糖廠，但日本人並不積極參與製糖產業的農業部門，即種植甘蔗，而是由臺灣農人種植製糖原料的甘蔗。也就是說，日本資本家設立製糖廠，將臺灣農民所種的甘蔗加工成砂糖，然後將砂糖賣回日本市場。如果比較當時臺灣及爪哇之砂糖生產成本的話，可以知道臺灣糖是比較昂貴的。但日本政府卻一方面為了扶持日本本國的製糖工業，另一方面為了避免因購買外國糖（尤其是爪哇糖）而流失外匯，所以特別以關稅壁壘削弱外國糖的競爭能力。換句話說，對臺灣糖採取保護政策，使臺灣糖可以獨占日本帝國市場。照理說，

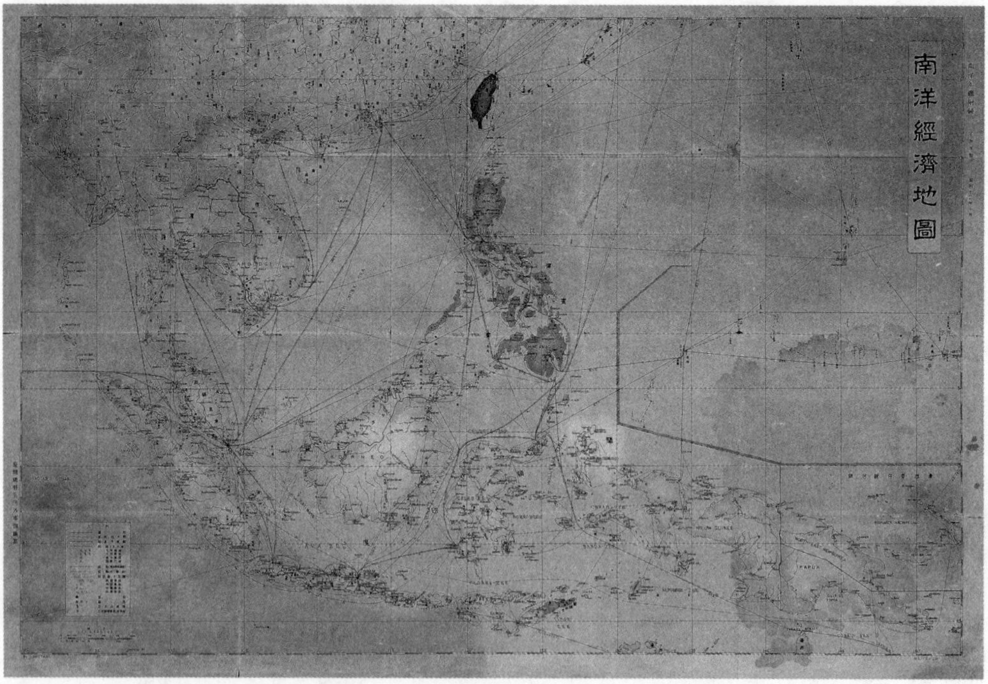

圖 11-6：作為日本帝國南進起點的臺灣。臺灣總督官房外事課，〈八百萬分一南洋經濟地圖〉，1937。臺史博公眾領域，登錄號 2004.028.1330。

日本國內的消費者原來可以購買比較便宜的爪哇糖，卻因為日本政府的政策性保護，使他們必須購買比較貴的臺灣糖。這樣的產業設計，似乎日本國內的消費者是吃虧了，但從更大的角度來看，帝國外匯不至於流出，未嘗不是保住了日本國民的財富。當然，在這樣的結構中得利最大的是日本的製糖大資本家，但是在日本資本家大碗吃肉的同時，卻也使臺灣農民也跟著小碗的喝了湯。「農業的臺灣」到一九二〇年代以後，為了補充日本國內的糧食生產不足，再加入蓬萊米產業。蓬萊米產業的適時加入，使臺灣農民可以彌補歐戰結束後糖業的停滯。

「農業的臺灣，工業的日本」的設計，到一九三〇年代由於新的帝國政策需要而有了調整。這時候日本帝國為了南進，於是想利用臺灣在地理位置上的優勢（位於帝國的最南端），把臺灣當成南進的前哨站。同時，如果將東南亞也納入考慮的範圍，那麼日本帝國規模的產業分工也必須隨著調整。一九三〇年代總督府設立一連串的產業調查會，便是為了因應這種政策上的需要。由於南進的需要，臺灣必須工業化，而且不可能從基礎的民生工業起步，而必須繞過傳統老牌工業國家先發展民生工業的模式，直接將重點置於如合金、鋼鐵、輪胎、化工、肥料這種重工業。這些臺灣重工業，當然是當時日本重工業生產的一環，即日本企圖以臺灣的工廠初步加工東南亞的重工業原料，然後再將半成品運入內地，以降低成本。

日本在臺灣發展重工業的策略是，綜合利用日本的資金、臺灣相對來說高級的勞力和豐富的能源、東南亞的礦產。臺灣勞力相對高級是指相對於中國大陸、東南亞，由於日本長期在臺灣投資殖民教育，已使臺灣的勞力具有相當的水準了。能源方面，日本則寄望於臺灣豐富的水力發電潛力，因此自一九三一年起快速開發日月潭的水力發電，到一九三四年第一期工程完成時，已能供應煉鋁等大量用電的合金工業。但是上述工業化的原料，卻要仰賴臺灣之外，尤其是南洋的礦產。由於工業原料仰賴南方，因此模仿日本的京濱川崎工業區模式，在南部高雄設臨海工業區。所以，一九三〇年代以後，高雄便以新興工業都市急速地發展開來了。

期待以臺灣為中心的東亞地圖

從以上對臺灣史的回顧，可以看出在不同的時代，由於不同的內外局勢，和臺灣所擁有的資源、條件，臺灣是編組在不同的網絡當中的。以臺灣的歷史所畫的各時代東亞地圖，也各有不同的範圍和形狀。我們期待各種以臺灣為中心，而且足以有效地說明臺灣的地圖。

這篇文章的最初版本在上述〈臺灣史的成立及其課題〉的後半部，當初是認為臺灣史不能只求諸臺灣內部，也必須梳理它與外部的交流互動。以後又以幾次以不同的形式，在不同的場合發表。其中一次是李登輝總統提出「南向政策」後不久，一九九四年三月初《中國時報》人間副刊在此時代背景下企劃了一個專題，找幾個人寫文章，我就以歷史上臺灣與周邊地區（尤其是東南亞地區）的交流寫了文章〈重新認識臺灣的位置〉。沒想到後來，這幾個在此企畫裡寫文章連載的作者，竟然被批評為是「次帝國主義者」。二〇〇〇年十一月在曹永和基金會成立一週年的紀念研討會，我也用這樣的內容應命，然後以「以臺灣史畫東亞地圖」為題刊載於二〇〇〇年一到二月的《新觀念》雜誌第一三五、一三六期。二〇〇二年曹永和院士擔任臺灣研究基金會董事長，而該基金會創辦人黃煌雄先生也關心海洋事務，所以我再次被動員在一個「海洋文化與歷史」研討會上發表文章。本書收錄的就是這個版本（邱文彥主編，《海洋文化與歷史》，臺北市：臺灣研究基金會，二〇〇三）。

我一向主張歷史必須被放到它的地理舞台上來理解，因此相應於不同的歷史內容必須有不同的地圖作為參照。也就是說，一般常見的地圖可能反而會限制、誤導吾人的歷史理解。這樣的想法，我在上述〈臺灣史的成立及其課題〉已經說得很清楚，如今又經過幾次琢磨後，更深信必須為臺灣史製作出「另類的地圖」。因此在文建會任職期間的二〇〇三年底，我商請臺大地理系賴進貴教授幫我製作一套「換個角度看臺灣」的地圖，作為該年機關用來贈送的新年度（二〇〇四）月曆。結果頗受好評，索取者眾而必須再版加印，《自由時報》副刊並以每次複製一份的方式，連載介紹了好幾個禮拜。但是，卻又發生一段始料未及的插曲。那就是二〇〇四年五月上任教育部長的杜正勝教授演講時舉了個地圖可以換個角度的例子，竟然因此在立法院引起在野黨立委的大肆抨擊。經過這麼一番折騰，這個將地圖「倒置」的罪名，就以訛傳訛、眾口鑠金地按在他的頭上了。其實，他大可以高喊「人不是我殺的」！

又，關於地圖如何畫的問題，可以參考當年擔任賴進貴教授研究助理的葉高華（目前為國立中山大學社會系教授）的網站「地圖會說話」（https://mapstalk.blogspot.com/）。

臺灣史是什麼？

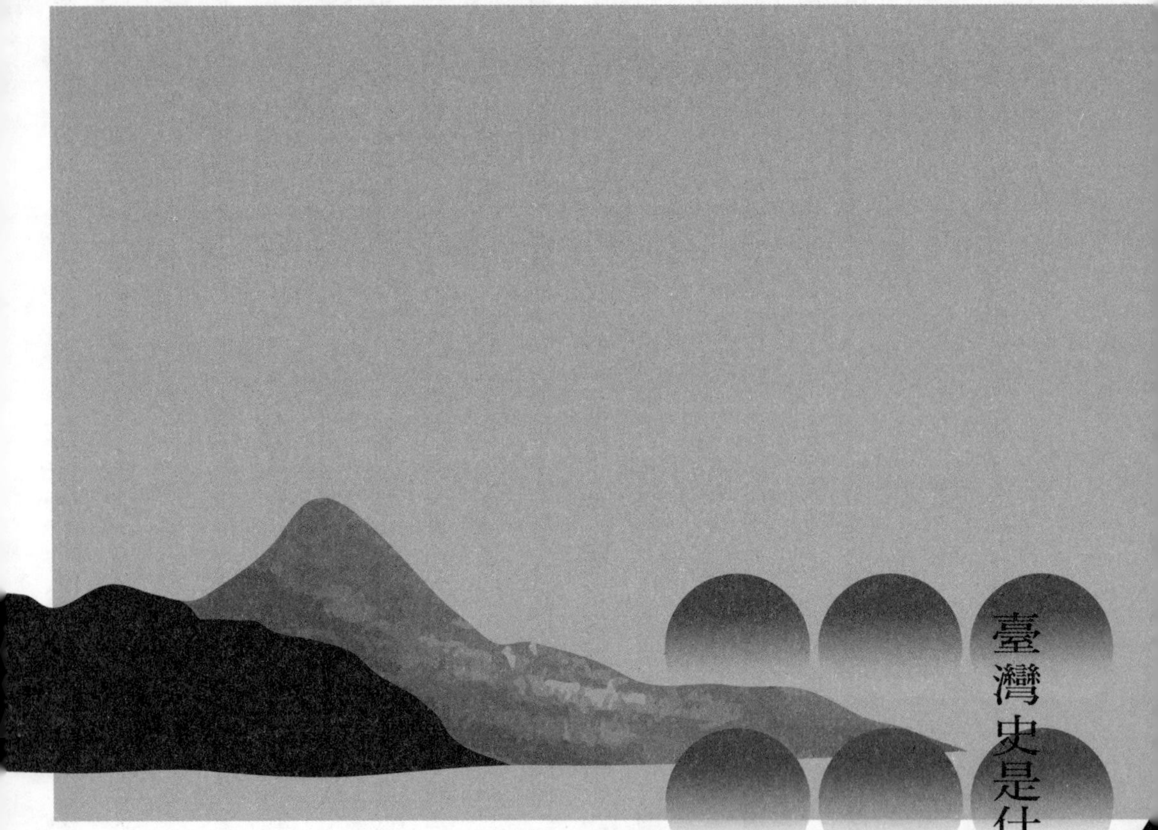

第12章

臺灣自古是中國的領土嗎？

從中國古籍尋找臺灣的蛛絲馬跡，是許多學者想探究古代臺灣時使用的方法，也有人是出於政治宣傳的動機而為之。這樣的方法，會有什麼問題？

臺灣古代史的真相

連雅堂《臺灣通史》的〈開闢紀〉裡，以中國古書的記載，來重建臺灣古代史。雖然連氏在採納這些中國古書史料時，態度顯得輕率不倫，缺乏科學精神，但這種企圖利用中國古書的記載，來重建臺灣古代史的辦法，卻為往後的臺灣史研究者所因襲（博學如伊能嘉矩者，其《臺灣文化志》，亦莫不如此）。然而這樣的方法實在包含了太多問題。

首先，中國古書中「疑似」臺灣的記載，不但數量絕少，在品質方面，也多含混不明。所以要利用這些文獻來重建臺灣古代史，一開始就會碰到史料認定上的困難。中國古代典籍如《尚書》、《列子》、《史記》固不用論，即使唐代才撰修的《隋書》，其中〈流求國傳〉所記載的，是否即今日的臺灣，就引起世界性的（至少包括中、日、法、德、荷五國學者）長年爭論，至今仍不能有一致的看法。因此，這些中國古代文獻到底有多少可信性，的確值得懷疑。

中國古書記載的另一個缺點是，這些記載或是出於臆測，或是源於傳聞，或是來自短期的觀察。其內容不是荒誕無稽，或只記載中國的經略，就是僅作民族誌的描寫。因此，即使這些資料所描寫的地域果真是現在的臺灣，所表現的也只是中國對臺灣原住民族之民族誌的瞭解，實不足以用這些資料，來重建生息於臺灣的人在漫長時間裡的歷史發展。

如果我們肯定所謂「臺灣史」就是：生息在臺灣這塊土地上的人，在臺灣這土地上的歷史，那麼「臺灣古代史」也就應該是以臺灣的居民為主人，以臺灣這塊土地為舞台，所發展出來的歷史。既然如此，「臺灣古代史」就不應該是以漢人，甚至是以中國大陸的漢人為主體的歷史，而應該是以臺灣土著民族為主體的歷史。中國古書裡的記載，除了本身含混的缺憾之外，中國大陸漢人的臺灣「經略」、「征伐」史，也不足以代表臺灣的早期歷史。因此，臺灣古代史就必須借重考古學家的地下發現了。唯有從地下發掘出來的臺灣先民遺物，才能說明臺灣先住民在此地域上的生存軌跡。

但為了瞭解古代中國與臺灣的關係，我們仍然有必要來看看到底中國古書上所描寫的中國和臺灣的關係，究竟是怎麼回事。

邈遠的海上之島

清康熙二十三年（一六八四）高拱乾的《臺灣府志》在〈封域志・星野〉中說：「臺自破荒以來，不載版圖，不登太史星野」。但就像編纂家譜時總是將家系上溯至三皇五帝一樣，當時的修志者，還是將臺灣列在中國遠古的揚州屬下，其證據只是因為《尚書・禹貢》中的一段記載：「淮海惟揚州，島夷卉服，厥篚織貝，厥包橘柚，錫貢。沿於江海，遠於淮泗。」其實，中國古方志中的星野，只是修志者因襲的習慣，本無任何根據可言，對於《臺灣府志》這種聊備一格的說法，本可置之不顧。但日人尾崎秀真在他所著的〈臺灣四千年史之研究〉中，卻廣徵博引地強加附會，勉強認為「禹貢」裡的「島夷」指的是以臺灣為中心的中國東南島嶼。其實就這段文字中「淮海」或者「沿於江海，遠於淮泗」的文字來看，根本不可能與臺灣扯得上關係。

《列子・湯問篇》的一段文字，也被認為是有關臺灣的記載：「渤海之東，不知幾億里，有大壑焉，實無底之谷；其下無底，名曰歸虛。其中有五山焉：一曰岱輿，二曰員嶠，三曰方壺，四曰瀛洲，五曰蓬萊……。」有人認為所謂的方壺，就是現在的澎湖。更甚的是取「岱輿」「員嶠」的首字，重新合成「岱員」，取其音與「臺灣」相近，而認為這個憑空創造出來的「岱員」就是現在的臺灣。將明指在「渤海之東」的方壺，認為是澎湖已屬牽強，更何況無中生有地揑造出一個「岱員」來，更是荒誕無稽。

《史記．秦始皇本紀》記載：「齊人徐市（福）等上言：海上有三神山，名曰蓬萊、方丈、瀛洲，僊（仙）人居之……（始皇）於是遣市發童男女數千人入海，求僊人。」這個典故是大家都很熟悉的，可是徐福所說的神山，究竟在何處呢？有人認為是現在的日本，而且言之鑿鑿，但其實也只不過是想當然耳罷了。除此之外，還有人認為瀛洲就是現在的臺灣，然而這更只是猜測，全無根據，因為再也找不到其他文字可以說明它的可能性。

上面的例子是將空泛的文獻記載，附會、渲染成臺灣。此外，《史記．東越列傳》的一段記載，被過度解釋的情形，就是另一種情況了。根據《史記．東越列傳》的記載，公元前一三五年閩越出兵擊南越，引起漢朝天子的不滿，出兵壓境；閩越王郢之弟餘善為了求和於漢朝，發動政變殺其兄向漢謝罪。但因為在這一次政變的策畫過程中，餘善有不成功便「亡入海」的打算，這「亡入海」三個字便被學者用來證明遠在古代，即有不少閩越民族渡海來到臺灣（見凌純聲，〈古代閩越人與臺灣土著族〉）。其實，就餘善這個打算來說，只是一種假設狀況，不一定必然「亡入海」；而且，事實上餘善的政變成功了，根本不必「亡入海」。況且即使真「亡入海」也不一定就來到臺灣。所以這種推測也是一廂情願的想當然耳罷了。

這種推理方式的最佳典型，是連雅堂的《臺灣通史》。連雅堂說：「或曰，楚滅越，越之子孫遷於閩，流落海上，或居澎湖，是澎湖之通中國也已久。」顯然這只是連雅堂一廂情願的推斷。連雅堂《臺灣通史》的〈開闢紀〉中，類似這種「或曰」的表現方式，真可謂一絕！

《漢書．地理志》曾記載：「會稽海外有東鯷人，分為二十餘國，以歲時來見。」這段記載是首次有較明確敘述的文獻。但東鯷究竟何所指，學者至今不能肯定（市村瓚次郎、白鳥庫吉等人，認為可能是臺灣，郭廷以不加可否；梁嘉彬、桑田六郎則反對是臺灣）。不過，以在「會稽海外」來看，指江蘇、浙江海外諸島，甚至日本、琉球的可能性，都比臺灣要大得多。

中國王朝征伐的對象

這類記載就比較詳細了。《三國志．吳志．孫權傳》記載：黃龍二年（二三〇）孫權遣將軍衛溫、諸葛直率大軍萬人，浮海取夷州和亶州，俘夷州人數千而回。在該記載中，曾說明亶州人有時也到會稽買布，會稽地方人有時遇風也會漂至亶州。《三國志．吳志．陸遜傳》，對於孫權這次用兵的目的地載為夷州和朱厓（今海南島）。將「孫權傳」和「陸遜傳」合併來看，顯然亶州指的或是現今的琉球（日本學者白鳥庫吉即持此說），或是海南島（日本學者市村瓚次郎即持此說）。

與此事件相隔大約百年後，沈瑩的《臨海水土志》有關於夷州的記載：「夷州在海東南，去郡二千里，土地無雪霜，草木不死，四面是山，眾山夷所居。……土地肥沃，既生五穀，又多魚肉……。」除此之外，《臨海水土志》還對夷州居民之生活情況、社會組織以及習俗有相當詳盡的描寫。因此，如果我們認定夷州可能是現在的臺灣，那麼《臨海水土志》就是關於臺灣的第一部民族誌。

成書於唐代的《隋書》，在〈煬帝紀〉曾記載：「大業三年（六〇七年），……遣羽騎尉朱寬使於流求國。」（結果是「掠一人而返」，載於〈東夷列傳〉）大業六年（六一一年），「武賁郎將陳稜、朝請大夫張鎮州擊流求，破之，獻萬七千口，賜百官。」另外，在〈東夷列傳〉中有〈流求國傳〉，是一篇相當詳盡的民族誌資料。

《隋書》記載的這個「流求國」到底何所指？可以說是近一個世紀以來，臺灣古代史研究上最大的爭論。根據賴永祥的統計，關於此問題的研究著作不下六十餘，至少有中、日、法、德、荷五國學者參與此問題的爭論，至今尚未完全達成一致的看法。不過目前學者似已大致承認《隋書》的「流求國」就是現在的臺灣。《隋書》成於唐代，因此〈流求國傳〉的描寫，可以說是唐代對臺灣的認識。《隋書．流求國傳》也成為宋代以後幾本重要書籍（如《諸番志》、《文獻通考》、《宋史》）描繪臺灣的範本。

如果《三國志》、《隋書》記載的「夷州」和「流求國」確是臺灣的話，那麼，從這兩本史書的文字可以看出來，當時的臺灣是「土地無雪霜，草木不死，土地肥沃，既生五穀，又多魚肉」、「厥田良沃……土宜稻粱」的樂土，但中國的王朝卻前後對它發動三次攻擊。所以就這一時期的中國史書來看，臺灣是中國王朝征伐的對象。這種歷史記載又豈有臺灣的主體性？

利源之所在

到了宋代，因為中國的開發早已到達福建，而且福建人口和耕地不均衡的情形已經形成，閩南漁民也已經發展出近海漁業，甚至是更遠的海上作業，因此澎湖海域很自然就成為閩南漁民的作業場所。漁民利用澎湖諸島寄泊、汲水、避風或作為操業的根據地。因為捕魚需隨季節作業，閩南漁民應該是季節性的來到澎湖，一段時日之後才有定居，定居後也才逐漸有種植。但閩南人前來澎湖的發展，純粹是出於民間生計的推力，政府的角色並不明顯。而且這種發展也僅推展到澎湖為止，一水之隔的臺灣則尚未與焉。

至於南宋政府注意到澎湖，則是因為有所謂「毗舍耶國」（有學者認為是臺灣，有學者認為是菲律賓）人掠擾澎湖、福建所致。於是在澎湖「造屋二百間，遺將分屯」，這算是中國政府在澎湖駐軍的開始，但也只是臨時措施，並非定制，不久即荒廢了。

元朝時代，元世祖（一二八〇年代）曾有遣使招諭瑠求（臺灣）之舉，可是沒有任何成果。成宗時（一二九〇年代）又有興兵討伐之事，也僅擒生口一百三十餘人而還。也就是說，中國王朝仍然將臺灣視為應該征伐的化外之地。不同的是，這個時候民間的開發卻有相當的進展。根據元末汪大淵《島夷誌略》的描寫，澎湖「島分三十有六，巨細相間，坡壠相望，……有草無木，土瘠不宜禾稻。泉人結茅為屋居之。……煮海為鹽，釀秫為酒，採魚、蝦、螺、蛤以佐食。爇牛糞以爨，魚膏為油。地產胡麻、綠豆。山羊之孳生，數萬為群，家以烙毛刻角為記，晝夜不收，各遂其生育。工商興販，以樂其利。」看來當時澎湖已是漢人的新樂土。但在漢人開發過程中一直扮演消極角色的政府，在民間已稍有所成之後，隨即跟在後面，在至元年間（一二八〇－九〇年代）成立巡檢司（有如現在的警察分局），「以週歲額辦鹽課中統錢鈔」，也就是設官府收稅！

對於一水之隔的臺灣，《島夷誌略》的描寫則是：「土潤田沃，宜稼穡。氣候漸暖，俗與澎湖差異。水無舟楫，以筏濟之。……煮海水為鹽，釀蔗漿為酒。知番主酋長之尊，有父子骨肉之義。地產沙金、黃豆、黍子、硫黃、黃蠟、鹿豹麂皮。」但在中國人看來，這個好地方仍然是「外國」，所以才說「海外諸國，蓋由此始」。

明朝初期，東南海面漸漸成為海盜出沒之所，而且政府為了控制海外貿易，原則上只准許以朝廷為對象的朝貢貿易，拒絕外國商賈來航，又顧慮一般人民販海通夷，勾引倭寇、海盜，因此在洪武末年（一三八〇年代）有所謂「墟澎」之舉，也就是強制民間完全放棄在澎湖的經營成果，返回大陸。閩南人經過幾代經之營之的海外新天地，再度成為廢墟。

雖然政府禁止沿海居民渡海到澎湖求生存，但因為利益所在，因此還是有不少潛來之漁民重新在澎湖興建家業，於是澎湖又漸漸成為福建沿海漁民的移居地和漁場。根據萬曆年間所修的《泉州府志》，成化年間（一四六〇－八〇年代）澎湖即已恢復舊觀了。

就在福建人不斷來到澎湖，甚至越過澎湖東方的黑水溝來到臺灣的當兒，正好也是西方勢力來到東方的時候。這個時候的中國東南海面，有來自世界各地的冒險份子爭取霸權。臺灣就在這個際會，脫離完全由先住民主宰的階段。外來者逐漸取代先住民，在臺灣這塊土地上扮演主要的角色，以後的臺灣史也就由這些不同的人發展開來了。

中文世界裡，動輒可以看到、聽到「臺灣自古就是中國不可分割的固有領土」這句台詞。甚至，以前國民教育的歷史教科書，也會摘取中國歷史上的一些文字記載，來說那就是目前的臺灣。但是，任何人都可以知道這是一句充滿特定目的的政治台詞。因此，談臺灣的古代史，必須先要屏除成見，實事求是地來檢討這些中國古代典籍所記載的，的確是臺灣嗎？如果是臺灣，如今又應該如何解讀它呢？

相對於中國自古以來就有大量的文字記載，中國周邊地區的古代文獻極為稀少，因此重建其古代史極為困難。十九世紀東南亞多數地區成為西方之殖民地以後，西方及日本的漢學家透過博搜中國史料，以歷史語言學的手法進行考證、比對，配合當地的史蹟、刻文及簡略的年代記等資料，才終於逐漸瞭解這些地區的古代史。在這樣的脈絡下，臺灣的古代史也被納入這一波的中國古代典籍之歷史地理學研究，成果可謂相當豐富。

我在一九七〇年代晚期即多少參與當時的「黨外運動」（其實，就是打雜幫忙），經常在「黨外雜誌」寫有關臺灣歷史的文章（當然，絕大部分是以筆名發表）。這種明顯可以說是政治台詞的「臺灣史」說法，當然必須加以駁斥。但是，如今回過頭來看這篇文章，或許顯得太「學究氣」了，沒多少人有興趣讀它，所以即使這篇文章已經發表逾四十年（以筆名「黃燦廷」發表於《八十年代》第六卷第一期，一九八三年二月），但還是到處可看見、聽見上述那句政治台詞。如今，只好又將它收入本文集。

臺灣史是什麼？

鄭成功反清，但或許不復明

第13章

鄭成功身上貼滿了標籤，在反清復明、驅逐荷蘭、民族英雄、反攻樣板等諸多標語之下，鄭成功到底是誰？我們應該給予如何的定位？

自從十九世紀中葉「排滿興漢」成為一種時代風潮之後，鄭成功的事蹟便成為重要的思想資源。在這樣的時代風潮之下，鄭成功幾乎未經證明地就被視為「民族英雄」。這個民族英雄同時在「反清復明」、「驅逐荷蘭」兩方面做出了偉大的歷史事業。這一百餘年來的鄭成功敘述，基本上就是以抗清、驅荷這兩個面向為中心的中國民族主義論述。因此，關於鄭成功的研究雖然為數甚多，但幾乎都先肯定鄭成功是抗清、驅荷的民族英雄這個前提，然後在各種史料的字裡行間尋找鄭成功的「抗清」、「驅荷」事蹟。

一九四九年以後臺灣的鄭成功研究更有一個特別的氛圍。因為國民黨／蔣介石在抗日戰爭結束之後「光復臺灣」，然後不久便「退守臺灣」，並以臺灣為「復興基地」，伺機「反攻大陸」，這樣的國民黨／蔣介石，與「堅決抗清，驅逐荷蘭，退據臺灣，圖謀恢復」的鄭成功，便被微妙地聯繫了起來，所以鄭成功敘述就可能被聯想為是對蔣介石處境的描寫。瞭解到這一點，我們便不難瞭解二十世紀中葉臺灣之鄭成功研究的局限性了。在這種時代裡，想要跳脫既定的鄭成功研究之局限，顯然必須要有一些勇氣。

三十年前，有一個毛頭小子對於臺灣當時已經為數甚多，而且已經如同八股教條的鄭成功「研究」，有些不滿，並在一個學生習作刊物上發表了一篇在當時來說有些「叛逆」的文章，直接主張：與其將鄭成功視為南明抗清嫡系，倒不如將他視為明末海盜的流亞。[1]其實，這也不是這個年輕小子的創見，他只不過是將一些研究者已經在文章當中提到但未明白表述的內容彙整後，再正面地、挑明著寫出來而已。有一句俗語「少年仔，不驚槍（不懂事的年輕人，不知天高地厚，不懂得害怕）」，大概說的就是這種涉世未深，有些冒失的年輕人吧。但是，聽說南明史專家印第安那大學的司徒琳（Lynn Struve）教授，對那篇文章頗有印象，她還在一篇文章中說該文章的作者是個「勇敢的歷史家」。

其實，中國方面的史學界在討論「資本主義萌芽問題」時，就曾經對明中葉以後的「倭寇（絕大部分是中國東南沿海地區違犯禁令下海通商者）」，做出不同以往的評價。上個世紀八十年代，我在日本留學時讀到的戴裔煊教授《明代嘉隆間的倭寇與中國資本主義的萌芽》，令人印象深刻。[2]類似這種對於「倭寇」的不同評價，有助於我們承認鄭成功家族的「海盜成份」，尤其是鄭芝龍的「歷史地位」。雖然鄭芝龍在明末的海上活動，被正面地面對了，但是他最後選擇降清這件事，也使他背負著背叛者的罵名。於是在鄭芝龍與鄭成功之間，還是巧妙地存在著一條界線，也就是將鄭成功與鄭芝龍視為是不同的。其實，皇朝的官府對於像鄭芝龍這種在海上活動的人，既可以視之為「違法犯禁」的倭寇，也可以將之「招撫」成為封疆大員。而對鄭芝龍這種人來說，他也不一定非得與官府對立不可，彼此之間還是可以談判，可以合作的。這種既可以對抗又可以妥協合作的流動關係，不可能只存在於鄭芝龍與明清政府之間，也可以存在於鄭成功與明清政府之間。

我們不妨在意識到以上這些情況的前提之下，重新來看明清鼎革之際，鄭芝龍、鄭成功在閩南地區的歷史。

為了讓大家先有一個比較清晰的印象，我先讓大家看一張地圖。我選取的地圖範圍北起長江口的舟山群島，南到廣東省東部的揭陽，可以說明鄭成功當時的活動區域（圖13）。這張地圖中，我們看到中國東南沿海有非常複雜不規則的海岸線，而且在離開海岸線不遠處還有非常多的島嶼，這正好是適合海盜活動的海岸。如果我們再仔細看地圖上最靠近海岸邊的縣城名稱（地圖中以圓點表示），就會發現它們也就是頻繁出現在鄭成功相關史料中的地名。而且，我們從這張

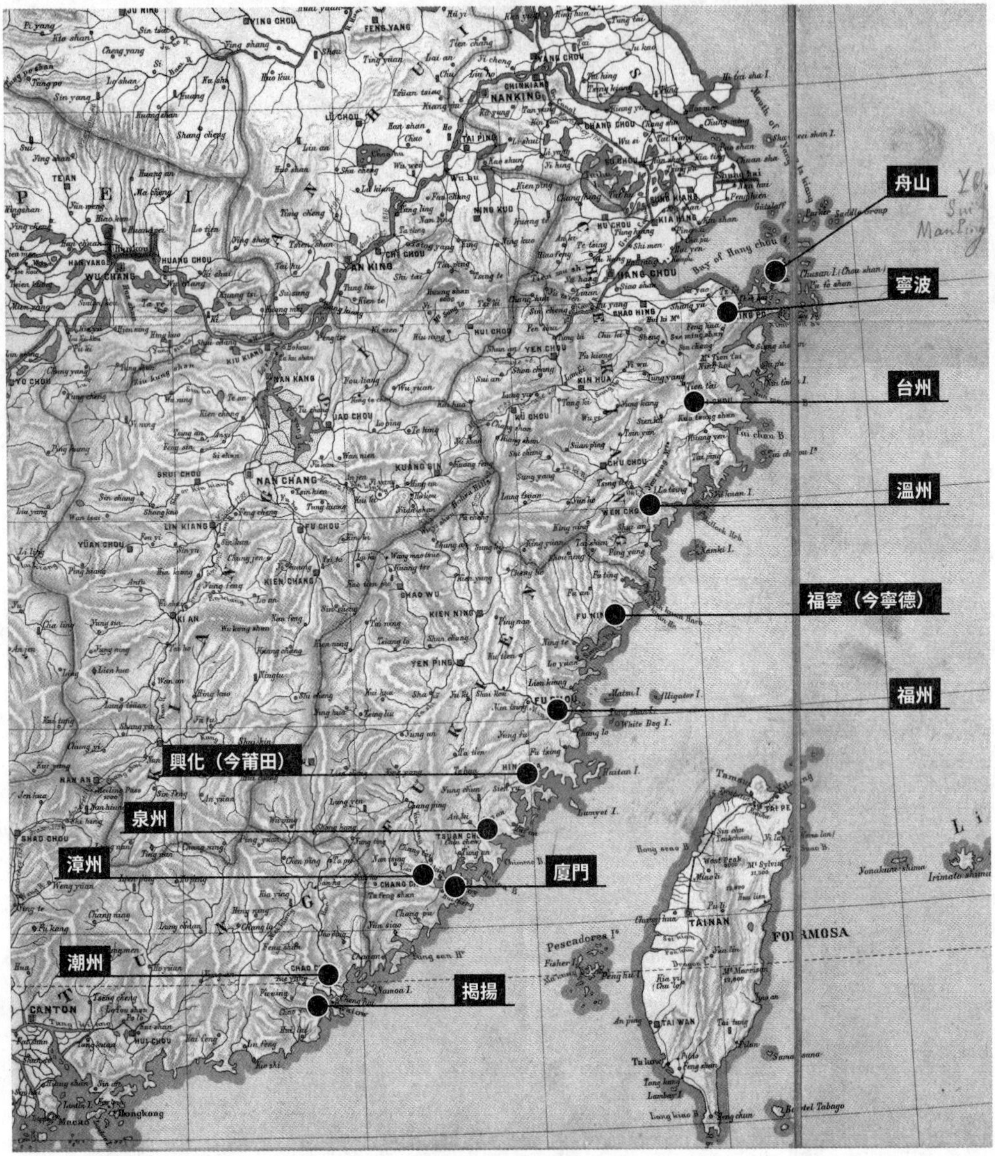

圖 13：鄭成功活動區域及沿海多山的情形。底圖：E. Bretschneider, *Map of China and the Surrounding Regions*, 1896，局部放大。美國國會圖書館公眾資源：https://lccn.loc.gov/2006458366.

地圖可以瞭解中國東南沿海的山地幾乎直逼海岸，在海岸線後方的平地很小，如果有一些平地，大概也就是這些縣城的所在地一帶了，其他很多地方幾乎一上岸就已經是山地了。我們可以這樣說：如果把這些沿海的縣城連成一條縱貫南北的線，這一條線就是鄭成功可以活動的最內側了，也就是說鄭成功的活動地區大致在這條線的東側。基本上，鄭成功是以海上的船隊為主力的海商／海盜集團，優點是具有機動性，行動敏捷，可以在海上來去自如，但是鄭成功集團的作戰能力雖然有利於在沿海地區進行搶掠式的攻擊，卻無法深入內地進行陸上作戰。這張地圖可以讓我們印象深刻地理解鄭成功集團的活動範圍，和這個集團的作戰能力之局限。

我們平常閱讀文字史料的時候，未必一一追究寫下來的地名可能傳達的意義。但是，如果我們積極地將這些地名定位於有效的地圖中，可能會對研究有很多啟發，讓我們能更深刻地解讀史料。如今很多歷史研究講究「田野工作」，其中一個目的就是希望將歷史放置在地理環境中來理解。如果不能一一到歷史的實際現場走一遭，至少將文字史料放回地圖中去理解，應該是值得一試的作業。也就是說，鄭成功研究的一項基礎作業應該是將文字資料放到有效的歷史地圖上。不過，若有意如此，便要有比較精細的十七世紀中國東南沿海地區的歷史地圖。

鄭成功研究的另一個脈絡，是傳統的南明史敘述。但是，大家都知道「南明史」是個關係政權正統性的歷史敘述，這其中牽涉當年明朝宗室、藩王在崇禎皇帝死後的爭相嗣立，和明末黨爭、流寇（農民軍），甚至軍閥之間複雜的對立、合作等合縱連橫關係。鄭成功的抗清，既然是南明抗清的一部分，那麼必然也要牽涉到南明諸王之間的對立（這種對立有時採取白熱化的形式，有時卻相當隱微）。另外，我們也必須考慮黨爭與流寇的因素，不應單獨看待鄭成功集團。

在此，我們必須先瞭解鄭成功研究的史料基礎。鄭成功研究所使用的史料，在清朝檔案不能使用之前（清朝檔案一直要到二十世紀二〇年代以後才有一部分被編輯、印刷、流通，可以比較全面地使用清朝檔案是二十世紀七〇年代，甚至是八〇年代以後的事），最重要的應該是江日昇《臺灣外記》。《臺灣外記》可說是鄭氏四代（鄭芝龍、鄭成功、鄭經、鄭克塽）的通史。另外，類似阮旻錫、楊英這種鄭氏故吏所寫的《海上見聞錄》、《從征實錄》也都成為重要的史料。但是，這些著作都是史事發生後幾十年才寫成的，其中的記載即使年代、時間都有不少錯誤。何況如同前述，南明抗清勢力有多個系統，彼此關係複雜，因此彼此的記載就會有立場上的歧異。例如，翁洲老民《海東逸史》、邵廷采《東南紀事》顯然是鄭家以外之系統的著作：翁洲老民《海東逸史》是以魯王一系之脈絡所著作的，邵廷采《東南紀事》的記載則是桂王的脈絡。也就是說，我們利用這些不同脈絡、不同立場，各有隱匿、各有褒貶的著作來重建鄭成功歷史的時候，不能平板地做史料的拼貼，而必須進行非常精細的史料梳理，將各擁其主的這些著作的所見與所不見，各有隱蔽、各有褒貶、各有揄揚、各有避重就輕分辨清楚。也就是說，南明史料的政治屬性特別嚴重、特別複雜，必須要下一番檢證工夫。

關於鄭成功史料的雜亂分歧，可以舉一個例子來說明。大家都知道鄭成功被桂王永曆封為「延平王」，但是到底受封年代為何，卻是個大問題。對此，朱希祖先生在八十年前曾經寫過一篇考證文章〈鄭延平王受明官爵考〉。[3]他檢視了三十一種史料，發現對於鄭成功受封的年代竟然有十一種版本。因此必須經過比對考證，才能將關於鄭成功一個這麼基本的重要問題之年代確定下來。如果連鄭成功受封為延平王的年代，這三十一種史料的記載都如此分歧，那麼我們如何能放心地將這三十一種史料的其他記載平板地彙整起來呢？這三十一種如今被大家徵引來重建鄭成功歷史的著作，光是在人名、地名、官名、時間的相互比對考證，就是非常大的工程。雖然晚近的研究者似乎不時興，也不大願意花大量的工夫去做這種細微的事實考證工作，但是鄭成功研究顯然必定需要這樣的作業。

現在我們研究鄭成功還有比較可靠的檔案可以使用。這些檔案，包括清朝檔案與荷蘭檔案。當然，這些檔案也必定存在著他們作為鄭成功對手的立場偏見，但是至少它們是當時候製作出來的檔案，在時間、地點、人名等方面的記載會比較精確，可以作為檢證上述這些著作性史料之正確性很重要的標準。

總之，鄭成功研究，在史料的考證作業，工程顯得比其他歷史研究要來得浩大。

接著，我就將我目前對於鄭成功在閩南的抗清活動作一個素描性的敘述。

鄭成功無法阻擋父親鄭芝龍降清，之後，他的處境並不是很好，史料上說：「時金門乃叔父定國公鴻逵所據，廈門為建國公鄭彩同弟定遠侯鄭聯所據；其上海壇、南日、南北二茭、舟山等島，則係魯王遣萬安侯周瑞、平彝侯周鶴芝、定西侯張名振、阮美等分守；其下諸島如銅山係南昌伯朱壽所踞，南澳係忠勇侯陳霸所踞。」因此鄭成功只能「飄遊於鼓浪嶼，或入海澄，或出鎮海衛，以觀其變」。[4]也就是說，他沒有什麼根據地，而且這些已經占有各地的勢力，以後都會是他必須處理的問題。這些人有一些是他的兄弟輩，有一些是他的伯叔輩。這些人的打算，也跟他不見得相同，鄭成功並無法直接繼承父親的所有勢力。

當初鄭芝龍擁立唐王，因此得以成為隆武朝的朝廷重臣。如今唐王隆武垮台了，鄭芝龍的兄弟們正想或許可以改而擁立魯王，仍然掌握朝政。但鄭成功並不願意擁護魯王。當然，鄭成功不願意擁護魯王的原因可以做很多種解釋。一種解釋是他特別感念唐王對他的賜姓之恩，對唐王特別忠心，而且唐王與魯王之間一直有心結。當初南京的福王被殺之後，唐王與魯王在互相不知情的情況下各自宣告繼承正統，唐王在福州登基，魯王也在浙江宣示監國，後來雖然雙方互派使臣致意，但是底下抬轎的並不相讓，於是兩批人馬各擁其主，形成兩個朝廷並立的態勢。如今，當初擁立唐王的鄭芝龍降清，唐王政權覆滅了，鄭芝龍的舊部想要改而擁立魯王，鄭成功卻不贊成，仍奉唐王年號。這可以視為唐王、魯王兩個抗清朝廷之間的矛盾延續，也可以說是鄭成功另有想法，想要擺脫鄭芝龍舊部，自創天地。不過，魯王畢竟是明朝的宗室，鄭成功如果要以明朝的名義做為號召，便不能不面對魯王的問題。後面我們還會提到鄭成功與魯王勢力之間的關係。

其實，終鄭成功的一生，他與明朝宗室的關係一直是很微妙的，值得深入研究。鄭芝龍降清之初，鄭成功的實力還沒有成氣候，但是魯王的勢力在浙東舟山到福建福州之間卻仍頗有一番氣象，鄭芝龍舊部也多有傾向魯王的，鄭成功既然不願意改而扶立魯王，納入於魯王朝廷之下，只能另創新局。一六四七－四八年間，雖然唐王政權已經崩潰，但魯王在閩東還能支撐出一個局面，而鄭成功卻沒有積極接納魯王，使他必須繼續高舉已經在一六四六年九月被殺的唐王名號來獲得號召天下的大義名份。據說他當時是「用招討將軍印，稱罪臣國姓成功勤王」。[5]一六四八年八月，鄭成功與在廣東肇慶即位的桂王永曆朝廷聯絡上了。據說，此時他的反應是「成功加額曰『吾有君矣！』遂設香案望南而拜，尊其朔號」。永曆登基，讓鄭成功可以遙奉正朔，解除了他沒有擁立魯王的困局。

在閩南一帶沒有足夠勢力基礎的鄭成功，起兵之初只好先南下招集兵士。據說他是到閩粵邊境的南澳島募集了他的第一批人手。研究潮州地區的陳春聲教授，一再主張鄭成功的軍隊應該不只有閩南人，也有不少潮汕人。的確沒錯，鄭成功在起兵之初，的確靠廣東潮汕地區得到糧餉、兵源。尤其是一六四八－四九年、一六五〇年間，鄭成功發動對於潮州地區的攻擊。此時的潮州地方，「不清不明（不屬於清朝也不屬於明朝），土豪擁據，自相殘併，糧課多不入官（糧食和稅金多半不交給政府）」。鄭成功有效地將這些黃崗（饒平）、南洋、澄海、海山、海陽、潮陽都納入其勢力範圍，並攻克了此地區的諸多堡寨，例如：黌澳、達濠寨、霞美寨、青林寨、和平寨、溪頭寨、獅頭寨、員山寨、棉湖寨。閩粵地區自從明中葉以來因為防禦倭寇的關係，出現不少具有自衛能力和囤積糧食的堡寨，這些堡寨平時就有相對的獨立性，更何況在明清鼎革之際政府控制力量一定比較小，因此出現「不明不清」、據地自立的情況。鄭成功以這些地區為徵餉、取糧的對象，不時發動攻擊，之後將引用《從征實錄》這份文獻中非常具體的描述，可見粵東幾乎就是鄭成功集團的後勤基地。

司徒琳教授說：「明清之間的長期鬥爭，與其說是兩方之間的直接交爭，不如說是雙方的一場競賽，看誰先制服第三方，或者先被第三方所擊敗。」[6]顯然，鄭成功是先制服了粵東一帶的這些第三方。從粵東在當時所起的作用來看，我們可以知道：必須將鄭成功研究上溯到明代中葉，不論是鄭芝龍集團的倭寇活動，或者是對付倭寇活動的明朝沿海防衛體系（衛、所），還是民間自保的堡寨，都必須納入視野當中。

一六四九－五〇年間鄭成功在粵東征討的收穫，使他的羽翼逐漸豐滿。一六五〇年八月他回師閩南時，便設計襲殺了占據著廈門的叔父定遠侯鄭聯，「併其軍」，即使建國公鄭彩也被迫「逃於南海，將佐多降」。[7]鄭成功正式進占了廈門。

一六五一年三月，鄭成功再度南下粵東取糧，但是清朝方面的福建巡撫張學聖、提督馬得功卻趁著此時廈門空虛，襲掠廈門（當時稱中左所）。此役，鄭成功自謂損失「黃金九十萬餘兩，珠寶數百鎰，米粟數十萬斛；其餘將士之財帛、百姓之錢穀，何可勝計」！但是，鄭成功卻正好以失守廈門的責任論處其叔父鄭芝莞，將之斬首，即使一向與鄭成功相善的叔父鄭鴻逵，也從此退隱避走白沙。這時候的鄭成功已經不再是當年列強環伺下必須飄遊於鼓浪嶼海面的鄭成功，而是金廈、閩南一帶最大的抗清勢力了。

一六五一年底，鄭成功在閩南小盈嶺、海澄等處取得多次重大勝利，並克復平和、漳浦、詔安、南靖，聲勢極高。翌（一六五二）年一月，海澄守將赫文興來降；二月，鄭軍與清軍大戰於江東橋，大敗清方福建巡撫陳錦，攻下長泰；四月，圍漳州達半年之久。

一六五一－五二年間可以說是鄭成功勢力的顛峰時期，而相對地，原來在浙江沿海還能穩住一定局面的魯王卻已經難以支撐了。鄭成功對正在走下坡的魯王勢力，則是或者加以收編，或者加以排擠。邵廷采《東南紀事》的一些記載透露了鄭成功與魯王之間的關係：[8]

一六五一年秋，清軍攻擊舟山，魯王逃至福建海域。鄭成功從廈門來見魯王，稱魯王為「主上」，自稱「罪臣」。魯王的隨從哭了，說「鄭成功降格對待魯王」。魯王處之泰然。鄭成功不遵奉魯王為君主，把他送到金門千戶所，按時提供銀米，定期致信。把魯王的兩員大將張名振和張煌言分別調派到巖頭和鷺門。

一六五三年正月，魯王在金門，自己去除了「監國」的年號。同年，鄭彩死於廈門。

一六五五年冬，定西侯張名振去世。當時鄭成功謀劃併吞各勢力，不積極攻打清朝，有意自己稱王，宗室藩王皆受屈辱。魯王忍飢受寒，出入沒有車馬隨從。舊部張煌言、徐孚遠都躲

得遠遠的，不敢來見。魯王寄居鄭氏之下，有如僕役。張名振遇害時，魯王聽到消息因而流淚，幾乎沒法吃也沒法睡。

對於魯王，鄭成功所採取的態度可以說是盡了基本禮數之後就將他「晾在一邊」了。鄭成功這種對待魯王的態度，也就是以後鄭經於臺灣對待寧靖王朱術桂的態度。邵廷采《西南紀事》「寧靖王朱術桂」條記載：永曆帝政權滅亡後，在海上的明朝諸王都投靠鄭氏。鄭經繼位後，據說在臺灣設置永曆帝的牌位，寧靖王在牌位左側侍立，事務上奏到牌位前，由寧靖王和諸臣參決。但鄭氏父子其實自己掌權。鄭成功末期下令採用劉備即位為漢中王的禮制，沒有遵奉朱氏的意思。寧靖王也老了，子女都早逝，於是到竹滬（今高雄路竹竹滬村一帶）耕田自食其力。鄭經不按照禮節接待供應，而且向他徵收田賦，寧靖王幾乎要挨餓受凍。[9]

相對於鄭成功對於身邊的魯王，或鄭經對於同樣在臺灣的寧靖王如此地冷淡，但是對於遠在天邊的桂王永曆，不論是鄭成功還是鄭經，卻一直是「遙奉正朔」。接著，我們不妨也來看看鄭成功與桂王永曆帝之間的關係。

鄭成功在起兵之初，不擁立魯王而仍打著唐王旗號的事，已見前文。一六四八年十月，鄭成功終於尊奉桂王的永曆年號，並接受桂王晉封為「威遠侯」。翌（一六四九）年七月，再晉爵為「漳國公」。朱希祖教授認為桂王之晉封鄭成功為「漳國公」是當時桂王方面連失江西、湖南，廣東告急，因此希望晉封鄭成功，使他能以福建之師共保廣東。一六五一年二月，清陷廣州，鄭成功曾經有「南下勤王」之舉，但因清軍襲擊廈門而中途回師。一六五三年七月，桂王麾下的李定國曾經致書邀請鄭成功會師廣州，但是鄭成功並沒有出兵。一六五四年七月，桂王再遣使者送來「延平王」印。朱希祖教授認為此時永曆皇帝之所以晉封鄭成功為王，也是因為希望鄭成功率師勤王，會合李定國出兵廣州。但是此時清朝方面已經派出使者前來廈門講和，因此鄭成功將永曆皇帝派來的使臣安頓在金門，避免與清朝方面的使者相遇，而且鄭成功也沒有接受永曆皇帝的封爵。翌（一六五五）年四月，鄭成功終於接受了永曆皇帝的「延平王」冊印，但行文所屬時仍稱「招討大將軍」，改中左所為思明州，設六官。整體來看，永曆皇帝總是在需要鄭成功勤王的時候，晉封鄭成功爵位。鄭成功則根據自己的情況，選擇性地接受永曆皇帝的晉封。司徒琳教授指出，對於鄭成功來說，在福建沿海一帶「遙奉正朔」而不真正接近南明朝廷，反而是可以避免捲入南明各政權內部傾軋的好辦法，這使得鄭成功可以專權獨斷：

> 一六五一至一六六一年，是南明的最後十年。在這十年中，正規明朝文官體制的最後痕跡幾乎全部消失；不論在物質上還是在政治意義上，永曆朝廷完全依賴下述軍事組織：在西南，是明季叛軍最強的殘部，現在由孫可望與李定國統率；在東南，是控制該地區壟斷海上貿易的半海盜組織，現在以鄭成功為首。……相比之下，東南沿海地區實際上並無明朝廷存在，反而更能團結一致，抗清更為有效。……永曆朝廷距離甚遠，皇帝與鄭氏的交通既緩慢又不頻繁。因此，鄭成功雖然在禮節上恪守臣職，忠於皇上，甚至謹小慎微，不「敢」接受冊封，而事實上他有充分自由作任何自己認為合適的事。他在自己的領地內其實是王。……他只有在偶而當永曆皇帝的號令與他自己在東南的計畫正好一致時，才起而應命。……在東南地區，雖在象徵意義上有明朝廷，但實際上並不存在。[10]

最後，應該探討鄭成功與清朝方面的和談。

一六五二年十月，順治皇帝下詔浙閩總督劉清泰招撫鄭成功。清朝方面開出來的條件是：（一）鄭成功可以不必前往北京，仍住福建，（二）清朝將授與鄭成功官爵，（三）鄭成功負責管理福建地方洋稅（關稅），協理海防。而且為了向鄭成功表示善意，還安排了一齣追究張學聖、馬得功未能「彰國威而布皇仁」卻反而「誤國釀亂」襲擊廈門罪責的戲碼。[11]

一六五三年正月，鄭芝龍派周繼武傳來清朝欲來議和的消息，鄭成功派李德回覆：「兒南下數年，已做方外之人。張學聖無故擅發大難之端，而不得不應。今騎虎難下，兵集難散。」[12]鄭成功透過回鄭芝龍的信給了清方一個軟釘子，同時對張學聖、馬得功襲擊廈門抱怨了一番。二月二十八日，順治皇帝以襲擊廈門造成鄭成功積怨為由，將張學聖、馬得功、黃澍、王應元免職。[13]五月，順治皇帝賜封鄭芝龍「同安侯」、鄭鴻逵「奉化伯」、鄭成功「海澄公」，並重申招撫條件。[14]

對於清朝方面的招撫攻勢，鄭成功的策略是一方面與清朝談判，一方面利用談判的間隙進行軍事行動。一六五三年三月，鄭成功派遣定西侯率水師攻入長江。[15]五月，勉力擊退清軍將領金礪來攻海澄，並在海澄築城固守。[16]六月，親率舟師南下，攻歐汀「逆寨」。[17]七月，在揭陽門闢「徵輸行糧」。[18]閏八月，「以和議故，分遣各勳鎮就漳泉派徵樂助兵餉。遣督餉都督黃愷追晉南地方餉二十萬」。九月，遣前提督黃廷就雲霄地方徵米五萬石，「時和議未就，徵派四出」。[19]十月，遣中權鎮黃興、前衝鎮萬禮等統領所轄部隊進入龍巖地方，徵餉貳十萬兩。十一月，遣前鋒鎮赫文興、北鎮陳六御、右衝鎮楊朝棟等率所轄部隊往惠安、仙遊等地徵餉三十萬。[20]幾乎每個月都有大規模的「徵餉」行動。一六五四年三月，鄭成功為了在福、興、泉、漳屬邑派助樂輸，甚至公然照會浙閩總督劉清泰：「以數十萬之眾，按甲待和，雖議可俟而腹絕不可以枵（協商可以等但肚子不能空），以濟兵糧可也。」[21]並且親自率領大軍，四處調查民情是否願意提供糧餉，來決定是否攻打。現在平潭島一帶的居民，當時每年都會攔截鄭氏集團的船隻。鄭成功發布文告警告對方，但居民不服，打出旗號防備。鄭成功出兵攻打，「逆民」被「剿殺」，鄭軍並且焚燒民房作為威嚇。[22]

但是，鄭成功真的不願意與清朝和談嗎？看起來似乎也未必。如果我們仔細分析鄭成功與清朝方面來來回回的談判內容，就會看到如果彼此的條件談得攏，鄭成功也未必就不接受清朝方面的招撫。當然，從鄭成功這方面來看，這應該不是被招撫，而是談成了和議。

鄭成功無疑是傳統臺灣史敘述中最被正面評價的幾個歷史人物之一。尤其，十九世紀末到二十世紀七〇年代，中國、臺灣的歷史學還被政治教條束縛住的年代，鄭成功人生事蹟中的「驅逐荷蘭人」、「反清復明」都被拿來與政治宣傳、政治目的連結、比附，因此更成了神話性的歷史人物了。一九七七年我大三時，因為已經真無法再忍受當時鄭成功相關之文章充斥著的教條解釋，因此在一篇學期報告中以簡單的史料寫了一篇「白目」的文章，故意強調鄭成功集團在閩粵沿海地帶搶掠的事蹟（這篇文章被美國的南明史專家說成作者是「勇敢的研究者」，其實應該說是「少年的不驚銃」的白目憤青吧！）。從此以後，雖然暫時離開鄭氏的研究，但一直希望有機會回過頭來真正面對鄭氏時期的研究。

二〇〇九年，成大文學院受金門縣政府之託，籌辦「閩南學術研討會」，我則因為剛從國立臺灣歷史博物館轉到成大任教，當時成大又正在討論發展閩南（包括臺灣）研究，因此我也受邀在研討會做了一場演講，這讓我重新回到十七世紀鄭成功的研究。但是我的演講只集中在鄭成功於閩粵沿海的活動。我在演講中，特別注意幾個「南明」抗清勢力雖然都算是明廷宗室，彼此之間卻有微妙的較量關係，同時指出鄭成功部隊有不少粵東人的事實。當然，最近的鄭成功研究，已經有學者如鄭維中利用荷蘭文史料進行新的研究，但是我認為即便是傳統已知的中文史料，也值得仔細地再拿出來斟酌解讀。

註釋

1 吳密察，〈鄭成功征臺之背景——鄭氏政權性格之考察〉《史繹》（臺大歷史系學生刊物）第十五期（一九七八），頁二四－四四。

2 戴裔煊，《明代嘉隆間的倭寇海盜與中國資本主義的萌芽》（北京：中國社會科學出版社，一九八二）。

3 朱希祖，〈鄭延平王受明官爵考〉《北京大學國學季刊》第三卷第一期（一九三二）。

4 江日昌，《臺灣外紀》，方豪編輯，臺灣文獻叢刊第六〇種（臺北：臺灣銀行經濟研究室，一九六〇），頁九七－九八。

5 江日昇，《臺灣外紀》（臺北：臺灣銀行經濟研究室，一九六〇），頁九七。

6 司徒琳著，李榮慶等譯，《南明史》（上海：上海書店出版社，二〇〇七），頁五七－五八。

7 前揭《臺灣外記》，頁一一三－一一五。鷺島道人（阮旻錫），《海上聞見錄》（臺北：臺灣銀行經濟研究室，一九五八），頁九。

8 原文為：

順治八年……秋……清將陳錦合軍攻舟山，……王先出奔閩海，……朱成功自廈門來謁，稱主上，自稱罪臣。從者泣曰：成功卑王矣。王處之泊如，成功故不奉王，送金門千戶所，月節進銀米，致箋。移名振屯巖頭，煌言屯鷺門。……

順治十年癸巳正月，魯王在金門，始自去監國號。……其年，鄭彩死於廈門。……

順治十二年……冬，……定西侯張名振薨。是時，成功以計力併諸鎮。緩於攻取，有自王意，宗藩皆受屈辱，王不免饑寒，出無輿導，至以名刺投謁。賓舊張煌言、徐孚遠避形疑，不敢入朝。王寄食鄭氏，如家人而已。至名振遇毒，王聞垂淚，幾廢寢膳。

邵廷采撰，周憲文編輯，《東南紀事》，臺灣文獻叢刊第九六種（臺北：臺灣銀行經濟研究室，一九六一），頁三一－三四。

9 邵廷采，《東南紀事》，頁二二－二三。

10 司徒琳著，李榮慶等譯，《南明史》，頁一三二、一四三。

11 《清世祖實錄》順治九年十一月十七日條，記都察院左都御史房可壯等參奏張學聖、馬得功等人。關於糾彈張學聖、馬得功等人的詳細檔案，可見：「王應元題為廈門等地得失情形事本」、「巴哈納等題為劣撫輕貪啟叛廈門等地失陷事」，分別收入《鄭成功滿文檔案史料選譯》（福州：福建大民出版社，一九八七），頁四－八、十三－二九。「為劣撫輕貪啟釁大壞封疆仰乞聖明立賜處分以急圖安攘事」，收入《明清臺灣檔案彙編》第一輯第二冊，頁四三一－四三九。

12 楊英，《從征實錄》（臺北：臺灣銀行經濟研究室，一九五八），頁三四。
13《清世祖實錄》順治十年二月二十八日條。
14《清世祖實錄》順治十年五月初十日條。
15 楊英，《從征實錄》，頁三五。
16 楊英，《從征實錄》，頁三六—三八。
17 楊英，《從征實錄》，頁四一。
18 楊英，《從征實錄》，頁四二。
19 楊英，《從征實錄》，頁四四。
20 楊英，《從征實錄》，頁四七。
21 楊英，《從征實錄》，頁五二。
22 楊英，《從征實錄》，頁五三。

臺灣史是什麼？

清代臺灣有良港嗎？清代安平的港口條件

第14章

對於清代安平之港口條件的考察，除利用中外文獻史料之外，還需要藉助地理學的幫忙。本文只先整理清代的中文文獻，說明時人對於港口和渡航情形的認識。

臺灣歷史上的「港口」

中文裡所謂的「港口」，可以有各種不同的意義。至少它含有「港」和「口」的意義。所謂「口」，就像「進出口貿易」所說的，應該就是管制人、貨通過的「關口」（port）。清朝政府規定福建與臺灣之間人、貨進出，必須經由指定的路徑窗口（「正口」），或是一八六〇年代清朝政府與西洋國家訂立條約，規定人、貨必須經由規定的路徑窗口（「條約港」、五「口」通商）進出，這些進出窗口都是「關口」（custom）。有很多面對西北方亞洲內陸地區的貿易管制窗口（例如恰克圖、古北口等），但是中華帝國東南地方因為面對海洋，因此其「關口」大都是海港，於是「港」、「口」並稱，而常使用「港口」一詞。日本因為是島國，因此其對外貿易、交流的窗口，也自然均稱為「港」，即使是透過空中的對外交通窗口，也稱為「空港」。

至於「港」是什麼，就更加複雜了。目前我們使用「基隆港」、「高雄港」、「東石港」這樣的詞彙時，所指涉的意義其實有各種可能。可能說的是一個機關（管理該港口之設施或業務的機關；港務機關，boat authority），可能說的是船隻的停泊處（harbor），可能說的是讓船隻上下人、貨的處所（dock），可能說的是海上船隻進入岸邊的水道（canal, watercourse）。甚至，說的是以上各種自然地理條件、人工設施和管理機構的綜合。而且為了發揮機能，港口在不同時代所需具備的地理條件、設施、管理機構也有所不同。

吾人將上述對於港口的一般性知識當成前提，來檢視臺灣歷史上的「港口」。

首先，讓我們引述道光二十七年（一八四七）來臺任鹿港同知的曹士桂，記錄自己「東渡」的經歷：

> 舟能載二、三千擔者，需由南頭番仔控港口而進。……未刻抵口，以潮退不能入，落中帆起半舵以俟，畏起南風也。逾時，潮來水漲，以小舟牽纜循道進，目睹湄中連檣，岸上廚煙，日西入矣。舟既泊，南風驟至，舟子嘖嘖稱賀。進而詢之，舟子謂：……似此順利迅速者，或數十次而一遇之，實不數數覯。舟子□□□□□□之順而速，而入口之早爭一刻也。蓋進岸十數里□□□，大舟不能達岸。……且沿海岸皆鐵線沙也，遇木深入，再觸沙數次輒壞，似水中石堤然。舟人插標以識，惟知港道者，循道而行，乃無窒。前（道光）二十一年間，英吉利一舟窺臺灣，不知港道，乘潮入，及潮退而擱淺，我師乘而殲之，夷人自是不敢窺臺，畏沙岸之港道也。口內可以停泊，口外不能下碇，故必入口乃無他虞；而入口又需候潮，蕩漾口外，慮起南風打回，故必落帆以俟。前年葉副將之彰化任，自九月至次年三月，放舟入洋，或甫進海而反，或中途而反，或將抵口而反，甚至舟已半入番挖口內，驟遇南風大暴，不及落帆，仍打回內地，凡放洋十四次乃濟。其他三反五反及盤旋二三日而幸濟者，比比皆是。[1]

這一段敘述將臺灣中部海岸的「港口」情況，描寫得非常深入。臺灣的港口，並沒有深水港道可以讓船隻駛進港口，必須等待漲潮之際循著特定的較深水道靠近陸地；沿海海灘的沙地，不但容易造成船隻擱淺，而且也很容易破壞船隻的底艙；海邊也沒有可以避風的停泊地。因此，臺灣的港口，反而是可以用來阻絕西洋船隻入侵的「天險」。這段文字雖然具體描述的是臺灣西海岸的中部港口（番挖港，今彰化芳苑），但安平港口的情形似乎也相差不遠。

安平：作為「天險」的「臺灣門戶」

安平，透過荷蘭或鄭氏時代臺灣史的著作，一直讓人有興盛繁茂的印象，[2]因此也或許會自然讓人以為它是一個良港。當然，每一個時代之所謂「良港」，有其不同之標準。例如，使用該港口的船隻型態、港口設施、港口管理等都將決定港口的良窳。因此，吾人先不論安平港口的良好與否，而只先看使用這個港口的旅客如何描寫這個港口。清初來臺的郁永河為我們留下了他初進臺灣的紀錄：

> 迎岸皆淺沙，沙間多漁舍，時有小艇往來不絕。望鹿耳門，是兩岸沙角環合處；門廣里許，視之無甚奇險，門內轉大。有鎮道海防盤詰出入，舟人下碇候驗。久之，風大作，鼓浪如潮，蓋自渡洋以來所未見。……既驗，又迂迴二三十里，至安平城下，復橫渡至赤崁城，日已晡矣。蓋鹿耳門內浩瀚之勢，不異大海；其下實皆淺沙，若深水可行舟處，不過一線，而又左右盤曲，非素熟水道者，不敢輕入，所以稱險。不然，既入鹿耳，斜指東北，不過十里已達赤崁，何必迂迴乃爾？會風惡，仍留宿舟中。買小舟登岸，近岸水益淺，小舟復不進，易牛車，從淺水中牽挽達岸。……嘗聞海舶已抵鹿耳門，為東風所逆，不得入，而門外鐵板沙又不可泊，勢必仍返澎湖；若遇月黑，莫辨澎湖島澳，又不得不重回廈門，以待天明者，往往有之矣。[3]

郁永河還為鹿耳門、安平一帶的地理情況撰作了兩首竹枝詞：

鐵板沙連到七鯤，鯤身激浪海天昏；
任教巨舶難輕犯，天險生成鹿耳門。
（安平城旁，自一鯤身至七鯤身，皆沙崗也。鐵板沙性重，得水則堅如石，舟泊沙上，風浪掀擲，舟底立碎矣。牛車千百，日行水中，曾無軌跡，其堅可知。）
雪浪排空小艇橫，紅毛城勢獨崢嶸；
渡頭更上牛車坐，日暮還過赤崁城。
（渡船皆小艇也。紅毛城即今安平城，渡船往來絡繹，皆在安平、赤崁二城之間。沙堅水淺，雖小艇不能達岸，必藉牛車挽之。赤崁城在郡治海岸，與安平城對峙。）[4]

從郁永河的經驗和他的記載來看，安平港的情況與上述的番挖港大致相同，都不是船隻容易進入、停泊的港口。

安平由清朝政府指定，是往來福建廈門

圖 14-1：臺南附近沿海以牛車來往淺灘地區的情形。佚名，〈Forts Zeelandia and Provintia and the City of Tainan〉（臺南地區荷蘭城堡）。推測 1797 之後，1909 之前，局部放大。大都會藝術博物館公眾資源，編號 09.3.

與臺灣的正式港口（正口），因此是臺灣海峽兩岸之間人貨往來最為重要的門戶。但是，從清代的方志或官員著作來看，這個臺灣門戶被特別強調的卻是其「不可通過性」。

臺灣甫入清版圖之後就成書的蔣毓英《臺灣府志》（一六八六）是如此記載這個臺灣門戶的：

海翁堀線。在府治西北海洋中，浮有沙線一條，線南有一港，港口內一大澳甚深，名為「海翁堀」。凡過洋之船，皆泊此候潮或避颱。

鹿耳門。在臺灣港口。形如鹿耳，鎮鎖水口，其港又甚隘，下有隱石，行船者皆以浮木植標誌之。

北線尾。在鹿耳門南，與鹿耳門接壤，其南即安平鎮也。離安平鎮不及里許，中一港，名大港，紅毛時甚深，夾板船從此出入，今淺。[5]

另外，蔣毓英《臺灣府志》卷十專設「扼塞」（軍事要地）一節，對於安平一帶之描述也是強調其遮蔽的效果：

澎湖一島，乃臺郡之門戶。門戶固守，則堂奧清寧，是所謂扼塞之大者，若澎湖若也。當大洋之衢，而扼其吭者，鹿耳門是已。鹿耳門之上有大線頭，線南有澳曰海翁堀，可泊船隻，港口甚隘。大線頭設防，則寸板不得到鹿耳，守鹿耳，當先守大線也。拊一郡之背而挈其領者，安平鎮是已。[6]

這種強調府城西面海口門戶難以通過的敘述，一直是清代方志記載的特色。高拱乾、周元文持續纂修的《臺灣府志》（一七一〇年代）和王禮《臺灣縣志》（一七二〇）也都有類似的記載：

臺灣縣，木岡山聳峙雲霄，赤嵌城危臨海渚；日暮孽霞，極蜃樓海市之鉅觀。外有澎湖三十六嶼，星羅碁布；內有鹿耳門，海天波濤，紆迴曲折，險要固塞之地，莫或最焉。[7]

縣治西至於海，曰鹿耳門（在臺灣港口。形如鹿耳，分列兩旁；中有港門，鎮鎖水口。凡來灣之舟，皆從此入，泊舟港內。其港門甚隘，又有沙線；行舟者皆以浮木植標誌之）、曰北線尾（在鹿耳門南，與鹿耳門接壤。其南，即安平鎮也。離安平鎮未上里許，中有一港，名大港，紅毛時甚深，夾板船從此出入。今淺）。[8]

安平鎮港。潮汐從鹿耳門北至洲仔尾，受新港溪流；南至瀨口，受鳳山之岡山溪流。港內寬衍，可泊千艘。[9]

安平鎮渡。自安平鎮至大井頭相去十里，風順，則時刻可到；風逆，則半日難登。大井頭水淺，用牛車載人下船；鎮之澳頭淺處，則易小舟登岸。[10]

鹿耳門者，又臺之咽喉也。港口甚窄，外則北有大線頭、海翁窟、淡水線及南北崑身線，又南有七崑身線、中港線。其間浮線、暗線，內外難以悉數；而且隨流變遷，不可測識。[11]

而論其要，則莫若彭湖一島，……。其次，莫如鹿耳門。港道窄狹，僅容一舟。外則有鐵板沙線，隱伏於南北波濤之中，舟觸之，無不立碎，實為臺灣之咽喉。近又設砲臺於阨要之地，水道既險，守禦有備，雖舳艫千里，何所用之？[12]

從上引的這些記載，可以看出康熙年間安平港的情況與上節所引的道光年間中部番挖港大致類似，同樣是個難以停泊的港口。

雍正年間在臺灣任官的尹士俍（雍正十一年（一七三五）任臺灣知府；雍正十三年，任臺灣道），在其著作《臺灣志略》中，也對安平、鹿耳門的港道有所描寫：

鹿耳門亦屬臺邑，去郡治三十里，右為加老灣，左為北線，狀似鹿耳，鐵板沙潛伏水底，最為險惡。土人插竹繫纓布為招。（鹿耳門浮面水闊而淺，就中港口深九尺，潮至深一丈三尺，不能並行二舟。有蕩纓戶小船，以竹簍盛碎石數百斤，豎竹於中，下穿橫木於竹腳，使不歪斜。將石簍沈於港口之旁，竹上繫纓布，使遙望可見，以作記認。遇風浪，招損，仍另立），海航往來，必由招中；否則，沙沖舟滯，立為浪碎，乃天設以為臺郡門戶。自鹿耳門抵郡治崁下，內澳寬廣，可泊數千艘，有舸艦迷津之盛。[13]距鹿耳門二十里許，北有沙線一道，多漁舍，名曰「隙仔」，有小艇往來不絕。鹿耳門乃兩岸沙腳環合處，插竹為招，沿招以進。[14]

乾隆、嘉慶年間的方志，對於安平、鹿耳門一帶的描寫，也與康熙年間的情況沒有太大的差異。乾隆十七年（一七五二）王必昌纂修的《重修臺灣縣志》的記載是：

臺江：在縣治西門外，汪洋浩瀚，可泊千艘，南至七鯤身，北至諸羅之蕭壟、茅港尾，內受各山溪之水，外連大海。
鹿耳門港：在臺江西北。水底沙線若鐵板，縱橫布列，舟誤犯之，則立碎。港路窄狹，僅容兩艘。其淺處若戶限，然潮長時，水可丈四、五尺，潮退不能一丈，進港須懸後舵，以防抵觸。其紆折處，必探視深淺，盤辟而行。最險者曰南北二礁，插竹立標，南白北黑，名為盪纓。原設五桿，比歲沙線消長變易，乾隆十三年添設為十三桿，以便出入趨避。每風日晴和，眾舟魚貫而進，雲帆連綴，邑治望之，如秋雁之排遠空。[15]

對鹿耳門這種水道難行，必須插標嚮導的情形，《重修臺灣縣志》還引用了巡臺御史張湄的一首詩來對照：「鐵板交橫鹿耳排，路穿沙線幾迂迴。浪花堆裡雙纓在，更遣漁舟嚮導來。」[16] 張湄這首詩，應該是在描寫乾隆六年（一七四一）他以巡臺御史身分來臺時登岸的景象。至於安平附近地方，《重修臺灣縣志》的描寫則是：

加老灣港：在鹿耳門北，有沙線一條，頗彎曲，但不堪泊巨舟，其西南即大洋（紗線亦作沙汕）。
隙仔港：在鹿耳門外之北。甚淺狹，巨舟不得入。沙線綿延，直抵北路，數百里出沒隱見，名海翁汕港口。大澳曰海翁窟，亦名月眉灣，可泊百艘。宜北風，不宜南風。
安平鎮大港：在臺江西南，鎮城之西。紅毛時，巨舟悉從此入泊於臺江。自鄭成功由鹿耳門入臺後，遂淤淺。今惟往來南路貿易之船經此，巨舟不得入矣。
鹿耳門嶼：距縣治西北二十五里。內為臺江，外為大海，水中浮沙突起。右有加老灣，左為北線尾。形似鹿耳，鎖鑰全臺。

> 北線尾嶼：在鹿耳門之南，壤接鹿耳門。其西南有四草嶼，東南即安平鎮大港。[17]

嘉慶十二年（一八〇七）謝金鑾、鄭兼才纂修的《續修臺灣縣志》的記載，也大致類似：

> 七鯤身嶼：在邑西南海中，脈自東南而來，西轉下海，聯結七嶼，相距各里許，接續不斷，勢若貫珠，自南

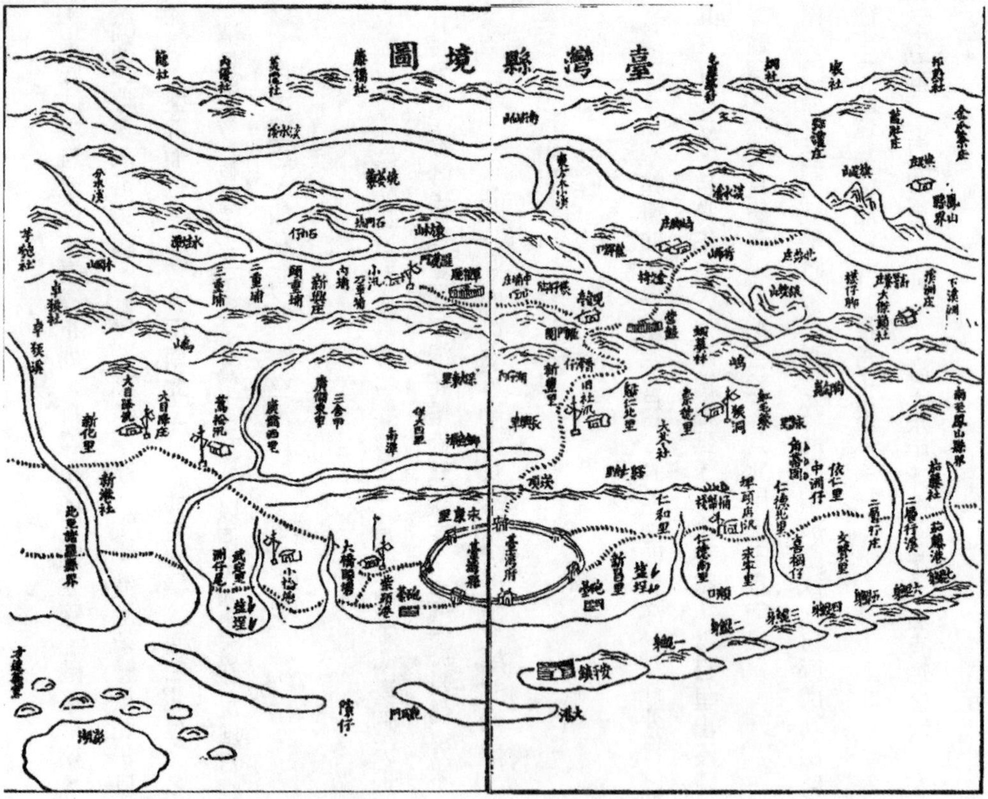

圖 14-2：《重修臺灣縣志》〈臺灣縣境圖〉，1752 年。可見「隙仔」、「鹿耳門」和「大港」位置。

以北，而終於安平鎮，與南北汕參差斜對，為邑之關鎖。地皆沙土，風濤鼓盪，不崩不蝕，多產秫茶、桄榔，望之鬱然蒼翠，泉尤甘美。一鯤身地最廣，即安平鎮紅毛舊城在焉。今水師營駐於此，有居民街市。二鯤身至七鯤身，居者多漁戶。每斜陽曬網，苓箵家家，煙月蒼茫，漁燈明滅，佳景如披圖畫。

鹿耳門嶼：在邑西北三十里大海中，浮沙橫亙，形如鹿耳，尾迤南為四草嶼，首枕北為鹿耳門。鹿耳門之北有嶼，曰北線尾，亦沙嶼橫亙，與鹿耳門南北遙接。中隔大港曰隙仔港，港之中有石礁在水底。北線尾既稱北汕，鹿耳門亦稱南汕，隙仔港中石礁，所以暗接南北二汕，故港雖大而水淺徑狹，舟必插標以行，觸礁則船立碎。北線尾之北有沙汕曰加老灣汕，稍小於北汕，而不堪泊舟；又其北曰海翁汕，則自北路而來，迢迢百餘里，在縣境之外矣。

臺江：在邑治西門外。汪洋淨濱，可泊千艘。南至七鯤身，北至諸羅之蕭壟、茅港尾，內受各山溪之水，外吞大海。

鹿耳門港：亦名隙仔港（舊志另作隙仔港，誤），在南北二汕之間，水底皆沙，縱橫布列，舟不可犯，就其稍深處見港出入。港路窄狹，僅容兩艘。潮長時水可丈四五尺，潮退時不能一丈，舟懸後舵而進。其紆折處，必探視深淺，盤辟而行，而沙水相盪，深淺又時變易，必插竹標以識，南白北黑，名曰盪纓（初設五桿，後增設十三桿）。初近北汕以入為舊港：今近南汕而入為新港。

安平鎮大港：在臺江西南，赤嵌城之西。紅毛時，巨舟悉從此入泊於臺江。自鄭成功由鹿耳門入臺後，遂淤淺。今惟南路貿易之船經此，巨舟不得入矣。[18]

也就是說，臺灣府城西方海邊的沙汕一直是進入的阻礙，即使沙汕之間有缺口，得以成為進入內港的水道，但是這些水道甚淺，船隻必須有導引標誌和熟悉水道的水手操舟，小心謹慎的利用風向與潮水之助，才能順著水道進入內海停泊。怪不得，十七世紀鄭成功來臺之前，必須有熟悉臺灣情況的何斌「獻圖」才敢進軍臺灣，來到臺灣之後還必須靠「潮水之助」，才能通過這個號稱「天險」的臺灣「門戶」。

清朝官府為了扼守這個進入臺灣的水道，部署了臺灣島上最密集的水師，即「本朝定制：臺協水師副將駐守安平，以防大港；而鹿耳門口，以水師中、右兩營遊擊，輪巡防守」。[19]如果在封鎖港道的南北沙汕上設置砲臺（康熙年間，據說的確設有砲臺），[20]那麼這個臺灣門戶真是難於飛渡了，有人以「磐石之安，金湯之固，不是過也」來形容這個臺灣門戶。[21]

不過，這個「天險」還是曾經被突破。嘉慶九年（一八〇四），蔡牽就曾在此擊潰清軍，並深入內海駐泊於洲仔尾。關於這次失守，清朝官方的報告是這麼說的：

（四月）二十八日，大雨如注，至酉戌之際雨勢更猛。……本日未刻有蔡牽匪船四五十號突至口外。……。查郡城至鹿耳門計有水程三十餘里。……行至半途，……差報：口外北汕砲臺已經失事，匪船現在欲撲南汕。……隨即趕到南汕守護正口。旋有匪船撲近，當督弁兵放砲擊退。……次早有……稟稱：「二十八日大風驟雨，匪船突行竄至。……弁兵放砲攻擊，打沈盜船二隻，淹斃賊匪無數，海潮泛漲，匪船成潮順風齊攏北汕，擁上砲臺，官兵因火繩、火藥均被雨水濕透，鎗砲不能施放，各用刀矛奮勇擊殺，傷斃賊匪數十名。寡不敵眾，游擊……均被戕害，弁兵亦多傷亡。該千總等受傷落海，鳧水倚岸得生」等語。[22]

因大雨滂沱，海潮陡漲，漫溢沙汕，且西風猛烈。該匪乘大雨如注，鎗砲不能施放之際，盡下杉板船，趁風進港。[23]

看起來，蔡牽得以突破這個號稱天險的關口，是因為受到大風雨與大潮水的幫助，而且清軍的火藥、火砲都因為被雨淋濕，無法發揮作用所致。但是其實臺灣內部的官員也都知道，除了自然天候的關係之外，最重要的還是

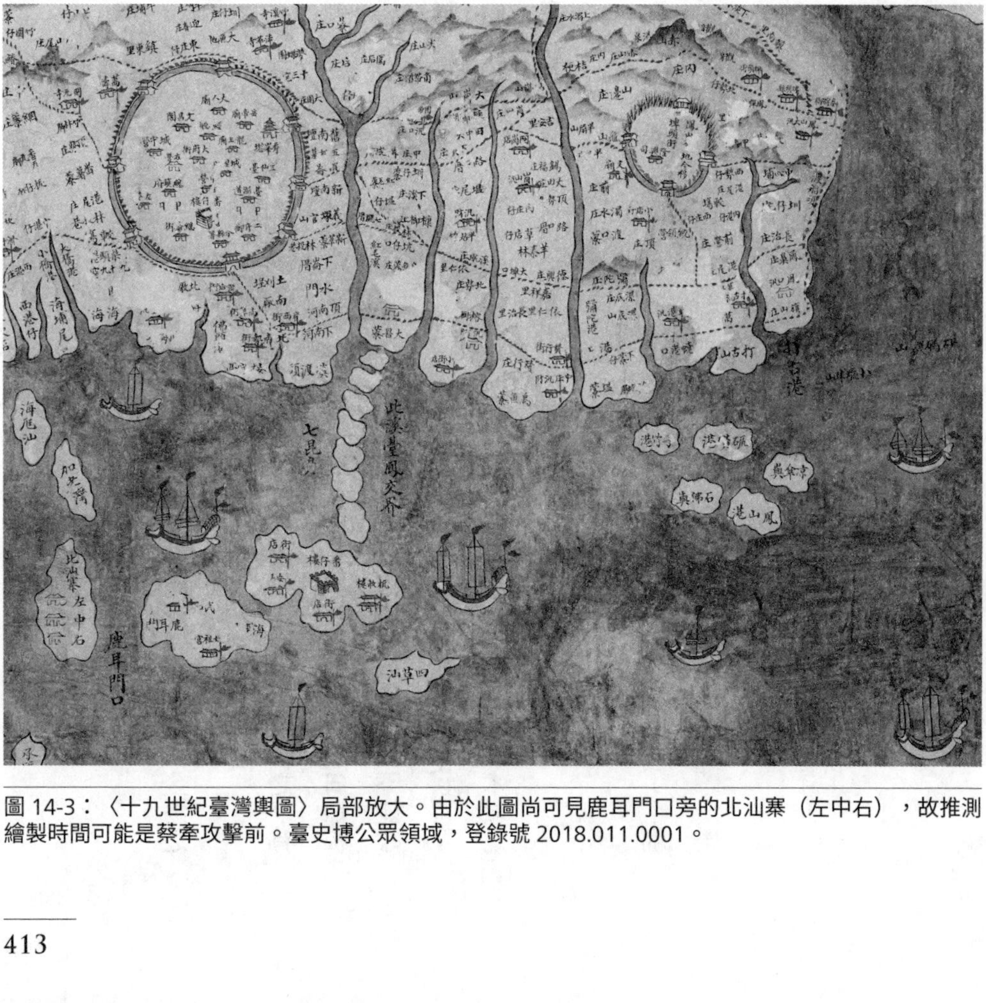

圖 14-3：〈十九世紀臺灣輿圖〉局部放大。由於此圖尚可見鹿耳門口旁的北汕寨（左中右），故推測繪製時間可能是蔡牽攻擊前。臺史博公眾領域，登錄號 2018.011.0001。

有當地熟悉水道的人為之內應引導。對此，當時在臺任官的翟灝有很深刻的分析：

山川之形勢，人事之規畫，有極安而極危、似密而實疏者，臺灣是已。夫臺灣一郡、四縣，負山面水，外有口岸之險，內有甲兵之設，說者謂「磐石之安，金湯之固，不是過也」。余曰：「不然」。夫水以載舟，水到之處，即舟到之處。水有淺深，舟有大小，不能限也。或曰：「水之下有暗礁焉（石藏水底，鋒利無比，名曰暗礁），有鐵板沙焉（沙色如墨，性堅如鐵，名曰鐵板沙），無論艨艟快艇，觸之即碎而無復存者」。然此說也，可以嚇商賈之所未經，而不能難土人之所習慣。沿海居民，捕魚為業，當風浪怒湧之時，而談笑自若。何者？習熟之使然也。若淺若深，瞭如指掌；而何有於沙石？故洋匪之出入，必藉土人以引之。蔡逆之來，木城之失，其明徵歟（過巡道置木城三座於鹿耳門，蔡牽入而焚之）！[24]

另外，值得注意的是，閩浙總督玉德等人在向皇帝奏報蔡牽滋擾的奏章當中，附上了一幅嘉慶時期籌議在南北沙汕建築木寨的繪圖。這是目前可知的清代中文文獻中，對於鹿耳門一帶描繪得最詳細的一張圖，彌足珍貴。

這張圖上不但可以明顯看出南汕、北汕、安平、府城的相對位置，而且也可以看出南汕、北汕上的營寨配置和船隻得以進港的水道。

圖上還有一些文字註記，分別是：

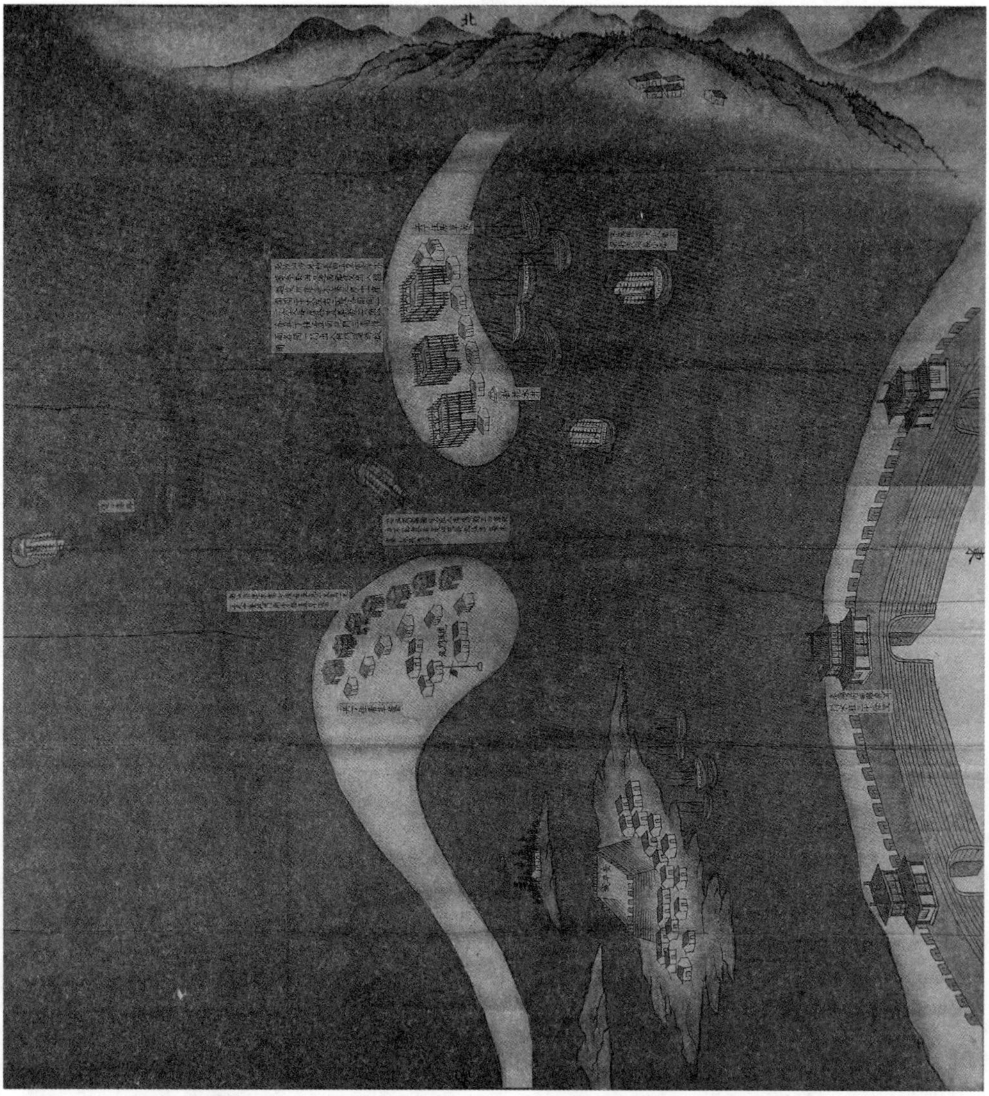

圖 14-4：1804 年臺灣府鹿耳門海圖。此圖原以西方為上，引用時調整為目前一般的習慣，以北方為上。

✧ 北沙汕沙地約長四，寬窄不等。今於海口迎面船隻出入經過處所，建造木寨三座，中一座周圍二十丈，左右二座各周圍一十六丈，每座搭蓋草寮六間，以資兵丁棲止。正面砲門，後面各開一門出入，柵門隨時啟閉。

✧ 南汕添建木寨七座，每座寬二丈、高一丈五尺，中安砲門，兩旁搭蓋草寮。

✧ 南汕頭離船隻出入港道約三四里，砲力不能發著，是以現於北汕建築木寨設兵防守。

道光年間之後的變化

從安平、鹿耳門一帶的地理情況可以想見水道、沙洲並不穩定，而是有所變化的，因此文獻中經常會出現類似「大港，紅毛時甚深，夾板船從此出入，今淺」（蔣毓英《臺灣府志》）、「初近北汕以入，為舊港；今近南汕而入，為新港」（謝金鑾《續修臺灣縣志》）的記載。

但從中文史料的記載來看，這一帶的地理變遷，最大的變化應該發生在道光初年。姚瑩（嘉慶二十四年至道光元年（一八一九－一八二一）任臺灣縣知縣。道光元年（一八二一）任噶瑪蘭廳通判。道光十八－二十三年（一八三八－四三）任臺灣道）為我們留下了這次臺南地區地理大變遷的一些線索。姚瑩在其《東槎紀略》中謂「道光三年七月，臺灣大風雨，鹿耳門內海沙驟長，變為陸地」，[25]但是更詳細的資訊應該是姚瑩這篇文章所引述的，總兵觀喜、署道方傳穟、署府鄧傳安的一篇建言裡的一段文字：

今則海道變遷，鹿耳門內形勢大異。上年七月風雨，海沙驟長。當時但覺軍工廠一帶沙淤，廠中戰艦不能出入；乃十月以後，北自嘉義之曾文、南至郡城之小北門外四十餘里，東自洲仔尾海岸、西至鹿耳門內十五、六里，瀰漫浩瀚之區，忽已水涸沙高，變為陸埔，漸有民人搭蓋草寮，居然魚市。自埔上西望鹿耳門，不過咫尺。北線內深水二、三里，即係淺水，至埔約五、六里。現際春水潮大，水裁尺許，秋冬之後，可以撩衣而涉。自安平東望埔上魚市，如隔一溝。昔時郡內三郊商貨，皆用小船由內海駁運至鹿耳門，今則轉由安平大港外始能出入。[26]

這次臺南地區的地理變遷，的確使「臺灣門戶」出現了極大的變化。道光二十年（一八四〇）鴉片戰爭的煙硝也蔓延到臺灣沿海，當時的臺灣兵備道姚瑩積極在沿海各港口籌防，因此為我們留下來一些沿海的記載。首先，姚瑩在〈臺灣十七口設防圖說狀〉中，[27]從海口防禦的觀點全面地分析了全臺沿海守禦形勢及他的盤算。如今這份史料可以說是用來瞭解當時臺灣沿海口岸的最好資料。以下只將安平一帶的描寫摘引如下：

安平大港口。臺灣府西城外即係內海，外有南北沙汕二道，橫亙百餘里，攔截大洋，為郡城外護。安平即南汕之首也，與府城相望，居民約千餘家。……此汕迤南，連接七鯤身，至鳳山之打鼓港而止。

安平舊有紅毛城，已傾圮。其下正臨大港，水深不過一丈。港外稍西即四草，商貨入口仍易。小船、南北兩路六、七百石貨船，亦由大港出入。即北去二十里之郭賽港，近雖可泊商艘，若至郡城，亦必易小船，由安平內港而行。故安平一協，東障府城，西扼四草，北阻郭賽，南控七鯤身，實為最要重地。

四草海口。四草與安平斜隔大港，即北汕之首也。其外水勢寬深，臺灣大商船自內地來，皆停泊於此。俗名四草湖。遙望安平，約十里。……

鹿耳門。鹿耳門距四草不及五里，在昔號稱天險，自道光二年淤塞，今口已廢，水深不過數口，小船亦難出入。……

郭賽港。在鹿耳門北十里，為臺、嘉二縣交界之所，本即北汕，為水衝成港。口門頗深，近年大商艘多收泊於此。水底沈汕蜿蜒，非熟習水道者，不能輕入。港內有新長沙埔一片，文武汛館在此稽查商船。四面背水，兵勇不能駐守，然商船亦不能進至安平。

二鯤身。在安平迤南三里，本即南汕，與三鯤身毘連，近年水衝成港，水淺小舟可以登岸。[28]

姚瑩的文字一方面讓我們可以瞭解當時的海口情況，而這當中有一個「新興」港口的出現，則是值得注意的，那就是「口門頗深，近年大商艘多收泊於此」的郭賽港（國賽港）。關於郭賽港，我們還可以在當時的史料中找到一些線索：

郡城全臺根本，鹿耳門雖已淤淺，商船不入，而安平大港外之四草洋及鹿耳門北去二十里之國賽港，均為邇來商船停泊之所。大港迤南之三鯤身，亦可小船出入。皆郡城門戶。全賴安平一協，西障四草，北阻國賽港，南控三鯤身，實乃第一扼要。[29]

郡地鹿耳門已經淤廢，水深不過數尺。鹿耳門迤南安平大港及南路鳳山縣屬之東港，水深一丈一、二尺。鹿耳門迤北臺嘉交界之國賽港，水深二丈一、二尺。[30]

廈門商船，夏至國賽港、冬至四草湖，以為出糶。[31]

經過道光年間的滄海桑田之變和姚瑩的「塞港禦敵」，到了同治初年（一八六〇－一七〇）的《臺灣府輿圖纂要》，其中的記載則鮮見可資船隻停泊的港口了：

七鯤身嶼：由東南連貫而來，西轉入海；環抱臺江。一鯤身地廣，安平鎮水師駐此；為扼要地。

鹿耳門嶼：在縣治西北三十里大海中，浮沙橫亙，形如鹿耳。北為北汕尾；亦沙嶼橫亙，與鹿耳門南北遙接。中一港頗寬，而港道紆迴，須小舟以導；隙口插竹為標，記明深淺。從前正口由此，今時潮漲水二、三尺。

四草嶼：在鹿耳門嶼之末，迤南與安平對峙，出安平大港，即四草湖；冬、春可以繫舟。南為公界仔，洋船泊此通商。……

安平大港：距縣治西一十里。港以內為臺江；匯聚各山溪之水，皆極宏深。今臺江變成陸地，港亦淤淺；小潮水深五、六尺，大潮水深八、九尺。……

七鯤身：距縣西南十里。自岸浮海七嶼聯絡，距里許。風濤盪，不崩不蝕。一鯤身地最廣，即安平鎮紅毛城址存焉；臺協水師駐此。……為全臺海口第一要區。

鹿耳門（舊港淤淺）：距縣西水程二十里。舊為臺灣正口。今則淤淺，潮漲時水深僅二、三尺，容竹筏往來而已。

北汕尾：距縣西北一十里。北為鹿耳門，南為隙仔港。紅毛時，巨艇任出入；今則淺淤，不容小舟。

海翁汕：距縣西北十二里。土名隙仔口，又名海翁窟。在昔洋船泊此候風；今則淤淺與岸相連，幾失其處。

臺江（已成陸地）：在縣大西門郭外。在昔各山溪之水澳聚於北，汪洋淨蓄，可泊千艘。尋因道光間防夷，填塞海口。不數年，由安平鎮漸次沙漲，直連大西門郭外；「志」所謂「安平晚渡」者，今成坦途；唯距城一里有咾咕石港一條，可通運載。遇海漲颶風，往往為沙土所塞；商人時濬通之，故此港久而不廢。

隙仔港：距縣西北水程三十五里。在鹿耳門外迤北。唯北風時，可以泊舟。

安平鎮大港：舊志距縣西十五里；今移入僅十里。在昔港口深時，紅毛夷船隻皆從此港入。自偽鄭由鹿耳門入臺後，此港遂淺淤，僅容小船出入。近年略深，逢小潮深五、六尺，大潮深七、八尺；舟載數百石者，漸可入矣。……

喜樹港：距縣西南一十里，二層行溪之下流也。淺淤，唯竹筏可行。

渡頭：本在西門外海口，距安平鎮水程七里。自道光二十二年海漲暴作，湧為沙洲。今則一片坦途，直達安平。

石渡：在西門外一里。自臺江淤填成陸後，僅餘一溝以通運載。溪流漲發，往往填塞；商人時濬通之。

至若鹿耳、鯤身港道漸淤淺，唯安平一口舟楫可通；故昔人籌防為倍密。又有四草湖者，地近外洋；冬、春間風濤較順，他港尚可通舟。如安平迫交秋、夏，南風與港道相違，加以北汕南潮多所沖觸，舟行於此蓋無幾矣。[32]

但這時已經就是清朝開放安平作為條約港，讓西洋人來貿易的時代了。也就是說，西洋人來到安平條約港時，其景況大致就是如此了。[33]

這篇文章是在說明歷史時期，或是對真實的生活者而言，所謂的「港」，到底是什麼？我的青少年時期，成長於臺灣西南平原地帶的海邊，對於日常中的「港」自然地有所瞭解。但它卻與我們目前一談到「港」，腦中就浮現「基隆港」、「高雄港」的情況，相差甚遠。有時候，所謂的「港」就只是「一條極淺的水道」。而且，從歷史時期來看，臺灣也沒有「良港」。這篇文章是應國立臺灣歷史博物館「古城、新都、神仙府：台南府城歷史」特展之邀寫的，收錄在《古城、新都、神仙府：臺南府城歷史特展》（國立臺灣歷史博物館，二〇一一）。

註釋

1　雲南省文物普查辦公室編，《曹士桂宦海日記校注》（昆明：雲南人民出版社，一九八八），頁一六〇－一六一。

2　清初《臺灣府志》謂：「安平鎮城，即構在此。山之下，偽時居民千餘家。」參見蔣毓英纂修（一六八六）《臺灣府志》（臺北：行政院文化建設委員會，二〇〇四），卷二，頁一四三。

3 郁永河，《裨海紀遊》（臺北：臺灣銀行經濟研究室，一九五九），卷上，頁八。

4 同上，卷上，頁十四。

5 蔣毓英纂修，《臺灣府志》，卷二，頁一四三。

6 同上，卷十，頁二六三。

7 高拱乾、周元文纂修（一七一〇），《臺灣府志》（臺北：行政院文化建設委員會，二〇〇四），卷一，頁七二。

8 同上，卷一，頁七四。

9 同上，卷一，頁八一。

10 同上，卷二，頁一一八。

11 同上，卷二，頁一二六。

12 王禮纂修（一七二〇），《臺灣縣志》（臺北：行政院文化建設委員會，二〇〇五），卷二，頁一六二。

13 尹士俍（一七三八），《臺灣志略》（臺北：行政院文化建設委員會，二〇〇五），上卷，頁二四五－二四六。

14 同上，卷二，頁二五一。

15 王必昌纂修（一七五二），《重修臺灣縣志》（臺北：行政院文化建設委員會，二〇〇五），卷二，頁一一八－一一九。

16 同上，卷二，頁一一九。

17 同上，卷二，頁一一九－一二一。

18 謝金鑾、鄭兼才纂修（一八〇七），《續修臺灣縣志》（臺北：行政院文化建設委員會，二〇〇七），卷一，頁一一一－一一五。

19 此為姚瑩引述總兵觀喜、署道方傳檖、署府鄧傳安於道光四年（一八二四）議建砲臺於鹿耳門的建言，收於氏著，《東槎紀略》（臺北：臺灣銀行經濟研究室，一九五七），卷一，頁三十。

20 同上註，頁三一。

21 翟灝，（乾隆五十八年至嘉慶十年〔一七九三－一八〇五〕在臺任官）〈全臺論〉，收於氏著，《臺陽筆記》（臺北：臺灣銀行經濟研究室，一九五八），頁一。

22 〈福建臺灣鎮總兵愛新泰等奏折　鹿耳門砲臺官兵堵御蔡牽幫股情形〉（嘉慶九年五月十五日），收入中國第一歷史檔案館編，《明清宮藏臺灣檔案匯編》（北京：九州出版社，二〇〇九），第一〇三冊，頁二三五－二四六。

23 〈閩浙總督玉德等奏折　蔡牽滋擾鹿耳門調派舟師協剿並將臺灣鹿耳門海圖呈覽〉（嘉慶九年五月十八日），收入中國第一歷史檔案館編，《明清宮藏臺灣檔案匯編》，第一〇三冊，頁二四七－二五三。

24 翟灝，〈全臺論〉，頁一。

25 姚瑩〈籌建鹿耳門砲臺〉，收入氏著《東槎紀略》（臺北：臺灣銀行經濟研究室，一九五七），頁三一。

26 姚瑩，《東槎紀略》，頁三十。

27 姚瑩，〈臺灣十七口設防圖說狀〉（庚子〔道光二十年，一八四〇〕九月鎮道會稟），收於氏著《中復堂選集》（臺北：臺灣銀行經濟研究室，一九六〇），頁七四－八四。此份文件原來應該是對於〈臺灣十七口設防圖〉的說明，但是目前吾人只能得見此文件，至於該設防圖則不知去向了。

28 同上註，頁七六－七八。

29 同上註，頁七二－七三。

30 同上註，頁六二。

31 同上註，頁一三六。

32 不著撰人，《臺灣府輿圖纂要》（臺北：臺灣銀行經濟研究室，一九六三），頁一〇三－一〇六、一一七－一一八。

33 吾人當然也想知道：來到安平條約港的洋人們，到底是如何描寫他們所看到的安平港呢？美籍的費德廉（Douglas Fix）教授似乎就要發表他關於這方面的研究了，讓我們拭目以待。

第15章

除了亂源，我們可以怎麼理解羅漢腳？

誰是羅漢腳？他們為何在臺灣出現？跳脫只把羅漢腳視為治安隱患的觀點，可以另眼觀察清代臺灣特殊的社經條件。

最近已比較不常聽到「羅漢腳」這個稱呼了。記得小時候，在鄉下還經常聽到長輩以半開玩笑的口吻，稱呼那些到了適婚年齡卻尚未結婚的男子為「羅漢腳」。也就是說，「羅漢腳」這個字眼，雖然現在已少有人使用，但在十數年前，卻尚未成為死語，仍是活語彙。

在清代臺灣史文獻當中，經常可以看到「羅漢腳」這個名詞，但所有這些文獻對於「羅漢腳」的描寫，卻未必完全一致。有的文獻很簡潔地表示「羅漢腳」便是「游民」；有的文獻記載，「羅漢腳」是一種「閒散街衢」的「游手無賴」；[1]有的文獻則更認為「羅漢腳」是「訛索為事」的無賴。[2]不過，從上面的說明來看，也已經不難想像「羅漢腳」將會是那一類型的人物了。

什麼是羅漢腳？

有關「羅漢腳」的描寫，比較具體的要算是下面兩則記載了：

> 臺灣更有一種無賴之人，出則持挺（拿棍子），行必布刀。或藪（躲藏）巨莊，或潛深谷，招呼朋類，謅誘蚩愚（煽動、誘惑愚民）。始而伏黨群偷，繼而攔途橫奪，蓋梗化之尤者（是特別妨礙教化的人）。初方目為「羅漢腳」，而治之不早，將有鴟張之勢（一開始視為「羅漢腳」，若不早日治理，將伺機作亂）。[3]

以上《海東札記》的記載所描寫的是一種手執武器的歹徒甚至盜徒。粗看此記載，「羅漢腳」無異是「雞鳴狗盜」者流，但如果仔細推敲文中「初方目為羅漢腳」文字的語氣，則可以知道此段文字正好是在表示這種歹徒並非「羅漢腳」，不過從這段文字也顯示「羅漢腳」與文中所描寫的歹徒相當接近。

臺灣一種無田宅、無妻子、不士、不農、不工、不賈（不經商）、不負載道路（不當搬運工人），俗指謂「羅漢腳」。嫖賭、摸竊、械鬥、樹旗（立起旗幟，反抗官府之意），靡所不為。苟言乎「羅漢腳」也（為什麼叫做「羅漢腳」）？謂其單身遊食四方，隨處結黨，且衫褲不全，赤腳終生也。[4]

這則《問俗錄》的記載應該算是對「羅漢腳」最具體的描寫。從《問俗錄》的描寫，大致可以舉出「羅漢腳」的幾項「屬性」：（一）無家室妻子，（二）無田宅恆產，（三）無固定居處，（四）不在士農工商之列。從這些屬性來看，「羅漢卿」是最沒有固著性和穩定性的一種人。

羅漢腳是農業社會的游離份子

對於官府來說，這種不具固著性和穩定性，「處處無家，處處家」的「羅漢腳」，是臺灣社會中的「不安定因素」。官府認為「羅漢腳」，既然「無妻子之戀，無田宅之安」，便會「聚則成群，動輒滋事」。

傳統官府認為家室妻子是防制一個人鋌而走險的最大力量。但是如何利用妻子家室來牽制臺灣人民，卻有兩種完全相反的政策。一種政策是恐怕來臺的人民在臺灣反叛，因此禁止人民來臺時攜帶家眷。將家眷滯留於大陸故鄉的目的，在於以家眷為人質，防制來臺人民鋌而走險。另一種政策則與此相反，即規定欲來臺謀求發展者，必須有眷口隨行，以免來臺後變為游民。雖然兩種政策作法不同，但顯然官府的看法是一致的，那便是「人人有室家之繫累，謀生念切，自然不暇為非。」[5]

類似「妻子家室之累」想法的是「有恆產始有恆心」，這也是傳統官府思考如何管理人民的觀念基礎。官府認為保護個人財產，是每個人所專心致志、亟亟而為的，尤其「恆產」不易移動，更使人容易被固著化。因此，產業與家眷一樣，成為保證一個人不敢輕易向體制挑戰的安定力量。清帝國從明鄭手中得到臺灣後，隨即「編查流寓」，規定：「臺灣流寓之民，凡無妻室產業者，應逐回過水，交原籍管束」，便是從這樣的考慮出發。

另外，「羅漢腳」無固定居所，也是官府所忌諱的。利用詳密的戶籍登記，掌握人民的去向，一直都是統治者進行社會控制的重要手段。尤有甚者，在王朝時代統治者還利用「保甲制」等辦法，令近鄰相互監視、互相作保。「羅漢腳」既無固定居所，隨處移動，自然難以掌握，而遭疑懼。前面所說的「編查流寓」，便是官府掌握人籍的作為。對於「羅漢腳」的人籍掌握，道光年間來臺任官的陳盛韶有明白的主張，那便是利用「清庄」（清查村落中人戶）之際編造「閑民冊」，然後交由地方官追蹤管束。

傳統中的士農工商分業，及依此而來的身分固定化，也被認為是能夠維持社會秩序的因素。但顯然「羅漢腳」並非長時期從事某種固定職業的人，甚至也難用傳統的士農工商之職業分類加以區別，對於士農工商各職業身分習以為常的「倫理」，也未必如實地遵守。

為什麼會有他們？

每一個時代，每一個社會，大概都會有類似「羅漢腳」這種人存在。在比較廣泛的意義來說，「羅漢腳」無異是一種「游民」（清代地方官林豪便說：「羅漢腳為臺灣無業游民之稱」[6]）。但是，游民的數量多到為官府不能不正視的程度，顯然已成為一種特殊的社會現象。到底是什麼樣的背景，使臺灣社會產生如此多的「羅漢腳」呢？

首先必須指出的是臺灣豐富的生活資源。在清代的文獻當中，充滿了稱頌臺灣「好趁食」的記載，隨手捻來便有：

土地肥沃，不糞種（不施肥）。糞則穗重而仆（施肥的話稻穗會過重而倒伏），種植後聽其自生，惟享坐穫，每每數倍內也。[7]

土浮而沃，樹藝較內地倍肥澤焉（土地疏鬆肥沃，種植的東西比內地更加肥厚滋潤）。[8]

甚至有地方官說「臺地一年耕，可餘七年食」。[9]不但土地的生產力極高，一般的工資也很優渥（「一切農工商賈以及百藝之末，計工授值，比內地率皆倍蓰」）。所以當時的實情是：「漳泉內地無籍之民，無田可耕，無工可傭，無食可覓，一到臺地，上之可以致富，下之可以溫飽」，[10]對苦於生計的中國沿海居民來說，臺灣無異是處處黃金的樂土（所以有「臺灣錢淹腳目」之諺）。

在富庶臺灣的吸引之下，中國沿海居民當然紛紛湧向臺灣（即「民之渡臺，如水之趨下，群流奔注」[11]）。但是，官府對於人民之渡海來臺，並不積極鼓勵，甚至施以各種限制和刁難。因此，中國沿海居民大部分是以偷渡的方式前來臺灣。可以想像，在從中國沿海來到臺灣的偷渡途中，移民必須經歷各種恐懼和危險，即使到了臺灣仍然必須面對一種好勇鬥狠的社會。這種社會當然男多女少，甚至男女比率懸殊，以下是兩則比較具體的描寫：

統計臺灣一府（當時全臺皆屬臺灣府轄下），惟中路臺邑所屬（今臺南），有夫妻子女之人民。自北路諸羅、彰化以上，淡水、雞籠山後千有餘里，通共婦女不及數百人；南路鳳山、新園、瑯嶠以下四五百里，婦女亦不及數人。[12]

臺灣府所屬四縣之中，臺灣一縣（約今臺南一帶）皆係老本住臺之人，原有妻眷。其諸羅、鳳山、彰化三縣，皆係新住之民，全無妻子，間有在臺灣縣娶妻者，亦不過千百之什一（千百人中約十人），大概皆無室家之人。[13]

從這兩則記載可見，臺灣多有無妻子家室者，而且無妻子家室者集中在南北兩路新闢地區。另外，必須提到清代臺灣的農墾情形。清代在臺從事農墾，必須先向官府提出申請，由官府發給許可證（「墾照」）。由於開墾新耕地耗時費力，必須投下相當資本，非一般小民可為。因此大概均由富豪有力者出面申請「墾照」，並且提供資本，供應耕牛、種籽，甚至建築房舍、開鑿水圳，整備防衛措施，然後招來佃農耕種。因此，這種「佃農」也可視為是一種受僱的農業勞動者。對於這種受僱的農業勞動者，藍鼎元有比較詳細的說明：

廣東饒平、程鄉、大埔、平遠等縣之人，赴臺傭僱佃田者謂之「客子」。每村落聚居千人或數百人，謂之「客莊」。客莊居民，朋比為黨，睚眦小故，輒譁然起爭……客莊居民，從無眷屬。合各府、各縣數十萬之傾側無賴遊手群萃其中，無室家宗族之繫累。[14]

另外，《諸羅縣志》也說：「佃田者，多內地依山之獷悍無賴下貧觸法亡命，潮人（潮州地區的人）尤多，厥名曰客（其名為「客」），多者千人，少亦數百，號曰客莊。」[15]

他們如何生活？

官方文獻對於渡海來臺，從事佃墾的單身漢的日常生活，也有比較具體的記載：

此種（無家室妻子）之人，不但心無繫戀，敢於為非，且聚二、三十人或三、四十人同搭屋寮，共居一處。農田之時，尚有耕耘之事，及田收之後，頗有所得，任意花費，又終日無事，惟有相聚賭飲，飲酣、賭輸，遂致共謀竊劫。[16]

這裡所描寫的情況，應該是對於最初所引的「嫖賭、摸竊、械鬥、樹旗，靡所不為」，比較合理的註解。

除了農業勞動者之外，《苗栗縣志》和《淡水廳志》、《噶瑪蘭志略》都提到工資勞動者：

其雜腳（雜工），由渡頭起貨，一挑往返，各議定價。別有游手無賴，閒散街衢，曰「羅漢腳」，亦有為人傭僱者。[17]

顯然，「羅漢腳」也可以成為領取工資的勞動者。此等僱傭勞動者（包括前面的農業勞動者）的記載，也為最初所謂的「不士、不農、不工、不賈、不負載道路」做了說明，即「羅漢腳」具有從事勞動、生產的一面，並非純粹寄生於社會。

透過以上的分析，可以知道「羅漢腳」是臺灣早期開發社會的自然產物，這些人雖然不像已定型社會中的一般人一樣，固著於某一行業或固著於某一地點，卻相應於臺灣開發過程中社會的需要，由於流動的生活方式，產了冒險之心，並提供了勞力。因此，清代文獻中也曾經比較持平地評價他們的貢獻：「臺中而盡無此輩，土地又何以日闢耶？」[18]當然，臺灣當時是尚待開發的新天地，有各種可能性，提供了「羅漢腳」生存的條件。

以持平之心看待

至於大部分文獻中，對於「羅漢腳」的負面評價，多少反映了官方統治者對於「羅漢腳」的不安和疑懼，「羅漢腳」無法以傳統傾向於固著化和穩定化的秩序加以約束，在統治者看來既是「大逆不道」，也是「危險」的。

其實，從更廣大的視野中來看，追求固著性和穩定性，是人類在農耕社會中發展出來的價值觀。在不自覺間，農耕民已形成一種偏見，認為自己安定的生活比移動的、非固著性的畜牧民或狩獵民更優秀，而未曾自覺本身價值觀的局限。「羅漢腳」可以說是清代臺灣社會中的「狩獵民」，他們的活動力恰可作為農業社會傳統保守性格的對比。

這篇小文章是想從另外的角度，來談臺灣史領域中一個人盡皆知的詞「羅漢腳」。一般來說，「羅漢腳」多被認為是造成清代臺灣社會治安不穩定的因素，這顯然是從官府想要人民都被綁縛在土地上、都有家室之牽係而來的想法。我則想要從社會的立場說明得以養活眾多「羅漢腳」的條件。

這篇文章原登載於《歷史月刊》第七期（一九九八年八月）。

註釋

1 沈茂蔭纂輯，周憲文編輯，《苗栗縣志》，臺灣文獻叢刊第一五九種（臺北：臺灣銀行經濟研究室，一九六二年），頁一一四。

2 丁紹儀撰，《東瀛識略》，臺灣文獻叢刊第二種（臺北：臺灣銀行經濟研究室，一九五七；一八七三年原刊），頁三三。

3 朱景英撰，《海東札記》，臺灣文獻叢刊第一九種（臺北：臺灣銀行經濟研究室，一九五八；一七七二年原刊），頁二九—三〇。

4 陳盛韶，《問俗錄》，引於陳淑均纂，李祺生續輯，《噶瑪蘭廳志》，臺灣文獻叢刊第一六〇種（臺北：臺灣銀行經濟研究室，一九六三；一八五二年原刊），頁二八。

5 吳士功（福建巡撫），〈請准臺民搬眷並嚴偷渡疏〉（乾隆二十五年），收入琴川居士等輯，吳幅員編輯，《清奏疏選彙》，臺灣文獻叢刊第二五六種（臺北：臺灣銀行經濟研究室，一九六八年），頁四七。

6 林豪撰，《東瀛紀事》，臺灣文獻叢刊第八種（臺北：臺灣銀行經濟研究室，一九五七年），頁六。

7 黃叔璥撰，《臺海使槎錄》，臺灣文獻叢刊第四種（臺北：臺灣銀行經濟研究室，一九五七年），頁五三。

8 朱景英撰，《海東札記》，臺灣文獻叢刊第一九種（臺北：臺灣銀行經濟研究室，一九五八；一七七二年原刊），頁三二。

9 藍鼎元詩，收入范咸纂輯，《重修臺灣府志》，臺灣文獻叢刊第一〇五種（臺北：臺灣銀行經濟研究室，一九六一年），頁七六〇。

10 兩段引文均出自沈起元（臺灣知府），〈條陳臺灣事宜狀（雍正□年）〉，收入賀長齡、盛康、陳忠倚等集輯，吳幅員編輯，《清經世文編選錄》，臺灣文獻叢刊第二二九種（臺北：臺灣銀行經濟研究室，一九六六年），頁二。原賀長齡輯《皇朝經世文編》卷八十四兵政。

11 沈起元，〈條陳臺灣事宜狀（雍正□年）〉，收入《清經世文編選錄》，臺灣文獻叢刊第二二九種（臺北：臺灣銀行經濟研究室，一九六六年），頁三。

12 藍鼎元撰，《平臺紀略》，臺灣文獻叢刊第一四種（臺北：臺灣銀行經濟研究室，一九五八；一七二三年原刊），頁六七。

13 〈浙閩總督高其倬奏聞臺灣人民搬眷情節摺〉，收入不著撰人，鄭喜夫編輯，《雍正硃批奏摺選輯》，臺灣文獻叢刊第三〇〇種（臺北：臺灣銀行經濟研究室，一九七二年），頁一四三。

14 藍鼎元撰，《平臺紀略》，臺灣文獻叢刊第一四種（臺北：臺灣銀行經濟研究室，一九五八；一七二三年原刊），頁五一－五二。

15 周鍾瑄主修，陳夢林編纂，周憲文編輯，《諸羅縣志》，臺灣文獻叢刊第一四一種（臺北：臺灣銀行經濟研究室，一九六二；一七一七年原刊），頁一三六。

16 〈浙閩總督高其倬奏聞臺灣人民搬眷情節摺〉，不著撰人，鄭喜夫編輯，《雍正硃批奏摺選輯》，臺灣文獻叢刊第三〇〇種（臺北：臺灣銀行經濟研究室，一九七二年），頁一四三。

17 陳培桂纂輯，周憲文編輯，《淡水廳志》，臺灣文獻叢刊第一七二種（臺北：臺灣銀行經濟研究室，一九六三；一八七〇年原刊），頁二九八。沈茂蔭纂輯，周憲文編輯，《苗栗縣志》，臺灣文獻叢刊第一五九種（臺北：臺灣銀行經濟研究室，一九六二年），頁一一四。柯培元撰，夏德儀編輯，《噶瑪蘭志略》，臺灣文獻叢刊第九二種（臺北：臺灣銀行經濟研究室，一九六一；一八三五年原刊），頁一一五－一一六。

18 陳淑均纂，李祺生續輯，《噶瑪蘭廳志》，臺灣文獻叢刊第一六〇種（臺北：臺灣銀行經濟研究室，一九六三；一八五二年原刊），頁二三〇。

臺灣史是什麼？

日本時代萌芽的臺灣民族主義，為什麼失敗了？

第16章

雖然臺灣終於出現了「臺灣人」意識，但是這種意識還相當樸素，可以說是反射出來的一種對抗性意識。民族主義的成立固然經常需要一個他者，但是如果集團內部無法充實各種認同的質素，就會相當脆弱。

若要回顧臺灣國家認同的歷史，必須先釐清詞彙的確切涵義。「國家認同」一詞所說的「國家」，可以有 nation 與 state 兩種意義。因此，顯然必須同時處理這兩個意義的國家。

清代有「國家」（state）嗎？

就晚近的研究結果來說，即使是在西歐，nation 也是近代（十八世紀以後）才出現的，相關研究成果可以說俯拾即是。在中國，nation-building（建國／民族建構）則是二十世紀初才啟動的大工程，此過程可以參考沈松僑的文章。既然如此，那麼在二十世紀前夕就被清帝國割讓給日本、成為日本殖民地的臺灣，就無從在二十世紀初參與中國所啟動的 nation-building 大工程了。也就是說，臺灣如果有所謂的 nation-building 的歷程，也必須在與中國不同的脈絡中來觀察。而這個不同的脈絡，顯然就是日本的殖民統治。

與 nation 的情況一樣，在臺灣的 state 也一直要到日本殖民時代才出現。清帝國雖然在一六八三年便將臺灣「納入版圖」，但是清帝國的性質並不是我們現在所說的「國家（state）」。它雖然也扮演了一些維持治安、仲裁糾紛的功能，而且要求人民服役、納稅，但並不積極；更重要的是，它所管轄的人民並沒有確實地意識到它的存在，這應該就是俗話說的「天高皇帝遠」。

清帝國未充分發揮國家的功能，或許不能視為怠惰，而毋寧是其基於統治成本考量所做的選擇。國家試圖介入社會、掌握原本由社會自行運作的機制時，往往會引起抵抗，而當統治技術不足以克服社會的抵抗時，統治者採取消極態度，毋寧是更賢明的作法。因此，在清代，臺灣社會與政府彼此之間「兩相遺忘」應該是可以想像的。

由於官府無法充分提供維持治安、仲裁糾紛等功能，這些社會中需要解決的問題，便只好仰賴宗族、結社，或武裝化的土豪，和受到官府認可的紳士來處理。臺灣因為是清帝國的邊疆移墾社會，宗族、紳士並不發達，因此土豪與結社更形重要。

「國家」（state）的出現

日本在明治維新之後就致力於建立近代國家，因此一八九五年領有臺灣之後在臺灣成立的臺灣總督府，實際上是個仿照日本內地近代政府的形式所建構的殖民地政府。這個殖民政府首先在臺灣全面的武力綏靖，解除了臺灣社會的武裝，長期以來以土豪、士紳為主要社會安定力量的情況，一改為由日本殖民政府的行政機關、警察機關所掌控的行政區。殖民政府不但有效地掌控了平原地帶，而且到了一九二〇年代之後更幾乎全面征服了一直自外於外來政治勢力的山地。

臺灣總督府就這樣以在臺北的政府總部為中心，另外按階層設立各級地方政府，將行政權力貫徹到全島各地。除了行政機關之外，更配合綿密的警察網和學校，將臺灣的地方末端都納入其有效的統治之內。日本的殖民統治，在臺灣史上最大的意義，可以說是在臺灣建立了政府（state-building）。臺灣首次出現了可以積極運作的政府。

作為一個近代政府，臺灣總督府不但排除了原來臺灣社會的割據性武裝暴力與仲裁職能、壟斷了臺灣社會的合法性暴力，也有效地發揮了對個人與社會的強制力，與調節社會資源的功能。對於臺灣的人民來說，這是首次如此具體地感知到政府的存在。

「漢民族」與「臺灣人」

雖然清代臺灣的住民，並不充分地感知到政府的存在，但是一八九五年被割讓給日本這樣的大事件及西部地區幾乎全部被捲入「走番仔反」的動盪，卻使臺灣的住民具體地認識到被「遺棄」或「改朝換代」。臺灣住民經歷了一場共同的歷史經驗，並有機會思考這個歷史經驗之意義。

接著到來的日本殖民者，不但帶來了即使在日常生活中也揮之不去的「政府」，而且是存在差別待遇、強制權力的殖民體制，同時也提供了一個可以反照出「我是誰」的他者（日本人）。到底，相對於統治者日本人的「我們」是「誰」？

當然，臺灣住民之一體化，除了作為他者（日本人）的反照之外，還是來自近代政府（臺灣總督府）各種統治措施與教育的成果，和經濟、產業的近代化的結果。廣域交通網的建立、交流的頻繁、全島性的制度統一，這些都有助於臺灣住民形成一個「集（合名）稱」，並自認歸屬於它。

從日本殖民者的分類來說，被殖民的臺灣住民在行政上分成「本島人」與「蕃人」。另外，如果純粹以國籍法或戶籍法的概念來稱呼，則臺灣住民稱為「臺灣籍民」。類似日本殖民者的分類方式，臺灣住民自己也使用「臺灣人」與「蕃人」這樣的集稱來稱呼自己。

必須特別指出，這些集稱的指涉範疇是：「本島人」＝「臺灣人」＝「（在臺灣的）漢民族」。「蕃人」＝「番仔」。不論是日本殖民者也好，在臺灣的非南島語系原住民（即所謂的漢人）也好，這樣的集稱使用方式，體現了行政的區隔與種族主義偏見。尤其是「漢民族」這個集稱，顯然是文人（具有相當血統主義偏見的識字階級）才使用的，一般的庶民階級應該無從瞭解「漢民族」為何解。「漢民族」這樣的集稱，是以血統為區別原理，同時有意識地將自己區隔於「日本人」＝「大和（yamato）」，和「蕃人」＝「高砂（takasago）」＝「番仔」，並且潛在著與「（在中國的）漢民族」連帶的意蘊。「臺灣人」這樣的集稱，則素樸地用於區隔自己與統治者日本人，但也不經意地以血統主義排除了原住民，甚至沒有特別為像「客家人」這種語言集團留下空間。但是因為「臺灣人」這樣的集稱是建立在地理框限和被統治的共同處境之上，因此也具有將原住民含括進來的發展可能。

連雅堂的臺灣文化論

一八九五年的割讓與「走番仔反」，對於臺灣的住民有很大的衝擊，尤其是讓一些臺灣的識字階層，將其義憤與挫折筆諸於書。這可以算是臺灣識字階層關於臺灣境遇的首次歷史書寫。其中，以連雅堂最為重要。

連雅堂在十八歲時遭逢臺

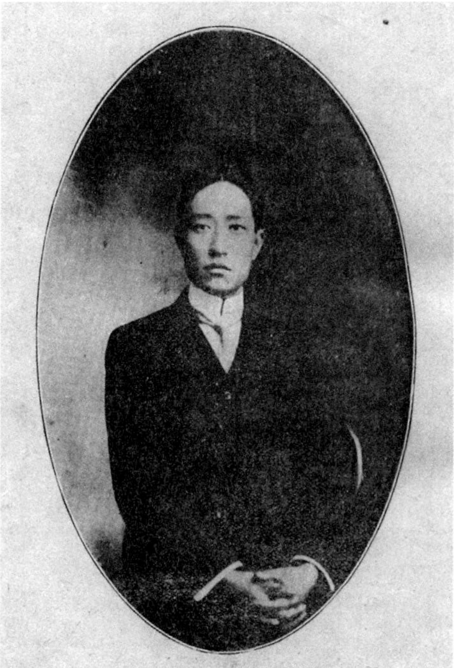

圖 16-1：《臺灣通史》書前作者肖像。

灣割讓大變局，他的功名之夢為之破滅，以後一方面委身日本人所辦的報紙擔任編輯，一方面伺機遊歷中國尋找機會。一九一八年出版《臺灣通史》以後又陸續撰作《臺灣詩乘》、《臺灣語典》。這三部著作，分別整理了臺灣的歷史、文學、語言，可以說是「臺灣民族主義」萌芽期的重要文獻。

連雅堂以臺灣為單位，整理臺灣的歷史、文學、語言，使臺灣具有文化內容，鼓舞了臺灣的文化自尊心，因此他也成為二十世紀前期臺灣的代表性文人。但是連雅堂所編織的臺灣文化內容卻包含弱點。他採取了在當時已經顯得落伍的表現形式（包括文字與體裁），而且將臺灣的文化精神建立在基於血統主義的「漢民族」意識基礎上，因此也預示了他最後將離去臺灣遠走中國的終局。如果與東亞的幾個地區比較，二十世紀初年中國的梁啟超以進行史學革命的方式建立中國近代的民族史學（national history）；韓國的申采浩流亡中國，堅持以韓文建立韓國之國家歷史學，連雅堂卻還停留在中國舊史學的框架中，何況還依違於各種政治勢力（日本總督府、臺灣文化協會、中國政府）之間。因此，連雅堂雖然為臺灣找出了「民族文化」，卻與被稱為「琉球學之父」的伊波普猷類似，兩人提出的民族文化，最後都會推演出血統主義的「同祖論」：伊波認為琉球民族和日本民族同出一系，連雅堂當然也認為臺灣和中國同屬「漢民族」。

連雅堂的努力與作為，固然有上述的弱點，但是最為可惜的還是：類似連雅堂這種勉強可以稱為民族主義的文化努力，只是他個人獨自的事業。終日本統治的五十年間，可以稱得上是臺灣之歷史家的本地人，或許只有一個連雅堂和半個楊雲萍吧。所以臺灣文化的詮釋，反而是由日本殖民政府（包括其設計的教育）所進行的，或許《民俗臺灣》這種難掩殖民主義色彩的刊物，影響力都還來得大一些吧。

殖民者定義的「臺灣性」

相對於連雅堂這種本地人的臺灣文化論，殖民者透過與自己的比對，反而很清楚地替臺灣找到了「特色」。

以風土論為基礎——亦即認定世界各地人民都基於各自有別的自然風土，形成各種不同的生活與文化，殖民者發現、定義了各種臺灣「特色」。眾所周知地，臺灣西洋畫的出現，是由石川欽一郎主導。石川欽一郎先後任教於臺北中學校、總督府國語學校和師範學校，這樣的殖民地教育者，教育臺灣人應該以寫生的方式將臺灣的山川、風景畫出來，而且透過與日本的對比，強調氣候溫暖、色彩豐富、鮮豔是臺灣的「地方特色」。從日本的他者之眼來看，原住民是臺灣的特色；「熱帶」是臺灣的特色（因

圖 16-2：臺北生蕃屋發行的「臺灣情調」明信片。推測 1918-33 之間。開放博物館政府資料開放授權。

為日本是「溫帶」或「寒帶」）；色彩繽紛的廟宇是臺灣的特色（因為日本的寺廟幾乎不著色）、甚至水牛是臺灣的特色（因為日本有馬無牛）、椰子樹是臺灣的特色（因為日本沒有椰子樹）。臺灣的鳳梨、香蕉、甘蔗是臺灣的「特產」。西川滿、立石鐵臣這些在臺灣的日本人文學家、畫家，或者是由日本人與臺灣人合作的《民俗臺灣》，都為我們發現、定義了臺灣。

殖民者的他者之眼所發現、定義的「臺灣」，透過教育與媒體，不但普及於一般日本人之間，而且被臺灣人接受，甚至不斷深化、再生產，成為自己的認同標誌。例如，臺北帝國大學，日本人視之為帝國在南方熱帶的大學，因此特別設計了植有南洋椰子樹的大道（椰林大道），如今已經是臺灣大學的標誌。這些殖民者所發現、定義的「臺灣特色」，幾乎都已經成為臺灣的文化象徵。在這個意義上來看，日本殖民者可以說是為臺灣的「民族主義」做出了相當的貢獻。

蔣渭水的政治論

作為向殖民政府當局的抗議，臺灣在一九二〇年代以後出現了「臺灣文化協會」、「臺灣議會設置請願運動」、「臺灣民眾黨」和「地方自治聯盟」。

「臺灣文化協會」最初是以一個文化啟蒙團體的形式登場的，目的是在臺灣鼓吹近代西洋的理性、科學、個人主義、法治等觀念，因此日本殖民者一開始並沒有採取敵視的對應態度。但當這個團體逐漸碰觸到政治議題時，日本殖民政府便加以監視了。以後，「臺灣文化協會」逐漸發展成主要任務為鼓吹勞動階級運動的團體。

「臺灣議會設置請願運動」是以請願的方式，每年向日本帝國議會遞送請願書，要求在臺灣設立殖民地議會的運動。日本的另一個殖民地朝鮮，也存在這種要求殖民地參政權的請願運動，但是戰後韓國的歷史學界將這種運動視為親日運動，因為這種向帝國議會發動請願的運動，不論其立論根據或者行動方式都相當的溫和穩健，基本上承認日本統治的合法性，是在日本法律賦予的權利範圍內進行的循法鬥爭。甚至，這種循法鬥爭的請願對象還是帝國議會而不是日本的行政當局。

相較之下，以蔣渭水為主要領導人的「臺灣民眾黨」就比較激進了。民眾黨是日本殖民政府承認的政治結社，它可以進行政治宣傳、發表政治主張。但是由於當時臺灣沒有選舉，因此即使民眾黨是政治結社，也無法透過政治活動擁有民意代表，甚至掌握執政權利。民眾黨的政治主張是要求臺灣自治。這種主張雖然在當時的臺灣是最激進的訴求（臺灣共產黨主張臺灣獨立，但屬於非法的地下組織，不能公開活動），但是在全世界的殖民地民族主義來看，卻不是什麼新鮮事。英國早在十九世紀末年以來便讓加拿大、澳大利亞自治了。日本的殖民學者，如京都大學的山本美越乃、明治大學的泉哲、東京大學的矢內原忠雄，也都主張殖民地的統治應該採取自治主義。

臺灣共產黨於一九二八年在上海成立，不但提出「臺灣民族」的概念，而且主張臺灣獨立，但是其「臺灣民族」的概念與臺灣獨立的主張，顯然是根據當時共產黨的國際組織——第三國際的全球性綱領而來，很難說具有臺灣本地的實質社會基礎。而且，因為當時共產黨是非法組織，又成立於境外的上海，成員有限，其力量相當微弱。

一九三〇年代以林獻堂、楊肇嘉等人為主所成立的「地方自治聯盟」，則比民眾黨更是退縮，只有要求地方自治的單一目的。放棄臺灣規模的政治訴求，退縮成訴求臺灣內部地方政府層級的自治，這本身就已經難以稱得上是具有臺灣民族主義意義的團體了。

被法西斯國家所吞噬的臺灣「民族主義」

從以上的說明，可以看到雖然臺灣終於出現了「臺灣人」意識，有了臺灣民族主義的萌芽，但是從內容上來看，這種「臺灣人」意識還相當樸素，可以說是建立在日本殖民統治的基礎上所反射出來的一種對抗性集體意識。固然，民族主義的成立經常需要一個足以作為對抗所參照的他者，但是如果在集團的內部無法充實各種認同的質素，就會相當脆弱。

當時「臺灣人」意識這種集團認同的內部質素，相當依賴以基於血統主義的「漢民族」來表達文化內容和族群認同。但是當時作為「漢民族」之「祖國」的中國，國內紛爭不斷、國力不振，即使是被當成是「漢民族」的文化內容，也正受到西方近代各種價值觀念之挑戰。所以，在「漢民族」的基礎上形成 nation 的可能性相當低。

相較之下，以臺灣總督府為代表的 state 卻發揮了強大的力量，即使上述一九二〇年代的所謂「抗日運動」，其實也已經承認日本殖民政府的合法性。尤其在一九三〇年代以後，殖民政府更透過由上而下的社會教化運動、部落振興運動（「部落」為日文用字，單純指聚落，無特指原住民之意。此運動由政府動員村落人力，成立國語講習會與青年團等團體，以實施教化，同時側重經濟層面的建設），積極在臺灣塑造「國家公民」。到了一九四〇年代由於戰爭的需要，殖民政府更加強調效率，強調對政府忠誠、強化戰爭動員，於是日本國家主義政府終於吞噬了臺灣剛萌芽而尚未茁壯的「民族主義」。

這篇文章也是第一章〈臺灣史的成立及其課題〉的補充。在第一章我用了比較多的篇幅講述形成臺灣人意識的社會基礎，但對於臺灣人意識的本身，卻限於篇幅而沒有機會較為詳細的介紹。因此，趁著臺灣國際研究學會舉辦「國家認同之文化論述」研討會邀稿之際，我將日本時代所謂的「臺灣意識萌芽」做了疏理。這篇文章中，我肯定日本時代在臺灣史上具有state-building的意義，但卻是個外來的殖民政府（colonial state），因此在對抗日本殖民體制的情境下萌生了臺灣民族主義。我也特別指出，這時候的臺灣民族主義屬於二十世紀前半葉以前的舊式民族主義。它雖然是反對外來殖民者（日本）的武器，卻同時又被局限在血統主義（漢人）裡面，因此不但無法包納「非漢人」的原住民族，而且在戰後很簡單地就被以「戰勝國」之姿、號稱也是「（漢人）血統之祖國」的中國所收編了，這就使得當二次大戰後原殖民地「紛紛獨立」時，臺灣卻被「光復」了。所以我說這是一個臺灣民族主義的「失敗的經驗」。

這篇文章收錄在施正鋒主編，《國家認同之文化論述》（臺北市：臺灣國際研究學會，二〇〇六年十一月）。

臺灣史是什麼?

第17章

二二八事件裡的蔣渭川

二二八事件後，蔣渭川長期背負賣臺的罵名。隨著蔣渭川遺稿《二二八事變始末記》浮現，我們不只有機會重新檢視蔣渭川的角色，也能初步揭露事件中臺灣人的主動與被動。

十時十五分忽然店員大驚小怪，入來通知有武裝警察四、五名來叫門。我即命其開門請入，白成枝君聽得就由後門跑出去，警察隊員五名內中四名帶長槍，一名帶短槍。一入我家就厲聲要找蔣渭川，我應聲而出說：「我就是蔣渭川，你們有什麼貴事？」那帶短槍馬上走近前執住我的手說，我們奉命要來槍斃你，我即厲聲說：「豈有此理，現在我要去見長官，有事要當面解決。」但那警員不由分說將我拖出店口大路邊將要槍殺，此時我的老妻看見這樣無理殺人就跑近那警官，將其手握住不准他開槍，那帶長槍四名警員將我老妻推開按在店門板，用四枝長槍分胸部、腹部分叉擋住，使其不能震動而那帶短槍的警員一手握住我的手，另一手將短槍向我頭額開打一槍而不發火，乃將短槍搖震數次，再對準我的頭額開打一槍而又不發火，即將槍柄向我耳邊猛打一下，幸我避開打不中，即將握住我的手放下，趕快修理該短槍。在這瞬間我也不覺恐怖，也想不到他是要殺死我，靜靜看他在修理短槍，忽然我的頭上似有老人的聲叫我「你為何不走？」連叫數聲我才覺醒起來，即刻跑入店內，那警員追入，再打一槍而又不發，一面修理短槍一面急追至事務所時，我已跑到後面，轉彎忽聞槍聲一響，我已走出後門出去。

——蔣渭川遺稿《二二八事變始末記》

二二八事件之謎霧

目前一般所使用的「二二八事件」一詞，指涉並不一致。例如，國防部新聞局掃蕩週報社《臺灣二二八事變始末記》（一九四七年三月），和臺灣省行政長官公署新聞室《臺灣省二二八暴動事件報告》所指稱的「二二八事件」，便是自二月二十七日（緝私人員闖禍）至三月十二日（政府宣告臺灣平定）的十四日間。但是，相對於上述的官方資料，民間的撰述及口傳記憶中的「二二八事件」，其時間段落卻一方面上溯至一九四五年的終戰之後，一方面延伸到該年五月甚至連接以後的白色恐怖時代。

這樣的差異其實反映了不同的「二二八事件」觀。官方將「二二八事件」局限於二月二十七日傍晚至三月十二日，顯然在強調這段期間裡蜂起的臺灣人「聚眾施暴」。但民間臺灣人所記憶的「二二八事件」顯然與此有相當差異。例如，將「二二八事件」往前上溯，著重的是在說明「二二八事件」發生的背景和原因。更精確地說，是在說明為何一九四七年二月二十七日的一件緝私衝突，會在短期間擴大成全島性的蜂起。所以，其中的主題當然在數說行政長官公署的失政和臺灣人累積的不滿。另外，可能有更多人指涉的「二二八事件」會延續到該年五、六月。國民政府軍隊、特務在臺灣從事報復性的殺戮、逮捕，要到三月九日才開始。因此，三月九日以後的「二二八記憶」，顯然是國民政府軍、警、特的「清算」和臺灣人的消逝。

二二八事件的研究，當然受到上述可謂是定義混淆的影響。但是，最直接限制研究的，還是缺乏史料和史料性質低下。例如，研究者（當然，行政院研究小組的成員例外）無法閱覽任何官方檔案，而實際關涉事件的核心人物甚少留下直接的資料。因此，有關二二八事件的諸多研究，大抵只能遷就既有的史料質、量，從事一些比較間接、外圍的研究，而殊少對事件本身（尤其是二月二十八日至三月十二日之間的推移）正面重建或討論。當然官方選擇性地強調臺灣人聚眾施暴的「報告書」屬於例外。

在核心資料極端不足的情況下，蔣渭川的家屬出版了蔣渭川在事件之後不久撰寫的

《二二八事變始末記》（以下簡稱《蔣氏遺稿》）。蔣渭川是事件當時積極關涉的重要人物。因此，《蔣氏遺稿》的出版提供了核心資料，足以說明當時事態的發展過程，尤其《蔣氏遺稿》敘述的主要部分起於三月一日，止於三月十日，正好與警備總部參謀長柯遠芬的《事變十日記》並行，比照兩位事件核心人物的手記，將有助於瞭解那十天當中事態的發展情況。

本文便是以《蔣氏遺稿》之出現為契機，企圖整理蔣渭川在二二八事件中的活動，藉以瞭解行政長官公署、警備總部等官方，與臺灣士紳民眾之間的互動，以及事態的推移。但二二八事件千頭萬緒，頗為複雜，本文僅能就有限資料排比對照，其中多有未能遽斷甚或成謎者，故曰「初探」。較周詳細密的重建，顯然要靠更多的史料，尤其官方檔案的公開，始能達成。本文只希望能夠掌握主要脈絡，則幸甚！

圖 17-1：戰後蔣渭川將自己經營的日光堂書局改名為三民書局，同時也兼作政治建設協會總部，位於現延平北路二段 33 號，義美門市旁。攝影：大家出版，2025。

蔣渭川如何捲入二二八

蔣渭川在二二八事件發生當時，是書店的經營者，而且擔任臺北市商會理事長，臺灣省商聯會常務理事，並主持政治建設協會。關於政治建設協會的性質，有幾種評價略有出入的說法：

光復後，奸黨首要謝雪紅等，死灰復燃，重振旗鼓，即在臺中市組織人民協會；王萬得、潘欽信等，則與原臺灣民眾黨首要蔣渭川、張邦傑等合組臺灣民眾協會，後改稱為臺灣政治建設協會。兩會分峙南北，遙為呼應，一面收攏舊部，強化組織，一面爭取新群眾，擴充力量。[1]

臺灣政治建設協會，成立於本省光復之後，初為臺灣民眾協會，後改今名，以張邦傑、蔣渭川等為首領，其中重要份子多為民眾黨首要，活動區域，以臺北為中心，各地均有分會組織。[2]

臺省自光復後，各地之所謂社會賢達者，即組織一個政治建設協會於省垣，各縣市組織分會，其旨趣係協同政府辦理本省政治之建設與改進，由蔣渭川主其事，但成立以後，未見有何貢獻，只是一個幌子而已。[3]

政治建設協會是臺灣過去就有的政治團體，是民眾黨和地方自治聯盟聯合起來成立的。這個團體，內容也極複雜。二二八事件發生前被當局壓迫，無法隨意活動，但是，對長官公署的反感極為強烈。[4]

「政治建設協會」的前身就是一九四五年十月成立的「臺灣民眾協會」，是由日據時代「臺灣民眾黨」以及「文化協會」的部分領導成員組成的，主要有王添燈、王萬得、楊元登、黃朝森、蔣渭川、張邦傑等人。該組織後來遭到取締，解散後再組「臺灣省政治建設協會」，基本上受蔣渭川的控制。[5]

蔣渭川所領導的「政治建設協會」，平素對於陳儀的施政有相當嚴厲的批判，甚至還曾因此遭到陳儀控告。[6]蔣渭川積極指摘陳儀施政的不是，據說其中有CC派的關係。楊逸舟的《二二八民變》（日文書名《台湾と蔣介石》），對於蔣渭川、陳儀、CC派之間的關係，有如下的說明：

國民黨內的CC派雖執國民黨之牛耳，但各省黨部的主任委員以下，大多黨棍都坐冷板凳，抓不到實權，所以臺灣省黨部委員們想藉陳儀的失政，企圖打倒政黨系的陳儀長官。CC派在臺灣拉攏了有力人士蔣渭川（公學校畢業）與蔡培火（東京高等師範畢業）……蔣渭川一方面沾了其兄的榮光，一方面在臺北擁有「好兄弟」集團，所以CC團看他有民眾基礎，便拉他進來做為前鋒戰士。蔣渭川有CC團做靠山，所以大膽攻擊陳。[7]

二二八事件發生後，蔣渭川也積極參加「處理委員會」。但蔣渭川在「處理委員會」中的表現卻受到一些批評。例如，吳濁流在其《無花果》中便指出：

三月三日上午十時起，於臺北市中山堂舉行第一次的官民共同處理委員會，……民間代表之主要名單，很多是愛出鋒頭、吹牛皮、虛偽的人物。其中，也有不少「友仔」（按：指流氓）。因為是這種集團，所以一開始就爭先恐後地任意地發言，自我宣傳，喋喋不休地說出荒唐的意見，一點秩序都沒有。尤其是「友仔」的發言，大部分和本事件的處理無關。聽了使我厭煩極了。[8]

這裡所謂的「友仔」吵雜不休的情況，也見於其他資料。陳逸松的回顧談中提到：「『二二八事件處理委員會』……開會的第一天，蔣渭川帶了一批人在會場上喧嚷不休，光復後他組織了一個『臺灣政治建設協會』、成員大部分是流氓一類的人物，我（陳逸松）在台上說明章程，那批人就在下面大吵大鬧，對著我叫說：『大交椅你就搶著要坐上去了？』我當時年輕氣盛，也回答說：『大位置你們若想坐，你們就上來坐吧！』我就這樣子走下台回家去了。」[9]

對蔣渭川在「處理委員會」中的行動提出類似的非難和指責者，尚有林木順（楊克煌）、莊嘉農（蘇新）等人。林木順指控由於「政治建設協會」於三月二日提議擴大「處理委員會」的組織，導致「軍統」勢力混入會議中。[10]

吳濁流《臺灣連翹》則指出：「二二八事件發生後，長官公署在等待援軍開到以前，CC派以政治建設協會名義，參加處理委員

圖 17-2：陳逸松。《臺灣時人誌》，章子惠編（國光出版社，1947），頁105。

會，利用臺灣人對長官公署不滿情緒，大肆活動。」[11]

莊嘉農則更直接指出：蔣渭川與CC派合謀（或CC利用蔣渭川），企圖破壞、篡奪「處理委員會」：

CC這次民變中的活動比較聰明，因為他們控制了「臺灣政治建設協會」，不但把握一些群衆，甚且可由該會選出代表混入臺北及各地的「處理委員會」，而在處理委員會胡鬧。CC份子活動得最起勁的，首要舉蔣渭川。他每晚都與CC頭子密會後，翌日才出席處理委員會。他在處理委員會的任務，是擴大「建設協會」的勢力，反對進步份子的任何意見，除了「建設協會」所提的意見之外，他們都為了反對而反對，故意破壞社會秩序，造成混亂，蔣渭川又剛愎自用，離開處理委員會的統制，採取個別行動，誣毀其他委員，搗亂處理委員會的統一。他一方面，在整個CC的指揮下，極力爭取青年學生，尤其是過去曾經到過海外參加作戰的退伍軍人，作為打倒CC的政敵陳儀的工具。[12]

從上述的引文可以知道，蔣渭川與當時「處理委員會」的諸多人物，有極為嚴重的傾軋。尤其陳逸松、林木順、莊嘉農等以後投靠中共的諸人，對蔣渭川的批判更是嚴厲。《蔣氏遺稿》中，蔣渭川也多次直言不諱地直指「處理委員會」內部「多是投機份子」。[13]

蔣渭川與當時的「半山」或「處理委員會」諸多人物不睦，可能牽涉政治權力或利益的矛盾，甚至其淵源或許還應追溯到日本時期，原因甚為複雜，在此不必也不可能一一詮索。但這種不睦使得彼此在面對二二八事件時相互較勁，互相抵制，卻是事實。

事件爆發後的行動

長期以來，重建蔣渭川在二二八事件當時言動的敘述，資料均採自官方或其對抗團體，[14]但《蔣氏遺稿》使吾人得以略窺蔣氏在事件中活動的另一些細節。

從《蔣氏遺稿》中，吾人幾乎看不到其與CC派有何特殊關係，這是否是蔣氏故意避去？但是，與此相對地，《蔣氏遺稿》中卻有不少「軍統」的線索，例如：二月二十八日，便有憲兵團長張慕陶兩次來訪，並留下一函表示奉陳儀之命來請出面收拾大局。[15]三月一日，張慕陶、柯遠芬參謀長又來函請出面收拾危局。[16]甚至，三月三日許德輝被推為「忠義服務隊」隊長兼處理委員會治安組長，也事先與蔣氏疏通過。[17]一項資料指出，許德輝是警備總司令部調查室所組織的「行動隊」臺北大隊長。[18]因此，蔣氏與「軍統」或無關係，但「軍統」透過蔣氏的管道進入處委會則是事實。

莊嘉農在《憤怒的臺灣》，便指出：

> 柯遠芬、陳達元、林頂立等計畫「以民眾的力量對抗民眾的力量」（柯遠芬語）。三月三日「二二八處理委員會」在中山堂開會時，他們就派許多爪牙混入民眾，到會旁聽，由旁聽席上紛紛發言，破壞會議的進行，同時勾結處理委員CC份子蔣渭川，作為市民的要求，提議組織「忠義服務隊」。他們謂之為「自衛組織」，要求政府撤退市內軍隊，其後治安由「忠義服務隊」維持，蔣渭川甚且推舉許德輝為隊長。許德輝者何人？就是警備司令部調查室所組織的「行動隊」（暗殺隊）的隊長。當然明眼之人極力反對，但是他們動員特務份子叫囂威脅贊成通過。[19]

自從蔣渭川於三月一日接到陳儀、柯遠芬、張慕陶等人的邀請，出面收拾局面，三月二日與陳儀會面後，即大致配合陳儀透過廣播疏導民間之不滿情緒，安撫民心，另一面則向陳儀要求廢止專賣局和貿易局。[20]由於陳儀有求於蔣渭川，要他安撫民心，或許使蔣渭川認為自己掌握了一個有力的著力點，可以藉之改革臺灣政治並排除政敵。例如，三月五日，蔣渭川與陳儀晤談時，曾提出設立「臺灣政治改革委員會」的主張。依蔣氏的構想，此「臺灣政治改革委員會」將由全省的區鎮鄉民代表中選出的三十名委員組成，其目的即是將當時省參議會的參議員排除在外。[21]

蔣氏的上述構想，後來納入其「省政改革綱要」（共九條），於六日向處委會提出。結果當然受到處委會的否決，而釀成正面的對決，據說街頭甚至出現打倒蔣渭川、呂伯雄的傳單。[22]同時處委會方面也相對地提出有名的三十二條要求。

三月七日，黃朝琴帶著處委會的處理大綱十條及政治改革三十二條面交陳儀，遭陳儀擲回。三十二條遭陳儀嚴厲拒絕之後，處委會始覺情勢危急，不但在隔（八）日發表一篇推翻三十二條的聲明，[23]而且緊急召集會議，決議由黃朝琴謁見陳儀，劉啓光及有關委員赴警備總部拜會柯遠芬參謀長，「釋明建議真意並撤回該建議書，力求其諒解」。[24]但

圖 17-3：1945 年 10 月 25 日臺北中山堂受降典禮後的陳儀（左）和柯遠芬（右）。維基百科。原圖局部切割後放大。

陳儀拒見黃朝琴。同日（三月八日）閩臺監察使楊亮功來臺，在從基隆赴臺北途中遭攻擊。夜間，臺北圓山附近有「土匪暴動」。此二事件是九日宣布戒嚴的重要原因，開啟了後續的血腥鎮壓。但《蔣氏遺稿》特別說明了此二事件乃當局一手操弄的結果：

本［「八日」］夜情報乃至謠言特別多，多說中央派兵將要到，人心大起恐慌，忽接報中央派楊亮功監察使自基隆登岸要來臺北途中被人投手榴彈，幸不中及其身，犯人逃逸。有人說這是陳長官的殺人把戲。[25]

三月九日八時起床看報時，有警備司令部公布說昨八日夜間有土匪暴動，三、四千名由草山、北投、士林方面分頭來襲擊臺北市臺灣銀行、長官公署及軍倉庫等處，經國軍英勇作戰苦鬥歷數小時，已將該土匪暴動全部擊退，雙方頗有死傷。本部因要確保治安，自本九日上午零時零分起，實施戒嚴令等。但是街上仍是往來如常，僅各十字路口，有些士兵站立。有青年二人報告，昨夜在圓山方面有假戰鬥，真殺人的事件。據說在圓山運動場及動物園附近，國軍放了很多的空槍，槍聲響到全市。有相當時間了後，由卡車運來不知何處殺死的死屍廿數個，有的將國軍的軍服穿過死屍，有的將以前日治時代的國民服換穿死屍，放在路邊當作戰死的樣子，然後由長官公署驅駛數台汽車，坐十多名的高級軍官來巡視，即由在其現地的軍人報告土匪暴徒數千人來襲臺北，在此戰鬥，乃由國軍英勇作戰已把土匪暴徒擊退，那即指死屍就是戰死者，指國軍服裝是戰死的國軍，穿國民服的死屍是土匪暴徒的戰死者，那來巡視戰線的高級軍官，大發震怒下命戒嚴。再有一位在圓山的姓何的老朋友也來報告，其所說與青年報告相同，再加說該二十幾具的死屍，全部都是被殺死的老百姓化裝的，青年又說這明明是柯遠芬的把戲，藉以為再戒嚴的口實，且在演變這樣把戲當中，聽說常常來我這裡的林正亨是男主角，豈不奇怪。[26]

蔣渭川此時顯然已知道事態嚴重，因此三月九日下午五時「臺灣省政治建設協會」發表告同胞書，表示：「二二八事件處理常務委員會發表中之越過政治範圍條件，本會徹底反對，亦非本省人民之公意。」[27]但已經太遲了，三月十日上午十時十五分，便有武裝警察登門前來捉拿蔣渭川，蔣氏本人雖得死裡逃生，但其四女蔣巧雲竟不幸死於警察槍下，其子蔣松平也負傷。

二二八事件中臺灣人角色的初步揭露

長期以來，由於吾人得見的資料都來自於官方或處委會系統，因此對於二二八事件當時蔣渭川之評價都傾向於負面。其實，從《蔣氏遺稿》所提供的一些內情來看，蔣渭川也是一個被陳儀，尤其是柯遠芬、張慕陶玩弄的受害者。

從柯遠芬《事變十日記》可以看出，柯遠芬在事件一開始便認定這是「叛亂」，[28]從處委會成立的三月三日起他便開始做出各種「準備」，為了「分化奸偽，和運用民眾力量來打擊奸偽」，設立「義勇總隊」，[29]雖然表面仍然希望蔣渭川出來安撫大局，甚至由許德輝、林正亨慫恿蔣渭川積極參與事件，但其實已對蔣渭川抱有敵意。[30]三月四日，柯遠芬的《事變十日記》上說：「我經過周密的考慮後，才決定儘速作軍事上萬全的準備。一俟他們叛國的罪證公開後，馬上即使用軍事力量來戡亂。」[31]也就是說，柯遠芬是在等著單純的臺灣士紳們一步步地走近他所設的陷阱。三月五日，柯遠芬指出：「奸偽的陰謀業已完全證實了，事件是無法和平解決的，只有準備充分的力量，與此反動勢力奮鬥。目前所感煩惱的，是一般人尚不知道奸偽的陰謀，因為他們都有主觀的成見在心，是無法和他們說明的。」[32]但同一時間，柯遠芬卻致函蔣渭川，嘉獎蔣氏的「獻身作為」並鼓勵「更加努力」。[33]

三月六日，處委會與蔣渭川都更加積極地提出政治要求時，柯遠芬則已在竊笑：「奸偽的氣焰高張，他們均以為暴動成功了，今後一切全屬他們的」，[34]並且認定：「現在奸偽全部陰謀均暴露無遺了；目前是力量的問題，和平解決是絕對不可能的」。[35]即柯遠芬已認定事件將以武力鎮壓，只是他在等待兩股「東風」：（一）「奸偽」正面提出「陰謀」，（二）大陸的援軍來到臺灣。只要兩股「東風」一到，便可遂行他的計畫了。因此，當處委會透過廣播發表三十二條之後，柯遠芬便「談笑風生」了，在《事變十日記》中他興奮地寫著：「現在他們的陰謀大暴露了，現在是我們理直氣壯了。我們苦守了八天，今天我們才爭得了主動，黑暗的日子快去了，光明就在眼前。我們為什麼不高興呢？」[36]

三月八日時，從三月三日即已接到調動命令的二十一師抵達基隆，[37]楊亮功截擊事件、圓山事件相繼出現，九日凌晨宣布戒嚴，一切依柯遠芬的計畫一一進行。蔣渭川也就在這樣的一個被安排好的計畫中，不自知地扮演了一個不小的角色。

一九八七年，在一九四七年的二二八事件四十年之後，鄭南榕、陳永興、李勝雄等人領銜發起「二二八公義和平運動」，正面挑戰戰後最大的政治禁忌。國民黨也被迫必須有所回應，於行政院成立二二八事件專案小組，並委託學者進行事件調查。民間方面為了督促官方的調查、研究，也成立小組，並於一九九一年十二月舉辦「二二八學術研討會」，我也參與研討會。

我深知這個攸關臺灣人權、歷史、族群、政治各方面的重大歷史事件，不能單純地視為學術課題而已，還必須有更多的現實感，因為它的每一個證據、每一個判斷都可能會造成難以估計的影響，所以我的確是以戰戰兢兢、小心謹慎的心情面對它的。

但是，當時做為民間小組的成員，我們無法閱讀政府相關檔案，對於一般報章、雜誌上的記載，我也不敢率爾引用。幾經思考，我決定以事件當時正好形成對照的兩份日記（蔣渭川遺稿《二二八事變始末記》、柯遠芬《事變十日記》）做逐日的對照。透過雙方日記的逐日對照，我重建了蔣渭川如何一步一步地走進軍統所設計的劇本而不自知。當然，在這之後透過國內外的檔案，更進一步地為蔣渭川洗刷了他長久來背負的「背叛臺灣人」的罪名。當時我只是很小心地、以最保守的歷史研究手法，盡了我一個研究者的本分。

這篇文章刊載於《二二八學術研討會論文集》（二二八民間研究小組，一九九二年二月）。

註釋

1 國防部史政局，〈臺灣（三十六年）二二八事變記言〉（收於李敖編《二二八研究》），頁九。
2 同上，頁二四。
3 〈臺灣警察，臺灣二二八事件〉（收於李敖編《二二八研究》），頁三三三。
4 吳濁流，《臺灣連翹》，頁一八九。
5 葉芸芸，〈三位臺灣新聞工作者的回憶：訪吳克泰、蔡子民、周青〉（收於葉芸芸編，《證言2・28》），頁一〇一。
6 《蔣氏遺稿》，頁六七－六八。
7 楊逸舟著，張良澤譯，《二二八民變》，頁九二。
8 吳濁流，《無花果》，頁二一八。
9 葉芸芸，〈「山水亭」舊事〉（收於葉芸芸編，《證言2・28》），頁一一五。
10 林木順，《臺灣一月革命》，頁二二－二三。
11 吳濁流，《臺灣連翹》，頁一八六。
12 莊嘉農，《憤怒的臺灣》，頁一四七。
13 《蔣氏遺稿》，頁二七－七七。
14 處理委員會當中的主要份子被蔣渭川譏為投機份子，詳下文。
15 《蔣氏遺稿》，頁四。
16 同上，頁六。同日，省黨部主委李翼中也來函請出面處理。

17 《蔣氏遺稿》，頁二七。
18 林木順，《臺灣二月革命》，頁二三。
19 莊嘉農，《憤怒的臺灣》，頁一九五。
20 《蔣氏遺稿》，頁五一。
21 《蔣氏遺稿》，頁七六－七九。
22 〈臺灣警察，臺灣二二八事件〉（收於李敖編《二二八研究》），頁三二七－三三八；《蔣氏遺稿》，頁九五－九七。
23 《臺灣新生報》，一九四七年三月九日。
24 《蔣氏遺稿》，頁一一六。
25 《蔣氏遺稿》，頁一一八－一一九。
26 《蔣氏遺稿》，頁一一九－一二〇。
27 《蔣氏遺稿》，頁一二二。
28 柯遠芬，《事變十日記》（收於李敖編《二二八研究》），頁二四一。
29 同上，頁二四七。
30 同上，頁二四三。
31 同上，頁二四八。
32 同上，頁二四九。
33 《蔣氏遺稿》，頁八九。
34 《事變十日記》，頁二五五。
35 同上，頁二五五。
36 同上，頁二五七。
37 何聘儒，〈蔣二十軍鎮壓臺灣人民起義紀實〉（收於李敖編《二二八研究》），頁二六三。

「臺灣史」與「日本史」的交錯

第18章

日本帝國領有臺灣，不但必須面對如何統合的問題，甚至還引起來自新領地的反噬。帝國中心對其周緣具有規劃性、強制性的作用，但周緣（殖民地、外地）也可能對帝國中心帶來逆向的規定力量。

我的研究本業是臺灣史，一個在日本的歷史學界一般的分類裡，有些難以安置定位的研究領域。一九八〇年代，我來日本留學的時候，想要研究的是日本殖民地時代的臺灣史，具體的研究主題是日本殖民統治下的臺灣史，尤其是馬關條約後成為日本之新領地的臺灣，如何被安置在明治憲法的體制架構之內？就當時大學院的課程來說，與其說是東洋史學科，毋寧說是國史學科的課程，反而才是與我的研究主題直接相關。因此，我在大學院時代雖然在籍於東洋史學科，但也同時出席國史學科的多種研討課，尤其是伊藤隆先生關於日本近代史的研討課。我的留學時代之學習，就一方面在東洋史學科小島晉治老師的史料解讀課上解讀清代地方官的筆記《問俗錄》、在濱下武志老師的課上與同學們輪讀山西票號的匯款書信，一方面在國史學科伊藤隆老師的研討課中學習日本近代史、也在鳥海靖老師的史料解讀課中與同學輪讀伊藤博文用草書所寫的書翰，並參加院生們自主的讀書會「文書の會」，學習解讀草書史料。也就是說，我就在當年還幾乎不相交流的東洋史學科、國史學科之間來來往往。現在回想起來，這種經驗讓我有了一些不同的學問課題而得以有一些特別的收穫。

新領土臺灣的統治問題

我當年的研究對象是：日本國家在日清戰爭以後領有臺灣，但對於這個新領地要如何納入甫剛施行不久的明治憲法體制中呢？也就是說，明治憲法是否自然地延伸適用於臺灣呢？甚至，明治憲法是否應該施行於臺灣？如果應該施行於臺灣，要如何施行呢？這當然不會只是憲法論的法律學問題，也將是政治問題和關於如何統治臺灣這個新領地的理念問題。日本在戰爭勝利之後獲得新領地的結果，顯然也隨之必須面對處理新領地的問題。向來，關於日清戰後的研究之重點，似乎都集中於被當成外交挫敗的三國干涉遼東問題、戰爭勝利後的「條約改正」與「戰後經營」，但是對於馬關條約中割取得到的臺灣，卻著墨不多。即使有的話，也多在研究改隸之際臺灣方面的反抗。但是，實際上當時日本朝野各界對於如何處置新領地臺灣，還是有各種不同看法的。例如，我就曾經收集了馬關條約締結後福澤諭吉關於臺灣的各種言論主張，寫過一篇小文章〈福澤諭吉的臺灣論〉。不只福澤諭吉，明治中期的重要言論人，例如田口卯吉、陸羯南、德富蘇峰，也莫不有關於臺灣新領地應該如何定位、經營的主張。

我的研究利用了明治政府的檔案公文書、政治家的私文書（特別是伊藤博文的《秘書類纂》、一九八〇年代剛整理出版的《原敬關係文書》）、帝國議會議事錄等，研究了一八九五年後半至一八九六年三月間（即明治二十八年日本領有臺灣後至翌年明治二十九年年度開始之前）日本內閣所臨時組成的一個委員會「臺灣事務局」，對於臺灣新領土之政治體制規劃。一方面重視規範臺灣新領地的法制內容，即上述明治憲法等日本法令如何施行於臺灣的問題，一方面重視形成臺灣之政治體制規劃時的政治過程。在當年來說，這樣的研究，不論是從使用的史料也好，從研究的主題也好，似乎與其說是屬於東洋史學科的，毋寧說是比較像日本史的研究。

我的研究指出：日本政府內部的「臺灣事務局」，對於新領地臺灣與明治憲法體制的關係應該如何定位，存在著極為分歧的意見。一直到明治二十九年四月新年度開始之前夕的一八九六年三月底，才終於在帝國議會立法通過可稱為規定臺灣統治相關法令的基本法「臺灣ニ施行スベキ法令ニ關スル法律」（簡稱「六三法」）。這個法律一方面使明治憲法名義上施行於新領地臺灣，但另一方面卻也因為規定日本內地的法律不會自動地延伸施行於臺灣，臺灣總督又可以發布只是在臺灣具有法律效力之命令（即「律令」），而讓臺灣實質上具有與日本內地不同法域的性質。因此，當時的外國顧問認為這是一種使得臺灣有如大英帝國之直轄殖民地（crown colony）的制度設計。但當這個「六三法」的法律案在帝國議會審議之際，卻引起帝國議會議員們的極大反對。爭議的主要內容可以分成兩個方面：一個是，總督可以發布具有法律效力的命令，是否違反憲法所規定的行政、立法分立原則呢？一個是，這種將臺灣設計成與日本內地使用不同法律的異法域，是否是統治臺灣新領地所應該採取的理念原則呢？帝國議會的反對，結果以政府先撤回法律案，再向帝國議會議員溝通說明此為暫時性措置後，以此法律有效期限限定為三年的妥協方案，才好不容易在四月一日新年度開始之前（即三月三十日）通過。但這以後，政府便每三年就要向帝國議會提出「六三法」的延長案，而成為明治年間帝國議會中的一項重大爭議。

圖 18-1：高野孟矩。《前臺灣高等法院長高野孟矩剛骨譚》，水上熊吉編（廣文堂書店，1902），書前照片。

新領地臺灣的統治問題，發展成了明治三十年（一八九七）底松方正義內閣倒台的一個重要原因。一八九六年四月六三法成立之後，臺灣總督樺山資紀隨即根據該法律的授權，發布了第一號律令「臺灣總督府法院條例」，成為臺灣司法制度的基礎，並任命了臺灣高等法院長高野孟矩。但是，這個高野孟矩法院長對於新任的臺灣總督乃木希典之臺灣統治，尤其是乃木總督所發動的激烈「土匪」討伐行動，採取批判的立場因而有嚴重對立，乃木總督於是命令高野孟矩「休職」。高野孟矩不服乃木總督的「休職」命令，認為這是以行政權侵犯司法權，甚至因而在東京展開政界、媒體的遊說運動，批判臺灣總督的獨裁。原本就遭到質疑的六三法授權總督立法（發布「律令」）這件事，因高野孟矩事件而受到進一步的質疑。這成為帝國議會中改進黨反對松方正義內閣的理由，加上自由黨也反對政府為了日清戰後擴張軍備而提出的增稅案，因此進步黨與自由黨聯合，導致了明治三十年底松方正義內閣的倒台。

日本人與臺灣人各自的「六三法撤廢運動」

日本帝國因日清戰爭的勝利而領有臺灣，不但將必須面對如何在新的區域範圍內處理統合的新問題，甚至還因而引起了來自新領地的反噬。這讓人想到了二十世紀初年英國學者霍布生（J. A. Hobson）所說的「來自殖民地的報復」；在日本，也有升味準之輔先生在談到日本帝國之對於滿洲等外地的進出時，使用了「膨脹的逆流」這樣的說法。也就是說，不只是帝國中心對其周緣（殖民地、外地）具有規劃性、強制性的作用，周緣（殖民地、外地）也可能對帝國中心帶來逆向的規定力量。

一九〇二年，殖民地臺灣的問題以另一個題材，對帝國中央造成了衝擊。這一年，明治政府又必須向帝國議會提出六三法的延長案。但在這之前，一群在臺灣的日本人卻發起了「六三法撤廢運動」。這是因為經過幾年的摸索之後，臺灣總督府認識到臺灣統治的主要對象應該是臺灣人，而且為了降低統治成本，不能採取急進激烈的施政，因而打出了具懷柔臺灣本地人性質的「舊慣溫存」政策，不積極地將日本內地的制度延伸施行於臺灣，即使對於妨礙治安的臺灣人「土匪」（其實，可以說是臺灣舊社會的武裝豪強集團）也採取招降、授產政策。相對地，對於以勝利者之姿態來到新領地而想要在臺灣占有更多政治、社會、經濟地位優勢的日本人，總督府卻不積極採取優遇政策，甚至以法令驅逐總督府認為不宜留滯臺灣的內地人。因此，在臺灣的日本人與總督府形成正面對立的態勢。在臺日本人因此甚至特別發行新聞紙《臺灣民報》、雜誌《高山國》，專門攻擊總督府的施政與政策。這些在臺日本人認為總督以「六三法」授與的律令發布權，發布箝制、排斥日本人的法令，「六三法」是總督獨裁專斷的權力來源，因此在帝國議會審議「六三法」延長案時，發動遊說中央政界的「六三法撤廢運動」。

一般來說，以前談到「六三法撤廢運動」，指的都是一九二〇年代初期臺灣人發起的，但其實早在一九〇二年在臺灣的日本人，才是這個運動的最先發起者。只是日本人於明治年間所發起的「六三法撤廢運動」，與臺灣人於大正年間所發起的「六三法撤廢運動」，是在完全不同的脈絡、為了完全不同的目的而發生的。

以上所舉的明治年間兩次圍繞臺灣殖民地的問題，說明了：一般以「統治民族vs.被統治民族」這樣的分析圖式來理解殖民地統治是不夠的，「統治民族」、「被統治民族」都不是鐵板一塊。這本來應該是極容易理解、想當然耳的道理。但即使現在，卻仍顯然是殖民地研究經常欠缺的一種基本視角。

上面以如此長的篇幅來介紹我對於初期日本臺灣統治之研究，為的是要以具體例子來說明：使用「帝國日本」、「殖民地臺灣」、「統治者日本人」、「被統治者臺灣人」這種簡易，但是大家習慣的單位來進行分析、研究，即使可以說明歷史的部分情形，但卻是遠遠不夠的，我們需要經常有意識地反省這種分析架構，更多層次地、更細緻來分析複雜的歷史。

一八九六年設計出來這種透過帝國議會制訂的法律，授權外地的行政首長（總督、長官）發布在其管轄範圍內具有法律效力之命令，及遮斷內地（home land）之法律自然地延伸至外地的立法例，成為以後日本帝國的常態。例如，一九〇七年對於樺太統治有「樺太ニ施行スベキ法令ニ關スル法律」、一九一〇年對於朝鮮有「朝鮮ニ施行スベキ法令ニ關スル法律」等。在此，我想要說，一般我們將日本帝國對於幾個不同的外地之統治分別地理解，但這也應該是不夠的。至少從統治體制設計來看的話，幾個外地之統治仍然有其類似性或可相互比較、發明之處。以下，我來介紹一個我對於臺灣與朝鮮殖民地之相互比較的研究。

殖民地時期，臺灣與朝鮮之比較

一九二〇年代初期，臺灣在日本近代史中的所謂「大正民主」時期，趁著日本政黨政治的逐漸出現，從一九二一年底至一九三四年的十四年間展開了十五次向帝國議會請願的運動，請願的內容是希望設置審議臺灣預算與法律的臺灣議會。這個運動在臺灣史學界，一直被視為是日本統治時代臺灣持續時間最久、最重要的「抗日運動」。但是，早在一九八〇年代我留學日本的時候，就有來自韓國的留學生，對此提出過質疑。來自韓國的留學生表示：日本殖民朝鮮的時代，朝鮮也曾經有過帝國議會請願運動，但朝鮮的這個議會請願運動卻是十足的「親日運動」，怎麼臺灣會將這種帝國議會請願運動說成是「抗日運動」呢？

這種對於日本殖民統治時期的評價差異，在東亞諸國的學術界應該大家都知道，不是什麼新鮮的事。但是，臺灣、朝鮮的帝國議會請願運動卻不能如此簡單地只視之為往常的那種評價差異所造成的。最近，我終於有機會將朝鮮的帝國議會請願運動與臺灣的帝國議會請願運動，做了比較細緻的比較。

一九一九年朝鮮殖民地爆發三一獨立運動之後，當時的原敬總理大臣趁勢打出了「內地延長主義」的外地統治政策，朝鮮統治也從所謂「武斷政治」改而為「文化政治」，這是大家都知道的朝鮮殖民地時代史的常識。但是，如果我們將日本的臺灣殖民地統治、朝鮮殖民地統治連接起來看的話，就更加可以看出原敬於三一運動之後打出「內地延長主義」這件事情，並不是三一運動後的突然之舉，而是自從日本在一八九五年領有臺灣之後就已經在孕育了，而有朝一日終將要浮出水面的伏流。

對「外地」採取內地延長主義的法制設計，是原敬的一貫主張。一八九五年，他以外務官僚的身分參加伊藤博文領導的「臺灣事務局」時，就與伊藤博文持不同的看法，主張臺灣新領地的統治應該採取內地延長主義，而反對將臺灣特殊化（異法域）的六三法。上述一九〇二年帝國議會審議六三法延長案時，因為政友會總裁，也是六三法體制的當初制定者伊藤博文出遊歐洲，原敬是當時留守日本國內的政友會幹事長。由於在臺日本人發動的「六三法撤廢運動」頗有聲勢，原敬當時也曾想要趁機廢止六三法，但最後在井上馨的奔走之下，原敬以在東北地方成立帝國大學為交換條件，勉強讓六三法再度延長了。

一九一八年，原敬在米騷動之後當上總理大臣後，他的第一波外地法制改革是於朝鮮、臺灣等外地完成了「文武分離」，總督正式上只有文官的權責，軍事方面則另由軍司令官指揮。一九一九年三一運動之後則正面地打出「內地延長主義」，朝鮮、臺灣統治都進行了相較鬆緩的改革，稍微擴大了殖民地人民的「參政」空間。就在這樣的時候，韓國方面於一九二〇年二月由閔元植的國民協會發起了帝國議會請願運動，過了一年（一九二一），臺灣方面也有了帝國議會請願運動。這兩個請願運動之間，其實是有橫向聯繫的，既有人的交流，也有思想上、策略上的相互刺激。不過，韓國的請願目標是希望「眾議院議員選舉法」施行於朝鮮，讓朝鮮可以選出帝國議會議員進入國會參政，因此可以說是符合「內地延長主義」原則。但是，臺灣的請願目的卻是希望可以設置一個審議臺灣預算與法律案的「臺灣議會」，反而是具有反內地延長主義的性質。所以，臺灣總督府內部所擬定的對策，是認為如果無法抵擋臺灣的請願運動，則應該將運動目標引導到讓臺灣選出帝國議會議員，來紓解臺灣人的要求。如此來看的話，雖然同樣是為了爭取參政權而向帝國議會提出請願，但是臺灣的請願運動與朝鮮之請願運動之性質，並不相同。向我提出疑問的韓國留學生顯然沒能夠具體地比較其間的差異，而有所誤會了。議會設置請願運動所想要爭取的參政權，並不相同。北海道、沖繩，也都有類似的要求設置議會、要求參政權的運動，彼此之間有不少的聯繫，也有共通性，但也不能不注意其間的差異。也就是說，既應該正面討論個別的爭取參政權運動，也必須超越各別的運動，對各運動之間進行比較研究。

「遺忘了帝國」的戰後歷史研究

雖然我只對朝鮮殖民地和臺灣殖民地的議會請願運動做了一些比較，但已經足以說明一個不難理解的事實：戰前存在著一個以日本為中心，姑且可以稱之為「日本帝國政治史」的研究課題。這個「日本帝國政治史」的空間範圍不但不止於目前的日本四島，也應該包括當時還未完全與內地相同的北海道、沖繩，甚至樺太、臺灣、朝鮮、南洋廳、滿洲等外地，這些地域都

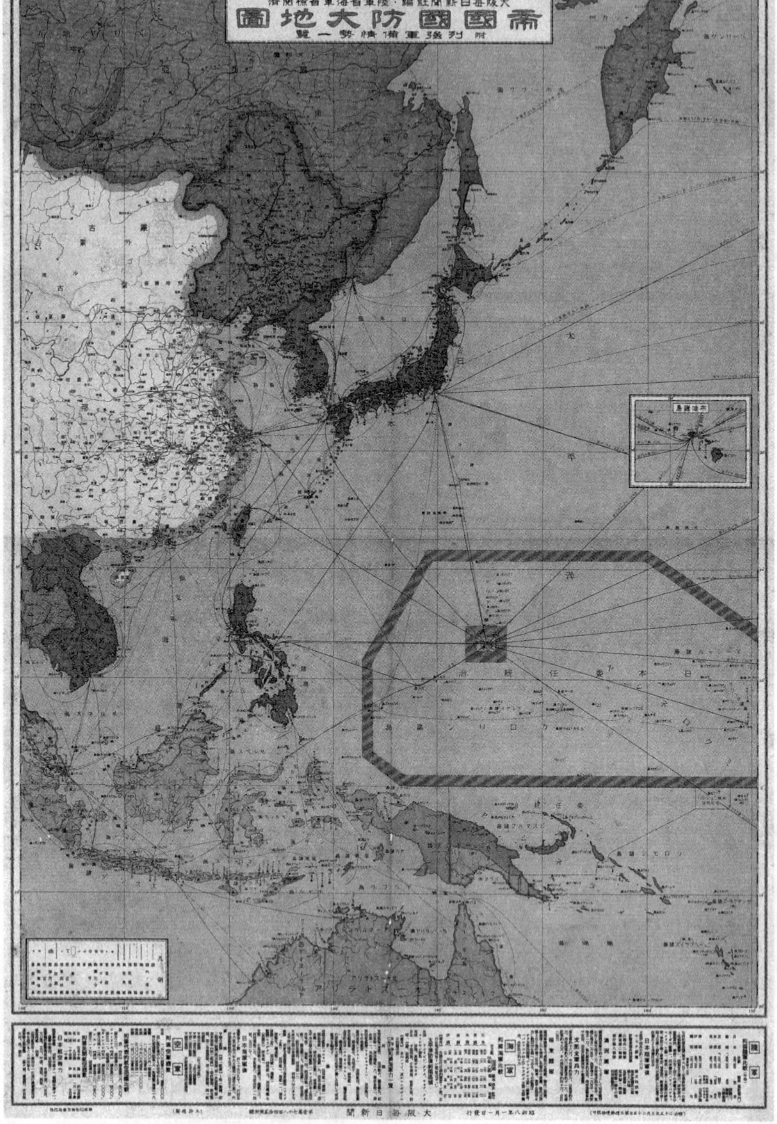

圖 18-2：大阪每日新聞社，〈帝國國防大地圖〉，1933 年。臺史博公眾領域。登錄號 2011.012.0348。

有類似上述臺灣之被統合進入帝國，因而產生的法制、政治問題，同時也對帝國中心產生反規定。但是這種「帝國規模」的政治史，在一九四五年以後卻被忽視了。各原殖民地的歷史，即使是殖民地時代的歷史，都被各自以新的「國家」範圍重新敘述──我這裡所說的不但是空間範圍，當然也包含其詮釋。即使曾經是帝國之中心的日本，其近代史的範圍也被僅限於四島。戰後這種「忘卻了帝國」的歷史研究，當然有其所以致之的原因，但卻可以說是違反歷史事實的政治意識形態。

歷史上，不論是東方、西方，都長期存在著「帝國」，因此帝國研究當然不會是個新的歷史研究主題，毋寧說「帝國研究」原本應該是歷史研究的主要主題。但是東亞地區的歷史學，卻似乎有意、無意地迴避了「帝國」這個研究主題。東亞的「帝國」雖然仍會在通史性的著作被當成標題，卻很少成為具體歷史研究的重要課題。我上面所舉的，只是我本人具體進行過的一點小研究。我衷心期待東亞地區的帝國，不論是近代的帝國，或是前近代的帝國，都可以逐漸成為歷史學不會刻意忽視的研究主題。

這篇文章最初是二〇一八年八月，應長崎大學多元文化社會學部大學院成立紀念研討會之邀，所做的主題演講。後來經過修整，以日文收錄於紀念若林正丈教授退休而企劃出版的若林正丈、家永真幸編，《台湾研究入門》（東京：東京大學出版會，二〇二〇）。

跋

二〇二三年二月自公務部門退休之後，陸續將存在電腦中的文稿拿出來重新看一遍，自覺這些文章即使在今天或許還有一些意義，再加上朋友、同行的鼓勵，因此興起將它們的一部分挑出來結集成冊的念頭。

我之所以進入臺灣史的研究領域，如今回顧起來似乎有些必然。一個成長於五〇、六〇時代臺灣偏鄉的孩子，在七〇年代來到臺北讀書，碰到當時完全不重視本土經驗、臺灣文史的教育環境，充滿了挫折感；但當時也正是國際情勢不利，民間漸有反省、改革念頭的年代，因此沐浴在躁動的時代氣氛中又有亢奮的心情。此時，瀏覽臺大圖書館書庫中的豐富藏書，尤其是角落裡未曾整理的臺灣文史、民俗書籍，成了我大學四年生活中的重要休閒項目，並因此儲備了不少可以用來建立自我認同的養分。當年已經躍躍踴動的各種社會改革運動、「黨外」的政治運動，也形塑了我往後臺灣史研究的基本方向。

當年，應該不只是我個人，幾乎整個新世代的臺灣史研究者，都要面對幾個問題。第一，那種幾乎無所不在的中國民族主義（而且還是中國國民黨某一支派的）歷史詮釋；第二，臺灣史還不是一個建制化的學術領域，即使有一些臺灣史書籍，也多充斥著諸多通俗的「誤說」。

我就在這樣的年代環境、這樣的臺灣史領域，摸索著自己的學習、研究之路。

八〇年代終於確定要走上歷史研究者之路，並如願於一九八四－八九年間赴日留學。當時出國留學的我，就像長期被拘束於籠中的鳥終於可以在自由的天空下「試飛」，因此可謂「飢不擇食」地在豐富的學術天地裡「囫圇吞棗」。很幸運地，在留學時代碰到特別關照我的很多老師、同學、朋友們，他們對於我的學習，提供了各種指導啟發、帶領引路、諮商討論的有形、無形幫助。留學期間真是我人生的黃金時代！

一九八九年回國之後，一方面再度投入因留學而缺席的臺灣各種政治、社會運動（其實，只是當個「抬轎者」），一方面努力在正規、非正規的學院中教育學生、建立臺灣近代史的諸多基礎建設。如今回顧起來，那是我人生當中非常忙碌，也非常「猛烈」的時期。本文集中不少文章就發表於這個時代。

這本文集收錄的文章，大致可以分成三類：第一類是通論性的文章，它試圖以比較大的視野，描畫出臺灣史的輪廓；第二類是專題性的研究文章，這種文章大都引證相對豐富的史料，但也希望它能為臺灣史裡的重要問題提出新的詮釋；第三類則是具體的對臺灣史之「通說」、「俗說」、「誤說」，提出不同以往的理解。說得僭越一些，這些文章多少還是表現了我這個「搞怪囝」（這是小時候，祖母對我這個「乖孫子」的暱稱）的個性！

從宏觀的視野來看，臺灣自從十六世紀以來，便一直受到不同時期之不同帝國的影響。因此，帝國對於臺灣的影響、臺灣對於帝國的回應，也就自然成為臺灣史的重要內容。甚至，毋寧說，與諸帝國的交鋒才真正是立體的（dynamic）臺灣史。讀者將可以從收入本書中的這些文章，看出來我對於臺灣史的基本構想，這也是我特別將此書題為「臺灣史是什麼？」的原因。

本文集裡的文章，大都是應人邀請之作，尤其九〇年代日本學術界正值典範交替之際，對於外國學者也相對開放，因此多次獲邀在日本著名歷史刊物、出版企劃中寫些自己的研究心得。我首先要感謝我的東大指導老師濱下武志教授，邀我在他企劃的《アジアから考える》（從亞洲思考）叢書中寫關於臺灣史的文章；我相識四十餘年的研究同好若林正丈教授，邀我在他參與企劃的《岩波講座　日本近代と植民地》叢書中寫關於二二八事件的文章；一樣也是相識四十餘年的檜山幸夫教授，邀我參加日本的「日清戰爭一百週年國際研討會」，從臺灣的觀點表達對該歷史事件的看法。東大留學時候的東洋史學科學長栗原純教授，邀我參加「比較史と比較歷史教育研究會」的國際研討會。大學同班同學費德廉（Douglas Fix）教授、當年素昧平生的菊池裕子教授，邀我參加亞洲學會年會。天理大學的下村作次郎教授，邀請我在天理臺灣學會十週年大會演講；早稻田大學的劉傑教授，安排我到長崎大學演講。

國際性的研究發表場合，我都不願只是提出一些零碎小品文章，而是抓緊機會挑選臺灣史的重要問題，向國際學術界正面訴求具有臺灣主體性的詮釋觀點。我想這些文章在當時是多少達到向國際發聲的效果了。值此文章結集出版之際，我要再次向當年時給我機會的老師、朋友們申謝：當年您們的邀請，不但是給我個人，也可以說是給臺灣機會向國際發聲。

但也因為這些文章都是應不同的邀請，於不同的時間（而且已經頗有年月）、不同的場合，面對不同的聽者、讀者所準備的。如今回頭集結成書，自不免有一些重複之處，此次彙集成書也未遑多做修改，畢竟它有其當年發表時候的脈絡。而且，若有一些多次重複之處，正也自然顯示那些內容是我認為重要而特別重視的。近幾十年來研究環境（尤其是史料的開放與獲得），有相當的改善，國內對於臺灣史的研究也有很大的進展，我這些顯得「人老珠黃」的文章，自然多已被超越了。但基於時間的關係，我已經無暇一一做追趕列車式的補充，只在特別的地方做了一些最小幅度的補充和文後說明。敬請讀者諒解。

八九年回國後，我除了全身投入臺灣史的教學、研究之同時，也參與了各種各樣的社會運動，其中之一是參加了張元教授、周樑楷教授等人的歷史教育改革運動。結識西洋史專家周樑楷教授，讓我得以就近從他那裡獲得很多學問的啟發，讓我的臺灣史思考有個很好的西洋史比較視野。其實，我之所以有信心在這些文章發表已有相當時日的今天結集出版，多少還是因為他的肯定與鼓勵。因此，我特別情商他幫我這本書寫序。

回國後的教學生涯是個美麗的經驗，有人說：「指導學生，就是與學生下一盤他／她的棋」。的確如此，學生從四面八方各自帶著他／她們的問題而來，作為指導教授的老師其實是陪著他／她們讀書，與他／她們思考他／她們各自不同的問題。這對於老師來說，其實是個真正能夠「教學相長」的機會。我充分享受，也受益於這樣的「棋局」。此次出版這個文集時，我特別請當年指導的學生許佩賢教授來寫一篇「導讀」，那是因為當年她應該都讀過這些文章，自然會有從讀者而來的意見和批評。我也希望看到學生們「青出於藍」，這是當老師最高興的事了。

收入這個文集的多篇文章，當年曾以日文或英文發表過，這些外文文稿受到不少朋友的幫忙，他們分別是費德廉、酒井亨、帆刈浩之、食野充宏、鳳氣至純平。此次集結出版，也承蒙出版社編輯賴淑玲、賴書亞花費相當時間編輯、潤飾文字。對於這些人，一併在此申謝。

吳密察

Common 84

臺灣史是什麼？

作　　者　吳密察
封面設計　夏皮南
內頁編排
圖片繪製　吳郁嫻
校　　對　魏秋綢
責任編輯　賴書亞
編輯協力　賴淑玲、楊琇茹、賴逸娟
總 編 輯　賴淑玲

出　　版　大家出版／遠足文化事業股份有限公司
發　　行　遠足文化事業股份有限公司（讀書共和國出版集團）
231新北市新店區民權路108-2號9樓
客服專線　0800-221-029
傳　　真　02-2218-8057
劃撥帳號　19504465　戶名・遠足文化事業股份有限公司
法律顧問　華洋國際專利商標事務所　蘇文生律師

I S B N　978-626-7561-25-6
定　　價　580元
初版一刷　2025年2月
初版二刷　2025年2月

部名頁設計素材

第一部：金子常光，〈臺灣鳥瞰圖〉（1937年3月10日改訂3版）。臺史博開放資源，登錄號2001.008.1756。

第二部：1924年6月21日臺灣議會設置請願團（第五回）抵達東京車站時，與前來歡迎的臺灣留學生之合影。維基百科。

第三部：本書圖11-4。

臺灣史是什麼?/吳密察作. -- 初版. -- 新北市 : 大家出版, 遠足文化事業股份有限公司, 2025.02
480面 ; 17X22公分
ISBN 978-626-7561-25-6(平裝)

1.CST: 臺灣研究 2.CST: 臺灣史 3.CST: 文集

733.09　　114000090